현대사회와
종교다원주의

현대사회와 종교다원주의

배영기 엮음

한국학술정보㈜

현대사회는 다문화, 다종교, 다가치를 인정하면서 상호 존중으로 상생하는 것을 미덕으로 여기고 있습니다. 이러한 산업화의 메커니즘에 예속된 인간들의 일상생활에 복잡한 구성내용을 갖게 함에 따라 정치, 문화예술, 경제, 종교 등 모든 분야에 있어 여러 가지 시스템 속에서 제각기 욕구를 충족시켜 나가고 있습니다.

이에 사회의 통합적 기능을 수행해 오던 종교는 사회의 일부분이 되어 이기적 안식에 안주하려는 현대인들의 도피처가 되어 갈 뿐 자기완성의 길을 실현하려는 실천적 의지를 상실해 가고 있습니다.

이렇듯 다르게 나타나는 사회의 제 현상 속에서 개개의 자율성을 뛰어넘는 사회집단적 성격으로서 인간의 총체적 삶의 의의를 밝혀 줄 종교의 사회통합적 기능을 복원하기 위한 노력이 절실히 요구되고 있습니다.

그간 저희 국제크리스챤교수협의회 교수들은 각자의 전공에 대한 관심을 종교와 관련시켜 공동연구 함으로써 현대사회가 요구하는 종교의 통합적 기능을 탐색하고자 노력을 하였습니다.

그 일환으로 금번에 간행되는 공동연구는 '現代社會와 多宗敎文化'라는 주제하에 정치 철학과 종교, 문화예술과 종교, 현대종교의 역할, 새로운 종교운동 등의 각론을 통하여 종교의 미래와 그 전망에 대해 조명해 보고자 하였습니다. 오늘날 지성인이 지니고 있는 미래사회에 대한 예견력과 지성의 양심을 바탕으로 이러한 목적이 달성될 때까지 학문적·실천적 영역을 통해 최선의 노력을 기울여 가고자 할 것입니다.

앞으로 다가오는 사회는 다종교 속에서 공존가치를 성숙시켜갈 추세를 보이는 한편 또 다른 면에서 종교는 권력화의 추세로 치달은 것으로 보입니다. 그 결과 종교의 기능인 개인적 구원은 밀려나가고, 교단 중심의 위력을 발휘하여 하나의 교의(Dogma)로 빠지게 되었습니다. 이럴 때 종교와 개인은 점차 소원해지게 되어 삶의 수단으로 전락하게 될 것입니다.

이 책이 다시 가다듬어져 출판되기까지 애써주신 한국학술정보(주)의 채종준 사장님과 윤문을 위해서 교열 보느라 수고를 아끼지 않으신 김매화님께 이 자리를 빌려서 감사를 드리는 바입니다.

2011년 3월 30일
장충단 기슭에서
저자대표 배영기 씀

특히 뒤늦게나마 黃彌昊(위원장), 朴贊榮, 姜國熙 교수를 중심으로 한 학술출판위원회가 구성됨에 따라 본회가 발간하는 간행물들의 내용 있는 質的 向上이 이루어지리라 믿고 그 활약에 주목하고자 합니다.

그동안 共同研究를 집필하여 주신 회원교수 여러분께 깊은 謝意를 표하는 동시에 사무직원들의 노고에도 충심으로 치하 드리는 바입니다.

1987. 12.

회장 金恩雨

•• 차 례 ••

現代社會와 宗敎

金恩雨
국제크리스찬교수협의회 회장

Ⅰ. 머리말

오늘날 우리가 살고 있는 이 시대에서 '현대사회와 종교'라는 주제로 과거와 현재를 돌이켜 보며 생각한다는 것은, 각 사람에 따라 시각과 사고방식이 다르기 때문에 일반화된 普遍妥當性을 기대하기 어렵다는 것을 미리 말해 두지 않을 수 없다. 극단적으로는 사람마다 다 다를 수 있다 해도 지나친 표현은 아닐 것이다. 문제는 사실이나 현상에 대한 외형적 나열의 正確性에 있는 것이 아니라, 보고 느끼는 정신적·심리적 체험의 진실성과 생생한 실감이 얼마만큼 있는가가 문제이다. 역사를 거슬러 올라가 보면 우리 인간들이 저마다 각기 다른 시대에 태어나서 서로 다른 삶을 살아가는 동안 맞부딪치는 여러 가지 문제를 놓고 대립과 갈등, 고뇌와 위기를 겪으면서 무서운 시련 끝에 오늘날의 문명과 문화를 이루어 놓은 것은 그 나름대로 가치 있는 일이라고 하지 않을 수 없다.

따라서 이 글에서는 지나치게 思辨的인 것이나 감각적인 것은 배제하고, 졸저 『사랑의 철학』, 『기독교 백서』의 내용과 연관 지어 가면서 어느 정도 본인의 정신적·심리적 체험을 살려, 이 시대에 대한 진단으로부터 현대의 이데올로기의 비극과 종교의 실상에 대한 성찰에 이르기까지 글의 성격상 에세이 형식을 빌려 폭넓게 다루어 보고자 한다.

Ⅱ. 오늘의 시대에 대한 진단

우리는 흔히 이 시대를 진단하는 글들을 대하고 있다. 이 시대에 노출되고 있는 허다한 병폐와 病理現象을 검토해 보면 은연중에 앞으로 무엇이 다가올 것이라는 암시가 짙게 깔려 있다. 우리는 현재라는 시간과 공간 속에 살고 있기 때문에 현재 진행되고 있는 현대라는 공간적 의미를 누구보다 잘 알고 있으며 자기가 주인공인 것처럼 생각하기 쉽다. 그러나 실상은 늘 그렇지 못하다. 앞을 바로 내다볼 수 있는 민감한 豫感力에 충전되어 있지 않으면 현대의 의미를 전혀 이해할 수 없다는 것을 알아야 한다.

오늘날 수많은 종교학자들과 사회학자들은 이 시대를 진단하고 미래를 예견하는 메시지를 던지고 있다. 종교철학자인 베르댜예프 *Nicolas A. Berdyaev*는 인류 앞에 "새로운 중세기가 다시 도래하고 있다"고 하였으며, 소로킨 *Pitrim A. Sorokin*은 '새로운 暗黑時代'가 열리고 있다고 경고하였다. 1976년에 노벨상을 수상한 프리드먼 *M. Friedman*은 오늘 이 시대는 눈으로 볼 수 없는 어떤 보이지 않는 힘이 모든 것을 좌우하는 시대라고 지적하였고, 종교철학가이며 문학가인 트루블루드 *Elton Trueblood*는 오늘의 이 문명은 뿌리가 잘린 꽃과 같은 것이라고 진단하기도 했다. 트루블루드는, 현대문명은 얼핏 보기에 아름답고 찬란하며 황홀하지만 뿌리가 잘린 그 꽃은 아무리 아름답게 보일지라도 오래지 않아 말라 시들어 버릴 운명에 처해 있다고 한다. 이러한 표현들은 抽象的이고 단편적인 것이긴 하나 현대사회를 진단하는 데 있어 암시하는 바가 크다고 본다.

과학평론가들은 오늘의 시대를 하드 테크놀로지 시대에서부터 소프트 테크놀로지 시대로 전환되는 새로운 시대라고 말하고 있다. 길게 설명할 필요 없이 이 말은 곧 보이는 기술의 시대에서 인간의 정신과 마음과 心情이 작용하는 보이지 않는 기술의 시대가 되었다는 것으로 풀이된다. 망치를 든 사람의 손에서 만들어지는 상품은 망치를 든 손의 技術力과 두들기는 물리력의 결과에 그치는 것이 아니다.

거기에 진실하고, 착하고, 아름다운 마음과 남을 기쁘게 해 주려는 心情의 발로

가 작용하지 않고서는 이제 더 이상 상품으로서의 가치를 인정받을 수 없는 시대
가 오고 있다는 것을 의미한다. 토플러 *Alvin Toffler*는 그의 저서 『미래의 충격』에
서 오늘 이 시대를 '제3의 물결 시대'라고 진단한 바 있다.

지금까지의 거대산업문명의 시대가 지나고 이제는 작고 아름다운 산업시대가
도래했다는 것이다. 모든 일을 이를 악물고 원수라도 갚을 듯이 독한 마음으로 처
리하려고 하던 시대는 제2의 물결시대로 이미 지나가 버렸다는 것이다. 현대는 不
確實性의 時代라는 말이 빈번하게 쓰이고 있다. 갤브레이스*John K. Galbraith*가 지적
한 '불확실성의 시대'라는 것은 말할 나위도 없이 지금까지 믿어 왔던 모든 이론
이나 학설, 심지어는 과학적 측정이나 연구성과까지도 확실한 것은 하나도 없다
는 말이다.

한편 우리가 살고 있는 이 시대를 '斷絶의 時代'라고도 한다. 이 '단절의 시대'는
모든 것과의 관계가 끊어졌다는 말이다. 하나님과의 관계도 끊어졌고, 전통과의
관계도 끊어졌고, 사람과 사람 사이의 관계도 끊어져서 이어진 것이라곤 하나도
없다는 것이다. 특히 인간관계에 있어서 그 맥이 끊겨 있다는 것이다. 남는 것은
絶海孤島에서 홀로 느끼는 무한한 고독과 소외뿐인 것이다. 이렇게 소외되고 고독
에 빠진 사람은 어떠한 위험한 상태로 돌변할지 모르는 무서운 가능성을 가지고
있다. 다른 사람까지도 파괴하고 만다. 비겁할 뿐만 아니라, 잔인하기조차 한 야
누스적인 성격을 가지고 있는 무서운 인간으로, 표변할 가능성마저 암시하고 있
는 것이다. 제1차 세계대전 이후 정신적 고뇌와 회의는 行動의 비극으로부터 사상
의 비극으로까지 전개되었다.

Ⅲ. 無目的의 四無主義 時代

현대는 사랑이 없는 시대라는 말을 흔히 듣는다. 이제 사람이 마지막으로 기대
해야 할 사랑마저도 믿을 수 없는 것, 보잘것없는 것, 더러운 것으로 변해 버렸다
는 말이 아무렇지도 않게 쓰이고 있다. 인간의 종말과 사랑의 終焉을 고하는 듯한

末期的 현상들이 빈발하고 있다. 이에 대하여 오늘의 시대는 무감동·무책임·무관심·무목적의 '4무주의 시대'라고도 하고 脫이데올로기의 時代라고도 한다.

현대는 탈이데올로기 시대를 맞이하면서 과거에 모든 행동과 사고의 지표가 되었던 이데올로기들이 오늘에 와서는 아무 쓸모없는 것이 되고 말았다. 왜냐하면 그들은 너무도 오랫동안 참된 것을 배반해 왔고, 오늘의 현실 속에서도 그것은 관념의 나열일 뿐 문제해결에 있어서는 無力한 것이기 때문이다.

그러나 이보다 더 아이러니하면서도 미처 예상치 못했던 일은 어렵게 쟁취한 자유를 스스로 포기하는 사례가 늘어 가고 있다는 것이다. 필설로는 자유가 아니면 죽음을 달라는 절실함을 토로하고, 실제로 자유를 쟁취하는 과정에서도 값비싼 희생을 치러 왔지만, 정작 자유가 주어질 때는 자기의 생명을 걸고 그 자유를 지킬 생각은 하지 않고, 그에 따른 책임을 두려워한 나머지 누군가에게 떠넘긴 채 自由로부터 逃避하려는 모습들을 오늘날의 현실에서 여실히 찾아볼 수 있다.

이처럼 자유를 갈급하게 요구하면서도 인간은 진정한 자유를 소유하지 못한 채 누군가에게 떠맡기거나 전가시키고 있다. 불안을 떨치기 위해 스스로 노예가 되고 예속되는 것을 은근히 바랄 뿐 아니라 심지어는 자신도 모르게 즐기기도 한다. 오늘의 사회가 이런 사람들로 차 있다는 이 시대의 不條理에 주목하지 않을 수 없다.

이러한 시대는 결국 백지위임장에다 도장을 찍어서 그대로 넘겨주는 무책임한 책임회피의 시대라고 보지 않을 수 없다. 그뿐 아니라 이런 야릇한 심정에 빠진 사람들은 남의 고통과 불행을 은근한 즐거움과 자기 행복으로 착각하는 非情의 시대를 만들어 놓은 장본인이 되기도 한다.

그런가 하면 무슨 일에나 사사건건 관여하고 개입하면서도 그에 따른 하등의 책임도 지려 하지 않고 제삼자적 방관자의 입장을 취하거나 또는 비평가·평론가의 입장을 취하거나 하면서 어느 만큼의 간격을 두고 세상을 내려다보며 평가하는 冷笑에 찬 인간들이 많아지는 경향이 있다. 이런 유형의 사람들을 가리켜 모라토리엄 *Moratorium* 인간이라고 한다. 무슨 일이나 보다 차원 높게 배워 가지고 참여하겠다는 것이 이들의 구실이다. 이들은 언제나 무거운 책임과 의무를 회피하는 약삭빠른 인텔리들로서 자신들은 자신들이 살고 있는 사회의 다른 일원들과는 다르며 그에 속해 있지 않다는 말을 하기가 일쑤이다. 이들이 오늘의 시대를 오도하고 있다. 그런가 하면 이와는 반대로 언뜻 보기에는 어린아이고 어른이고 꾀는 발달될 대로 발달되어서 누구에게도 지지 않을 만큼 영리하여 모르는 것이 없는 것처럼 보인다. 모든 일에 말참견하려 하고 잘 아는 것같이 떠들지만 정작 자신에 대해서는 아무것도 모른다. 이런 사람들은 잘 길들여진 가축과 같아서 '무엇 때문에 이 세상에 태어났고 무엇을 위해서 살아야 하는가' 하는 것은 염두에도 없이 방향감각을 잃어버린 시대를 살아가고 있기 때문이다.

Ⅳ. 현대 매스컴 시대의 인간 타락상

오늘의 시대를 매스커뮤니케이션의 시대라고 한다. 오늘의 예속적인 인간사회에서 매스컴은 마치 우상과 같다. 높은 권좌에 앉아서 대중사회를 향해 神格과 같은 절대권위를 누리고 있다.

多衆의 여론을 순화하고 선도하는 민중의 公器라는 일반적인 인식과는 달리 오늘의 언론매체는 민중을 愚民으로 전락시키는 역기능으로 작용하고 있다는 사실을 지적하지 않을 수 없다. 그뿐만 아니라 엘리트라고 자처하는 지도층의 사람들조차도 매스컴 앞에서는 무력자로 전락하고 만다.

이처럼 오늘날의 매스컴이 절대적인 영향력을 행사하고 있는 것과는 달리 그 기능 면에서는 대중의 인기에 편승한 便宜主義와 영리에 치중한 상업주의로 전락하고 있다. 이 같은 매스컴의 타락현상은 결국 대중의 수준을 저속화시킬 뿐만 아니라 매스컴 자체의 파멸을 자초하고 있다.

가장 부지런한 사람들마저도 사회의 비극적인 역기능의 결과에 부딪혀 徒勞에 그치고 마는 현실이 오늘 이 시대를 가늠케 하는 상징적인 예표라 할 수 있다. 그러기에 未來指向的인 경제학자들은 사람들의 마음속에 어떤 큰 변화가 일어나지 않는다면 현대의 물질적 위기를 극복할 수 없다고 말한다.

우리나라에서도 얼마 전 '제2의 경제'라고 해서 경제에 있어 정신적 자세가 얼마나 중요한가를 강조한 적이 있다. 일본 산케이신문의 논설위원이며 경제평론가로서 『日本經濟一刀兩斷』이라는 저술로 일본경제를 근본적으로 비판한 유명한 경제학자 나미끼 노부요시(並木信義)는 얼마 전 필자와 여러 가지를 토론한 끝에 우리는 이제 '마음의 시대'에 다다랐다고 결론지어 말한 적이 있다. 이 '마음의 시대'란 결국 무엇보다 앞서 사람의 정신이 올바른 자세로 돌아가야 한다는 것이다. 그 바른 자세는 말로 되는 것이 아니다. 종교적인 신앙이 그 바탕이 되어야 한다. 어떤 강한 종교적 신앙심이 모든 사람들의 정신과 생활 전체의 밑바탕이 될 때 비로소 오늘의 세계경제나 사회 전반에서 일고 있는 혼란을 수습할 수 있는 가능성이 보인다는 것이다. 물론 표현은 다르지만 영국의 경제학자 한스 싱거 *Hans Singer*도 역시 비슷한 진단을 한 바 있다.

소로킨 *Pitrim A. Sorokin*도 이제 感覺文化 속에서 경험주의나 실증주의에 기반을 두었던 상대적인 가치의 시대에서 절대적인 가치를 믿을 수 있는 변혁된 시대가 와야만 오늘의 이 세계적인 고민은 해소될 것이라고 강조했다.

절대가치에로의 변혁에 의해서만 앞으로의 희망과 가능성을 찾아볼 수 있다는 것이다. 지금까지 많은 경제학자, 철학자, 문명비평가들이 자기들의 모든 지식과 오랜 연구와 학설을 동원해서 현대의 병리현상을 실증적·과학적·합리적으로 해결하려 했지만 그것이 얼마나 막연하고 무모한 것이었는가를 솔직하게 고백한 글들을 많이 대하게 된다. 그들은 막연하게나마 어떤 종교적인 힘이 필요하다는 것을 인식하고 있으며 기독교에 대해서 상당히 큰 기대를 걸고 있다는 사실을 발견하게 된다.

본인은 일생 동안 기독교의 테두리 안에서 살아오면서 현대 기독교가 사회의 役割期待에 얼마만큼이나 부응할 수 있으며 현대사회의 병리현상에 대해서 어떻게 대처해 나갈 수 있는가를 곰곰이 생각하지 않을 수 없었다.

그러나 오늘의 무너져 가고 몰락되어 가는 사회와 인류를 구할 자가 누구인가라고 할 때 현재의 기독교로서는 문제를 해결할 수 없다는 절망적이고 부정적인 결론에 도달하지 않을 수 없었다. 오늘의 기성교회가 깊이 반성해야 할 과오는 너무도 많다. 무엇보다도 기독교가 메시아적인 사명을 다하지 못하고 있다는 것이다. 1982년 8월 20일 모 일간지에는 "교회의 타락이 가장 큰 문제다"라는 제하로 기장 신학대학과 총회 신학대학의 재학생들을 대상으로 실시한 說問調査의 결과가 5단기사로 보도되었다.

설문조사에 의하면, '교회의 타락이 사회의 부조리보다도 더 큰 문제'라는 것이 신학생들의 가장 큰 고민거리로 나타나 있다. 그들의 표현에 따르면 교회가 못 가진 자들을 위해서가 아니라 가진 자를 위한 安息處로 변하고 있다는 것이다. 또 목회자는 양적 팽창을 위주로 활동하고 있어 교인들은 엄청나게 늘고 있지만 진정한 기독교인은 늘지 않고 있다는 의견이 대부분이었고, 평신도의 성직자에 대한 존경심도 대체로 부정적이었다. 이것은 오늘날 이른바 성직자들에 대한 교인들의 불신현상을 그대로 나타낸 것이라고 볼 수 있다. 그들이 주장하는 한국교회의 당면과제를 보면 목회자의 자질문제가 심각하고 교파분열은 극도로 악화되어 있으며 物量主義가 이미 상당한 수위에까지 육박하고 있다는 것이다. 교파분열도 교리적인 차이 때문만이 아니다. 오히려 그 교파를 구성하고 있는 인간들을 중심으로 해서 분열이 일어나고 있다는 것을 지적하고 있다. 이 신문은 한국 교회의 가장 큰 문제는 교회가 疎外되고 있다는 사실을 꼽고 있다.

신학생들의 눈에 비친 오늘의 한국교회의 이미지는 기독교의 한국 전래 1백 주년에 즈음하여 교계 전체에 뜨거운 자기비판과 省察이 따르지 않으면 안 된다는 것을 실감하게 한다.

또한 교회 안의 물량적인 팽창주의에는 마치 상거래와 같은 경제적인 요인이 개입될 수 있다는 사실도 지적하지 않을 수 없다. 이들은 오늘의 한국교회가 대부분 목사들에 의해서 움직여지고 있는데 그들의 잘못된 인격에 의해서 교회가 비틀거리고 있으며, 큰 교회의 목사일수록 가난하고 눌린 자들을 외면한다는 비판도 서슴지 않고 있다. 그뿐 아니라 설교가 너무 祈福的인 데로 흘러서 예수를 마치 공상소설에 나오는 초능력의 주인공쯤으로 만들기가 보통이라는 비판을 하기도 한다. 하나같이 하나님의 뜻을 외치고 있지만 누가 이 시대에 하나님의 뜻을 선포하고 있는가에 대해서는 회의적이 아닐 수 없다. 이 조사에서는 교회는 이제

教權主義에서 벗어나 그리스도의 참된 사랑을 주고받는 대화의 공동체를 회복해
야만 한다고 결론 내리고 있다.

아놀드 토인비 *Arnold Toynbee*는 과거 6천여 년 동안의 역사 가운데 인간생활에
가장 깊은 상처를 입혀 온 것은 전쟁으로서 그 대부분이 직간접적으로 종교전쟁
으로 점철되어 왔다고 했다.

그에 의하면 문명권의 중핵을 이루고 있는 것은 종교이므로 어떤 문명이든지
그것이 宗敎基盤을 확보하지 않고서는 생존해 남을 수 없게 된다. 따라서 교회가
타락하고 병들면 종교도 병들게 되고, 병든 종교는 곧 병든 문명 그 자체를 뜻하
게 된다.

V. 사랑은 끝났는가

얼마 전 미국 전역을 여행하면서 각 대학에서 쓰이고 있는 교육철학 교재가 무
엇인가를 조사한 적이 있다. 그때 교육철학을 강의하는 교수들이 모두 번민에 빠
져 있다는 사실을 알았다. 그들은 학생들의 全人敎育을 위해 온갖 노력을 경주하
고 있음에도 불구하고 청소년 범죄는 날이 갈수록 증가추세에 있으며 퇴폐적인
향락주의와 극단적인 개인주의 風潮가 만연되고 있어, 교육의 목적과 이념이 무
엇인가를 재검토해야만 하는 심각한 교육적 위기상황을 맞이하게 되었다는 것이
다. 그런 중에 전국 교육자들의 관심 속에 널리 읽힌 글은 애슐리 몬테그 *A.
Montague*라는 인류학자의 논문이다. 이는 그가 60여 전 생애를 바쳐서 6백만 년 동
안 인류가 걸어온 족적을 연구한 것으로서 1983년 최고의 논문으로 평가되었다.

그의 연구에 의하면, 인간이 다른 피조물과 구별되는 것은 인간이 思惟하는 동
물이기 때문이 아니라 사랑을 할 수 있고 사랑을 받을 수 있는 존재이기 때문이
라는 것이다.

사랑이 성숙되지 못한 인간의 사유는 발달하면 발달할수록 자기를 합리화시키
고 자신의 실수와 불의한 욕망을 美化시키는 지적 수단으로 전락하고 만다. 自己

合理化란 마치 법률이 발달하고 律士들이 많아질수록 어떻게 불법을 합법화할 수 있는가를 연구하는 것과 같이, 철학이 발달하고 사유가 발달하다 보니까 사욕은 사욕대로 충족시키면서 이를 미화시키려는 부정적 사고의 유형이 跛行되는 것이다.

이런 관점에서 애슐리 몬테그 교수는 인간과 동물과의 차이 그리고 인생의 참된 의미는 '사랑'밖에 없다고 한다. 인류는 6백만 년 동안 그 사랑을 끊임없이 찾아오고 있다고 결론짓고 있다. 생명은 태어나면서부터 사랑을 받아야 그 생명이 바로 되는 것처럼 사랑을 받아 보지 못하고 자라난 어린이들은 사랑할 줄도 모르게 된다고 그는 강조한다.

기독교를 한마디로 말한다면 사랑이다. 얼마 전 월간 ≪리더스 다이제스트≫에는 "사랑은 이미 죽었다. 오늘의 사랑은 전체적으로 끝났다"라는 제하의 글이 실렸었다.

본인은 본인의 저서 『사랑의 철학』에서 "사랑은 끝났는가"라는 序文을 쓴 적이 있다. 이제는 사랑을 찾다 지쳐서 쓰러진 사람도 있다. 사랑은 없다고 한 사람도 있다. 그렇다고 사랑이 끝났다면 인생처럼 삭막한 것이 어디 있겠는가? 사랑 없는 세상처럼 삭막한 곳이 또 어디 있겠는가?

사랑이 끝난 것으로 알고 사는 것이 현대인의 悲哀이며 현대의 병이다. 요즈음에는 남을 속이고 남을 해치는 데에도 사랑을 이용한다. 남을 속이려는 사람일수록 사랑을 더 잘 이용하기 때문에 이제는 사랑이란 말을 잘하면 의심을 받는 세상이 되어 버렸다. 이 때문에 가장 많은 피해를 보는 것이 성경이다. 성경의 구절들이 그들의 處世手段으로 전락해 버릴 위기에 처해 있기 때문이다.

애슐리 몬테그 교수의 말에 의하면 교육은 이론으로만 요란하게 할 것이 아니라고 했다. 배운다는 것의 근본은 사랑을 어떻게 주고받는가를 몸으로 직접 배우는 일이라고 했다. 그리고 옆 사람이 뭔가 불편해하는 것이 없는가를 살필 줄 알고 못 본 척할 수 없는 심정이 바로 사랑의 기본이 되는 것이라고 했다. 이것을 못 본 체하고 외면하는 것은 사랑과 반대되는 것이며 이 때문에 오늘의 세계가 망해 가고 있다고 한다.

현대사회 병리현상은 無關心에서 온다. 귀찮아하는 것, 남이 어떤가를 생각하지 않는 것 자체가 벌써 사람의 本性에서 떠난 것이라고 그는 말한다.

사랑이라는 것은 사실 그렇게 어려운 데서 시작되는 것은 아니다. 이웃에 關心을 갖고 마음 씀씀이가 情이 깊고 따뜻하기만 하면 된다는 것이다. 따뜻한 마음의 소유자는 결코 그냥 앉아 있을 수가 없도록 사랑의 움직임이 계속되는 것이다. 文明의 利器가 모든 사람들에게 편이를 제공해 주는 것 같지만 그 어느 것도 따뜻한 인정을 대신해 줄 것은 없다. 이 같은 참된 마음의 사랑이 없다면, 그것은 인류이거나 국가이거나 민족이거나 가정이거나 간에 이미 멸망의 씨앗을 배태하고 있는 것이나 마찬가지이다.

몬테그 교수는 자신이 非宗教人임을 고백하면서도 남을 어떻게 사랑하느냐는 문제에 대해서는 성경에 있는 바와 같이 "네 이웃을 내 몸같이 사랑하라"는 말씀에 근거해야 한다고 말한다.

그는 또 인간이 동물과 다른 것은 인간의 교육에 대한 可能性에 있다고 한다. 본인은 교육의 가능성뿐만 아니라 인간이 동물과 다른 점을 교육할 수 있으며 교육이 機械的으로만 되는 것이 아니라는 점을 덧붙이고 싶다. 교육은 교육한 시간만큼 그 효과가 난다고 생각하는 것은 잘못된 생각이다. 교육은 바르게 하지 않으면 도리어 하지 않은 것만도 못해서 뜻밖의 무서운 逆效果를 초래할 수도 있다.

본인은 교육이 신비스러운 힘을 가지고 있다는 사실을 발견했다. 그것은 기계적으로 일정한 효과를 기대할 수 없지만 신비스럽게도 어느 때 어느 곳에서든지 피교육자의 마음에 깊은 감동과 감명을 줄 때 믿을 수 없을 만큼 마음에 큰 변화를 일으킨다는 것이다. 교육을 통하여 마음과 마음이 부딪치고 마음에 깨달음이 일어날 때 엄청난 변화가 순식간에 일어날 수도 있다는 사실은, 하나의 기적과 같은 신비스러운 현상이 아닐 수 없다. 가르치는 사람이 무엇을 가르친다 하더라도 그것이 적중되지 않으면 그것은 교육이 아니다. 교육의 변화는 항상 오랜 시간이 걸리는 것은 아니다. 때로는 기적적으로 일어나기도 한다. 악인이 回心하여 선인이 되기도 하고 瀕死狀態에 있던 사람이 강한 사람으로 만들어지기도 한다. 마치 교회에서 성령현상이 일어나듯이 순식간에 비슷한 현상을 일으킨다. 전혀 새로운 인격이 형성되기도 하는 것이다.

에버렛 라이머 *Everett Reimer*는 1979년 그의 저서『학교는 죽었다』에서 "학교는 이제 하나님과 사람 사이에 끼어들어 하나님의 뜻과는 달리 말을 잘 듣고 잘 보인 자에게는 튼튼한 동아줄을 내려 주고 그렇지 않은 자에게는 썩은 동아줄을 내려 주는 그런 교회와 같은 존재가 되었다"고 지적하였다. 그는 이 책에서 본래 사명을 상실한 학교는 죽은 것이라며 교육의 가능성을 상실한 오늘의 병든 사회를 診斷하고 있다.

Ⅵ. 종교와 참된 크리스천

키르케고르는 母胎로부터 기독교인이었을 뿐 아니라 기독교의 명문 가정에서 태어났지만 죽는 날까지 "어떻게 하면 진정한 기독교인이 될 수 있는가가 나에게 있어 무엇보다 중요한 문제다"라고 고백했다. 흔히 사람들은 기독교인으로서 어떻게 행동해야 하는가에 대한 문제에만 골몰한다. 그러나 참된 기독교인의 良心은 어떻게 하면 기독교인이 될 수 있는가에 대해 고민한다. 성경 구절은 하나하나가 보배와 같다. 그러나 그것을 좋다고 말할 자격이 있는가? 그것을 그것대로 실천할 수 있는가? 양심적인 자세와 행동이 있지 않고서는 우리들 스스로가 기독교인이라 하는 것은 문제가 된다. 기독교인이 된다는 것은 단지 洗禮를 받았다는 형식상의 요건을 갖추었다고 해서 이루어지는 것은 아니다. 본인의 경우에도 마찬가지이다. 본인은 기독교에서 선생 노릇도 하고 여러 가지 직분도 맡았지만 사실 아직도 기독교인이라고 떳떳하게 내세울 수가 없다. 기독교인을 표상하기에는 본인으로서는 벅차기 때문이다.

교회 밖에는 기독교인이 아닌 사람 중에 기독교인보다 더 착하고 사랑을 실천하는 사람들이 얼마든지 있다.

기독교처럼 사랑과 겸손을 강조하는 종교가 없는데도 불구하고 사실 오늘의 기독교 實相은 어떠한가? 기독교 정신과는 정반대 현상을 보여 주고 있다. 姑息的인 교리에 사로잡혀서 제멋대로 남을 異端이니 사탄이니 매도하면서 기독교정신의 생명이라고 할 수 있는 사랑을 유행가 가사 정도로 여기고 있다. 이것이 오늘의 기독교의 타락현상이 아니고 무엇이겠는가!

생활 속에서 온유하다는 것이 무엇을 의미할까? 그것은 마음을 따뜻하게 하라는 뜻이다. 그럼에도 불구하고 기독교인 중 90%가량이 마음의 硬化症에 걸려 있다는 평가이다. 모두들 앉아서 남을 비판하는 데는 능하면서 자신을 반성할 줄 모른다. 말로는 죄인이라고 하면서도 행동은 그렇지 않다. 세상에는 빚진 죄인이라는 말이 있다. 죄인이 어떤 것인지는 빚을 져 보면 안다. 빚쟁이 앞에는 천하 없는 사람도 꼼짝 못한다. 言行과 태도를 모두 부드럽게 해야 하는 것이다. "예언도 폐하고 方言도 그치고 지식도 폐할 것이나 사랑은 영원하다"는 말씀은 여기에 그 원인이 있다.

기독교인들은 살아 계신 하나님을 믿는다고 한다. '살아 계신 하나님'이라는 말은 '지금 나를 보고 계신 하나님'이라고 바꿔 말할 수 있다. '전지전능하신 하나님'이라는 말은 또한 '나의 모든 것을 다 아시는 하나님'이라는 뜻이다. 그러니까 내가 마음속으로 생각하는 것까지 다 아시는 하나님이신 것이다. 그런 하나님이 자기 옆에 앉아 계신다면 어떻게 함부로 할 수 있겠는가? 사랑하되 원수도 사랑하라는 예수님의 말씀은 인간적인 생각으로는 불가능한 誡命이다.

"네가 남의 여자를 탐내면 그것이 곧 간음이다"라고 예수께서 말한 양심의 심판은 苛酷한 것인지도 모른다.

"원수를 사랑하라"고 한 말씀을 곰곰이 헤아려 보면 나를 사랑하라고 하는 사랑의 명령으로 생각되기도 한다. 그 까닭은 기독교인들이 자기 자신의 罪性이 어떤 것인지 심각하고 절실하게 깨닫지를 못하는 데 있다. 죄라 지목하는 것은 자신이 생각해 낸 죄만을 말하는 것이다. 그중에서도 변명할 수 있는 것만 골라서 고백하기가 일쑤이다. 따라서 변명할 수 없는 죄는 애당초 죄라고 생각하려 하지 않는다. 정말 감당할 수 없는 죄를 저지르고 있음을 고백하고 자기 힘으로는 도저히 이 죄성에서 벗어날 수가 없다는 것을 깨닫게 될 때 비로소 信仰告白이 이루어진다는 것을 알아야 한다. 자기의 한계를 인식하고 하나님께 전적으로 자신을 맡기고 그의 뜻대로 따르겠다는 믿음의 결단이 내려져야 한다.

죄 사함 받았다는 사실도 말로는 쉽게 이야기하지만 실감나게 느끼고 있지는 못한 것 같다. 실상 사랑의 장이라 불리고 있는 고린도전서 13장을 보아도 사랑 그 자체가 어떤 것이라는 말은 없다. 사랑이 마음속에 차 있으면 그 사람에게 자동적으로 사랑의 運氣가 방사되어 행동으로 나타날 뿐이다. 마음이 따뜻하고 부드럽다는 것은 사랑 없이 저절로 되는 것이 아니다. 진실로 자기가 죄인임을 고백할 때 사랑과 겸손은 저절로 된다.

유교에도 이런 종류의 교훈은 많이 있다. 동양인들이 서양인들보다 물질적으로 후진성을 면치 못하고 우리나라가 다른 나라보다 못살게 된 것이 綱領과 도덕률이 없어서 그렇게 된 것이 아니다. 도덕적인 차원에서 보면 동양사람이 서양사람보다 더 高度한 위치에 있었다. 백 년 전 선교사들이 동양에 와서 선교를 시작할 때도 생활교육 면에서는 별로 가르칠 것이 없었다. 사랑은 말로 되는 것이 아니다. 실천하지 않으면 아무 소용이 없다.

요즘 예수를 믿지 않는 사람들도 성경의 좋은 말을 잘 알고 있다. 좋다는 생각만 하고 노래만 불러 대면 아무 소용이 없다. 몸이 사랑으로 和解해야 한다. 그리하여 저절로 실천할 수 있도록 해야 한다. 신앙이란 자기만을 위한 생각을 완전히 버리는 것이다. 자기 자신의 힘만으로는 도저히 참된 생명과 사랑의 救援을 받을 수 없다는 것을 깨달아야 한다. 자기의 절망이 무엇인지도 깨달아야 한다. 절망에서 벗어나 꼭 살아야겠다는 생각을 할 때 믿음의 동기가 생긴다. 믿음·소망·사랑의 뜻이 무엇인지 비로소 알게 된다. 그런데 절망을 겪어 보지 못한 자는 이 세 가지 참뜻이 무엇인지도 모른다.

따라서 절망의 체험이란 하나의 은혜이다. 그것은 믿음의 열쇠가 된다. 소망의 문이 되기도 하며 또한 사랑의 날개가 되는 것이다. 여기서 성서에 나오는 蕩子의 비유를 생각하게 된다.

이 비유는 하나님을 배반하고 제멋대로 살아온 오늘의 현대인들을 想定하고 있다. 마지막 절망 속에서 탕자가 생각한 것은 아버지의 사랑이었다. 참사랑은 아버지께로부터 먼저 온 사랑이다. 우리도 하나님 아버지로부터 먼저 온 사랑을 깨달아야 한다. 배반당했던 아버지의 傷心을 생각해야 한다. 오늘의 구원은 자기의 모든 것을 바치어 그 사랑을 위하여 살겠다고 할 때 이루어진다.

Ⅶ. 이데올로기의 비극

오늘날 기독교의 또 다른 비극은 합리주의적인 觀念哲學에서 헤어나지를 못하고 있다는 것이다. 합리주의에서 가장 중요시하는 것은 '理性'이며 이에 대해 가장 많은 고민을 한 철학가는 칸트 *Emanuel Kant*이다. 그러나 그는 이성 그 자체가 무엇인가에 대해서는 구체적으로 한마디도 언급한 내용이 없다. 이성이란 단지 신성한 원리 *divine principle*라고만 했다. 그는 사람이 사물을 인식할 때 12개의 일정한 範疇를 벗어나지 못한다고 했다. 모든 사물을 이들 12개 기본범주를 통해서만 인식하게 되므로 '物自體'는 알 수 없는 것이라고 한다. 칸트는 모든 것을 측정하고 판단하는 준거의 틀을 이성에다 두었다. 이성의 판단에 의해서 옳고 그른 것, 양심적인 것과 비양심적인 것을 결정하게 된다는 것이다.

오늘날 기독교의 일각에서도 이 이성에 의해 인식될 수 있는 대상만을 실체로 인정하려는 경향을 보이고 있다. 이성에 들지 않는 것은 모두 제외해 버리고 오직 아름답고 고상한 교훈이나 이상만을 추구하고 있다. 심지어는 성경까지도 자기 마음대로 선택해서 理性의 權衡만으로 저울질하고 있는 실정이다.

그러나 생활 속에서는 이성의 권형만으로 저울질할 수 없는 고통과 번민, 운명과 같은 엄청난 일들이 많다. 레프 셰스토프 *Lev Shestov* 같은 哲人은 이를 욥의 저울 *Balance of Job*이라고 불렀다.

우리의 이성으로는 도저히 납득할 수 없는 일들은 바로 이 욥의 저울을 통하여 알 수 있는 것이다. 사실 가장 문제가 되고 있는 것은 기독교의 신학이나 신앙이 이 合理主義에서 탈피하지 못하고 있다는 것이다. 이성으로 믿어지지 않는 것, 상징적인 것들은 얼마든지 달리 해석될 수 있기 때문에 결국 토마스와 같은 신학자에 의해 '신은 죽었다'고 선언되기에 이른 것이다. 신앙인들이 깊은 신학적 思索과 신앙적 체험을 거치지 않고 이성에 따라 합리주의적인 방향으로 추구해 가다

보면 전혀 다른 방향으로 흘러가 버리고 만다. 자기가 神을 묘사하고 장식하고 변형시켜서 자기 멋대로 만든 신이 탄생하게 되는 것이다. 神을 침범할 수 없는 인격적 대상으로서가 아니라 얼마든지 자기의 생각대로 설명해 낼 수 있는 認識의 대상으로 삼는다.

자기 마음속에 그려 놓은 관념적 영상을 신이라고 설명하는 것이다. 그것은 무엇을 의미하는가? 결과적으로 인간이 신을 믿는다고 하면서 결국은 자기 마음대로 신을 만들어 놓고 마는 것이다. 그러기에 포이어바흐 *L. A. Feuerbach* 같은 사람은 "신이란 사람이 제 마음속에 그려 놓은 것을 影像化한 것에 지나지 않는다"는 瀆神을 서슴지 않고 선언하고 나선 것이다. 신앙인의 이 같은 行態는 신이라는 미명하에 자기가 만든 우상을 세워 놓고 거기에 도취되어 있는 것과 마찬가지로 우상숭배라는 비난을 면할 수 없다. 마르크스·레닌주의자들이 "종교는 아편에 지나지 않는다"라고 혹독하게 비난하고 나서도 할 말을 잃게 된다.

사실 오늘의 기독교는 진부하다. 자기 멋대로이다. 저마다 자기가 만든 관념적인 우상을 신과 동일시하여 사람 수만큼이나 많은 신들을 만들어 놓고 있다. 목사의 설교를 들어 보면 흥미로운 일이 있다. 공자 이야기를 할 때는 그것을 유교식대로 설명하고 석가 이야기를 할 때는 또 역시 그런 식으로 한다. 무엇이든지 편리한 대로 설명한다.

오늘날 인류의 대립적인 비극은 지나친 합리주의의 産物이다. 자유세계와 공산세계의 대립을 만들게 된 장본인도 철학적으로 보면 '데카르트'의 합리주의 철학이다. 흔히 민주주의는 공산주의와 대립되는 개념으로 알고 있다. 그러나 근본적으로 대립되고 있는 것이 아니다. 정치적으로 서로 적대시하고 제도적으로 대립된 양상을 보여 주고 있으나 철학적으로는 사실 백지 한 장의 차이다. 모두가 비기독교적이고 비신학적이며 人間中心主義에 기초하고 있다.

오늘의 민주사회가 악화되고 타락되어 가는 것도 인간중심주의를 우위에 두고 있는 데에서 기인된 것이다. 인간중심주의는 인간과 인격을 궁극적인 목적이나 가치의 본질에 두고 인도주의와 인본주의를 표방하는 것으로 나타나고 있다. 민주주의는 인도주의의 要諦라 할 인간의 존엄성과 평등의 궁극적인 價値基盤을 상실했거나 잘못 인식하고 있다.

인간의 존엄성과 평등의 궁극적인 가치기반은 神으로서, "인간은 누구나 신의 아들딸이다"라는 前提 없이는 성립될 수 없다. 인간이 평등해야 할 이유로 인간은 '이성적인 존재'이기 때문이라는 말은 거짓이다. 理性은 타락한 지 오래다. 이성도 인간이 만들어 낸 觀念的 産物이기 때문에 본심의 발로가 아니고서는 온전할 수 없다. 신학적으로 말하면 이성이란 인간의 시조가 하나님께 죄짓기 전 에덴동산에서 추방되기 이전에나 존재할 수 있었던 것이다. 이성이라는 신성한 원리는 그 후에 깨어진 거울과 같이 되었다. 하나님이 인간을 자기 모습대로 만들었다고 해서 자랑스럽게 생각하고 있지만 이미 깨어진 거울이다. 양심마저도 구부러진 거울인 것이다.

그렇기 때문에 그것만 가지고 보면 구부러져 보이고 깨어져 보일 수밖에 없다. 이 세상에서 싸움의 원인은 理性 때문이다. 서로 양심을 내세우다가도 끝내는 서로 양심이 없다고 다투게 된다. 양심이 싸움의 불씨가 되어 버린 것이다.

이데올로기는 순전히 폭력을 정당화시키는 수단으로 전락해 버렸다. 이데올로기는 타락할 대로 타락했다. 폭군이나 사기꾼과 같이 사람을 죽이고 인간의 존엄성과 인격을 유린하는 사람들이 더욱 이데올로기에 집착한다. 이데올로기는 인간의 양심에 호소하는 말뿐이다. 합리주의에서 이데올로기를 보면 속아 넘어갈 수밖에 없게 되어 있다. 이를 거부할 아무런 논리적·이론적 근거가 없는 것 같기 때문이다.

그러나 실제로는 이데올로기가 모든 싸움의 발단이 되고 있다. 현대는 점차로 탈이데올로기 시대로 전환되어 가면서 當爲性이 강조되고 있다. 이데올로기를 내세워서 가장 악용한 자들이 마르크스와 레닌이다. 마르크스와 레닌의 이념이 자국에서 천만이 넘는 인명을 살상했다. 나폴레옹도 이데올로기를 앞세워 전장으로 사람들을 몰고 갔다. 이데올로기만 내세우면 꼼짝 못한다. 반박할 만한 말은 찾지 못하고 '이성'이나 '양심'이라는 덫에 걸린 것이다.

헤겔의 관념론적 변증법이 마르크스와 레닌에 의해 唯物辨證法이라는 대립투쟁의 수단으로 변형되는 과정에서도 정당화된 폭력이 양심과 이성에 호소되고 있다. 인간이 평등하다는 것도 결코 인간이 이성적인 존재이기 때문이 아니다. 이성만을 가지고는 구원에 이를 수 없다. 인간은 神의 자녀들이기 때문에 평등할 수 있는 것이다. 존엄성의 근거는 神이다. 신의 존재를 근거로 하지 않은 人道主義는 이성과 양심에 의해 유린될 수밖에 없다. 왜냐하면 이데올로기라는 수단이 인간 이성과 양심에 호소하여 대립투쟁으로 이끌어 갈 수 있는 길이 항상 열려 있기 때문이다. 민주주의가 人間中心主義에서 탈각하여 그 가치기반인 신의 존재를 회복하지 않는 한 진정한 민주주의가 될 수 없다.

제1장

政治 哲學과 宗教

마르크시즘과 宗教

裵泳基

숭의여자대학 교수 · 사회철학

Ⅰ. 머리말

오늘날 마르크시즘을 이해하기 위하여 다양한 접근법이 시도되고 있다. 이를 보다 근원적으로 파악하기 위해서 그의 唯物論의 기저가 되고 있는 종교에 대한 견해, 태도, 이념을 살펴보는 것은 매우 타당한 연구 방법이 될 것이다. 왜냐하면 마르크시즘의 요체를 無神論 *Atheism*, 唯物論 *Materialism*, 共産主義 *Communism*로 구분한다면, 그중에서 무신론이 가장 먼저 형성되었기 때문이다. 1841년 「데모크리토스와 에피쿠로스의 自然觀의 차이점에 관한 硏究」라는 학위논문을 쓸 당시만 해도, 독일관념론자에 불과했던 그의 사상적 기저에는 이미 무신론이 확립되어 있었다. 1848년의 「共産黨宣言」이 발표되기 이전 그의 청년기의 저서인 『神聖家族 *The Holy Family*』(1845)과 「經濟學 · 哲學草稿 *Economic and Philosophical Manuscripts*」(1845) 등에서 그가 포이어바흐의 무신론적 사상의 영향을 크게 받고 있음을 알 수 있다. 특히 독일의 신학자인 동시에 처음엔 헤겔 우파였다가 후에 헤겔 좌파로 전환하여, 예수의 神性 및 歷史的 存在를 부정하면서 성서를 고전적인 문학작품이라고 주장했다가 대학당국으로부터 추방당한 부르노 바우어 *Bruno Bauer*의 영향을 크게 입은 데서도 그의 사상적 성향을 짐작하게 한다.

無神論은 글자 그대로 신은 존재하지 않는다 하여 신의 존재를 부정하는 이론이다. 니체로부터 근대의 무신론자인 W. 오캄, 데카르트, 흄, 포이어바흐, M. 퐁티, 사르트르에 이르기까지 유물론자인 마르크스를 神 자체를 부정하는 반신적인 無神論者라기보다는 신앙을 부정하고 반대하는 무종교론자 또는 반종교론자의 카테고리에 포함시키는 견해도 없지 않으나, 이는 기독교 문화권에서 마르크스의 유물론이 생성되었다는 소박한 관찰의 결과에서이다. 실제에 있어서 마르크스의 유물론은 '물질이 정신에 선행한다'고 전제한 후 과학적 방법으로 기독교의 신관을 파괴하려는 의도에서 출발하였기 때문에 기독교와 유물론은 근원적으로 서로 용납할 수 없게 되어 있다. 따라서 本考에서는 마르크스의 무신론 또는 反神論的 思想의 형성 배경과 종교이론의 구조를 살펴보면서 종교에 대한 이데올로기적 비판과 그 道具性을 논구함으로써, 현대 공산주의에 대한 심층적 이해와 이를 극복하기 위한 보다 분명한 안티테제를 수립함과 동시에, 神에 대한 올바른 인식을 갖지 못한 광신적인 사이비 유신론자들에게 참다운 神中心主義 *Godism*의 가치체계를 형성하는 데 시사하고자 한다.

끝으로 본고에서는 마르크스와 마르크시즘을 같은 개념으로 다루며, 연구범위에 있어서는 마르크스의 종교사상을 형성한 초기 저서들과 관련하여 주로 그의 종교에 대한 비판적 관점을 論究하는 데 중점을 두고자 한다.

차후에 본고의 후속으로 초점을 전기 마르크시즘과 후기 마르크시즘 간의 종교적 연계성, 소비에트 이데올로기에 미친 마르크스의 종교적 變容性, 폴란드를 중심으로 한 현대 동구 공산권에 있어서 宗敎의 道具性 그리고 마르크시즘과 신학의 한계성, 중공에 있어서 가톨리시즘의 문제 등에 대해서 다루어 보고자 한다.

Ⅱ. 마르크스의 宗敎的 背景

1. 유태家庭의 背景

칼 마르크스는 1818년 5월 5일 독일 트리에 *Trier*에서 변호사인 아버지 하인리히 마르크스와 어머니인 베스트팔렌(일명 제닉) 사이에서 태어났다. 마르크스의 가계가 다른 집안과 색다른 점은 아버지 쪽으로나 어머니 쪽으로나 다 같이 유태교 律法師의 오랜 전통을 가진 집안의 자손이라는 점이다. 다음의 그림에서 보여주는 바와 같이 마르크스는 父系로나 母系로나 그리고 妻系에 이르기까지 모두 철저한 유태 혈통의 조상을 가진 가문이었다.[1]

마르크스의 부계, 모계, 처계를 통하여 공통적인 것은 유태교의 율법사와 변호사의 직업을 가진 사람이 많다는 사실이다. 이는 유태가정의 엄격한 가부장적 전통이 家族을 지배함으로써 권위체계를 유지할 수는 있었으나, 당시의 프로이센 정부는 유태인들에게는 국가공직을 허용하지 않았기 때문에 이로 인해 개종하지 않으면 안 되는 갈등을 겪고 있는 아버지 하인리히 마르크스를 보면서 자란 마르크스는, 일찍부터 사회모순에 대하여 적개심을 품고 자라게 되었다. 이러한 家庭 的 背景으로 말미암아 그는 철두철미한 투쟁적 성격의 소유자로 성장하게 되었다.

〈표 1〉 칼 마르크스의 父系

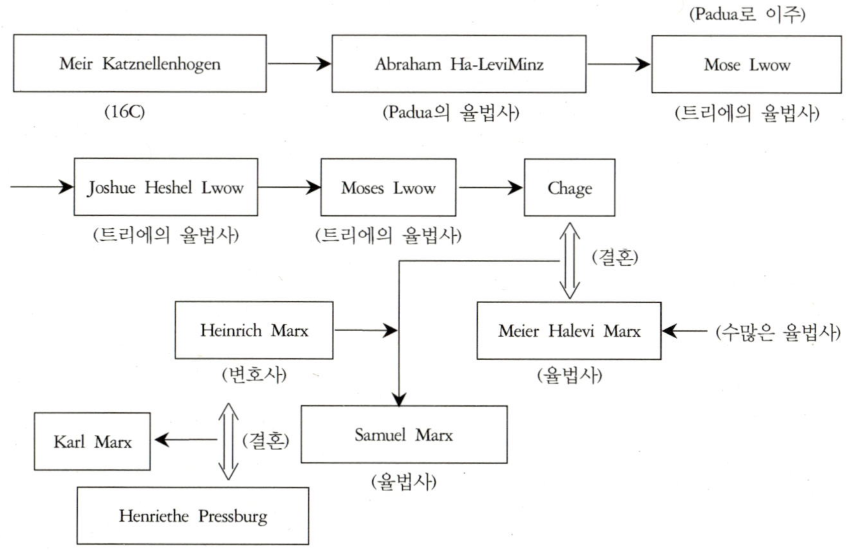

---

1) David McLellan, *Marx before Marxism*, Penguin Books, 1972, p.42.

〈표 2〉 칼 마르크스의 母系

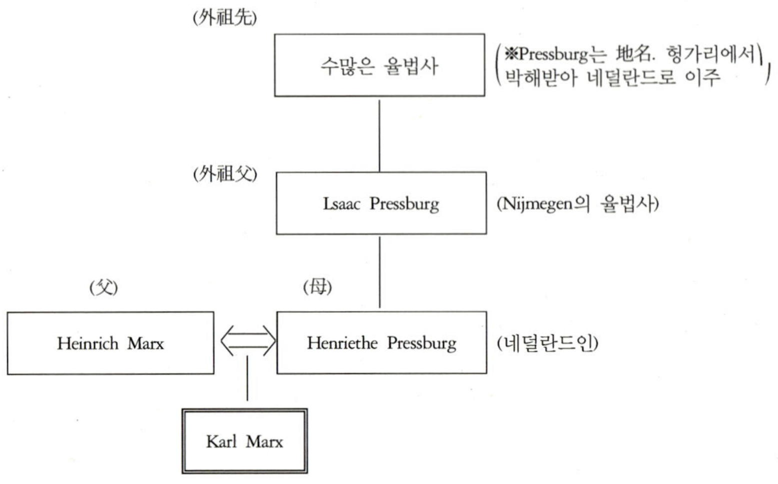

〈표 3〉 칼 마르크스의 妻系

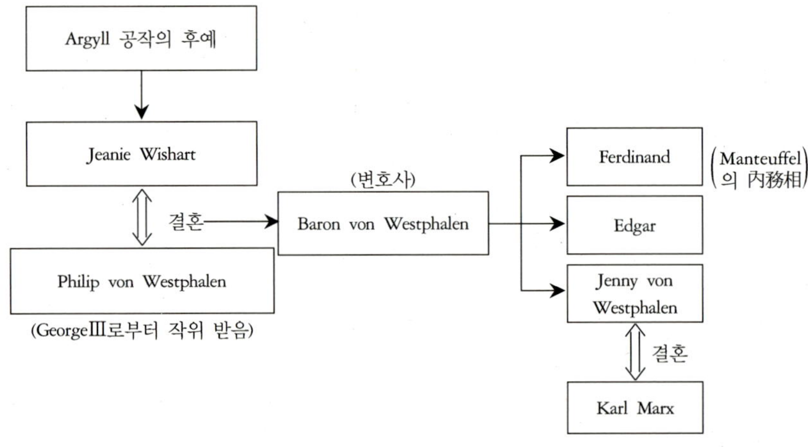

　　시드니 후크에 의하면 마르크스는 그가 지닌 인생관·세계관의 소치였겠지만 세속적인 인간들의 생활양식·취미·가치관념 등을 경멸했을 뿐만 아니라 어떤 사건이거나 윤리적인 원리에 호소하는 것을 거부했으며, 그의 가족과 동지들에 대해서만은 예외였지만, 타인에게 무조건 온정이나 우정을 베푸는 것을 원치 않았다. 마르크스에게 있어서 모든 사람들은 그의 정치투쟁에 있어서 이용가치가 있는 인물이냐 아니냐 하는 양자 중의 하나였을 뿐이다. 그는 생애의 최후 순간까

지 政敵에 대해서는 무자비하였고 자기와 일치하지 않은 견해에 대해서는 背敎가
아니면 도덕적인 타락 또는 정치적 백치로 간주하였다.[2]

2. 基督敎徒에로의 改宗

마르크스의 아버지 하인리히 마르크스는 1817년 8월에 유태교에서 프로테스탄
트로 개종하면서 그의 이름도 헤셀 *Heschel*이었던 것을 하인리히*Heinrich*로 改名하였다.

그리하여 마침내 하인리히 마르크스는 트리에 市[3]의 변호사회 회장에 뽑힘과
동시에 市法律顧問으로 추대되는 영광을 누리게 되었다.

그리고 마르크스의 어머니인 헨리이테 프레스버그 *Henriethe Pressburg*는 16세기에
헝가리로부터 이주해 온 네덜란드 유태교 율법사의 오랜 전통을 가진 친정의 가
풍으로 인하여 개종을 못 해 오다가, 그녀의 양친이 1825년에 사망하고 나서 같은
해에 프로테스탄트 교회에서 세례를 받았다. 그리고 칼 마르크스는 여섯 살 되던
해인 1824년에 그리스도교회에서 세례를 받고 크리스천이 되었다.[4]

마르크스의 전기를 쓴 스파고 *Spargo*[5]는 마르크스의 모친이 극히 종교적인 부인
이었기에 아이들에게 조상과 종교에 관하여 많은 교육적인 영향을 끼쳤을 것이라
고 하였다. 특히 기독교로 개종한 후에도 마르크스의 집안에는 유태교적 풍습과
의식이 잔존했음인지 기독교에 대한 신앙심은 별로 두텁지 못했다. 이러한 박약
한 신앙심이 나중에 그의 사상이 反기독교적으로 변화되는 원인으로 작용하였으
리라고 쓰고 있다.

기독교로의 개종을 통하여 얼마간의 사회적 명예를 획득한 하인리히 마르크스
는 베를린 대학에서 수학하고 있는 아들 칼 마르크스에게 보낸 편지 중에서도
"참된 倫理는 순수한 하나님의 신앙 안에서 찾을 수 있다. 그래서 뉴턴이나 로크
그리고 라이프니츠 같은 사람들도 신앙을 가지고 절대자를 흠숭했던 거야……"[6]

2) Sidney Hook, *Marxism and Marxists*, 뉴욕, D. Vannostrand Company, 1955, p.72.

3) 트리에 市는 룩셈부르크 國境에서 동쪽 5km 지점에 위치하고 있으며 현재 인구 10만 정도의 작은 도시이긴 하나 옛날 로마제
국 시대부터 있었던 역사적인 古都이다. 이 도시 초기에 세워진 성곽인 포르타 니그라 *Porta Nigra*가 아직도 잔존하고 있으며
마르크스家가 살았던 生家는 현재 그의 개인 박물관으로 보존되어 있다.

4) David MeLellan, 전게서, p.45.

5) J. Spargo, *Karl Marx*, Leibzig Company, 1921, p.10.

라고 하면서 신앙문제를 언급한 내용을 찾아볼 수 있다.

마르크스가 트리에 고등학교를 졸업할 무렵인 17세 때에는 「한 젊은이가 자기의 앞날을 선택하는 문제에 관한 고찰」이란 제목의 졸업논문에서 "그리스도의 신앙도 구체적으로 어떤 인간적인 福祉와 관계가 없다면 무슨 가치가 있겠는가? 이론적이고 추상적인 진리는 無用한 것이며, 인간사회에 이바지할 수 있는 실질적이고 행동적인 것만이 어떤 가치를 지닐 수 있다"고 주장하면서 "그리스도의 가르침을 전연 받지 못했던 미개인들이 자신들의 내적 불안과 여러 神들의 분노를 해결하는 방법으로 그들이 믿고 있던 잡신들에게 제사를 바쳐 온 것은 얼마나 우매한 행동인가!"[7]라고 개탄하였다. 이렇듯 그는 학생시절부터 종교에 대하여 비판적인 태도를 가지고 있었음을 알 수 있다.

특히 마르크스는 그가 소속되어 있었던 '프로테스탄트 학생회'에서 요한복음 15장 1~14절까지의 성서 내용, 즉 포도나무와 포도나무 가지에 대한 비유로써 그리스도와의 초자연적 생명의 일치를 이루는 것에 대한 해석을 두고 토의하는 자리에서 그는 神學的인 성서이론을 철학적인 윤리규범으로 해석을 내리려고 노력하였다.[8]

3. 宗敎的 影響을 준 思想家

1) 헤겔(*Friedrich Hegel*, 1770~1831)

마르크스가 베를린대학에 입학하였을 당시의 사상 사조는 헤겔의 관념론 철학이 일색을 이루고 있었다. 헤겔이 기독교적 철학자인가 그렇지 않은가에 대해서는 학자에 따라 상반된 견해를 보여 주고 있으나, 정작 헤겔 자신은 『종교철학 강의』에서 철학의 대상은 하나님에 있으며 철학은 하나님에 대한 예배라고 하면서 자신은 기독교적 철학자라고 말하였다.[9] 따라서 기독교 철학자 헤겔과 헤겔의 方法論으로부터 출발한 마르크스의 무신론이 서로 어떠한 관계를 가지는가를 살피

---

6) K. Marx & F. Engels, *Selected Works* 1권, Foreign Language Publishing House, 1958, p.186.

7) 상게서, p.202.

8) 상게서, p.209.

9) Sidney Hook, *From Hegel to Marx: Studies in the Intellectual Development of Karl Marx*, 미시간대학 출판부, 1962, p.65.

는 것은 마르크스의 무신론적 이론체계의 문제성을 파악·비판하는 데 있어서 반드시 필요한 것이다.

헤겔의 精神 辨證法의 중심내용은 절대정신에 이르고자 하는 정신의 변증법적 운동과정으로서, 헤겔은 이 정신의 운동을 가리켜 '자기 자신에로의 회귀'라고 말한다. 인간의 본질을 형성하는 意識도 神的인 정신의 自己疏外에 불과하므로 헤겔철학은 후기에 접어들면서 '정신으로서의 하나님 *Gott als Geist*'이란 표현을 더욱 구체적으로 쓰고 있다.[10]

따라서 마르크스에게 있어서 헤겔철학의 긍정적 영향으로는 인간 형성의 本質的인 요소로 노동의 의미를 인간의 총체성, 즉 類的存在로서의 활동과정에서 발견하였다는 것과 헤겔의 정신현상학이 많은 결함을 가지고 있으나 '인간의 소외개념'을 명료하게 이해하였다는 점이다. 즉 헤겔의 疎外의 觀念的 止揚에 대해서 마르크스는 노동의 본질로 파악함과 동시에 인간의 세계는 이 노동의 '역사적 결과'라고 해석한 점이다. 마지막으로 마르크스의 변증법은 헤겔 변증법의 보편적 운동을 그대로 계승하고 있다. 그러므로 마르크스의 이성적 현안의 歷史化의 시도는 헤겔의 인간의 神的 과정으로부터 도출되었다.[11] 그러기에 마르크스는 헤겔의 철저한 徒弟일 수밖에 없는 이유가 성립된다.

그러나 이 같은 헤겔의 영향은 마르크스에게 있어 긍정적 면보다 부정적 면으로 크게 작용하여 辨證法的 唯物論으로 고착된다. 이를 부분별로 살펴보면, 첫째, 루터 신학을 공부한 헤겔은 종교와 이성의 문제를 정확히 구분하지 못한 나머지 종교적인 진리, 즉 계시에 의한 신앙개조도 완전히 그의 이성적인 영역으로 끌어들여 이해하려고 하였다. 헤겔은 초자연적인 계시종교의 진리를 이성화하여 현실에 바탕을 둔 자연종교의 개념을 神的 개념과 동일시하게 됨으로써, 마르크스의 물질적 下部構造의 조건이 上部構造를 변화, 결정한다는 史的 唯物論을 배태시키는 이론적 틀을 제공하게 된다. 둘째, 헤겔의 절대정신의 자기운동의 과정은 마르크스에게 있어서 인간의 노동을 통한 생산의 과정으로 옷을 갈아입을 사회성을 부

---

10) 상계서, p.70.

11) 헤겔, 『歷史에 있어서 理性』, 임석진 譯, 서울, 志學社, 1976, p.72.

여받게 된다. 여기에서 社會性은 정신에 의해서 결정되는 헤겔의 입장으로부터 물질적인 생산관계에 따라 결정되는 이데올로기적 상부구조론이 잉태된다. 셋째, 헤겔의 소외의 관념적 지양은 마르크스에게 있어서는 기독교의 지양 내지 폐지로 이어지고 있다.[12]

여기에서 마르크스는 종교가 인간의 소외된 현실을 보지 못하게 하며 기만적이고 환상적인 행복을 약속하는 '인민의 아편'임을 주장하게 된다. 초자연은 인간 이성의 영역이 아니기 때문에 은총, 계시, 축복 등의 개념은 모두가 미신적 개념인 동시에 인간으로 하여금 현실로부터 초자연적인 환상의 세계로 도피하도록 하여 참된 현실에 대하여 무감각하게 만든다는 그의 종교적 태도는 헤겔과 등을 돌리게 되는 계기가 된다.

2) 브루노 바우어(*Bruno Bauer*, 1802~1882)

바우어는 마르크스가 박사학위논문을 집필하던 1838년에서부터 1842년까지 4년간 가장 가까운 친구인 동시에 일시적이나마 마르크스에게 가장 학문적 영향을 많이 끼친 스승과 제자 사이였다. 그는 베를린대학과 본대학에서 급진적인 神學批評을 강의하면서 헤겔 우파에서 좌파로 전향하여, 성서의 복음 편을 중심으로 그리스도의 神性과 實在性을 부인하는 신학적인 편견 내지 왜곡된 신학설을 주장하다가 마침내 대학에서 축출당하게 된다. 그는 啓示眞理를 절대적인 宇宙意識과 동일시했으며 우주의 모든 역사는 결국 자기의식 *Self Consciousness*으로 귀결된다고 주장하면서 헤겔의 『法哲學』에 정면으로 도전하게 된다.[13]

바우어는 그의 저서 『노출된 크리스챤이즘』에서 신랄한 종교비판으로 그의 무신론적인 사상을 펼치는 가운데 "크리스천이즘은 어떤 적대적인 능력을 전제하여 인간의 자유를 말살하려고 하며 인간은 근본적으로 반종교적인 자세를 취하여 잃어버린 자유를 쟁취해야 한다"고 하였다. 그러면서 그의 친구 프뢰벨 *Fröebel*에게 보낸 편지(1943. 12. 8.) 속에서 "내 생각에는 종교라는 것은 인간을 가두어 버

---

12) 상계서, p.165.

13) 헤겔, 『法哲學批判序說』, 윤용탁 역, 휘문출판사, 1984, p.450.

리는 지옥이요, 神은 그 지옥의 관리자처럼 생각된다"고 술회하고 있다.[14] 이와 같은 바우어의 종교비판사상이 마르크시즘과 같은 보조를 취한다고 볼 수는 없지만 마르크스는 그의 『도이치 이데올로기』에서 "바우어는 대중 속에서 歷史의 물질을 보았고 나는 역사의 힘을 보았다. 바우어는 관념 속에서 추상적인 역사과정의 힘을 찾았다면 나는 구체적인 역사적 투쟁의 도구를 찾았다. ……그래서 바우어는 역사의 목적을 계급이익의 실현이라는 맥락에서 파악하지 못하였다"고 두 사람 사이의 견해 차이를 기술하고 있다.[15]

그러나 마르크스의 종교비판의 사상적 要締는 바우어의 입장을 떠날 수 없으며, 다만 그가 정치비판에로 전환하면서 종교비판의 과제를 역사비판의 과제로, 나아가 법과 정치에 대한 비판으로 그리고 국가에 대한 비판으로 이어지게 하였다.

3) 포이어바흐(*Ludwig Feuerbach*, 1804~1872)

포이어바흐도 헤겔 左派의 제자로서 마르크스의 反宗敎思想뿐만 아니라 정치이론 형성에 이르기까지 결정적인 영향을 끼쳤다.

포이어바흐는 1841년에 출판한 『기독교의 本質』에서 기독교에 대한 비판을 시도하고 있는데 그는 신학을 人間學으로 바꾸어 용해시킴으로써 "신학의 비밀은 人間學이다"라는 명제로부터 출발하고 있다.[16] 포이어바흐는 인간이해로부터 宗敎理解를 하는 방식으로 그의 기독교에 대한 입장을 설정하고 있다. 먼저 그는 종교를 이성적 思惟의 영역 안에 두고자 했던 헤겔과는 달리 기독교의 본질은 人間感情의 본질이라고 하였으며, 다음으로 기독교 종교를 파괴의 대상으로 규정하고 있는 바우어와는 달리 기독교의 종교를 人間學으로 대체해야 한다는 입장을 밝힌 후에, 마지막으로 자신의 인간학을 전개함에 있어서 감각적 경험을 중시하는 唯物論的 人間主義로 변화하게 된다. 여기서 포이어바흐는 데카르트의 "나는 생각한다. 고로 나는 존재한다 *Cogito Ergo Sum*"를 "나는 감각한다. 그러므로 존재한다

---

14) Bruno Bauer, "The Capacity of Present-day: Jews and Christians to become free", *The Philosophical Forum* 8권, pp.131~135.

15) K. Marx & F. Engels, *The German Ideology*, Lawrence & Wishart 역, 뉴욕, International Publishers, 1970, p.170.

16) 포이어바흐, 『미래철학의 근본원칙』, 강대석 譯, 대구 이문출판사, 1983, p.92.

Sentio Ergo Sum"로 명제를 바꾸기에 이른다.[17] 이러한 포이어바흐의 사상적 전개는 현대 무신론의 전형이 되었으며 마르크스의 史的 唯物論의 이론적 근거를 제시하게 됨과 동시에 현대의 무신론 사상의 장본인이요 선봉자가 되었다.

마르크스가 포이어바흐로부터 받은 종교적 영향을 요약·정리해 보면 다음과 같다.

첫째, 人間은 정신적 존재로서의 관심보다는 감각적 존재로서의 대상일 때만이 참된 유물론과 현실적 사회관계를 기본원리로 삼을 수 있다.[18]

둘째, 神의 존재를 인정한 헤겔의 변증법이 비현실적인 것임을 지적한 포이어바흐는 無限者를 지양시키고 그 자리에 감각적인 有限者를 대체시킴으로써 마르크스에 와서는 '否定의 否定'을 모든 존재의 유일하게 참된 행위요 자기 활동이라고 규정하게 하였다.[19]

셋째, 기독교에서의 하나님은 人間의 投影物이며 歪曲의 像이라고 규정한 포이어바흐의 관점에 대해서 찬동하는 마르크스는 여기서 "인간은 인간에 대해서 가장 높은 존재인 동시에 인간은 하늘의 환상적 현실 속에 살고 있지만, 사실은 자기 자신의 투영된 모습을 찾고 있음에 불과하다"는 데서 휴머니즘의 원리를 발견하였다.[20]

따라서 포이어바흐의 무신론의 결론은 "인간이 인간에게 신이다 *Homo Hominis Deus*"라고 人間中心으로 종교적인 진리를 전도시킨다. 그에게는 신이 곧 인간이요 인간이 곧 신이다. 이러한 人間啓蒙的인 영향은 마르크스 이외에도 키르케고르, 니체, 프로이트, 하이데거, 사르트르 등 무신론적인 실존주의자들로 이어지고 있다.

Ⅲ. 마르크스에게 있어서 宗敎의 本質

마르크스는 헤겔의 '精神 辨證法', 바우어의 '自己意識의 歷史觀' 그리고 포이어

---

17) 포이어바흐, 『기독교의 본질』, 박순경 역, 서울 종로서적, 1982, p.41.
18) 金均鎭, 『現代無神論─헤겔과 마르크스』, 경북 왜관, 분도출판사, 1982, pp.61~62.
19) 상게서, p.62.
20) 상게서, p.65.

바흐의 '反宗敎的 人間學'에 대해서 기본적으로 찬동하면서 동시에 이에 대한 비판적 반론을 서슴없이 전개하고 있다.

본 장에서는 마르크스의 종교에 대한 기본인식 그리고 이러한 인식의 바탕 위에 구축된 그의 宗敎理論의 構造와 전개 양상을 개관함으로써 종교와 실천 *praxis*의 架橋인 이데올로기가 어떻게 기능하고 있는지를 규명하고자 한다.

1. 마르크스의 宗敎認識

마르크스는 그의 『도이치 이데올로기』에서 종교의 기원을 설명하면서 自然宗敎 *Natural Religion*와 社會宗敎 *Social Religion*로 구분하고 있다. 그에 의하면 자연종교는 동물적인 의식의 수준에서 나타나는 것으로서 동물들 간의 단순한 관계를 나타낼 뿐, 社會的 産物로서의 의식이 인간관계를 형성하지 못한 초보적 단계에서 나타나는 현상이라고 하였다.[21]

그는 또 동물적인 의식의 문제에 대해서 동물은 어떤 것과도 관계를 갖지 않으며 의식과 행동을 구별하지 못하므로, 초기 원시인들의 의식은 동물적 수준에서 완전히 독립되어 있고 저능한 것이며 엄청난 힘의 소유자였다고 부언하고 있다.[22]

한편 사회종교에 대해서는 그의 『資本論 *Das Kapital*』에서 物神主義 *Fetishism*라는 용어로 표현하고 있다. 즉 종교는 개인이 未熟한 상태에서, 사회·경제적 생산력의 발달이 낮은 수준에서 발생한 것이기 때문에 사회를 결속시켜 주는 탯줄 *umailical cord*의 역할을 하지 못하였으며 종교는 인간과 인간, 인간과 자연 간의 물질적 삶의 영역에서 社會關係가 비례적으로 좁아질 때만 존재의 의의를 가진다고 하였다.[23] 이와 같이 마르크스는 항상 종교의 진수나 핵심에 대해서 언급하기보다는 언제나 사회적인 문제 또는 실제적인 문제와 결부시켜 볼 뿐 아니라 종교의 발생 원인을 인간의 경제적 삶의 미성숙에 두고 있기 때문에, 자연이 인간의 현실과 존엄성을 압도하고 신비화하여 자기가 이해할 수 없는 것을 숭배하도록 강요

---

21) K. Marx & Engels, 전게서 p.51.

22) 상게서, p.59.

23) K. Marx, *Capital: A Critique of Political Economy*, Samuel Moore & Edward Aveling 역, 뉴욕, The Mordern Library, 1906, p.95.

한다고 보았다.

마르크스의 종교인식에 있어서 기본적인 오류는 종교의 超越性과 철학의 論理性을 혼동하고 있는 데서 많은 문제점을 내포하고 있다. 종교는 근본적으로 절대적인 존재와 생명의 신비성이 문제가 되므로 철학과 과학을 초월하는 범주의 내용임을 인식하지 못했던 것이다. 특히 그가 종교를 그리스신화나 原始宗敎의 범주에 넣고 본 것이 잘못 출발된 것이다. 바로 이러한 출발점에서 종교는 일부 幻想論者들의 전유물이며, 한 개인의 비합리적인 감정의 소산일 뿐이라고 본 그 자체가 바로 마르크스의 獨斷的 感情과 幻想의 所産임을 지적할 수 있다.

2. 마르크스의 宗敎理性

마르크스에 의하면 "宗敎란 본질적으로 인간이성의 소산이다. 그러기 때문에 종교적인 행위는 곧 인간의 정신적 요소의 한 표현인 동시에 종교는 철학적인 이론의 한 부분이다. 종교는 결국 인간의 理性에서 구체적으로 표현되는 특수한 요소다. 인간의 구체적인 행위는 어떤 理論的인 내용을 전제로 해야 한다. 그러므로 종교는 存在와 思惟 사이에 끼어듦으로 해서 그 존재이유가 규명된다. 종교는 철학적인 범주에 들어가는 개념이다. 왜냐하면 종교와 철학 양자는 인간의 理性과 知的 요소에 대응하는 것이기 때문이다. 양자는 언제나 융합될 수 있는 개념이므로 철학이 일종의 인간이성에 입각한 이론적 개념이라고 한다면 같은 의미에서 종교도 일종의 이론적 개념이다"라고[24] 하였다.

한편 마르크스는 철학과 종교와의 관계, 신앙과 이성의 문제를 다루면서 '신의 존재문제'에 대해서 우주적인 신의 존재증명과 本體論的인 신의 존재문제를 놓고 다음과 같이 전개한다. 즉 모든 神들은 실재적인 존재이다. 그리스의 아폴로 신도 그리스인들에게는 실제로 능력의 神으로 군림했다. 마찬가지로 인간의 상상의 가치는 실재가치로 존재한 듯하나 가치 자체의 부조리적 요소는 여전함을 알게 된다.

여러분들 사회에서 통용되고 있는 화폐를 전혀 다른 지방에 가서 사용한다고 할

---

24) L. N. Mitrokhin, "Marx's Concept of Religion", *Soviet Studies of Philosophy*, 통권 22권 3호, p.33.

때, 이는 일종의 종잇조각에 불과하지 않겠는가? 마찬가지로 여러분이 믿는 神들
을 다른 지방에 가서 얘기한다면 그들은 그것을 비웃게 될 것이다. 어느 지방에서
모시고 있는 神은 다른 理性의 나라에서는 웃음거리로 나타날 수 있는 것이다.[25]

이와 같이 마르크스는 신의 존재문제를 한 개인의 주관적인 문제일 뿐 결코 객
관적인 문제가 아님을 강조하면서 "神의 존재문제는 개인의 良心에서 나타나는
것이며 이 개인의 양심의 문제는 단순히 人間本性에 착각을 일으키면서 비현실적
인 어떤 존재를 만들어 낼 수 있다. 그리고 신의 존재는 인간이성이 잘못 이해되
는 곳에 존재한다. 부조리하고 참된 사상이 없는 곳에 신은 존재한다. 결국 신은
이 세상을 부조리하게 생각하는 인간을 위해서 존재하기 때문에 신의 존재 그 자
체가 이치에 맞지 않는 것이므로 부조리가 神을 만든다"고 하였다.[26]

마르크스는 처음부터 신앙의 세계를 부인하고 있다. 그는 학위논문에서 특별히
서유럽의 理性主義的인 입장과 反宗敎的인 입장에서 종교를 비판하며, 특히 역사적
인 고찰을 통해서 신앙은 하나의 조작이며 소수 인들의 특허물이 될 것이라고 주
장한다.[27] 그에 의하면 인간의 지능은 단계적으로 발전하는데 이 지능의 발전이
어느 단계에 도달하면 종교로 변한다. 그러므로 종교는 지능의 표현이요 理知의
표현이라고 한다. 종교는 인간의 지능적인 표현의 한 방법 중에 가장 변태적인 방
법이다. 이것이 종교의 모든 바탕이다.[28]

마르크스는 인간 知能의 모든 행위를 무가치한 것으로 전제하고 종교도 일종의
지능의 소산이므로 무용한 것이라고 보았다. 즉 "종교는 모든 인간의 지적 행위
와 같이 일종의 환상이어서 현실적인 가치가 없는 죽은 사물과 같은 것이며 미친
행위이다"[29]라고 하였다. 그러면서 마르크스는 그리스의 歷史的인 사건을 전제로
테미스토클레스 *Themistocles*[30]를 실례로 들고 있다. 마르크스는 "아테네가 파괴위

---

25) K. Marx & F. Engels, *Selected Works* 1권, 전게서, pp.277~278.

26) 상계서, p.236.

27) M. M. Bober, *Karl Marx's interpretation of History*, 뉴욕, W. W. Norton, 1965, p.151.

28) 전계서, p.160.

29) Delos. D. Mckown, *The Classical Marxists Critiques of Religion*, The Hague: martinus 1975, p.24.

30) B.C. 528년경에서 462년경의 그리스 아테네의 군인이며 정치가로서 B.C. 480년 살라미스 해전에서 전공을 세워 피레우스
항을 확장하고 아테네 재건에 공이 큰 사람임.

기에 봉착했을 때 그것을 송두리째 파괴하고 새로운 아테네를 건설하자고 주장하지 않았던가"라고 하면서 하나의 이론과 실제성을 문제의 핵심으로 부각시킨다.

또 마르크스는 소크라테스와 그리스도를 비교한다. 즉 이 두 존재의 의미는 너무나 다르다. 종교적인 信仰個條는 철학의 사명과는 전혀 일치할 수 없을 뿐만 아니라 때로는 서로가 서로를 반목하게 된다. 그에 의하면 소크라테스의 철학은 그리스도의 은총과는 화합될 수 없으며 정반대의 결과를 초래한다는 것이다. 그러므로 소크라테스는 哲學的인 人間像이요 그리스도는 宗敎的인 人間像이다.[31]

그는 철학의 세계와 종교의 세계를 구분하여 말하기를 어떤 사람이 나무에 달린 과일을 보고서 감탄한다면 그는 철학자요, 정신적인 환상 속에서 영감이나 감격을 말한다면 그는 종교가라고 하였다. 여기서 마르크스는 '科學'이란 말을 사용하면서 人間理性이 처리할 수 있는 과학과 철학의 優位性을 주장하는 반면 종교적인 超越性을 부정한다. 그는 소위 종교적인 초월성이란 이성의 만용이며 근본적인 환상이라고 한다.[32] 결론적으로 마르크스에게 있어서 신앙과 이성은 별개의 것이며 妄想的인 이성은 가끔 종교문제를 거론할 수 있지만, 종교는 이성의 문제도 현실의 문제도 아닌 하나의 神話의 옷을 입고 있는 非現實的인 것이다.

3. 마르크스의 物神崇拜

앞에서 마르크스의 사회종교의 성격으로서 物神主義 *Fetishism*라는 개념이 도출되었다. 그는, 종교는 사회·역사적인 문제와 결부되었을 때만이 그 存在價値를 지닌다고 보고 있다. 그래서 그는 종교의 역사적인 과제에 대해서 다음과 같이 말하고 있다. "종교는 자기중심적인 편견에서 해석하는 일종의 物神崇拜 이외에는 아무것도 아니다. 그러기에 오히려 동물숭배는 물신숭배보다 더 상위적인 종교이며 이러한 동물숭배적인 종교는 인간의 존엄성을 동물 이하로 떨어뜨리며 끝내는 인간을 위해서 동물을 神格化한다. 그래서 인간을 동물화하는 믿음이 하나의 信仰個條가 되며 동시에 治國의 원리가 된다는 것은, 종교적인 인간학의 견지에서 볼

---

31) K. Marx & F. Engels, *Selected Works* 1권, 전게서, pp.131~132.

32) 상계서, p.138.

것이 아니라 종교적인 동물학의 견지에서 고찰해야 할 대상이다"라고 주장하였
다.33) 이러한 마르크스의 宗敎의 物神觀은 그가 종교생활의 진수를 체험하지 못한
데서 연유되고 있다. 그는 비록 어릴 때 종교적인 환경에서 자랐지만 그리스도교
의 믿음의 경지에 당도하지 못했던 것이며 또 진정한 종교의 의미를 터득할 수
있는 기회가 없었다. 그는 종교문제를 거론했지만 지극히 대상적인 고찰에 머문
상태였다.

마르크스는 종교의 사회·역사적인 사건에 대해서 예를 들어 설명하기를 "그
리스와 로마는 고대의 찬란한 文明國이었는데도 불구하고 그들의 멸망이 그들이
신봉했던 종교의 멸망과 때를 함께하고 있는 사실을 보더라도 국가의 존재와 종
교의 진실은 별개가 아니잖은가? 종교란 결국 그들 국가에 대해 충성을 강요하기
위한 도구에 지나지 않았다. 그러기에 국가와 함께 종교도 소멸될 수밖에 없었으
며, 때로는 종교가 국가를 망치는 요인이 되었음을 솔직히 시인해야 한다"고 하
였다.34)

이와 같이 종교와 국가는 그 存亡의 운명을 같이하는 것으로 본 마르크스는 특
히 그리스도교에 대해서는 그리스도교 신자들이 이 세상에 존재하는 한 그들이
염원하는 사회혁명사업의 완수에는 극히 장애가 된다고 하였다. 그에 의하면 "그
리스도 교도들은 구원이니, 내세니, 천국이니, 부활이니 하는 엉뚱한 비현실적인
구호를 내세워 현세의 노동, 평등, 정치, 경제 등의 현실문제는 관심 밖의 일로 돌
려 버리고 비록 그들이 이 세상을 살아가는 데 있어 어떤 사회적 문제가 일어날
때 이를 신앙이란 환상적인 차원에서 해결하려고 하기 때문에 그들은 人間社會의
發展에 지극히 무서운 장애가 될 수밖에 없다"고 하였다.35) 따라서 종교가 담당하
는 역사적인 과제가 인류의 발전을 방해하는 요소로 되었기에 革命을 통한 새로
운 역사창조를 위해서는, 종교를 먼저 우리 사회에서 제거하거나 축출하여야 한
다는 것이 그의 종교에 대한 物神觀의 기초가 되고 있다.

---

33) 상게서, p.160.
34) 상게서, p.170.
35) 상게서, p.236.

Ⅳ. 마르크스의 宗敎的 이데올로기

1. 마르크스의 이데올로기 槪念

마르크스를 전후로 하여 이데올로기에 대한 다양한 정의가 있어 왔다. 마르크스의 이데올로기 개념은 헤겔의 人間觀으로부터 출발하고 있다. 헤겔에 의하면, 인간은 근본적으로 정신 *Geist*을 소유하는 존재로서 이는 다른 동물과 구별되는 존재일 뿐만 아니라, 자연적인 존재를 超越하는 것으로 인간의 정신적인 면에서 두 가지 次元으로 나누어서 설명한다. 그 하나는, 다른 사람으로부터 인정을 받고자 하는 소위 명예욕에서 우러나는 현상으로서 이는 때로는 죽음까지도 불사하는 강력한 정신적인 중추가 되며, 그 다음으로는 자연을 정복해서 생활환경을 창조해 나가는 인간은 노동을 통해서 생활환경을 개선하고 歷史의 새 주인공이 된다는 것이다.[36]

그런데 마르크스는 헤겔의 人間觀에서 후자인 노동하는 존재로서의 인간, 즉 노동일변도의 가치만을 주장하면서 인간의 구체성, 감각성, 경제성, 사회성에서만 이 人間存在의 의미를 발견할 수 있다고 하였다. 그 결과 마르크스는 헤겔의 정신적인 존재에서 비롯되는 윤리, 법률, 정치, 형이상학적인 문제 그리고 종교적인 내용을 모두 '이데올로기'라고 규정한 후, 윤리 도덕가, 법률가, 정치가, 철학자 그리고 종교가들을 일컬어 '이데올로지스트'라고 명명하였다.[37] 이러한 이데올로지스트들은 경제적이고 물질적인 '구체적 대상'일 뿐, 이데올로기를 포함한 모든 인간의 정신적인 바탕은 물질에 있다는 그의 사상에서 唯物論이 도출되기 시작한다. 그는 신을 이 세상의 敵對的 대상으로 보고 모든 非社會的인 요소와 非感覺的인 개념은 종교적인 것이라고 규정하였다. 또한 신학은 분열과 반역의 대명사로서 모든 인간적인 분석은 프롤레타리아 계급에 의해서 현실적인 세계에 적용되어야만 가치 있는 것이 된다고 하였다.[38]

---

36) K. Marx, *The German Ideology*, p.275. 마르크스가 헤겔의 '정신 *Geist*'이라는 말을 정확히 이해하였는지에 대해서는 John Maguire의 『*Marx's Paris Writings* 더블린』, Gill and Macmillan Co., 1972 제5장 참조.

37) 상게서, p.36.

38) K. Marx & F. Engels, "The Holy Family" in *Collected Works* 4권, 뉴욕, International Publishers, 1975, p.37.

마르크스는 소위 사회의 상부구조는 정치적인 이데올로기와 종교적인 이데올로기에 의해 구성되어 있는데 특히 종교적인 이데올로기는 인간을 疎外시키는 근원이 되며 전혀 물질세계를 고려하지 않으므로 자기 자신도 모르는 사이에 종교적인 관념이 비현실적이고, 비신화적인 경제조건을 형성하게 되었다는 것이다. 이러한 맹목적인 이데올로기는 인간의 양심까지를 구속하게 되며 드디어 종교적 이데올로기로 변화되어 일종의 현실생활에서 射出된 현상으로 나타나며 이는 특히 부르주아 사회에서 노동계층과는 전혀 관계없이 하나의 支配的 이데올로기로 변질된다고 하였다.[39]

마르크스에 의하면 "각 시대의 지배적인 관념은 항상 지배계급의 이데올로기가 되어 왔다"는 것이다. 따라서 종교는 일종의 支配 이데올로기인 동시에 支配 이데아가 되어 왔으며, 모든 이데아는 결코 현실화될 수 없다는 것이다.[40]

支配 이데올로기의 주체자인 부르주아지는 그들의 이익을 위한 역할 기능으로서 종교적 이데올로기를 평가하기를, 첫째, 프롤레타리아의 富와 권력의 공평한 분배 그리고 보다 더 향상된 삶에 대한 희망을 天上의 世界로 향하도록 하는 데 돕는다. 둘째, 프롤레타리아로 하여금 사회의 계급구조를 神의 意志에 의한 불가항력인 것으로 믿게 함으로써 현실의 비참함이나 고통스런 삶이 자본가의 착취 때문이라는 이단적인 사고는 하지 않게 된다. 셋째, 종교가 자본가계급의 이익에 봉사하는 '奴隷의 美德과 현실생활에 굴종하고 인내하며 자기 비하하는 등의 服從의 美德' 그리고 용기, 긍지, 현실 타파 등의 '革命의 美德'을 종교의 역할로 고려하게 함으로써 종교적 보상을 심리적으로 간직하게 한다는 것이다. 따라서 프롤레타리아는 언제나 절망적인 상황으로부터 무형의 보상이 채워질 때 자본가에게 저항할 의지를 상실하게 만들므로 부르주아 계급에게는 아편을 말할 필요가 없다고 하였다.[41]

이상의 마르크스의 이데올로기로서의 종교관은 그의 계급관과 유물관에서 나왔으며 또 종교를 변질시킴이 당시 상황으로서는 그의 사상과 變容接木에 용이하

---

39) 상계서, pp.45~46.

40) 상계서, p.129.

41) R. Jhonson 外, *Critical Issues in Modern Religion*, 뉴저지, Prentice-Hall, 1973, pp.155~157.

다는 판단 아래 이데올로기라는 새로운 환상의 세계를 만들고 스스로 그 환상의 세계에 사로잡힌 역설의 주인공이 되었다.

2. 마르크스의 宗敎的 疎外

疎外 *Alienation*에 대한 수많은 개념, 정의, 본질을 짤막하게나마 일일이 소개할 수 있는 여백이 없다. '소외'라는 단어를 처음 사용한 헤겔은 "개인과 그의 세계 간에 생명 있는 연결이 없고 主觀과 客觀의 단절된 상태 또는 죽음 상태"라고 하고 있다. 그러나 마르크스가 사용하면서부터 疎外의 뜻은 抛棄 *Entausserung* 또는 分離 *Entfremdung*의 의미를 지니고 사용되었다. 즉 노동의 결과는 노동자에 의해서 포기됨으로써 그로부터 자본가에게 귀속된다. 따라서 경우에 따라서는 抛棄는 剝奪의 의미를 가질 때가 많다고 하였다.[42] 마르크스는 방대한 유기적 전체 모델에 따라 1) 노동과정에서의 소외, 2) 생산물로부터의 소외, 3) 자연으로부터의 소외, 4) 類的存在로부터의 소외, 5) 宗敎로부터의 소외를 相互有機的으로 전개시키고 있으나 본고에서는 마지막의 종교적 인간소외 문제에 한해서 논의키로 한다.

마르크스의 宗敎的 疎外에 대한 개념도 포이어바흐의 종교 해석에 영향을 받고 있다. 포이어바흐에 의하면 종교는 소외된 인간의 환상이다. 종교가 원초적이라는 사실은 소외가 처음부터 人間生活을 특징짓고 있을 뿐만 아니라 인간들이 자연과 조화를 이루지 못하는 경우에는 초자연적인 신으로부터 보상을 받고자 한다. 이러한 보상이 충족되지 않을 때 인간의 '本能的 欲求志向의 소외'로부터 宗敎的인 人間疎外로 발전하게 된다고 마르크스는 결부시키고 있다.[43]

또한 종교와 종교의식 그 자체는 언제나 국가이념이나 제도와 너무나 이질적이므로, 그러한 이질적인 조건하에 사는 종교인들은 이질감을 느끼고 사는 그 자체가 소외의식에서 현실세계와는 적응할 수 없는 소외상태일 수밖에 없다고 하였다.

마르크스에 의하면 國家와 宗敎 사이에는 필연적으로 矛盾槪念이 개재되지 않을

---

42) B. Ollman, *Alienation: Marx's Conception of Man in Capitalist Society*, 케임브리지대학 출판부 제2판, 1976, p.134.

43) 상계서, p.35.
　　마르크스는 소외 발생의 근본원인을 私有財産을 위해서 이루어진 자본주의 제도하의 생산수단과 생산기술의 발전으로 인하여 처음에 있던 평등관계가 깨어지면서 본능적 소유를 잃은 대중의 소외에 두고 이를 종교적 소외의 전 단계로 보았다.

수 없다고 하였다. 즉 국가를 긍정할 때 종교는 부정되어야 하며, 종교를 긍정할 때 국가는 당연히 부정되어야 하는 근원적 모순 혹은 自家撞着이 있다는 것이다. 이러한 자기 동일적 모순 속에서 생활하는 人間은 두 가지 면의 종교적 소외에 직면하게 된다고 하였다.

그것은 인간이 그리스도를 믿게 되면 육체적인 욕망을 위시하여 자연스런 욕구를 억제하게 되어 스스로 비참하게 되고, 인간의 자연적인 가치를 무시하게 된다. 이는 아무 의미 없는 단순한 크리스천의 윤리적 명령에 불과하다고 하였다.[44] 배고픈 상태를 참으면서 남의 물건에 손대지 않는, 욕망이 억제된 상태를 '비참'으로 본 것은 인간을 상대적 가치에 매몰시킴으로 말미암아 인간의 참된 존엄성을 파악하지 못한 탓이다. 다시 말해서 그리스도가 주장한 금욕주의, 희생적 利他心을 인간의 비참함의 요인이요, 인간의 宗敎的 疎外의 현상으로 본 것은 물질주의적 인간관의 자가당착의 소치라 할 수 있다.

요컨대 소외된 인간의 幻影으로서의 종교가 거짓 이데올로기적 의식의 표본으로서 인간 비극의 전형적인 소외상태를 안겨 주었다고 본 마르크스의 시각으로서는, 종교가 현실생활의 가장 큰 장애물로서 근원적으로 근절되어야 한다는 것이 그의 종교적 소외개념의 핵심이 되고 있다.

3. 마르크스의 大衆阿片

마르크스는 포이어바흐와 마찬가지로 "종교가 인간을 만든 것이 아니라 인간이 종교를 만들었다"는 입장에서 기독교에서 말하는 '神의 啓示性'이라든가 헤겔이 말하는 '絶對精神'을 전면적으로 부정하고 나섰다. 마르크스에게 있어서 종교란 역사과정의 부산물이기 때문에 종교적 疎外를 아편 *opium*이란 말로 바꾸어 표현하고 있을 뿐이다. 즉 종교적 고통은 실제적인 고통의 표현이자 실제적인 고통에 대한 저항의 표현이다. 종교는 억압받는 자의 탄식이며, 무정한 세계의 감정이며, 무감각한 세계의 영혼과 같다. 그러므로 '종교는 大衆의 阿片 *Das opium des Volks*'이라는 명제를 도출하게 되었다.[45]

---

44) K. Marx, *A Contribution to the Critique of Hegel's Philosophy of Right*, N. I. Stone 역, Charles H. Kerr & Co., 1904, p.189.

마르크스에게는 종교가 '大衆의 아편'이었지만 레닌은 마르크스의 표현을 고쳐서 '大衆을 위한 아편'으로 불렀다. 왜냐하면 종교란 의도적으로 노동자들을 속여서 그들의 계급에 대한 의식이 생기지 않도록 하는 妨害要素요 그들의 의지와 의식을 약화시키는 독소이기 때문이다. 그래서 종교에 대한 적대정책과 고의적인 제거운동이 소련에서 가능할 수 있었으며 또한 오늘날까지 종교정책의 기본이 되고 있다. 사실 종교를 대중의 아편이니 인민의 아편이니 민중의 아편이니 한 것은 당시의 反宗敎人들 사이에 사용되고 있던 하나의 유행어로서 마르크스가 인용하여 사용한 것에 불과하다. 당시 마르크스가 생각했던 아편은 필요에 따라 치료약이 될 수 있다는 긍정적 측면과 중독성을 지닌 마약이라는 부정적 측면이었다. 그런데 마르크스가 종교를 인간의 生命까지도 앗아 가는 무서운 毒藥으로 비유한 것은 가장 가혹한 종교비판이 아닐 수 없다.[46] 우리 인간에게 아편이 주는 해독은 재론할 여지가 없다. 이러한 아편의 해독성을 마르크스는 다음과 같이 종교에 비유시키고 있다.

> 아편이 인간의 理性을 마비시키고 드디어는 바보가 되게 하고 때로는 죽음에 이르게까지도 유도하듯이 종교도 그와 같은 인체의 독약이다. 또한 아편이 점차적으로 人間을 불행한 곳으로 유도하듯이 인류사회에 존재하는 종교도 보기에는 달콤하고 어떤 호감을 줄지 몰라도 결국 인간과 사회를 파탄시키는 요인이 된다. 그러므로 종교는 환상적인 행복을 인간에게 제시하며 현실적인 인간의 행복을 실현시키는 데는 가장 큰 장애물이 된다.[47]

이러한 마르크스의 大衆阿片論이 레닌에게 그대로 전수되었음은 위에서 밝힌 바와 같다. 레닌은 1917년 러시아혁명 당시 곳곳에 '종교는 인민의 아편이다'라는 포스터를 붙였다. 그에 의하면 "종교는 인간을 파괴하는 아편과도 같이 인간의 발전과 생활의 향상을 위해서 필요한 조건을 근본적으로 마비시킨다. 이것은 마치 자본주의자들이 大衆 속에서 문제를 일으키듯이 종교는 노동대중을 마비시킨

---

45) F. Engels, *L. Feurbach and the End of Classical German Philosophy: Basic Writings on Politics and Philosophy*, 뉴욕, Doubleday Company, 1959, p.220.

46) 상게서, p.225.

47) G. H. Hampsch, *the theory of Communism*, 뉴욕, The Citadel Press, 1965, p.115.

다”라고 하였다.[48] 또한 챔브리 *Chambre*는 “神은 무용한 존재이며 위험한 가상의
대상이다. 그러므로 신을 믿는 신앙은 근본적으로 제거되어야 한다. 왜냐하면 그
것 자체가 인류에 해독을 끼치기 때문이다”라고 하였다. 공산주의자인 크리베스
브 *Krywelzew*[49]는 “종교는 노예적인 관념이며 이것은 결국 인류사회에 문제만을
불러일으키는 일종의 幻想이다. 결국 종교는 인간복지사회 건설을 위한 혁명을
불가능케 하는 것이며 인간의 존엄성을 절대적인 神에 의존시키기 때문에 인간의
존엄성을 말살시키는 요소가 된다. 그러므로 어떤 형태의 종교이든 그것은 인간
의 현실적인 활동을 방해하는 조건이 된다. 종교는 정신적인 마취제이다. 즉 종교
는 대중의 아편이다”라고 하였다.

마르크스나 마르크스주의자들의 이러한 종교관은 그릇된 人間觀·價値觀에서
비롯된 것이다. 모든 기준과 목표를 순전히 물질적 하부구조에만 두었기에 이와
같은 오류를 범했다. 또한 그의 종교비판은 종교비판에 목적을 두기보다는 정치·
사회비판의 수단으로 부르주아에 대한 투쟁에 더 많은 비중을 두고 있었던 것이
다. 이와 같은 전통적인 無神論者들의 태도는 프롤레타리아의 편에 서서 宗敎 無用
論을 전개하게 된다. 즉 종교에는 아편중독의 요소가 있으니 아예 접근하지 말라
고 외쳤던 것이다.

V. 맺음말

마르크스는 宗敎批判이 모든 비판의 출발점이요 제일 조건이라고 하였다. 이 종
교비판은 인간이 인간을 위한 최상의 존재라는 데서 그 절정을 이루며 동시에 神
의 幻想을 드러내 보임으로써 인간은 자신의 진정한 중심으로 선회하게 된다고
하였다. 그런데 왜 마르크스가 어릴 때부터 기독교적 환경에서 자랐음에도 불구
하고 그토록 反宗敎的인 비판정신으로 일관하게 되었는가에 대해서 베를린 卿 *Sir*

---

48) 상계서, p.118.

49) Krywelzew, *Marx and Engels on the Religion*, 런던, 1964, p.107.

*Issiah Berlin*은 다음과 같이 묘사하고 있다.

> 마르크스는 유태인으로 태어났다는 內在的인 증오심에 의해 天性的으로 거친 성
> 격과 도전성을 가지면서 공포적인 구상을 하였다. 그러기 때문에 그의 어떤 宣言
> 文이나 수많은 저서에서도 도덕적 발전, 人間事 등 개인이나 국가의 권리, 양심
> 의 자유, 文明鬪爭 또는 당시 지식인들 사이에 만연되어 있던 民主主義라는 용어
> 를 한 번도 인용하거나 사용한 적이 없는 것은 이상할 정도이다.

마르크스가 주장하고 지향하는 프롤레타리아世界가 아무리 훌륭한 유토피아라 할지라도 그 유토피아를 실현하는 과정에서 종교를 말살하고, 그 위에 적개심을 고취하여 反人間的 정책을 추구하는 한에 있어서는 문제가 되지 않을 수 없다. 그의 사상이 자본주의의 矛盾을 일깨우는 데 어느 정도 타당성을 가진다고 인정한다 할지라도 마르크시즘의 1차적이며 근본적인 誤謬가 神의 存在否認[50]인 것이다. 그는 신이 존재하지 않는다는 이유로서 人間이 종교를 만든 것이지 종교가 인간을 만든 것이 아니라는 데 그 비판의 기초를 두고 있다. 레닌도 종교는 평생을 가난으로 고생하는 사람들에게 천상에서의 보상이란 희망을 불어넣어 주면서 이 지상에서의 忍耐와 諦念을 가르친다고 하였다. 또한 엥겔스도 "이 우주에는 자연과 인간 이외에는 아무것도 존재하지 않는다. 우리의 종교적 空想이 만들어 낸 보다 높은 존재라는 것은 단지 우리 자신의 존재의 幻想的 反映일 뿐이다"라고 하였다.[51]

이러한 환상적 사상에서 예수는 역사상에 실재한 적이 없다고 한다. 예수는 스토아주의와 헬레니즘적 유태주의가 가공해 낸 종교적 이상의 통속적 표상이라고 했다.[52]

러셀 *B. Russell*은 그의 『西洋哲學史』에서 오늘날 마르크스주의는 하나의 무신론적 신념체계를 설정하여 기독교적 신앙체계를 모방하고 있음을 기독교와 공산주의를 비교하여 설명하고 있다. 현재 소련과 북한을 포함한 모든 공산국가의 헌법에서는 신앙의 자유와 反宗敎 宣傳의 자유를 동시에 허용하고 있다. 이는 종교 파괴의 보다 높은 전략이 되고 있음을 시사하고 있다. 즉 종교 및 종교인에 대한 탄

---

50) 『마르크스주의에의 代案』, CAUSA 1985, p.94.

51) K. Marx, *Economic-philosophical Manuscripts*, Ria Stone 역, 뉴욕, 47, p.110.

52) Klaus Bockmuehl, *The Challenge of Marxism: Christian Response*, Internal Press, 1971, p.75.

압을 正當化하는 작업의 일환으로서, 전자보다는 후자에 더욱 중점을 두고 있음을 현실적으로 드러내고 있는 것을 보아서도 알 수 있다.[53]

결론적으로 마르크스는 물질적·경제적 하부구조가 그 사회의 상부구조를 결정하듯이 종교도 하부구조에 의하여 결정된다고 하였다. 그런데 마르크스는 宗敎가 경제적 下部構造의 발전에 끼친 영향에 대해서는 침묵을 지켰다. 베버 *M. Weber*는 이 점에 대해서 칼빈주의가 유럽의 경제질서를 향상시킨 정신적 배경이 될 뿐만 아니라, 노동자를 위한 여러 가지 좋은 아이디어가 기독교의 聖書로부터 유래한다는 사실을 예증적으로 말하고 있다.

마르크스의 學位論文의 序文을 인용하는 것으로 그의 종교관의 끝을 맺고자 한다.

"나는 한마디로 모든 神을 증오한다"는 프로메테우스의 신앙고백을 철학은 감추지 않는다. 이 신앙고백은 인간의 의식을 최고의 신성으로 인정하지 않으려는 天上과 地上의 모든 神들을 반대한다는 고백이다.

---

53) 北韓社會主義憲法, 제54條.

第3世界와 宗教

金官楷

성문대학교 교수 · 정치학

Ⅰ. 第3世界와 宗敎

버거 *Peter L. Berger*[54]는 그의 저서 『犧牲의 피라밋』에서 25개의 테제를 제시하고 있는데, 그 가운데 몇 가지만을 선택하여 第3世界와 宗敎에 접근해 보려 한다.

1) 오늘날의 세계는 양대 이데올로기 진영으로 分割되어 있다. 각각의 이데올로기의 지지자들은 우리가 어디에 속하며 또 무엇을 해야 하는지 確信을 갖고 말해 주고 있지 않다. 우리는 그 어느 쪽이든 믿어서는 안 되는 것이다. 이것은 이데올로기의 兩極化 時代가 産出한 두 이데올로기 사이의 모순과 대립의 상충을 드러내고 있는 것이다.

2) 社會變動(제3세계의 발전을 포함)을 요구하는 주요한 이데올로기적 모델의 근저에는 두 개의 강력한 神話, 즉 成長의 神話와 革命의 神話가 있다. 이 두 개의 신화는 그 正體를 명백히 해야 한다.

이것은 사회변동을 위한 자본주의적 모델과 사회주의적 모델을 評價하는 경우에 특히 主要하다.

---

54) 오스트리아 빈에서 출생. 1946년 도미. 와그너大(철학), 뉴욕 뉴스쿨 졸(석사 및 박사), 라트거스大 사회학 교수(사회학, 역사학, 철학 및 인류학), 많은 저서 출간.

3) 성장의 신화를 기초로 한 자본주의 이데올로기와 혁명의 신화를 기초로 하고 있는 사회주의 이데올로기의 正體性을 분명히 해야 한다.

4) 브라질과 中共은 제3세계에 있어서 한쪽은 최대의 자본주의적 실험이요 다른 한쪽은 최대의 사회주의적 실험으로서 양극적인 發展模型이다. 이들은 미래에 있어 결정적인 兩者擇一의 모델로 이해되고 있으며 道德的인 측면에서 보면 決定的인 점에서 같은 카테고리에 속한다.[55]

버거 *Peter L. Berger*는 신생국들의 발전모델로서 자본주의적 방식으로는 브라질을, 사회주의적 방식으로는 中共을 예로 들고 있다. 그런데 전자는 饑餓의 代償을 지불하였고 後者는 테러의 代償을 지불하였다는 점에서 이를 찬성할 수 없다고 하였다. 결국 發展의 모델이 資本主義인가 사회주의인가가 문제가 아니라, 어떻게 하면 발전에 수반되는 민중의 고통을 최소화하는가가 주요한 의미를 지닌다.

발전의 문제에 대한 생각이나 행동에 대해서는 앞서 언급한 대로 成長의 神話와 革命의 神話가 강력하게 영향을 미치게 된다. 이들 간에는 서로 엄격하게 분리되는 것이 아니라 서로 상충하고 있으며 여러 가지 점에서 상호 연결되어 있다고 할 수 있다. 成長의 神話, 좀 더 구체적으로 근대화에 관한 모든 신화는 서구의 메시아니즘 전통에서 유래된 것이다. 이것은 현대 서양사를 크게 변형시키는 데 決定的인 역할을 수행하면서 지속적으로 선진 산업사회의 世界觀을 형성하는 중요한 구성요소가 되어 왔던 것이다.

물론 이러한 신화가 제3세계에 전파된 것은 최근의 일로서, 이에 직접적인 영향을 끼친 것은 西歐化라는 '福音'이었음을 알 수 있다. 이것이 새로운 복음으로서 제3세계에 미친 파급효과는 대단한 것이었다. 현재 제3세계의 經濟成長에 관한 한은 그것이 실질적인 경제적 측면에서보다는 이러한 신화적인 요소가 담고 있는 새로운 希望의 增大라는 측면에서 더 많은 논의가 진행되고 있는 느낌이다. 제3세계에서 가장 매력 있는 마르크스주의는 두 가지 神話的 요소를 결합한 논제이다.

---

55) P. L. 버거, 『第三世界』, 서울: 三星文化財團, 1983, p.11.

제3세계의 마르크스주의는 대부분 '宗敎的'이라는 것이다.

종교는 善한 것이다. 선하기에 영원하다. 이 세상에서 가장 진실한 것은 종교뿐이다. 인간은 종교가 만든 산물인지도 모른다. 인간에게 가장 심각한 두 가지는 生과 死의 의미가 무엇인가 하는 것이다. 오직 종교만이 인간이 던지는 이 질문에 답할 수 있다. 生은 신의 창조를 조화시키는 사람의 同伴者이며, 사랑과 진실의 실체이다. 死는 육신의 옷을 벗고 영혼이 날개를 달고 날아가서 빛이 되고 바람과 구름이 되는 것이다.

종교는 영혼을 성장시키고 美化시켜 주는 기능을 한다. 종교는 영원한 本性의 도전을 위해 그리고 영원한 觀照를 위해 수단이 아닌 목적이며 형식을 넘어 있는 본질이다. 종교의 힘은 어떤 功利的인 資質, 즉 개인의 私利를 위한 요구에서 생기는 것이 아니다. 종교는 일반적인 이데올로기와 세속적인 신앙체계와는 다르며 생활용품을 획득하려는 노동수단도 아니다. 인간이 限界狀況 저편에 있는 어떤 궁극적인 것을 파악하고 그것을 찾으려고 하는 능동적인 태도와 관계된다. 종교는 인간 구원을 위한 原罪에서의 해방뿐만 아니라 共生, 共存의 철학을 신조로 삼아야 하며 사랑을 실천해야 한다. 종교는 保守와 進步의 싸움이 문제가 되는 것이 아니라 언제나 心靈이 가난한 자 편에 서 있어야만 한다.

오늘 우리는 왜 종교적 힘을 재론하여 여기에서 신념을 찾으려고 하는가? 가장 위대한 것은 道德性의 문제다. 그것은 자신을 넘어서 공공적인 목적을 위해 희생할 때만 가치가 성립된다. 도덕성은 利己性을 초월한 利他性을 의미한다. 宗敎性을 떠난 도덕성이란 것은 없다. 도덕적인 의무란 원래 엄숙하고 신성한 것이다. 인간만이 이해하는 엄숙한 의무다. 인간은 만물의 영장이다. 동물과는 양상이 근본적으로 다르다. 오늘 우리가 명백하게 기억하고 깊이 숙고해야 할 것은 '感動의 힘'을 실감하는 것이다.

성경이 하나의 경전으로서 위대하게 엮였다고 해서 중요한 것은 아니다. 성경을 통하여 '그리스도'가 세상의 만인을 위해 원죄를 대속하여 순교했다는 그 감동의 힘을 실감할 때 중요한 의미를 갖는다. '그리스도'의 십자가는 상상만 해도 가슴이 뜨거워지고 눈물이 쏟아진다. 다시는 죄를 범치 못하게 된다. 그 힘에 의

하여 새로운 인간으로 변화된다(復活의 役事).

오늘 인간들이 만든 핵탄두는 누가 단추를 누르기만 해도 이 세상 모든 것이 순식간에 廢墟가 되고 만다. '콜롬비아'의 화산 폭발에 비교되지 않는 재앙이다. 어느 누구도 살아남을 자가 없다. 인간, 교회, 문화도 자취를 감추고 마는 황막한 우주를 상상해 보면 아찔해진다. 다시 한 번 종교의 본질적 사명에 큰 기대를 갖는다. 종교의 사명은 어떤 개인이나 집단의 일부가 천당 가는 일이 문제가 아니다. 전 인류가 살아남을 수 있는 세계영구평화론을 찾아 세워야 하겠다.

이러한 實存的이고 歷史的인 意味를 깨닫고 책임감과 결단성을 가지고 이 문제에 응답할 수 있는 근본적 동기를 제시할 수 있는 것은 종교밖에 없다. 막스 베버가 지적했듯이, 역사의 중대한 轉換期에 있어서 종교는 가장 혁명적인 힘으로 등장한다. 전통이나 제도가 굳어져서 생기를 잃거나 종래의 신념이 흔들려 사람들이 방향감각을 잃고 제각기 뿔뿔이 흩어져서 곤경에 빠질 때 사람들은 解決策을 찾게 된다. 이때 인간의 가장 깊은 차원에서 생동하는 뜻을 구하는 종교는 가장 앞장서서 변혁적인 힘으로 등장하고 새로운 의미의 게슈탈트 *Gestalt*를 제공해 줄 수 있어야만 된다.

오늘 인류가 멸망하고 말 것인가를 우려할 만한 충분한 조건이 있다. 거룩한 것이 파멸될 때 남는 것이라고는 인간의 동물적인 탐욕과 私利私慾밖에 없을 것이다. 사랑과 진실이 떠난 자리에는 시기와 질투, 오만과 거짓들이 채워져 있을 뿐이다. 善과 正義가 사라지면 거짓과 불의가 판을 치게 마련이다. 이 세상에서 제일 아름다운 것은 사랑이며, 제일 무서운 것은 증오이다. 인간의 존엄성이 무시당하고 價値가 상실되면 어떤 희망도 없다.

인간은 어떤 경우에 있어서도 救援의 대상이며 종교가 찾아야 할 근본 주체이다. 종교에 있어서 인간을 소외하고 나면 아무것도 없다. 인간의 증오는 배고플 때 서로 나누어 먹지 못했고, 병들었을 때 위로받지 못했으며, 가난할 때 도움을 받지 못한 단절과 疎外로부터 비롯된다. 인류의 공동체로서의 '사랑의 共感帶'가 무너진 狀況은 비극이다. "인류 역사의 未來는 있는가"라고 묻는 러셀의 질문을 상기하여 볼 때 樂觀論과 悲觀論 두 견해는 모두가 의미를 갖는다.

오늘 終末論的 時代에 인류의 희망을 종교에 기대하는 것은 이유가 있다. 어떠한 철학사상, 정치이론, 경제원리, 과학법칙을 가지고 이 세상을 구원할 수는 없다. 또한 미국의 정당, 영국의 의회, 독일의 정부와 같은 제도로도 안 된다. 오직 종교만이 인류 역사의 終末에서 참된 인간과 새로운 세계를 구현할 수 있다고 믿는다. 종교는 절대자인 創造의 神과 피조물인 人間의 관계로서 만나는 자리, 여기에서 인간의 救援은 가능하게 된다. 모든 인간은 비로소 완전하게 될 수 있는 能力 *an ability to perfectability*을 갖게 된다.

인류가 살아온 발자취를 돌아보면 전쟁의 연속뿐이다. 전쟁의 원인을 보면 근저에 宗敎問題가 도사리고 있다는 점에서 심각성을 지니고 있다. 오늘날에도 레바논 분쟁, 이란·이라크 전쟁, 인도 아샘 州의 인종폭동, 스리랑카의 인종 분규, 시리아 내전 등의 宗敎紛爭이 계속되고 있다. 특히 이미 10여 년간 계속되고 있는 레바논의 분쟁은 기독교와 회교 사이의 宗敎戰이다. 회교와 힌두교의 싸움은 인도와 파키스탄을 분할하게 되었고 시크교도들의 분노는 급기야 간디 수상을 시해하는 사태에까지 이르게 되었다. 아직도 이 지구촌 도처에서 대소 종교들은 敎理의 차이, 교파 간의 敎權 다툼으로 치열한 종교분쟁이 계속되고 있는 실정이다. 사실 第3世界는 정치·경제문제보다는 종교문제가 심각하고 관심을 갖지 않을 수 없는 비중을 가진 것으로 판단되고 있다. 과연 인간은 종교 앞에 어떤 希望을 걸 것인가, 종교의 未來는 있는가를 재음미해야만 될 것이다.

19세기 말엽부터 20세기 중엽까지의 대다수 사회과학자들은 21세기 초가 되면 종교가 사라지고 말 것이라고 생각했다. 그 생각에는 일리가 있었다. 자연질서를 기술질서로 대치하는 合理性이 증대함에 따라 인간은 마술적인 怪力亂神을 믿지 않게 되고 예언의 觀念 특히 거룩한 것에 대한 神秘性을 잃어버리게 되리라고 보았던 것이다. 어떤 신앙의 황홀경 *an ecstatic*도 사라지고 종교가 지닌 비밀이 송두리째 드러나게 된 것으로 깨닫게 되었다.

그러나 무서운 終末의 意識 속에 믿음의 쇠퇴보다는 오히려 강한 신앙의 성장을 가져왔다는 점이다. 분명히 지난 2백 년 동안 서구사회는 불신이라는 거센 물결에 밀려왔다. 이 세상에서 신비적인 것은 사라지고 神 대신 인간이 세상을 지배

하고 눈앞에 보이는 세상 저편에는 虛無뿐이라고 믿는 니힐리즘 *Nihilism*이 모더니
즘의 주도사상이 되어 왔다. 막스 베버는『馬術의 정원』에서 사람들이 呪術로부터
解放되어 환멸을 느끼는 과정이라고 말하였다.

오늘 제3세계뿐만이 아닌 세계에 있어서 새로운 종교의 특성은 민족주의 내지
국가주의를 초월하여 세계주의 종교로 나타나야 한다. 그리고 근본주의, 본성의
자아로 돌아가는 復歸的 宗教가 요청된다.

Ⅱ. 第3世界의 生成背景과 展開過程

오늘날 제3세계는 국제정치에 있어서 하나의 중요한 變數로 등장하였다. 특히
국제정세가 냉전적 양극체제를 탈피하고 東西和解에 기초하는 多極化體制로 진입해
있는 시점에서 제3세계는 국제관계의 보다 새로운 양상과 변모를 암시하고 있다.

第3世界는 과거 30년 동안 세계의 중요한 이슈였던 東西理念紛爭이 이제 남반구
의 貧國 *have-not-Country*과 북반구의 富國 *have-Country* 사이의 대결에 비해 그 重要性
을 상실하고 있으며, 이에 따른 국제사회의 정치, 경제적인 구조의 改編이 불가피
하다고 주장하고 있는데, 이는 현 국제체제에 있어서 제3세계의 증대된 역할을
단적으로 시사하는 것이라 할 수 있다. 제3세계 국가들은 中美 17개국, 南美 12개
국, 아시아 20개국, 아프리카 45개국 등 모두 94개국에 이르고 있다. 아무튼 오늘
날 第3世界의 국제사회적 중요성을 어느 강대국도 간과할 수 없다.

제3세계의 핵심이 非同盟 그룹이므로 비동맹회의에 가입한 86개국과 그 외 UN
에 있어서의 개발도상국을 합하여 1백여 개국을 상회하는 구성원을 갖고 있는 세
력권으로 정의되고 있는 것이다.

제3세계 국가들의 이러한 非同盟路線의 追求는, 어떤 원칙에서 유도된 것이 아
니라 그들 국가들이 처해 있는 특수한 상황의 결과라고 할 수 있다.[56] 갖가지 어
려움을 겪어 오면서 숙원인 독립은 달성했으나 국내외적인 여러 난제에 당면하고

---

56) J. W. Burton, *International Relations: A General Theory*, 케임브리지대학 출판부, 1969.

있는 新生國들이 독립을 유지하고 국가이익을 도모하기 위해 非同盟을 정책노선으로 택한 것이다. 이 비동맹노선을 추구하는 국가들은 하나의 그룹으로서 第3世界라고 불릴 만큼 결속되고 있는 것이다. 이들 국가들에서 볼 수 있는 공통점은 민족주의와 독립의지, 반식민주의적 감정과 국제간의 不均衡한 경제질서에 대한 반발 그리고 人種的·文化的 偏見에 대한 도전 등과 같은 아시아·아프리카의 모든 신생국에 적용되는 특징들이라고 할 수 있다. 非同盟 혹은 제2차 세계대전 후에 독립을 성취한 아시아·아프리카 지역의 신생국들이 그들이 처해 있는 현실상황에서 각자가 선택한 外交政策路線을 총칭한 第3世界는 이들 국가와 민족의 정치지도자들의 소망과 태도를 반영하고 있는 것이라 할 수 있다.[57]

1950년대 말 양극적인 냉전체제가 瓦解되면서 비동맹의 제3세계는 점차 그 세력을 확장해 왔는데, 1960년에 이르러 처음으로 국제사회에 있어서 數的인 우위를 점하게 되었고 같은 해 12月 제15차 UN총회에서는 '植民地 國家와 人民에 대한 獨立 부여에 관한 宣言'을 통과시켰다. 이 결의안에서 제3세계 국가들은 정치적·경제적·사회적 또는 교육적 태세의 미비를 내세워 독립을 지연시키는 구실로 삼을 수 없다고 선언하였는데, 이는 이들 국가의 發言權 증대를 단적으로 보여 주고 있는 것이다. 그 후 1961년 벨그라드 비동맹 수뇌회담에서 그 구성원에 있어서 25개국이라는 세계적 규모로 확대되었고, 동년 카이로 非同盟 首腦會談에서는 그 회원국 수가 57개국으로 增加되었다. 이처럼 그 세력이 증대 일로에 있는 가운데 무려 64개국이 참가한 제3차 비동맹 수뇌회담이 1970년 잠비아의 루시카에서 열렸다. 이 회의에서 회원국들은 평화·독립·개발·협력 및 국제관계의 民主化 宣言을 채택함과 동시에 인도차이나 반도에서의 외국군 철수와 이스라엘의 유엔안보이사회 결의안의 수행 등을 요구하는 결의안을 채택함으로써 反美·反西方的 성격을 노골화하기 시작하였다.

더욱이 1971년에 中共이 유엔에 가입하여 제3세계의 대변자 역할을 강화하게 되자 제3세계의 국제적 영향력은 더욱 증가되었다. 1972년 8월 기아나의 조지타운에서 62개국이 참가한 가운데 개최된 非同盟 外相會議에서 채택된 '조지타운宣

---

57) Paul, Sigmund 편, *The Ideologies of the Developing Nations*, 개정판, 뉴욕, Prager, 1968, pp.33∼36.

言'에서 자국의 天然資源에 대한 국가주권의 행사, 외국 독점기업의 國有化 추진, 국제관계의 民主化, 국제정치 및 경제구조에 대한 변혁의 추진 등을 채택하게 되자 제3세계의 영향력은 정치적인 측면은 물론 국제 경제구조의 개편 문제에까지 미치게 되었다. 이로써 소위 資源 내셔널리즘에 입각한 제3세계의 求心點이 보다 선명하게 부각되었다. 이처럼 강화된 제3세계는 1973년 9월 85개국이 참가한 가운데 알제리에서 개최된 제4차 비동맹 수뇌회담에서는 政治宣言과 經濟宣言을 동시에 채택하기에 이르렀다.

政治宣言의 골자는 제3세계의 문제해결 없이는 세계의 평화와 안전도 극히 제한될 것이라는 것과 진정한 독립은 외국의 독점을 배제하고 국가자원을 자국의 관할권에 넣도록 할 것을 비롯하여 미국과 이스라엘에 대한 비난을 포함하였다. 經濟宣言의 핵심은 개발도상국의 해방과 발전에 있어서 최대의 장애는 帝國主義이며 각국은 천연자원을 국유화하여 국내에서의 외국의 활동을 통제할 권리를 갖는다는 것과 개발도상국에 위협을 주고 있는 多國籍企業을 비난하는 등 경제적 不均衡에 역점을 두었다.

제4차 회의는 1975년 9월 81개국이 참석한 가운데 페루의 수도 리마에서 外相會議로 진행되었는데, 여기에는 북한, 베트남, PLO 등이 참석하였다. 제5차 비동맹회의는 1976년 6월 알제리 비동맹 조정위원회를 거쳐 8월 스리랑카에서 열렸고, 여기에서는 세계군축회의 개최, 인도양의 非武裝化 등을 정치선언으로 하는 한편 인종차별을 하는 南阿공화국에 군사지원을 했다는 이유로 프랑스와 이스라엘에 대해 斷油措置를 취할 것을 결의하였다. 당시 제5차 회의의 회원국은 86개국으로 마치 제2의 UN을 방불케 하였다.

Ⅲ. 第3世界 國家의 政治的 特質

제3세계 국가들은 植民地 경험을 가지고 있다. 이런 식민지 경험에 의해 강인한 이들 국가들은 자주 독립정신과 더불어 반식민 민주주의적 감정을 가지고 있는데

"우리는 平溫한 예속보다는 위험한 自治를 더 좋아한다"고 한 가나 인민당의 정강이 잘 반영해 주고 있다. 1961년 벨그라드에서 개최된 제1차 비동맹회의에 참가한 국가들의 견해에 따르면, 非同盟은 아시아·아프리카의 民族主義의 반영이며, 특히 세계문제를 상의하는 국제회의에 자유롭고 동등한 일원으로 참가하여 국내뿐만 아니라 국제문제에 있어서도 자주적인 판단에 의하여 정책을 수립하겠다는 소망을 반영하는 것이라고 한다.[58] 이러한 독립정신과 더불어 제3세계의 半植民主義的 感情은 특히 주목할 만한 것으로서 제3세계의 국가들은 대부분 미국, 영국, 프랑스 등을 비롯한 서방세계의 식민국가였기 때문에 강대국들의 帝國主義的 정책에 특히 민감하다. 이들은 이제 더 이상 서방 강대국들의 영토적 침략과 경제적 수탈의 대상이 되지 않을 것임을 명백히 하고 있다.

그 밖에도 제3세계 국가들은 몇 가지 공통된 특질을 가지고 있다. 그 첫째는 經濟的 後進性이다. 대부분 제3세계 국가들은 식민지 경제구조하에서의 오랜 역사를 가지고 있어서 풍부한 賦存資源을 가지고 있으면서도 이를 개발 이용할 수 있는 자본과 기술의 부족으로 경제 발전은 여의치 않다.

둘째는 反西歐的 感情인데 이것은 경제적 後進性으로 인한 반식민주의의 감정에서 오는 당연한 논리적 귀결이라 할 수 있다. 이들의 反西歐的 態度에 대하여 다니엘 모니안 *Daniel P. Moynihan*은 비동맹국가들에는 20세기의 영국혁명의 여파가 크게 작용하고 있다고 한다. 즉 20세기 영국혁명은 1947년 사회주의 국가인 영국이 인도를 독립시켜 줌으로써 시작된 것으로 영국 사회주의가 그 이론적 밑받침을 하고 있어서 영국 사회주의 전통은 런던 경제학파를 통하여 아시아·아프리카 지역으로 전파되게 되었다는 것이다.[59] 특히 영국 사회주의는 富의 再分配를 주장하며, 경제적·인종적 착취에 반대하며 反美的 傳統을 가지고 있는데 이러한 사회주의가 비동맹국가들의 정치이념과 생활감정의 근간을 이루고 있다는 것이다. 그들은 近代化라는 또 하나의 혁명을 추구함에 있어서 서구 민주주의적 발전 모델보다는 능률 위주의 사회주의적 모델을 선택하였다. 따라서 오늘날 일반적으로 제3

---

58) Documents of the Belgrade Conference of the Heads of State or Government of Nonaligned Countries, Leo Mates, Nonalignment, Belgrade: *The Institute of International Politics and Economics*, 1972, pp.386~394.

59) Daniel Moynihan, "The United States in opposition", *Commentary* 6호, 1975년 3월 pp.3~44.

세계의 비동맹국가들에 있어서 사회주의·혁신주의의 영향은 대단한 것이며, 자본주의란 말은 식민주의를 연상케 하는 좋지 못한 의미를 가지고 있는 것이다.[60]

셋째는 제3세계 국가들의 對外行態의 기본이 탈권력 정치에 입각한 平和志向的이라는 점이다. 이것은 특히 오늘날 제3세계의 국제사회적 역할에 비추어 의미가 큰데, 제3세계 지도자들은 군사동맹이나 勢力均衡 등과 같은 권력장치적인 전쟁방지 수단에 근본적으로 반감을 보이고 있다. 비동맹에 큰 영향을 끼친 네루 수상은 "平和는 평화적인 방법으로만 보존할 수 있다. 전쟁을 준비함으로써 평화를 유지하려는 것은 말 자체에 矛盾이 있다"라고 했는데, 이는 그들의 平和志向을 단적으로 보여 주고 있는 것이다. 이러한 평화정신은 "양대 진영에 도덕적 압력을 행사하여 우리 모두를 비참한 전쟁의 참화 속으로 몰아넣지 않도록 防止해야 한다"고 한 엔크루마의 주장에서도 뚜렷이 나타나고 있다. 물론 이러한 平和主義는 이들이 처한 상황을 보다 현실적으로 수용하되 도덕적으로 합리화시킨 노력의 결과임을 부인할 수는 없다. 그러나 이 평화주의가 비동맹국가들에 국제평화수호의 역할을 한다는 自負心과 사명감을 심어 주며 평화의 사도라는 도덕적 優越感을 안겨 준다는 사실을 무시할 수 없는 것이다.[61] 사실, 오늘날 이들의 이러한 도덕적 자부심은 "무한한 善의 힘, 과거 東西冷戰에 편승하지 않으려는 소극적인 데에서 벗어나 긴장 완화를 위해 동서의 가교가 되겠다"는 적극적 중립의 시발점이 되고 있는 것이다.

제3세계 국가들의 非同盟이 그들이 처해 있는 특수 사정에 대처하기 위하여 택한 정책이기 때문에 국제정치의 양상을 그들의 국가이익을 위하여 최대한으로 이용하려는 것은 당연하다고 할 수 있는데[62] 모든 국가가 그러하듯이 그들의 대외행태를 미화하고 理想化하였고 나아가서는 국제정치의 力學關係와 사태 진전을 조정하는 편리주의적이며 이기적인 독특한 존재양식을 갖게 되었다. 또한 非同盟은 전후 냉전의 산물이라고 할 수 있다. 즉 전후 미·소 간의 냉전과 더불어 증명되기 시작한 '核의 역설'이 곧 이러한 비동맹노선의 활로를 보장해 주었던 것이다.

---

60) Robert A. Scalapino, "Neutralism in Asia", *American Political Science Review*, 88호 1954년 3월, p.56.

61) 金相俊, 「國際政治에 있어서 非同盟의 意味」, 『國際政治論叢』 第17輯, 韓國 國際政治學會, 1977, p.49.

62) Myron Weiner, "Neutralism and Nonalignment", *International Encyclopedia of the Social Sciences*, David L. Sills 편, p.171.

미・소의 핵무기는 그것을 보유할 수는 있어도 효과적인 위협의 수단으로는 사용할 수 없는 상황, 다시 말해서 핵무기와 정치적 영향력 사이의 比例關係가 깨어지면서 핵무기에 의한 위협의 효용은 감소하였고, 이로 인해 양대 진영의 내부적 결속이 와해되고 이데올로기의 多元化가 나타난 상황하에서 제3세계의 비동맹은 그 適正性을 유지할 수 있었던 것이다.

결국 제3세계는 과거 植民地 경험으로 인해 배양된 자주독립 정신과 反西歐的 감정의 기초 위에 현 국제체계의 권력정치를 불신하고 회의하며 새로운 국제질서의 수립을 소망하는 세력이라고 정의할 수 있는 것이다. 이들의 국제사회적 활동은 앞으로 점차 증대하고 東西 간의 냉전이 완화된다고 하더라도 貧富의 차이에서 기인하는 南北 간의 새로운 냉전은 계속 심화될 것이며 또한 아시아・아프리카 지역의 民族主義나 反植民主義 그리고 人種的 差別에 대한 도전 등은 독립이나 정치적 목적이 이루어진다 해도 근본적으로 소멸되지는 않을 것이다. 강대국의 權力政治가 국제정치의 본질로서 존재하는 한, 약소국들의 세력 결속 현상도 그치지 않을 것이기 때문이다.

21세기 이후의 국제정치는 어떻게 변할 것인가? 새로운 국제질서의 현상은 세계 공동체 의식과 '地球村'이라는 전망에서 참된 세계평화의 모색, 인류의 福祉를 위한 세계경제의 실현, 참된 세계시민 교육을 위한 새로운 비전을 제시해야 할 것이다. 이때를 계기로 世界宗敎가 출현한다면 絶對價値를 창출할 수 있는 진리를 가져야 한다. 최소한 生과 死, 선과 악, 正義와 不義가 무엇인지 이에 대한 가치문제를 정의할 수 있어야 하며 진정한 부활의 의미와 원죄를 청산하는 구원의 방법론, 完成한 人間의 가치, 死後의 세계에 관하여 해명해 줄 수 있어야 한다.

기존의 국제질서에 도전하는 제3세계는 불만으로 가득 차 있는 정치세력이다. 이와 같이 불만스런 정치에 조건이 부여된 未定着의 감정적 유대가 제3세계의 존립가치를 부여하고 있다. 제3세계 국가들의 입장에서 보면 현실은 확실히 역사의 轉換點에 서 있으며 앞으로 그들로 하여금 대등한 주권과 公正한 配分을 요구할 수 있는 변화되는 세계의 새로운 환경으로 성숙되고 있다. 제3세계는, 이 세계에 권력정치가 존속하는 한 강대국과 약소국 간에는 이윤 배분에 격차가 생긴다는 것이 정치역학상의 定理임을 그들의 과거의 歷史的 교훈에서 터득하고 있기에 그 기득권에 도전함에 있어 집단적으로 대응하고 있다.

世界史의 흐름은 앞으로의 世界秩序가 오늘날 제3세계가 갈구하는 대등한 主權과 공정한 분배가 무엇보다도 우선하는 전환기에 들어서고 있음을 부인할 수 없다. 가진 나라와 못 가진 나라 간의 알력, 즉 남북문제의 불평등 요인이 하루속히 해소되어야 하는 시대로 潮流는 기울어져 가고 있다. 이미 제3세계가 1백여 개국의 막강한 세력을 갖고 집단적으로 行動化를 할 수 있는 단계에 이르렀다는 것은 벌써 모든 기존의 價値基準이 흔들리는 역사적 전환기에 들어섰음을 의미한다.

Ⅳ. 第3世界와 宗敎의 理解

인간사회와 政治文化를 이해하기 위해서는 그 사회의 종교를 이해하는 것이 근본적인 것이다. 종교적 신앙은 인간이 자신의 無知 때문에 생긴 불안을 극복하기 위하여 착안한 知覺的인 産物이다. 삶은 宗敎이다. 삶 자체가 바로 종교적이라고 말할 수 있다.

이 세상에 비종교인은 존재하지 않으며 모두가 宗敎的 人間일 뿐이다. 종교에 대한 지식과 종교적 결단은 동일하지 않다. 그러나 무비판적인 종교적 결단은 언제나 皮相的 *Supefricial*으로 되기 쉽다.[63] 여하튼 인류가 존재하기 시작할 때부터 종교는 있었고 종교의 理解야말로 人間의 理解이며, 歷史, 政治, 文化의 理解가 된다.

뒤르켐 *E. Durkheim*이나 베버 *M. Weber*에 의하면, 종교는 사회를 이해하는 하나의 방편인데, 한편으로는 사회를 연구함으로써 종교를 이해할 수 있게 된다. 그런데 모든 종교적 상황은 반드시 사회 변동의 노선을 따라서 전개되는 것만은 아니라고 볼 수도 있다. 다니엘 벨 *Daniel Bell*에 의하면, 이제 個人의 生活樣式과 가치는 더 이상 개인의 사회적 위치, 즉 계급이나 지위에 의해 결정되는 것이 아니다.

文化는 점차 自律化되었기 때문에 개인은 문화적 기호와 생활양식과 신념에서

---

63) W. Brede Kristense, "The Meaning of Religion", in *The Phenomenology of Religion*, 뉴욕, Harper & Row, 1969, p.34.

자기의 同一性을 찾을 수 있으며 또한 현실을 예견하거나 현실을 구성할 능력을 갖게 된다. 이렇듯 종교를 포함하는 모든 문화의 영역에서 변화의 실마리를 찾을 수 있다는 주장은 종래의 마르크스의 영향을 받았던 사회이론과는 대조가 된다.[64] 그러나 종교와 사회의 聯關性을 생각함에 있어서 우리는 적어도 인류 공동의 생활문제와 세계는 하나라는 동일체의식의 새로운 관심사를 최대공약수로 삼아야 하며, 현대사회의 문화적 변동이 종교에 미치는 영향을 무시할 수는 없는 것이다. 문화사관을 정립한 아놀드 토인비는, 歷史는 일정한 주기 속에 螺旋狀의 반복을 이루고 있다고 했다. 역사의 정수는 文化이다. 역사는 21~26개의 문화권이 형성되었다가 도전과 응전의 반응에 의해 四大文化圈(기독교·회회교·인도교·극동종교)으로 흡수 통합되었다가 하나의 文化圈으로 이루어져 가는 必然的 과정을 보여 준 것이다. 이처럼 오늘의 사대문화권이 모두가 宗敎文化圈이라는 점에 특이한 관심을 갖게 되며, 장차 기독교 문화권으로 될 可能性은 너무도 크다. 이 사실로부터 인류 역사가 민족주의나 국가주의를 넘어서 하나의 세계주의[統一世界]로 흐르고 있는 復歸攝理歷史라는 증거를 발견하게 된다.[65] 분명 人類歷史의 向方은 어떠한 必然의 길을 향해 가고 있다. 創造의 理想인 세계의 통일성을 실현하려는 歷史 神의 목적에는 변함이 없다. 역사의 귀결은 '하나의 世界'로 맺어지고 있는 것이 분명하다.

시카고대학 총장을 지낸 허친스 *Hutchins*는 세계정부 헌법기초위원회를 구성한 바 있으며, 『人間의 城 *The City of Man*』을 쓴 웨거 *Wager*는 世界政府의 길만이 인류의 生存을 가능하게 할 것이라고 강조하였다. 이러한 세계시대에 있어서 제3세계는 어떻게 위치 지어지며 종교의 존재가치는 무엇이며, 장차 인류세계를 위해 무엇을 할 수 있을 것인가 하는 것이 문제이다. 종교는 가난하고 힘없는 사람들 편에 서 있어야 한다. 종교는 불의와 몰가치에 항거하여 싸우는 사람들과 함께함으로써 사람들을 신의 성스러움으로 인도해야 한다. 교황 바오로 6세가 성직자들에게 보낸 서한 중에서 그 일부를 인용해 보려고 한다.

---

64) Daniel Bell, *The Cultural Contradictions of Capitalism*, 뉴욕, Basic Books, 1976, pp.33~35, 36~45.
65) 金官楷, 「統一主義時代」, 『第3의 座標』, 平凡書堂, 1986, p.450.

이 지상의 富를 누리고 있는 어떤 사람이 가난에 허덕이는 그의 형제를 보고도 못 본 체한다면 그 같은 사람에게 어찌 신의 사랑이 깃들 수 있겠는가? 聖 암브로스는 이르기를, 富者가 가난한 사람들에게 德을 베푼다는 것은 가난한 사람들에게 너의 所有物을 덜어 주라는 것이 아니라, 그 가난한 사람이 가져야 할 것 중에 네가 잘못 가지고 있는 것을 그에게 되돌려 주라는 것이다. 왜냐하면 너는 모든 사람이 다 함께 사용하도록 전체에게 주어진 것을 너 혼자서 지나치게 독차지했기 때문이다.

다시 말해서 누구에게 있어서나 사유재산이 무조건적이고 絶對的인 권리일 수는 없다는 것이다. 누구를 막론하고 다른 사람은 매우 필요로 하지만 자기에게는 별로 필요 없는 것을 지나치게 많이 갖는 것을 正當化시킬 수는 없다. 검은 대륙의 탄자니아 대통령 줄리어스 니에레레는 '宗敎는 무엇을 해야 하나'라는 연설문에서 "貧困이 현대의 절박한 문제는 아니다. 왜냐하면 우리는 빈곤을 극복할 수 있는 지식과 자원을 가지고 있기 때문이다. 고통과 전쟁 그리고 인간 사이에 憎惡感을 불러일으키는 것과 같은 것이야말로 가장 절박한 문제라고 볼 수 있는데, 이것은 인간을 빈부로 나누는 데서 기인되는 것이다"라고 했다. 사실 종교가 해야 하는 사명은 平和라든가 貧困의 추방만이 아니다. 평화와 빈곤보다 더 무서운 것은 증오라는 점에서 종교는 또 하나의 문제를 갖게 된다. 성서는 형제를 미워하는 것은 이미 살인행위라고 한다. 진정한 理想世界는 증오가 추방되어야 온다. 제3세계뿐만 아니라 세계가 함께 고민하는 문제가 증오의 심각성이다. 빈부의 격차를 줄이는 평등이라든가 정치적 안정, 교육의 균등, 정의사회 실현, 대중 참여 모두가 중요하지만 보다 중요한 문제가 증오의 추방이다. 宗敎만이 책임질 수 있는 증오의 추방을 위해 사랑의 革命은 중대한 가치를 지닌다.

오늘의 중동지역 국가들은 거의가 회교국가이다. 그러나 이란·이라크의 전쟁에서 보는 바와 같이 이슬람권 내부에서 벌어지고 있는 분쟁은 너무나 비극적이다. 이라크가 1980년 이란의 샤르 알아람 지역을 침공한 후 국경 충돌로 30만 명이 사망했는데 그 사망자 대다수가 이란인이었다. 양국은 또 쿠르르고의 반란으로 피해를 입고 있는데, 1961년 이후엔 이라크 쪽에서, 1978년 이후엔 이란 쪽에서 수천 명이 사망했다. 레바논 분쟁은 사실 회교와 기독교와의 세력 다툼이다. 벌써 10년이 지났으나 언제 종식될 것인지 예측할 수 없는 이 싸움의 배후에는 미국과 소련이 개입되어 있어 매우 심각하다.

지금 세계 도처에서 벌어지고 있는 대소의 싸움은 그칠 날이 없다. 지난 1983년 3월, 3천 명의 인명이 희생된 인도 아샘 州의 인종폭동은 종교분쟁으로서 土着民과 벵골 이주민들 간의 충돌이었다. 스리랑카의 인종 분규, 아프간 내전, 차드 內戰, 그 밖에 시리아에서도 수니 회교정통파에 대한 군대의 탄압으로 1976년 이래 4만 명이 사망했다. 아직 지구상 도처에는 30여 개의 분쟁이 계속되고 있다. 대표적인 宗敎戰爭이라 할 백년전쟁이 다만 역사 속의 기록만은 아니다. 오늘날 모든 전쟁의 背景에는 거의 宗敎가 문제시되고 있는 것이다.

V. 第3世界와 이슬람교

제3세계 국가들 가운데 종교의 양상도 다양하다. 특히 이슬람교는 유목민들에게 있어서 생활 속에 깊이 뿌리내린 종교로서 熱沙에서 태어난 사람들은 태어나서부터 神 *Allah*을 믿지 않고는 살아갈 수 없었다.

이들 유목민들에게 어떤 희망도 없었다. 天惠가 있다면 뜨거운 열기와 작열하는 태양빛이 있을 뿐이다. 이들은 생존하고 있다는 자체가 기적이며 살아가는 것이 무서운 형벌이었다. 그러나 聖靈이 내려 준 啓示는 希望的이었다. 언젠가 사막에서 세계를 지배할 위대한 인물이 태어난다는 것이다. 그 예언은 사실대로 적중되었다. 사막에서 '영원히 남는 것은 善行뿐'이라고 힘 있게 외친 모하메드와 만인의 原罪를 대속하기 위해 十字架에 달린 예수 그리스도, 이 두 인물은 예언대로 세계를 지배한 것이다. 이들이 이슬람교와 기독교라는 세계종교를 만든 위대한 救世主가 된 것은 놀라운 사건이다.

이슬람과 코란을 좀더 理解하기 위해서는 사막을 알아야 하고 위대한 인물을 교육시키고 宗敎를 탄생시키기까지 어떤 역할을 했느냐 하는 것을 알 필요가 있다. 사막에 邪敎란 있을 수 없다. 사교나 異端宗敎가 있다 해도 사막에서는 正敎가 된다고 한다. 인간의 영혼을 시험하는 존재도 없다. 오직 영원한 觀照를 위한 끝없는 지평과 天空이 이어지는 사막은 위대한 교사일 뿐이다. 열대지방에는 잡초까지 모두 풍성한 꽃을 피우듯이 사막에서는 모든 신앙이 마치 마음속에 움트고 자라 神이 거처하는 하늘 높이까지 고양된다. 사막에서의 모든 종교는 싹이 트고 풍요하게 꽃을 피운다.

어떤 신앙도 사막에서는 모두가 眞髓가 된다. 아라비아 열사 속에서 모든 사람들은 언제나 기도를 하지 않고는 살 수 없었다. 神이 응답하든 하지 않든 간에 그들은 간곡히 애원하며 불렀다. 거기서는 모든 사람들이 기도를 하기 때문에 基督敎의 神과 猶太敎의 神과 回敎의 神을 모두 만날 수 있다고 한다. 사막에서 사는 사람들은 神을 두려워한다. 그리고 超自然的인 힘을 두려워한다. 그들과 사이좋게 지내고 충돌하지 않기 위해 모두 경배하며 어느 하나도 소홀하게 대접하지 않는다. 유목민들의 생활은 너무 고달프고 외로우며 운명에 예속되어 있기 때문에 발아래 펼쳐진 사막의 不毛城을 견디기 위해 머리 위에 있는 푸르고 무한한 또 하나의 沙漠이 자기들을 보호해 주기를 끊임없이 바라게 된다. 이러한 사막을 배경으로 만들어진 이슬람교는 唯一神 알라 이외의 어떠한 신이나 우상을 거부하고 오직 알라에 대한 절대복종을 기초로 한다.66) 이슬람에서의 믿음은 종교적 敎條에서 그치지 않고 實踐의 原理를 요구한다. 실천이 수반되지 않는 믿음이란 믿음으로 인정되지 않을 뿐 아니라 無意味하다고 간주한다.

이슬람교는 하나의 결속을 중시했으나 모하메드의 사후 칼리프의 계승권을 둘러싼 분파가 일기 시작했는데, 특히 10~11세기경 분리주의 운동이 급등하여 이슬람교의 單一性이 완전히 깨지고 말았다.67) 그 중요한 宗派로서는 수니 *Sunni*파와 시아 *Shia*파를 꼽는다. 수니는 이슬람교의 傳統的 正統 *Traditional Orthodoxy*으로서 코란과 수나 *Sunna*68)를 충실히 준수할 것을 주장하여 모든 만물과 인간사를 신의 창조와 예정설에 묶어 둠으로써 인간의 理知的이고 자유로운 행동을 속박하고 인간의 自由意志를 부정하여 알라와 人間 사이에 코란을 媒體로 간주한다.69) 오늘날 대

---

66) 『코란』 제17장 59절, 제11장 25절, 제21장 25절.

67) Sir Hamilton Gibb and Harold Bowen, *Islamic Society and the West*, 2권, 런던, 1969, p.21.

68) 모하메드의 言行錄을 말한다.

69) Philip K. Hitti, *The Near East in History*, 뉴욕, 1961, p.285.

부분(90% 이상)의 이슬람교도는 이 수니파에 속하며 대표적 국가로는 시리아, 요르단, 이집트 등이 있다. 수니파 다음으로는 시아파가 다수를 이루고 있는데 이란과 이라크가 가장 큰 시아교도국이 되었다. 시아파는 다시 여러 파로 갈라졌다. 칼리프 오스만(*Osman*, 644~645년) 치하에서 이슬람 세력은 아라비아 반도 외에 이란과 리비아, 모로코 지역으로 진출하였고, 제4대 칼리프 알리(*Ali*, 656~661년) 조에는 북으로는 카스피 해와 아랄 해, 동으로는 이란의 동쪽 國境에 이르는 광대한 영토를 확보하였다. 비록 칼리프의 계승문제로 이슬람 세계는 분열되기도 했으나 우마이야(*Umayya*, 161~750년) 조의 全盛期에는 아프가니스탄, 사마르칸트, 옥수스江 그리고 北아프리카를 거쳐 스페인과 프랑스에까지 팽창하였다.

이슬람교는 세계적 종교로서 아랍국가들에 뿌리를 내렸다. 지나치게 保守的이며 낙후된 아랍사회에서 믿음과 봉사정신을 가르쳐 주었다. 사악을 배경으로 한 열사의 땅에서 1천 3백여 년간 많은 선지자를 훈련시켰다. 이슬람의 土着化 *inculturation*는 오늘 第3世界 文化를 형성하는 데 중요한 공헌을 하였다. 지나친 속단인지 모르나 이슬람교는 생활 가운데 뿌리를 내린 점에서는 기독교보다 優越한 宗敎라고 판단된다. 제3세계를 알기 위해 여러 宗敎 가운데 특히 이슬람교와 기독교의 理解가 절대 필요하다.

Ⅵ. 第3世界와 基督敎

제3세계는 자유경제 체제와 사회주의 체제로 분열되어 있다. 생활은 빈곤해도 그들은 宗敎·文化的 전통과 유산을 자랑하며 삶의 깊이를 간직하고 있다. 과거 식민지정책은 경제적 측면에서뿐만 아니라 군사·정치적 지배의 성공이었다. 植民을 위한 교육과 그것을 지탱하기 위한 국제 정치제도의 구축은 결국 '支配와 依存'의 관계를 만들었다. 이와 같은 세계적 전망에서 볼 때 기독교의 선교는 결국 하나의 '異邦人의 基督敎化'의 성공에 불과하였던 것이다.

그러나 제3세계가 당면하고 있는 심각한 문제는 과거의 피해의식에 있는 것이 아니다. 政治的 獨立과 식민착취의 종식을 가져온 지 40년이 지난 오늘날, 초기 强大國의 이데올로기에 의한 分斷·예속과 더불어 南北으로 분단된 세계 경제질서 속에서 또 하나의 지배와 예속을 감당해야 하는 데에 第3世界의 고민이 있다.

제3세계의 기독교는 모두 서구 선교사들의 선교의 결실로 이루어졌다. 순교를 결단하는 선교사들의 헌신적인 노력으로 이 지역에 기독교를 정착시키고 기독교인의 共同體를 형성시켰던 것이다. 선교의 목적은 인류의 靈的 福祉와 心靈의 救援을 위해 헌신하겠다는 것이었으나, 植民商業과 군사력의 확장이 기독교의 활동에 도움이 되고 때로는 필요한 조건으로 인식되었다. 제3세계의 교회는 서구의 문화적 제한 속에서 이루어진 교회를 고스란히 복제하여 옮겨 놓았던 것이다. 또한 교회는 식민 연장의 일부로서 확산되기도 하였고 自主獨立運動에 대한 민중의 의지를 弱化, 저하시키려는 道具로도 사용되었다. 기독교는 아시아의 이 지역 국가들이 형식적인 정치적 독립을 이룬 후에 국가 건설의 어려움과 혼란 속에 어느덧 되살아나기 시작한 식민주의 앞에서 이제는 더 이상 새로운 植民 거점이 되어서는 안 된다는 비판이 안팎으로 일어나기 시작했다. 이와 같은 역사적 자각도 아시아교회의 시행착오를 겪으면서 성숙되어 갔다. 그 첫 표적으로 나타난 것이 '50년대의 아시아 기독교의 土着化運動 *indigenization movement*이었다. 이 토착화운동은 전후 아시아의 전통적 종교인 힌두교나 불교가 戰後 아시아의 민족주의와 더불어 새로운 復古精神과 국가 건설을 위한 정신적 원동력이 되려는 움직임에서 자극받고 또한 지금까지의 기독교가 異質文化의 무비판적 수용에서 결과 된 문화적 주체의식의 상실에 대한 반성에서였다.[70] 그러나 이 토착화운동은 아무런 성과를 거두지도 못한 채 '60년대를 넘어서면서 자취를 감추었다. 결국 아시아 지역에서의 기독교 토착화운동의 실패는 그것을 아시아 기독교의 역사적 발전과정과 새로운 아시아의 歷史意識 속에서 찾았다기보다는 오히려 하나의 沒歷史的 상황 속에서 시작한 신학적이고 문화적인 노력에 치중한 데 그 주요 원인이 있었다고 본다.

'60年代에 이르러 아시아의 기독교는 아시아가 당면하고 있는 종합적 혁명을 바르게 해석하려는 작업, 개개인의 自由와 福祉가 보장된 새로운 정치체제를 달성

---

70) P. D. Devanandan, *Christian Issues in Southern Asia*, 뉴욕, Friendship Press, p.68.

하기 위한 참여와 투쟁, 새로운 정신적 토대를 구축하려는 과제를 모색하기 시작한다.[71] 기독교가 전하고자 하는 오늘의 역사 속에서의 救援이란 靈的인 重生과 罪로부터의 解放뿐 아니라 경제적·정치적 기구의 非人間化로부터의 해방도 내포하고 있다. 세계교회협의회 *WCC*의 방콕선언(1973)에서는 "이와 같은 救援은 모든 역사를 통한 보편적 사건이기 때문에 짓밟히고 억눌린 사람들이 해방을 받을 때 하나님의 구원이 거기에 있다"고 밝히고 있다.

이 같은 救援과 解放을 케리그마의 본질로 보는 解放神學은 주로 라틴아메리카의 상황 속에서 형성된 神學에 의해 뒷받침되었다. 여기에는 『혁명적 상황 속에서의 행동신학 *Doing Theology in a Revolutionary Situation*』을 쓴 보니노 *Jose Miguez Bonino*, 루벤 알베스 *Ruben Alves* 등 南美 소장 신학자들의 공헌이 크다. 이들은 모두 기존의 思辨的 서구 신학을 넘어서서 行動과 繁榮 *Action and reflection*의 과정 속에서 만들어지는 狀況的 神學을 주장한다. 특히 G. 쿠티에레스의 『解放의 神學』[72]에서는 아직도 형성과정에 있는 해방신학에 라틴아메리카의 역사와 정치상황 속에서 얻어야 할 구원의 내용을 강조한다. 남미의 해방신학은 라틴아메리카의 기독교를 지탱하는 主流가 아니다. 그러나 그것이 남미의 전체 가톨릭교회에 미친 영향은 다른 지역 교회 흐름의 하나의 희망임에 틀림없다. 특히 칠레나 브라질의 교회들은 이미 오랫동안 그 나라들의 제도적 탄압 속에서도 신·구교도뿐 아니라 국민들의 인권 옹호에 주도적 옹호자로 활동하고 있으며, 새로운 社會改革의 선구자가 되기를 꺼리지 않는다. 뿐만 아니라 1968년 베를린에서 개최된 전 남미 주교회의는 基本人權을 소외시키는 모든 정치·사회적 요인과 싸워 가는 解放運動을 지지할 것을 결의하였다.

남미의 신학자들은 해방신학이 철저하게 남미의 사회·정치적 狀況 속에서 해방되어야 할 민중들의 해방에 대한 자각에서 형성된 신학임을 구태여 이론적으로 체계화하려 하지 않는다. 왜냐하면 신학은 생활경험 속에서 형성되기 때문에 그것이 아프리카에 필요한 때에만 효과적인 체험으로 표현되기 때문이다. 아프리카

---

71) M. M. Thomas, *The Christian Response to the Asian Revolution*, SCM Press(1966).

72) Gustavo Gutiérrez, *A Theology of Liberation: History, Politics, and Salvation*, p.145.

대륙은 아프리카에 필요한 해방이 있는 것이다. 그래서 北美의 제임스 콘의 黑人神學이 주장하듯이 인종의 피부 색깔을 전제로 설정된 편견으로 시작된 억압 밑에서는 거기에 필요한 解放이 있었다. 남아프리카의 경우는 어파타이드 *Apartheid*와 소수 백인에 의한 다수의 흑인 탄압이란 情況 속에서 해방의 의미가 이해되어야 한다. 그리고 몇몇 아프리카의 국가들은 아직도 계속되는 '포르투갈 帝國主義'와의 투쟁에 참여하려는 크리스천들의 사회·정치적 투쟁에서 무기를 잡을 수밖에 없는 현 사태나 상황을 그와 무관한 크리스천들이 神學的 立場에서 어떻게 부정할 수 있겠느냐고 반문한다.[73] 이 같은 확신에서 출발한 여러 형태의 解放運動은 이러한 역사적 상황의 切迫性에 대한 체험이나 자각 없이 고답적이고 行動力이 없었던 傳統的 神學과 교회의 사회적 책임이나 현실 참여에 있어서 행동규범에 새로운 빛을 던져 주었다. 이것은 第3世界의 基督敎가 전체 기독교에 기여한 공헌임에 틀림없다.

기독교는 결국 非人間化에 대해 저항운동으로, 극복하려는 사상적 사명과 역할을 스스로의 선교 사명으로 인식하려 하고 있다. 이는 또한 라틴아메리카나 아프리카의 解放神學과 아시아 기독교가 오랜 체질 속에서 이룩하려는 '정의로운 사회 실험' 이후 신생국가나 제3세계 속의 교회가 걸머진 중심과제였다. 이 같은 사명에 대한 自己理解는 개신교·가톨릭 그리고 동구권의 정교회에서까지도 공통기반으로 받아들여지고 있다. 이것은 제3세계 교회만의 새로운 사명이 아니다.

서구사회에서도 프로테스탄트 교회의 정치·사회에 대한 자세에는 나치체제에 저항하여 싸운 독일 改新敎의 투쟁과 그 속에서 얻은 사상적·신학적 유산이 큰 의미를 갖고 있다. 프랑스의 가톨릭도 레지스탕스에 참가하면서, 제2차 바티칸 공의회의 성과에서 보는 것처럼, 가톨릭신학의 전기를 마련하는 하나의 간접적 요인이 된 것을 간과할 수 없다. 특히 독일의 반나치 투쟁은 나치의 잔인성과 非人間性이 더해 가면서 이에 대한 교회의 저항력도 강해져 갔고, 교회 탄압에 대한 투쟁도 종교적 특권을 지키기 위한 것보다는 인권을 위한 투쟁으로 발전해 갔다. 이와 같은 반나치 교회투쟁의 思想的 유산을 계승받아 성립된 것이 '독일복음주의

---

73) N'dwiga Kanyua Mugambi, *Dossier on Theological Reflection*, by WSCF, 1974, p.42.

교회 *EKO'*이며, 1948년 암스테르담에서 총회를 연 세계교회협의회가 교권운동이나 교세 확장에 머물지 않고 세계 도처에서 構造的 모순이 팽배하고 UN이나 강대국들에 의해 세계평화와 국제정의가 유린될 때마다 세계의 양심의 역할을 해 올 수 있었던 것도 이 같은 투쟁 속에서 형성된 思想性의 유산에서 연유되고 있다.

또 하나의 문제는 1960년대 UN의 '개발 제1차 연도'의 실패는 선진국 의존의 開發政策으로부터 自立開發로의 궤도 수정을 가져다주었다. 그리고 개발이 가져다줄 것으로 믿었던 자유와 복지는 남북관계에 있어서 그리고 나라 안에 있어서 격심해 가기만 하고 빈부의 격차와 여러 속박 속에서 새로운 非人間化의 요인으로 등장하게 되었다. 急進的 개발주의가 가져다준 시행착오는 GNP 위주의 현대적 國家主義를 낳았고 이는 개인의 인격과 分配의 公正을 등한히 하였다. 세계교회협의회도 깊은 연구를 통해 제3세계가 지향해야 할 개발은 성장과 사회정의가 스스로 개발에 참여하려는 국민의 의지에 의해 균형 있게 발전되어 가지 않는 한 거기에서는 解放보다는 非人間化를 초래할 것으로 경고하고 있다.[74] 그리하여 WCC와 제3세계의 교회들은 獻身과 犧牲, 봉사의 행동으로 가난한 자의 벗으로 밑바닥으로부터 지역 개발을 통하여 점차로 균등하게 성장해 가는 여러 형태의 개발사업에 참여하는 것을 교회의 社會的 責任으로 강조하고 있다.

기독교가 표방하는 궁극적 目標는 하나님의 나라이다. 그 나라는 '사랑과 진리'에 의해서 통치되는 공동체를 위하여 생활하는 나라이다. 그리스도가 말하는 天國, 神國은 세상의 나라와는 다르다. 세상의 나라는 힘(권력) 있는 자가 으뜸이지만 천국은 啓示的인 나라라 할 수 있다.

제3세계 속에 基督敎는 하나의 보편적 종교로서 공통의 가치관을 모색하고 있다. 오늘의 제3세계는 현재의 세계가 제2차 세계대전 후의 동서관리 체제나 남북분단 체제의 고질적이고 부당한 질서를 탈피하고 건설될 또 하나의 新生世界建設의 책임을 지고 있다고 믿는다.

---

74) R. 디킨스, NCC 보고(*Toward an Understanding of Christian Responsibility for Development Liberation*, WCC Press, 1976).

비트겐슈타인의 宗教觀

黃弼昊

동국대학교 교수 · 종교철학

Ⅰ. 머리말

　현대 分析哲學의 대가인 비트겐슈타인(*Ludwig Wittgenstein*, 1889~1951년)의 일생은 거의 종교적일 정도로 엄격했으며, 철학에 대해서도 일종의 종교적인 소명감을 가지고 있었다는 것은 널리 알려진 사실이다. 그리하여 그는 러셀에게 보낸 편지에서 "하느님이 나에게 더욱 명확한 이해력을 주지 않으면 미쳐서 죽을 지경이 될 것"이라고 한탄하기도 했으며 다른 곳에서는 "철학이란 지옥과 같이 어려운 것"이라고 말하기도 했다. 더 나아가 그는 상속받은 재산을 전부 가난한 사람들에게 나누어 주었으며, 그 자신이 말년에 가난에 시달리면서도 록펠러 재단의 도움을 받을 자격이 없다는 이유로 거절하기도 했다.

　그럼에도 불구하고 종교에 대한 비트겐슈타인의 견해는 확실하지 않다. 어떤 학자는 그가 宗敎的인 心性에 전혀 관심이 없었다고 하고, 다른 학자는 비트겐슈타인이야말로 넓은 의미에 있어서의 진정한 종교인이었다고 하며 또 다른 학자는 그가 오직 신앙의 가능성만을 인정했다고 한다. 이러한 주장들은 『論理哲學 論考』로 대표되는 그의 전기 사상과 『哲學的 探究』로 대표되는 그의 후기 사상에 따라서 더욱 복잡하게 된다. 어떤 사람은 그의 전후기 사상이 전혀 판이하다고 주장하고 다른 사람은 오히려 양자의 類似性을 강조하기 때문이다. 그러나 종교에 대한 비트겐슈타인의 견해는 일반적으로 다음과 같이 몇 가지로 구별할 수 있다.

첫째, 전통적인 견해에 따르면 비트겐슈타인은 그의 전후기 사상을 통하여 종교언어 *religious language*의 無意味性을 주장했다는 것이다. 그리고 이러한 주장은 실제로 상당한 설득력을 가지고 있다. 그는 분명히 『論考』에서 "하느님은 이 세상 속에서 자신을 나타내지 않는다"고 말함으로써 종교뿐만 아니라 모든 倫理學과 形而上學의 意味性을 부인했으며[75] 이러한 견해는 비록 특별히 강조되지는 않았지만 그의 후기 작품에도 그대로 傳承되어 있다고 말할 수 있기 때문이다.

둘째, 비트겐슈타인의 전후기 사상에 근본적인 차이가 있다고 주장하는 분석철학자들의 견해에 의하면, 비트겐슈타인은, 『論考』에서는 겉으로는 宗敎言語를 배척하면서도 실제로는 逆說的으로 그 가능성과 중요성을 역설했으나 후기의 『探究』에서는 종교언어에 아무런 관심을 표명하지 않았다고 주장한다. 『論考』는 언어란 확실히 사실 *fact*의 반영이며, 사실의 반영인 모든 언어는 확실하게 기술될 수 있다고 말한다. 다시 말해서 모든 언어는, 『論考』로부터 결정적인 영향을 받은 論理實證主義 *Logical Positivism*의 표현을 빌리면, 사실에 의하여 직접적으로나 간접적으로 檢證 *verification*되거나 反證 *falsification*될 수 있어야 의미를 가질 수 있다고 말한다. 그러면서도 그는 『論考』의 마지막에 "말할 수 없는 곳에서는 침묵을 지킬 수밖에 없다"고 함으로써 말할 수 없는 신비의 세계, 종교의 세계를 강력히 시사하고 있다.[76] 그리하여 그의 제자인 안스콤 *G. E. M. Anscomb*은, 비트겐슈타인이 "자신의 철학은 절대로 종교적 신앙을 '방해'하지 않는다고 믿고 있었다"고 말했으며,[77] 무어 *G. E. Moore*는 비트겐슈타인이 분명히 검증하는 방법에 의하여 언어의 의미를 결정할 수 있다고 말하면서도 다른 한편으로는 "여기서 말하는 '검증'이란 다른 의미를 가지고 있다"고 주장했다고 말했다.[78]

셋째, 비트겐슈타인의 전후기 사상에 근본적인 차이가 있다고 주장하면서도 특히 그의 후기 사상에 나타난 '삶의 형태 *the forms of life*'라는 개념을 강조하는 분석

---

75) L. Wittgenstein, 『논리철학 논고 *Tractatus Logico-Philosophicus*』, p.432.

76) 상게서, p.7.

77) G. E. M. Anscomb, "What Wittgenstein Really Said", *The Tablet*, 런던, CCI, 1954. 4. 17.

78) G. E. Moore, "Wittgenstein's Lectures in 1930~33", *Philosophical Papers*, 뉴욕, Collier Books, 1959.

철학자들에 의하면, 비트겐슈타인은 『論考』에서 주장했던 종교언어의 無意味性으로부터 『探究』의 有意味性으로 전환했다고 주장한다. 그리하여 허드슨 *Donald Hudson*은 비트겐슈타인에 대한 러셀의 사망기사를 인용하면서 이렇게 말했다.

> 기독교에 대한 비트겐슈타인의 개인적 태도가 정확히 어떤 것이었는가 하는 문제는 쉽게 말할 수 없다. 그러나 그가 종교에 대한 공개적인 적개심으로부터 점점 멀어져 가고 있었다는 것은 명확한 일인 것 같다. 그리하여 1951년 「마인드 *Mind*」지에 비트겐슈타인의 사망기사를 쓴 러셀은 이렇게 말했다. "그는 철저한 반기독교인이었다. 그러나 그는 이러한 태도를 완전히 변경시켰다. 이러한 태도의 변경에 대하여 그가 나에게 말했던 유일한 사건은 다음과 같다. 그는 전쟁 (1914~18년) 동안에 갈리치아 *Galicia*에 있는 조그만 마을에서 성서에 대하여 쓴 톨스토이의 책만 팔고 있는 서점을 발견했다. 그는 거기서 책 한 권을 샀는데, 그 자신의 견해에 의하면, 그 책이 그에게 심오한 영향을 끼쳤다는 것이다." 그 책은 『나의 신조 *What I Believe*』라는 제목으로 영역된 톨스토이의 저서였다.[79]

이에 속하는 또 다른 분석철학자로는 찰스워드 *M. J. Chalesworth*를 들 수 있다. 그는 종교언어에 관한 한 비트겐슈타인의 후기 사상은 각기 다른 유형의 언어 論理의 還元 不可能性 *the irreducibility of the 'logic' of different types of language*을 주장함으로써 모든 언어는 자체의 기준에 의하여 意味性을 규정할 수 있으며, 이 의미성은 언어 게임이라는 구체적 상황에 따라서 결정되는 것이며, 이 언어 게임은 다시 '삶의 형태'와 긴밀하게 연결되어 있는 사상이라고 말한다. 그리고 그는 비트겐슈타인에게 있어서 각기 다른 삶의 형태에 나타난 언어가 제 나름대로의 의미와 기능을 수행하고 있다는 사실은 바로 그런 언어가 실제로 의미 있게 사용되고 있기 때문이라고 한다. 그리하여 그는 전통적인 논리적 실증주의자들의 주장을 '論理的 眞理觀'이라고 부르고, 이와는 전혀 다른 맥락에서 전개되는 비트겐슈타인의 후기 사상을 '論理言語的 複數主義 *logico-linguistic pluralism*라고 불렀다.[80]

넷째, 요즈음 강력히 대두되고 있는 '비트겐슈타인的 信仰形態主義 *Wittgensteinian Fideism*'를 주장하는 학자들에 의하면, 비트겐슈타인의 후기 사상은 전기 사상의 배경 위에서만 이해될 수 있으며 비트겐슈타인의 전후기 사상은 충분히 종교적으로

---

79) Donald Hudson, *Ludwig Wittgenstein*, 런던, Lutterworth Press, 1968, p.1.

80) M. J. Charlesworth, "Linguistic Analysis and Language about God", *International Philosophical Quarterly*, 1권, 1961, p.141.

해석될 수 있다고 주장한다. 그리하여 그들은 비트겐슈타인이 論理實證主義의 산실인 비엔나 학파에 결정적인 영향을 끼친 것은 사실이지만 그들과 달리 종교적인 관심을 가지고 있었다고 하며, 이러한 종교적 관심은 후기에도 여전히 계속되었다고 말한다.

本考는 네 번째 입장에서 기술될 것이다. 그리하여 필자는 비트겐슈타인의 종교관을 전기, 후기, 비트겐슈타인 사후의 사상 3단계로 나누어 설명하겠다.[81]

Ⅱ. 前期 비트겐슈타인과 宗敎

논리실증주의에 의하면 모든 의미 있는 命題는 분석적 *analytical*인 것과 사실적 *factual*인 것으로 나눌 수 있다. 分析命題란 그 명제에 나오는 기호나 어휘의 定義를 알면 그 명제의 眞僞를 결정할 수 있으며, 진위를 결정할 수 있는 명제는 의미 있는 명제이다. 그러므로 분석적인 명제가 참이면 同語 反復 *tautology*이 되고, 거짓이면 모순 *contradiction*이 된다.

그러나 우리들이 일상적으로 사용하는 대부분의 명제는 수학적인 진술이나 논리적인 진술과 같은 分析的인 명제가 아니라 事實的인 命題이다. 그리고 사실적인 명제가 의미가 있으려면 적어도 원칙적으로는 경험에 의하여 檢證될 수 있어야 한다. 경험적으로 검증될 수 없는 사실적인 명제는 무의미한 명제이며, 무의미한 명제의 경우는 그 명제의 진위를 따질 필요조차 없는 것이다.

이제 종교에 대한 논리실증주의의 태도를 살펴보자. 서양에 있어서 가장 중요한 종교는 기독교이며, 기독교에 있어서 가장 중요한 명제 중의 하나는 '하느님이 존재한다'는 명제이다. 이 명제에 대한 論理實證主義者들의 견해는 다음과 같다.

첫째로 이 명제가 분석적이라면 '하느님'이라는 어휘로부터 '하느님이 존재한다'는 명제가 참이거나 거짓이라는 것을 증명할 수 있어야 한다. 그러나 이러한 증명은 사실상 불가능하므로 이 명제는 分析命題가 아니다. 둘째로 이 명제가 사

실적으로 의미가 있으려면 경험에 의하여 검증될 수 있어야 한다. 그러나 하느님은 곧 경험을 초월한 존재이기 때문에 경험에 의한 검증의 한계를 벗어난다. 그러므로 '하느님'이란 어휘는 사실적으로 무의미한 어휘이고, 무의미한 어휘에 근거를 둔 모든 신학적 명제는 무의미한 것이다.

모든 神學的 命題가 의미를 결여하고 있다는 주장은 단순히 틀렸다거나 거짓된 명제라는 뜻이 아니다. 여기서 '의미'라는 어휘는 "그것은 나에게 의미 있는 경험이었다"는 표현에 나오는 '의미'와는 전혀 다른 뜻을 가지고 있다. 그것은 논리적으로 의미를 가지고 있지 않기 때문에 眞僞를 따질 필요조차 없다는 뜻이다. 그러므로 신학적인 명제를 배척하는 논리실증주의는 無神論보다도 더욱 가혹한 반박이며, 종교인의 입장에서는 반박조차 할 수 없는 극단적인 태도이다. 우리의 주장을 반대하는 사람과는 적어도 싸움을 할 수 있다. 그러나 우리의 주장에 아무런 의미를 부여하지 않고 돌아서 버리는 사람과는 싸움조차 할 수 없기 때문이다. 무관심은 비난보다 더욱 가혹한 것이다.

비트겐슈타인은 논리실증주의를 탄생시킨 비엔나 학파의 실제적인 회원은 아니었다. 그러나 비엔나 학파는 그의 저서인 『論考』로부터 많은 영향을 받았으며 또한 실제로 그의 사상이 논리실증주의와 비슷하다는 것은 널리 알려진 사실이다. 그리하여 비트겐슈타인도 논리실증주의와 마찬가지로 "모든 명제의 의미는 그 명제가 그리는 원자적 사실에 달려 있다"고 말했으며, 그 명제를 검증하려면 그것을 실재 *reality*와 비교해야 된다고 주장했다. 그러므로 그는 논리실증주의와 마찬가지로 실재와의 비교가 불가능한 모든 神學的 命題를 무의미한 명제로 보았다.

그러나 신학적인 명제에 대한 비트겐슈타인의 사상은 다음과 같은 몇 가지 점에서 논리실증주의와 다르다.

첫째, 신학적 명제나 形而上學的 命題를 배척하는 근거에 있어서 그들은 의견을 달리한다. 논리실증주의에 있어서 신학적 명제는 분석적인 명제도 아니며 검증할 수 있는 사실적 명제도 아니었다. 그러나 비트겐슈타인은 검증보다는 反證할 수 없다는 것이 신학적 명제가 무의미한 근거라고 보았다. 그리하여 그는 "명제가 참이기 위해서는 거짓일 수 있어야 된다"고 말했으며[82] 또 다른 곳에서는 "肯定的

인 명제는 필연적으로 否定的인 명제를 전제로 하고 있으며, 그 반대의 경우도 마찬가지다"라고 말했다.[83] 물론 논리실증주의에서 반증의 원칙이 전혀 논의되지 않은 것은 아니었다. 그러나 이 원칙을 더욱 명확히 내세운 사람이 바로 비트겐슈타인이었다. 더 나아가서 비트겐슈타인이 형이상학을 배척한 근거는 言語의 限界는 세계의 한계이며 세계의 한계는 언어의 한계라는 것이었다.[84] 언어란 실재를 그리는 한에서만 의미가 있다. 그리고 실재를 초월한 것은 그릴 수 없으며, 이런 뜻에서 언어는 실재를 초월할 수 없다. 그리하여 우리는 그릴 수 없는 것에 대해서는 아무런 말도 할 수 없다. 형이상학적 명제가 경험의 세계를 초월한 영역을 그린다고 주장하는 한에 있어서 아무런 의미가 있을 수 없는 이유가 바로 여기에 있다. 그리하여 그는 "말할 수 없는 것에 대해서는 沈默을 지켜야 한다"고 말했다.

둘째, 그럼에도 불구하고 『論考』는 그 자체가 굉장히 형이상학적이다. 그리하여 그는 "客體가 이 세상의 本體를 이루고 있다"라는 표현에 나타난 바와 같이[85] 궁극적 실재에 대하여 언급하고 있다. 더 나아가서 그는 "언어의 구조와 실재의 구조 간의 완전한 合致點을 주장하는 그림 이론"을 제창함으로써 의미 있는 명제가 지녀야 하는 의미성의 조건을 제시했으며, 이러한 조건은 실제로 『論考』가 말할 수 있는 영역 밖의 일이라고 솔직하게 고백했다. 그리하여 그는 "나의 命題가 무의미하다는 것을 인식하는 사람에게만이 그 명제가 해명의 역할을 할 수 있다"고 말했다.[86]

셋째, 비트겐슈타인은 대부분의 哲學的 命題를 배척하면서도 철학 자체는 중요하고 유용한 행위로 간주했다. 그리하여 그는 철학이 사고에 대한 논리적 해명을 인도할 수 있으며, 철학의 대부분 문제는 언어의 論理性을 무시한 데서 나온 것이며, "문제의 해결은 문제를 없애 버리는 점으로 보아야 한다"고 말했다.[87]

넷째, 비트겐슈타인은 하느님은 이 세상 '안에서' 자신을 나타내지 않는다고 말

---

82) L. Wittgenstein, *Notebooks*, 1914~16, 5, 6, 15.

83) L. Wittgenstein, 1)의 冊, p.5, 515.

84) 上揭書, p.5, 6.

85) 上揭書, p.2, 21.

86) 上揭書, p.34.

87) 上揭書, p.521.

했다. 그 이유는 하느님이 超越的 존재이기 때문일 것이다. 그러면 여기서 '초월적'이란 어떤 뜻에서 초월적인가? 허드슨 *Donald Hudson*에 의하면 하느님은 첫째로 시간과 공간을 초월한 존재, 둘째로는 인간의 모든 능력을 초월한 존재, 셋째로는 논리적인 모순으로밖에 표현할 수 없는 존재로 想定할 수 있는데, 비트겐슈타인은 세 번째 의미로서의 하느님의 초월성을 부인했으나 첫 번째와 두 번째의 의미로서의 초월성을 부인한 것은 아니라고 주장했다. 이러한 주장의 근거는 무엇인가? 비트겐슈타인은 '말할 수 없는 神秘的인 領域'을 인정하고 한 걸음 더 나아가서 그 영역은 '스스로 자신을 나타낸다'고 말했다.[88] 그러면 여기서 말하는 스스로 나타나는 신비의 영역이란 과연 무엇인가? 그리고 그 영역은 어떤 뜻에서 스스로 자신을 나타내는가? 그 영역은 논리적으로 토론될 수 없다는 뜻에서 신비적이며, 비신비적인 이 세계에 어떤 의미를 부여한다는 뜻에서 스스로를 나타낸다고 한 것은 아닐까? 그것은 엘리아데의 표현을 빌리면, 마치 聖은 영원히 俗과 다르지만 俗을 俗이게끔 하고 俗을 俗으로서의 의미를 갖게 하는 것은 바로 聖인 경우와 마찬가지이다. 확실히 비트겐슈타인은 超自然的 세계에 대한 논리적 접근의 불가능성을 지적했다. 그러면서도 그는 그러한 영역의 중요성을 心情的으로 인정했던 것이다. 그리하여 그는 그의 『論考』에 기술된 부분과 기술되지 않은 부분 두 가지로 구성되어 있으며, 중요한 것은 바로 여기에 기록되지 않은 부분이라고 역설했다.[89]

Ⅲ. 후기 비트겐슈타인과 종교

일반적으로 비트겐슈타인의 후기 사상은 『探究』로 대표되고 있다. 그는 이 저서에서 자신의 전기 사상을 엄격히 비판하면서도, 『探究』를 올바르게 이해하려면 반드시 『論考』와 견주어서 읽어야 한다고 말했다. 그러므로 우리는 그가 전기에

---

88) 上揭書, p.522.
89) 上揭書, 서문.

가졌던 '神秘로운 領域'에 대한 관심을 후기에도 그대로 가지고 있었다고 추측할 수 있다. 그러면 후기의 비트겐슈타인은 종교를 어떻게 보았는가?

첫째, 비트겐슈타인은 종교적 신앙에 대하여 호의와 경탄의 마음을 가지고 있었으나, 그 자신을 어느 기성 종교의 신자로 간주하지는 않았다. 그리하여 맬컴 *Norman Malcolm*도 비트겐슈타인은 단지 '宗敎의 可能性'을 인정했을 뿐이라고 말했으며, 가톨릭으로 개종한 그의 제자들이 믿는 "모든 것을 내가 받아들일 수는 없다"고 말했다.[90] 그러므로 그는 자신이 직접 참여하지 못하면서도 다른 종교인들의 진실한 태도를 무시하지 않았다.

둘째, 비트겐슈타인은 創造主로서의 하느님의 개념을 이해할 수 없다고 말했다. 그러나 최후의 심판, 용서, 贖罪와 같은 개념은 충분히 이해할 수 있다고 말했다. 그리고 더 나아가서 이러한 개념들은 그 개념들을 받아들이는 인간에게 커다란 영향을 줄 수 있다는 것을 솔직하게 인정했다.[91]

셋째, 비트겐슈타인은 이상과 같은 사상을 '삶의 형태'라는 개념으로 설명했다. 그리하여 그는 『강연과 대화』에서 "한 가지 삶의 형태가 최후의 심판에 대한 믿음에서 極大化되지 말아야 하는 이유는 없지 않은가?"라고 역설적으로 반문했으며,[92] 그 자신도 실제로 성서에 관한 톨스토이의 종교적인 저작에 대하여 지극한 존경심을 가지고 있었다. 그는 "삶에는 다양한 형태가 있다. 그리고 사람에 따라서 각기 다른 형태를 취하게 마련이다. 그러므로 나의 삶의 형태와 다르다는 이유 하나만으로 타인의 삶의 형태를 배격해서는 안 된다. 모든 사람은 각자의 城을 가지고 있으며, 인간은 모두 하나의 우주이기 때문이다"라고 술회하였다.

넷째, 비트겐슈타인은 宗敎的 信仰이 論理 문제가 아니라 信仰 문제이며, 證明의 영역이 아니라 각자가 가진 삶에 대한 態度의 영역이라는 것을 명백히 말했다. 그리하여 그는 최후의 심판을 논리적으로 증명할 수 있다고 믿는 종교인과 논리적으로 증명할 수 없기 때문에 믿을 수 없다고 주장하는 非宗敎人을 다 같이 비난했

---

90) Norman Malcolm, *Ludwig Wittgenstein: A Memoir*, 옥스퍼드대학 출판부, 1958, p.70.

91) 上揭書, p.71.

92) L. Wittgenstein, *Lectures & Conversations on Aesthetics, Psychology and Religious Belief*, 캘리포니아대학 출판부, 1966, p.58.

다. 최후의 심판에 대한 믿음과 믿지 않음은 경험적인 사실에 근거를 둔 것이 아니며, 경험으로 검증하거나 반증할 수 없는 삶에 대한 각기 다른 태도에 달려 있기 때문이다. 그러므로 비트겐슈타인에게 있어서 하느님은 증명의 대상이 아니다. 하느님을 증명하려거나 反證하려는 노력이야말로 극히 비합리적이며 어리석은 일이다. 그가 『探究』에서 인용한 유일한 철학자인 어거스틴을 존경한 이유도 그가 종교를 삶 전체를 움직이는 것으로 받아들였기 때문이며, "그리스도가 나를 구원했다는 것을 내가 명확히 알고 있는데 그가 존재하지 않을 수 있겠는가!"라는 키르케고르의 말을 들었을 때 종교란 증명의 문제가 아니라고 갈파했던 이유도 바로 여기에 있다.[93] 신앙은 理解性의 문제가 아니며, 확신성의 문제도 아니다. 그것은 인간의 삶 전체를 변화시킬 수 있는 '움직일 수 없는 신앙'이며 삶 전체를 규제할 수 있는 '살아 있는 힘'이다.[94]

다섯째, 비트겐슈타인은 종교를 '그림을 사용하는 것'으로 비유해서 설명했다. 예를 들어서 예수의 십자가상이나 부처의 相好를 항상 염두에 두고 일상생활을 하는 삶이 곧 宗敎的 삶인 것이다. 그러므로 예수의 십자가상을 항상 머리에 떠올리며 그 그림의 교훈대로 살려는 사람과 그렇지 않은 사람 간에는 커다란 차이가 있을 것이다. 이런 뜻에서 종교인과 비종교인의 차이는 그림을 사용하는 삶과 그림을 사용하지 않는 삶과의 차이 혹은 각기 다른 그림을 사용하는 삶의 차이인 것이다. 그것은 마치 최후의 심판을 믿는 사람과 믿지 않는 사람의 행동이 倫理的으로 크게 달라지는 경우와 같다. 그리고 그림을 사용한다는 것은 선천적으로 타고나는 것이 아니라 후천적으로 습득하는 것이다. 이러한 사상은 "종교인은 태어나는 것이 아니라 만들어지는 것"이라는 종교학자 바흐 *Joachim Wach*의 말을 상기시킨다.[95] 또한 종교가 그림을 사용하는 것이라면 종교를 연구하는 神學, 宗敎學, 宗敎哲學은 그 그림을 사용하는 기술을 배우는 것이다. 그것은 마치 문법이 언어를 사용하는 기술을 알게 하는 경우와 같다.

여섯째, 비트겐슈타인은 '文法으로서의 神學'이라는 표현을 사용했다. 이 표현

---

93) Malcolm, 前揭書, p.71.

94) Wittgenstein, 18)의 冊, p.54.

95) Joachim Wach, *The Comparative Study of Religions*, 컬럼비아대학 출판부, 1958, p.40.

은 『探究』의 제373장에 "문법은 존재하는 모든 것이 어떤 형태의 客體인가를 우리에게 알려 준다"는 서술의 괄호 안에 간단히 삽입되어 있다. 神과 神에 대한 학문인 신학과의 관계, 확대해서 보면 종교와 종교를 연구하는 모든 학문과의 관계는 言語와 文法의 관계와 비슷하다. 우리는 문법을 배우기 훨씬 이전에 언어를 습득한다. 그러므로 문법은 언어를 사용하는 것과 동일하지 않다. 그러나 문법은 언어의 論理的 構造를 나타내는 역할을 가지고 있기 때문에 언어와 문법이 완전히 독립해서 존재하는 것은 아니다. 그러므로 문법이란 언어가 없으면 존재할 수 없으면서도, 다른 한편으로는 언어를 더욱 명확히 하고 세련되게 사용할 수 있도록 도와줄 수 있다.

이와 마찬가지로 우리는 종교에 대한 신학적 · 종교학적 · 종교철학적 탐구를 하기 훨씬 이전에 종교 경험을 갖게 된다. 그러므로 마치 종교에 대한 학문적인 고찰을 宗敎性이나 종교인이 되는 것 자체로 인정하는 것은 지식인의 오만에 불과한 것이다. 파스칼이 '아브라함과 이삭과 야곱의 하느님'과 '철학자의 하느님'을 구별한 이유도 여기에 있다. 종교에 대한 모든 知的인 探究는 종교 경험을 전제로 해서만 가능한 것이다. 그러나 종교에 대한 지적인 탐구는 마치 문법이 언어를 도와줄 수 있듯이 종교성의 感知度를 명확히 해 줄 수 있다. 지적인 성찰이 없는 맹목적인 신앙은 광신으로 변할 수 있기 때문이다. 그러므로 종교성을 결여한 종교연구는 지적인 자위행위에 불과하며 또 지적인 탐구를 결여한 신앙심은 광신, 독단, 이단 배척, 배타성으로 치닫게 된다는 것을 알아야 한다. 그리하여 광신적인 믿음은 마치 '나는 학교에 간다'는 표현을 '간다 나는 에 학교'라는 비문법적인 언어로 지껄이면서도 자신이 가장 정확한 언어를 구사하고 있다고 장담하는 미친 사람의 경우와 흡사하다. 이미 지적한 바와 같이, 마치 문법이 언어를 사용하는 기술을 알게 하듯이, 宗敎硏究는 종교의 그림을 사용하는 기술을 우리에게 알려 준다.[96]

그러면 특별한 종파의 도그마를 받아들이지 않았던 비트겐슈타인에게 있어서 이렇게 심오한 종교적 신앙은 어떻게 가능할 수 있었는가? 그것은 한마디로 '存在

---

96) 황필호, 『분석철학과 종교』, pp.156~163.

自體에 대한 敬畏心'이라고 말할 수 있다. 그리하여 그는 『論考』에서 "이 세상이 어떻게 존재하느냐가 아니라, 이 세상이 존재한다는 것 자체가 신비롭다"고 말했으며[97] 후기에 들어와서도 "이 세상이 존재한다는 사실이야말로 기적이다"라고 말했다.[98]

인간이 어떻게 사느냐는 문제는 여러 가지로 논의될 수 있다. 사람은 먹기 위하여, 출세를 위하여, 학문을 위하여 살 수 있다. 그러나 사람이 존재한다는 것 자체야말로 실로 신비적인 일이 아닐 수 없다. 그리고 이 신비의 세계는 우리를 곧바로 宗敎世界로 인도한다. 존재에 대한 경외심, 삶에 대한 두려움, 實存에 대한 존경심, 이것이 바로 비트겐슈타인에게 종교의 가능성과 중요성을 인식시켰던 것이다. 그리하여 그는 "하느님을 믿는다는 것은 삶에 의미가 있다는 것을 아는 것이다"라고 말했던 것이다.[99] 그러므로 우리는 비트겐슈타인의 생애가 조금 더 연장되었더라면 그가 공공연한 종교인이 되었을 것이라는 가정을 세울 수도 있을 것이다. 이러한 가정은 그가 이미 1931년에 종교학의 고전인 프레이저 *J. G. Frazer*의 『황금가지 *Golden Bough*』에 대한 저술을 시도하고 있었다는 사실에서 더욱 신빙성을 얻을 수 있다.[100]

Ⅳ. 비트겐슈타인적 信仰形態主義

비트겐슈타인 사후의 비트겐슈타인 사상은 오늘날 '비트겐슈타인적 信仰形態主義 *Wittgensteinian Fideism*'로 나타나고 있다. 이것은 그의 사상을 종교에 적용시켰을 때 종교 신앙에 대한 독특한 입장이 가능하다는 信條이다. 다시 말해서, 모든 종교적 개념은 그 개념이 중요한 부분을 차지하고 있는 '삶의 형태'를 이해할 수 있는 내부인 *an insider*의 입장에서만 충분히 이해될 수 있으며, 외부인 *an outsider*의 입장

---

97) Wittgenstein, 1)의 冊. 6, 44~6, 45; 6, 522.
98) Wittgenstein, 8)의 冊. 20, 10, 16.
99) 上揭書, 8, 7, 16.
100) 황필호, 前揭書, p.164.

에서는 종교 개념이나 宗敎言語를 완전히 이해할 수도 없으며 비판할 수도 없다는 주장이다. 그러므로 종교 신앙을 이해하려는 사람은 그 신앙을 가진 삶의 종교적 형태에 직접 '참여하려는 의향'을 가져야 한다. 그렇지 않으면 그는 오직 '人僞的이며 不合理한 개념 구성'에 머무르게 될 것이다.[101]

물론 이러한 사상은 비트겐슈타인적 신앙형태주의자들이 맨 처음으로 주장한 것이 아니다. 첫째, 인류학자들은 오랫동안 한 민족의 문화를 이해하려면 바로 그 민족이 사용하는 논리와 성격 *mentality*으로부터만 이해할 수 있다고 주장해 왔다. 그러므로 비트겐슈타인적 신앙형태주의자들은 이와 같은 인류학자들의 문화적 相對主義를 비트겐슈타인의 '삶의 형태'라는 개념으로 설명한 것에 불과한 것이다. 둘째, 종교사에 있어서도 이러한 사상이 최근에야 발생한 것은 아니다. 이미 '불합리하기 때문에 믿는다'고 말했던 터툴리아누스(160~229년)와 '眞理의 主觀性'을 주장했던 키르케고르(1813~1855년)의 사상도 이러한 信仰形態主義의 요소를 가지고 있었으며, 일반 사람들이 '종교란 무조건 믿는 것'이라고 주장하는 이유도 신앙형태주의적인 요소가 있기 때문이라고 말할 수 있다.

하여간 닐슨 *Kai Nielsen*은 비트겐슈타인적 신앙형태주의의 共通性을 다음과 같이 요약했다.[102]

1) 종교 개념을 이해하려면 삶의 흐름에 나타난 그 개념의 기능을 이해해야 되며, 그 개념의 기능을 이해하려면 그 기능이 작용하는 삶의 형태에 직접 관여하는 내부자가 되어야 한다.
2) 言語形式은 삶의 형식(삶의 형태)이다.
3) 삶의 형태는 주어진 것이다.
4) 일상 언어는 있는 그대로 괜찮다.
5) 철학자의 임무는 사람들의 언어와 삶의 형식을 비판 및 평가하는 것이 아니라, 그들이 사용하는 데 나타나는 철학적 혼란을 해소시키는 방향으로 기술하는 것이다.
6) 각기 다른 삶의 형태는 전체적으로는 비판의 대상이 될 수 없다.
7) 각기 다른 삶의 형태가 가진 각기 다른 對話法은 제 나름대로의 논리를 가지고 있다. 그들은 제 나름대로의 기준을 가지고 있다.

---

101) Norman Malcolm, "Anselm's Ontological Arguments", *The Existence of God*, John H. Hick 편저, 뉴욕, 1964, p.67.

102) Kai Nielsen, "Wittgensteinian Fideisin", *Philosophy* Vol. XLII, No.161, July, 1967, pp.192~193.

8) 知性 *intelligibility*, 實在 *reality*, 合理性 *rationality*과 같이 일반적으로 논란을 일으
키는 개념들은 확실한 삶의 방식의 맥락 속에서만 정확한 의미가 결정될 수 있다.

9) 그러므로 철학자는 각기 다른 삶의 형태나 그 형태가 가진 제 나름대로의 대화
법을 비판할 권리가 없다. 모든 삶의 형태는 제 나름대로의 지성과 비지성, 실재
와 비실재, 합리성과 비합리성을 구별하는 자체의 기준을 갖고 있기 때문이다.

비트겐슈타인적 신앙형태주의가 비엔나 학파와 같이 동일한 혹은 거의 동일한
사상의 집단은 아니다. 그러므로 이상의 信條들을 주장하는 사람이 과연 누구인
가를 정확히 말할 수는 없다. 그러나 비트겐슈타인의 저서들이 이상과 같은 주장
을 포함하는 방향으로 展開되고 있다는 것은 엄연한 사실이다. 언뜻 보기에 이상
과 같은 주장들은 常識的인 듯하며 또한 별반 이의가 있을 수 없는 듯이 보인다.
그러나 자세히 검토해 보면, 그들이 굉장히 '과격한 주장'을 내포하고 있다는 것
을 쉽게 알 수 있다. 1)부터 9)까지의 주장 중에서 1)부터 4)까지는 分析哲學의 일반
적인 신조라고 인정할 수 있다. 그러나 그 다음의 주장은 확실히 과격한 것임에
틀림없다. 만일 5)의 주장이 옳다면 철학에 대한 우리들의 종래 정의는 옳은 것이
되지 못할 것이다. 철학은 인생과 세계를 설명하는 학문이 아니라 세계를 있는 그
대로 기술하는 학문에 불과하다. 哲學이란 단순히 혼란―애초에는 혼란이 될 필
요조차 없었던 혼란―을 해소시키는 論理學으로 전락될 것이다. 만일 6)과 7)의
주장이 옳다면, 철학은 인생과 세계를 그대로 기술하는 일조차 할 수 없을 것이
다. 그러므로 普遍的인 학문으로서의 철학은 사라질 것이며, 단지 주어진 삶의 형
태를 그 속에서 기술하는 단편적인 학문으로 전락할 것이다. 끝으로 8)과 9)가 옳
다면, 知性·實在性·合理性을 따지는 철학을 포함한 모든 학문은 批判機能을 잃게
될 것이다.

물론 1)부터 9)까지의 주장들이 이상과 같은 극단적인 방향으로 반드시 해석될
必然性은 없다. 그러나 그러한 방향으로 전개될 가능성을 가지고 있으며 또한 그
런 방향으로 전개되고 있는 것이 오늘날 비트겐슈타인적 信仰形態主義의 현실이
다. 닐슨이 모든 종류의 삶의 형태에 대한 개념적인 自足性의 주장과 각기 다른
삶의 형태로 分科化시키려는 신앙형태주의의 경향을 신랄하게 비판하는 이유도
여기에 있다.[103]

Ⅴ. 信仰形態主義에 대한 論難들

오늘날 비트겐슈타인적 신앙형태주의에 대한 논란은 상당히 거세게 일고 있다. 일부 철학자들은 이 사상이 전혀 비트겐슈타인의 사상과 맞지 않는다고 주장하기도 한다. 물론 이 사상은 비트겐슈타인 자신의 사상이 아니라 어디까지나 그의 사상을 宗敎的으로 해석한 비트겐슈타인적인 사상이다.

그러나 문제는 여기서 끝나지 않는다. 우리는 여기서 信仰形態主義란 과연 비트겐슈타인적이라고 말할 수 있느냐는 질문을 할 수 있기 때문이다. 다시 말해서, 이 사상이 과연 비트겐슈타인의 철학과 일관성 *consistency*이 있느냐는 질문을 할 수 있기 때문이다.

필자는 여기서 이러한 哲學的 問題들은 다음 기회로 넘기고 오직 그의 신앙형태주의가 갖는 몇 가지 일반적인 문제점들을 고찰하겠다. 이 사상에 대한 논란은 크게 세 가지로 요약된다. 첫째, 비트겐슈타인은 분명히 종교라는 '삶의 형태'를 이해하려면 실제로 종교라는 형태에 직접 참여해야 된다고 말했다. 그리하여 맬컴은 안셀름(1033~1109년)의 存在論的 論證을 토론하면서 신앙형태주의의 특성을 이렇게 말했다.

> 이 논증은 무한히 위대한 실재라는 개념을 만들어 낸 '삶의 형태'의 견해를 가진 사람, 그 논증을 단순히 밖으로부터가 아니라 안으로부터 바라보는 사람, 그리하여 그런 종교적 삶의 형태에 직접 참여하려는 의향을 가진 사람만이 충분히 이해할 수 있다. 그리고 이러한 의향은 키르케고르의 표현을 빌리면, '愛情'으로부터 나오는 것이다.[104]

그러나 참여의 필요성을 강조하는 사상은 쉽게 온전한 相對主義가 아니라 극단적인 상대주의에 빠질 위험이 있다. 그것은 마치 진리는 존재하지 않으며, 오직 진리와 같이 보이는 것 *what seems to be true*만이 존재한다는 희랍 궤변론자들의 極端論에 빠지기 쉽다. "너는 너의 삶의 형태가 있으며 나는 나의 삶의 형태가 있을

---

103) 上揭論文, pp.201~204.
104) Malcolm, 前揭論文, p.67.

뿐이다. 너는 나의 삶의 형태에 대하여 倫理性이나 反倫理性을 토론할 자격이 없으며, 나는 너의 삶에 대한 眞理性이나 非眞理性을 토론할 자격이 없다. 오직 각기 다른 삶의 형태들이 있을 뿐이다."

그러나 비트겐슈타인적 신앙형태주의가 반드시 이러한 극단적 상대주의로 빠져야 되는 것은 아니다. 특히 전기의 비트겐슈타인은 원자적 사실, 그 사실을 기술하는 언어, 그 언어의 주체인 인간 그리고 그 인간이 영위하는 삶에 어떤 본질이 있다고 믿었다. 그리고 그는 이러한 本質主義를 후기에 와서 배척하면서도 나름대로의 공통성 혹은 가족유사성을 인정했다. 후기의 비트겐슈타인은 불교의 龍樹와 마찬가지로, 분명히 絶對主義를 배척했다. 그러나 그것이 바로 극단적인 상대주의를 뜻하는 것은 아니다.

둘째, 신앙형태주의는 분명히 理性에 대한 啓示의 우월성, 論理에 대한 感情의 중요성, 論證에 대한 느낌의 우월성을 중요시한다. 그리고 이런 경향은 쉽게 반지성주의, 비합리주의, 비논리주의로 빠지기 쉽다. 그러나 이러한 입장도 비트겐슈타인이 '언어 게임 *language-game*'이라는 개념을 강조하고 그 언어 게임에 따르는 '법칙'을 강요했다는 사실을 간과한 입장일 뿐이다.

하이 *Dallos M. High*는 비트겐슈타인의 이러한 입장을 폴라니 *Michael Polanyi*의 지식론으로 설명했다. 폴라니는 우리의 인식을 '명백히 나타나는 知識 *explicit knowledge*'과 '은연중에 나타나는 지식 *implicit knowledge*'으로 구별하고, 후자가 전자보다 더욱 根源的이며 더욱 중요한 부분이라고 말했다. "우리는 우리가 말할 수 있는 것 이상을 알 수 있으며 우리가 말할 수 없는 것들에 대한 지각에 의존하지 않고는 어떤 것도 안다고 말할 수 없다."[105] 그리고 이 은연중에 나타나는 지식은 명백한 논리나 객관적인 正當性에 근거를 두고 있는 것이 아니라 신념, 감정, 내면화, 참여, 결단이라고 표현할 수밖에 없는 '신앙적인 조건들 *fiduciary conditions*'에 근거를 두고 있다.

비트겐슈타인에게 있어서 종교적인 지식은 의심으로부터 온다. 그리고 이 의심은 신앙 다음에야 오는 것이다 *Doubt comes after belief*.[106] 그리하여 그는 이렇게 말했

---

105) Dallas, M, High, "On Thinking More Crazily than Philosophers: Wittgenstein, Knowledge and Religious Beliefs", *Philosophy of Religion*, 19, p.168.

다. "나는 결국 논리란 기술될 수 없다고 말함으로써 문제에 더욱 가까이 가는 것이 아닐까? 우리는 먼저 언어의 용도를 관찰해야 한다. 그러면 언어를 알게 될 것이다."[107] 더 나아가서 비트겐슈타인은 지금까지 철학자들이 추구해 온 智慧까지도 삶의 모든 모습을 보여 줄 수 없다고 말한다. 지혜는 냉랭하고 어떤 점에서는 바보스러운 것이다. 이와 반대로 신앙은 情熱이다. 그러므로 우리는 지혜가 삶을 우리로부터 감춘다고 말할 수 있다.[108] "지혜는 회색이다. 이와 반대로 삶과 종교는 색채가 뚜렷하다."[109] 비트겐슈타인은 명백한 지식과 더불어 명백하지 않다고 말할 수밖에 없는, 그러면서도 명백한 지식보다 더욱 중요한 宗敎的 知識의 세계를 솔직히 인정했던 것이다.

셋째, 신앙형태주의는 종교인의 정신상태 *mental state*보다는 그가 직접 참여하는 宗敎的 行爲 *actual state*를 중요시한다. 그것은 단순한 정신적 및 이론적 차원이 아니라 육체적 및 실천적 차원에서 종교신앙의 本質을 찾는다. 확실히 신앙이란 일종의 정신적 상태라고 볼 수 있다. 그러나 이 정신적 상태가 어떤 의미를 가지려면 언제나 종교적 행위와 연관되어 있어야 한다. 종교적 논쟁이란 언제나 삶의 깊이 *the depth of what takes place in life*에 관여하는 것이기 때문이다.

신앙은 확실히 심각하고, 확실하고, 움직일 수 없으며, 堅固한 것이다. 그러나 그것이 객관적 및 논리적으로 완전히 '증명'되었거나 '正當性'이 있어서 그런 것이 아니다. 그리하여 비트겐슈타인은 종교인을 줄 타는 사람에 비유한다. 높은 줄을 맨발로 걸어가는 사람의 근거는 극히 빈약한 것이다. 그럼에도 불구하고 그는 그 줄을 확실히 걸을 수 있다.[110] 이와 마찬가지로 종교인은 세속인의 눈으로 보아서는 극히 허약한 근거를 가지고 있는 것들에 대해서도 확고한 신념을 가질 수 있다. 이것이 바로 신뢰이며 信仰이다. 그리고 종교인의 이와 같은 강력한 신뢰와 신앙은 구체적으로 宗敎的 儀式에 참여하고, 실제로 선한 일을 수행하고, 다른 사람에게 그의 신념을 언어로 전달하는 修行에서 나오는 것이다. 그들이 종교적이

---

106) L. Wittgenstein, *On Certainty*, p.160.

107) 上揭書, p.501.

108) L. Wittgenstein, *Culture and Value*, Peter Winch 역, 시카고대학 출판부, 1980, 56e.

109) 上揭書, 62e.

110) 上揭書, 73e.

거나 아니거나 근거, 증명, 정당성, 타당성이 없는 신념들을 일반적으로 철학자들
은 迷信에 불과하다고 믿고 있다. 그러나 비트겐슈타인은 이러한 철학자들의 通念
을 거꾸로 뒤집어 놓았다. 그리하여 그는 우리에게 "철학자들보다 더욱 미칠 정
도로 생각하라"고 권유하며,[111] 철학자들보다 더욱 철저하게 생각한다면 신앙의
본질이 反批判的인 것에 있다는 것을 알 수 있다고 말한다. 행함이 없는 믿음은 헛
된 것이다.

---

111) 上揭書, 75e.

科學時代에 있어서 人間과 宗敎

尹世元

성문대학교 학장

Ⅰ. 머리말

今世紀에 들어와서 人類歷史의 진행하는 궤도는 크게 굴곡되어 새로운 방향으로 접어들어 가는 感이 있다. 역사의 屈曲點에 살고 있는 오늘의 인류는 그 實演者일 뿐 아니라, 헤겔의 말처럼, 世界的 法廷이라는 세계사의 전개를 실감나게 관람하는 소외자이기도 하다.

20세기 후반에 들어와 인류는 20세기 전반까지 소중하게 지켜 왔던 전통적 제반 가치를 얼마나 지켜 나가고 있으며 유지하고 있는가 반문하여 볼 때, 人間觀으로부터 시작하여 가정관·사회관·국가관·세계관·소유관·행복관·명예관·윤리관·종교관에 이르기까지 어느 하나도 온전하게 유지된 것이 없으며 오늘 이 시각에도 개인의 의식 속에서나, 가정에서나, 집단에서나, 사회조직체 안에서나, 동서남북 어디서나 새 가치를 자체 안에 담으려 하고 또 새 모습으로 바꾸어 가고 있음을 본다.

그리하여 오늘의 시대는 不確實性의 시대 또는 제3의 물결이 덮쳐 오는 시대로 일컬어진다. 많은 지성인들은 이미 嚴存하는 人類滅亡의 잠재력을 지닌 핵력과 공해문제와 더불어 인간을 기계의 한 부품으로 전락시킬지도 모르는 시스템 사회와 思考處理能力을 갖춘 제5세대 컴퓨터시대를 맞는 미래의 충격을 어떻게 소화시켜야 할 것인가에 지대한 관심을 쏟고 있다.

이처럼 오늘의 시대가 가치와 歷史의 굴곡점을 이루는 전환기에 처하게 된 까닭은 科學時代에 들어서면서 과학과 기술을 바탕으로 지금까지의 물질적 생활양식과 정신적 의식구조를 180도 전환시켰기 때문이라는 것은 주지하는 사실이다.

오늘 우리가 이 자리에 모여 생각하고 토론하고자 하는 것은 과학시대에 처한 이 시대의 가치이다. 그러나 우리가 여기서 찾고자 하는 가치는 사회적 가치, 정치적 가치 또는 재물과 명예와 같이 흘러가는 시대적 가치가 아니라 영원불변의 가치를 찾아보자는 것이다. 영원한 가치, 그것은 인간본성에 뿌리박은 가치이다. 인간을 비롯한 만물을 창조하신 창조자가 지닌 創造理念의 價値라야 할 것이다.

우리는 이 영원한 가치의 실체를 찾기 위하여 오늘날까지 면면히 계승되어 온 高等宗敎의 종교적 실천생활 등을 새로운 각도에서 정리・분석・재음미함으로써 새 시대에 있어야 할 宗敎觀의 새 모습을 정립해 보고자 하는 것이다. 본인이 이 자리에서 분명히 밝혀 둘 것은 본인은 종교학자가 아니라 물리학을 전공한 물리학자일 뿐이라는 것이다. 그러면서 왜 종교에 대하여 말하느냐고 묻는다면 종교는 모든 사람의 것이며 인류 장래의 문제는 물리학이나 기타의 학문, 사회 별반에 있는 것이 아니라 종교에 있다고 생각하기 때문이라고 대답할 것이다.

Ⅱ. 文化와 宗敎

우리가 종교의 根本問題를 생각할 때 인간의 내면적 정신활동의 토양이 되고 외면적 생활환경의 무대가 되는 문화에 대한 올바른 성찰을 필요로 한다. 文化란 무엇인가? 일별해서 문화란 어느 사회의 구성원에 의해서 획득된 生活樣式의 통합적 체계라 할 수 있을 것이다.

사람은 이 세상을 살아가는 데 여러 가지 欲求를 충족시키지 않으면 안 된다. 일례로 식욕 같은 것을 생각할 수 있다. 식욕을 만족시키기 위하여 인간은 原始時代로부터 오늘의 科學時代까지 농경이나 목축에 관한 지식뿐만 아니라 종자개량,

영농기술, 식품가공, 조리 등 복잡한 지식과 기술을 발전시켜 왔던 것이다. 그런데 이들 지식과 기술은 제멋대로 형성된 것이 아니라 일정하고도 정연한 체계 안에서 통합적·유기적으로 전개되어 왔고, 시대와 세대를 뛰어넘어 오늘의 사회에 전승되었으며 또 미래사회로 전승되어 가고 있다. 이러한 양식을 곧 食生活 文化라 할 수 있는 것이다.

식생활 문화뿐만 아니라 의생활, 주거생활, 교육생활, 정치생활, 경제생활, 과학기술, 윤리, 도덕, 레저, 예술, 종교 등 모든 분야에서도 인간의 욕구를 만족시켜야 하므로 우리는 인간의 모든 활동 기저에 각각 나름대로의 문화가 깔려 있는 것을 본다. 이렇게 볼 때, 문화란 人間의 欲求를 충족시키는 수단 방법의 소산이라 할 수 있다. 그리고 이렇게 형성된 문화는 인간의 주거환경인 自然風土의 차이, 歷史遺産의 차이에 따라 다양한 문화양태로 전개되어 왔음을 본다.

한편, 文化는 인간에 의하여 만들어지는 것이다. 일단 이것이 統合化·樣式化되면 인간의 내면적 정신활동과 외면적 생활양식을 규제하는 구속력을 갖게 된다. 인간이 태어나면서 그 사회에 전승된 지식, 기술, 관습, 신앙 등을 배우게 되고 순종하도록 강요당하는 것은 이 까닭이다. 더욱 중요한 것은 문화란 개인적 성격을 갖느니보다는 사회집단적 성격을 압도적으로 더 많이 갖는다는 것이다. 말하자면 문화의 특질 중에 하나는 개인의 自律性을 뛰어넘는다는 것이다. 즉 문화는 사회집단에 의하여 유지·발전되는 것이며 그 存續도 사회집단을 전제로 한 것으로 사회 공통의 觀念, 理念이 구체적으로 나타난 결과로서의 文物 소산인 것이다.

종교도 하나의 문화형태임에는 틀림없다. 인간의 일상생활은 대단히 복잡한 구성 내용을 갖고 있으며 오늘날과 같은 科學時代에 와서는 이를 분화시킨 諸領域, 즉 정치, 경제, 과학, 기술, 교육, 도덕, 종교 등에서 나름대로의 諸制度를 役定하여 인간의 욕구를 충족시키고자 하고 있다. 그런데 지식으로도 기술로도 한 가지 해결할 수 없는 것이 있다면, 그것은 인간이면서도 인간적인 것을 넘어서야 하는 문제, 즉 生의 의미에 관한 문제 그리고 총체적 삶의 보람에 대한 문제인 것이다. 이런 의미에서 종교는 인간의 총체적 삶의 意義를 해결하기 위한 문화라고 할 수 있는 것이다.

Ⅲ. 信仰形態의 두 모습

1. 解信과 仰信

　信仰이란 무엇인가? 믿는다는 것은 어떤 행위인가? 이 문제를 두고 역사적 종교, 즉 불교, 그리스도교, 유교, 이슬람교와 같은 고등종교에서 그 해답을 찾고자 할 때, 각 종교마다 敎理, 敎義뿐만 아니라 신앙생활의 모습, 신앙의 목표도 판이하게 다름을 본다. 나아가 原始宗敎, 民族宗敎와 같은 제 종교까지 확대하여 생각해 본다면 한마디로 단언하기 어렵다. 그러나 믿음의 동기, 믿음의 실천생활, 믿음의 궁극적 대상 등을 통합 정리하여 신앙의 자세를 본다면 결국 佛敎的인 '解信'과 그리스도교적인 '仰信' 두 유형으로 분류될 수 있음을 본다.

　'解信'이란 교리의 가르침을 듣고 내용을 이해하여 回心한 후에는 한길 그 가르침을 따라 實踐躬行하는 믿음의 생활을 말한다. 이에는 교리의 이해가 절대적이다. 불교에서 그 구원의 궁극적 목표인 解脫, 涅槃의 경지는 먼저 깨달음[覺]에 있고, 覺은 교법을 이해하는 데서 출발되는 것으로 되어 있다. 佛經의 가르침에서 보면 佛道의 全 道程은 信·解·行·證에 있는바, 그 信이란 이해를 전제로 한 信이고, 行은 智目(지혜로운 눈)에 인도되는 行이며, 證은 어디까지나 智慧를 지주로 하는 證得인 것이다.

　釋尊께서 入寂에 앞서 그의 사랑하는 제자 아난타(阿難陀)에게 '自燈明法燈明'의 교훈, 즉 "아난타여 자기를 등명하고 자기를 依處로 하고 타인에게 의처하지 말 것이며, 法을 등명하고 法을 依處로 하고 타에 의거하지 말고 살라"고 교훈하신 것이나, 佛經 智度論에 '佛法大海 信爲能入 智爲能度', 즉 "불법의 대해는 信을 능입하는 데 있고, 智를 능도하는 데 있다"라는 말에 견주어 볼 때 불교는 어디까지나 교리의 이해를 통한 깨달음과 믿음, 즉 '해신'이 바탕이 되는 종교임을 알 수 있다.

　한편 그리스도교에서의 신앙의 자세는 어떠한 것인가? 예수는 학자와 바리새인들에게 "惡하고 淫亂한 세대가 表蹟을 구하나"(마태 16:4)라고 책망하였다. 사도 바울은 "스스로 지혜 있다 하나 愚蠢하게 되었다"(로마 1:22), "아무도 자기를 속이지 말라. 너희 중에 누구든지 이 세상에서 지혜 있는 줄로 생각하거든 미련한

자가 되어라. 그리하여야 지혜로운 자가 되리라"(고린도전 3:18)라고 하였다. 그는 또 "智慧 있는 자 어디 있느뇨, 선비가 어디 있느뇨, 이 세대의 辯士가 어디 있느뇨, 하나님께서 이 세상의 지혜를 미련케 하신 것이 아니뇨, 하나님의 지혜에 있어서는 이 세상이 자기의 지혜로 하나님을 알지 못하는 고로 傳道의 미련한 것으로 믿는 자를 救援하시기를 기뻐하셨도다"(고린도전 1:20~21)라고 하였고, 이어서 "유대인은 표적을 구하고 헬라인은 지혜를 찾으나 우리는 십자가에 못 박힌 그리스도를 전하니"(고린도전 1:22~23)라고 하였다. 이를 보면 그리스도교에서는 지혜를 가지고 教理를 이해하는 것에 믿음의 자세가 있는 것이 아니라 그리스도를 믿고 그리스도 안에서 하나님의 은총을 우러러 기다린다는 믿음의 자세를 보게 된다. 佛道의 信, 解, 行, 證의 '解信'의 자세와 달리 외길 '仰信'의 자세임을 보게 된다.

한 젊은 求道者가 "내가 무슨 선한 일을 하여야 永生을 얻으리이까?"라고 물었을 때, 예수님은 "어찌하여 善한 일을 내게 묻느냐, 善한 이는 오직 한 분이시니라. 네가 생명에 들어가려면 誡命들을 지키라"(마태 19:16~17)고 하였다. 그리스도교에서는 예수의 행적과 말씀을 엮은 복음서와 사도 바울이 "믿음 위에 믿음을 더하라"는 내용으로 여러 교회에 보낸 서간들로 이루어진 성경 그 자체를 한 구절 한 구절 하나님의 말씀으로 보며 무조건 믿고 지킨다는 태도를 보여 주고 있다. 우리는 중세 가톨릭교회에서 사제들이 미사의 禮典을 執典할 때 신도들이 알아들을 수 없는 라틴어로 강론하였음을 본다. 이는 그리스도교가 알고 믿는 종교가 아니라는 것을 보여 주는 것으로 神父의 말을 그대로 믿고 하나님을 우러러 믿는 자세가 가장 올바른 믿음으로 간주되어 왔기 때문이다.

이상에서 간략하게나마 현대의 2대 종교인 불교와 그리스도교에서의 믿음의 자세의 相異性 윤곽을 살펴보았다. 그러나 불교가 '解信'만을 고수하고 있는 것도 아니고 또 그리스도교가 '仰信'만을 고수하고 있는 것도 아님은 물론이다. 우리는 '解信' 속에 '仰信'이 그리고 '仰信' 속에는 '解信'이 있음을 본다. 다만 믿음의 자세를 종교별로 유형 지어 생각할 때 불교에서는 '解信'이 그리고 그리스도교에서는 '仰信'이 그 主流를 이루고 있음을 지적하였을 뿐이다.

2. 聞信

　　우리는 '解信'과 '仰信'을 다리 놓아 주는 것으로 '聞信'이란 것이 있음을 본다. '聞信'이란 듣고 믿는 것이다. 불교에서는 인간을 본질적으로 이성적이라 보고(後述) 이성 또는 悟性에 호소하여 깨닫는 경지에 도달하는 것을 이상으로 하고 있다. 반면 일반 대중은 凡夫, 愚夫로서 이들에게는 奧妙한 이치를 깨달을 지혜도, 깨닫고자 하는 노력도 없고, 다만 있는 것이라고는 몽롱한 가운데 人生苦를 한탄하고 눈물지어 보는 심정뿐이다. 이성 있는 자는 人生行路의 苦海를 가슴에 부딪히는 아픔으로 삼키며 一路 解脫의 道를 찾아 나서지만 凡夫는 흐르는 눈물을 그대로 나타내고야 만다. 이들에게 있어 이치는 사라지고 다만 위안의 염원만이 가슴을 가득 채운다. 이런 경우 깨달은 者, 존경하는 사람의 말을 듣고 기쁨을 蘇生케 하고 마음의 糧食으로 삼아 절대적 憑依의 일념만을 일으키게 한다. 이때 존경하는 사람으로부터 들은 말은 곧 믿음으로 化하여 '聞卽信'의 신앙이 된다. 이리하여 불교에서는 法依存의 신앙뿐만 아니라 부처님의 慈悲에 힘입으려는 念佛의 신앙, 즉 '仰信'의 신앙자세가 생겨나게 된다.

　　한편 '仰信'의 신앙을 기본자세로 삼는 그리스도교에서도 '聞信'을 통하여 '解信'의 신앙자세가 예수님 때부터 싹텄음을 본다. 예수님은 "귀 있는 자는 들으라"(마태 13:9)라고 말씀하시면서 가시밭에 떨어진 씨앗, 돌밭에 떨어진 씨앗, 옥토에 떨어진 씨앗의 비유를 들어(마태 13:1~8) 믿음이 마음속에 뿌리박는 모습과 믿음의 열매에 대하여 가르치셨고, 이어 "들어도 듣지 못하며"(마태 13:13)라고 꾸짖는다. 이는 福音이 세상에 왔을 때 들을 귀가 있는가 하면 듣지 못하는 귀가 있음을 보여 주는 것으로, 듣지 못하는 귀라 함은 귀를 막고 알려고 하지 않는 자세를 나무라는 뜻을 강하게 풍기며, 들을 귀는 말씀대로 믿는 자세, 한 걸음 더 나아가 깨달아 알고 믿으라는 뜻을 강하게 풍기고 있다. 또 사도 바울도 "우리가 이제는 거울로 보는 것같이 희미하나 그때에는 얼굴과 얼굴을 대하여 볼 것이요, 이제는 내가 부분적으로 아나 그때에는 主께서 나를 아신 것같이 내가 온전히 알리라"(고린도전 13:12)고 하였듯이 그리스도교에서도 '仰信'과 더불어 '解信'의 중요성을 강조하였음을 본다.

Ⅳ. 理性的 人間型과 墮落的 人間型

그러면 어찌하여 신앙의 자세에서 解信과 仰信 두 유형이 나타나게 되었는가? 그것은 종교를 통하여 어느 의미로나 구원을 받고자 하는 인간 자신의 人間本性을 보는 시각의 차이에서 온 것이라고 생각된다. 다시 말하면 '解信'을 통한 구원, '仰信'을 통한 구원에 이르고자 하는 그 인간해석의 기점(출발점)을 어디에 두었는가에 관련되는 것이다.

먼저 '解信'의 道인 불교에서의 인간해석을 알아본다. 釋尊으로 하여금 樹下石上의 出家沙門의 생활로 들어서게 한 것은 生老病死의 四苦로 대표되는 인생고를 해결하려는 데 있었다. 그가 보리수 아래서 靜思中에 깨달은 것은 智見의 道로서 "이 道는 눈을 열어 智를 발하여 寂靜涅槃에 이르게 한다"(律藏大品 南傳大藏經)는 것이었다. 여기서 눈이란 무엇인가? 그것은 진리를 보는 눈으로서 이 눈을 연마함으로써 淸淨法眼, 즉 遠塵離垢의 法眼인 智見이 생긴다는 것이다.

釋尊은 이 지견을 통하여 우주만물과 인간의 生老病死의 모습을 볼 때 모든 존재는 서로 의존하여 生起되는 緣起가 있음을 알게 되었다. 그는 또 이 緣起의 원리에 의하여 생로병사의 진상을 구명하고 이들의 생기하는 원력을 渴愛에서 보았던 것이다. 渴愛란 欲愛(情欲의 渴愛), 有愛(生存에 대한 渴愛), 無有愛(優越, 榮譽의 渴愛)를 말한다. 釋尊은, 인생고라는 것은 이 渴愛를 원력으로 한 相依性의 존재구조에 대한 無知, 즉 無明 때문에 몽매한 세계에서 생겨난 관념적인 것임을 알게 되었다. 사람은 이렇게 세상의 이치를 智見함으로써 生死를 해탈하고 인생고를 초극하여 不死함을 얻는 者, 즉 無怖畏의 경지에 도달하는 者가 되어 "나는 一切智者이며 一切勝者이다"라고 선포할 수 있게 된다는 것이다.

이로 미루어 볼 때 불교는 인간의 출발점을 無明이라 생각하고 無明에서 覺하여 해탈의 경지인 有明에 이르는 종교임을 알 수 있다. 그리고 無明에서 有明으로 가는 데는 인간의 本性的인 지혜와 이성에 바탕을 두고 있음을 본다. 이런 의미에서 불교적 인간형은 이성적 인간형이라 할 수 있다.

이에 비하여 그리스도교적 인간형은 인간이 善의 하나님 편으로도 갈 수 있고 또 惡의 사탄 편으로도 갈 수 있는 善惡의 중간적 인간형으로 규정지은 듯한 경향이 짙다. 다시 말하면 하나님과 사탄의 混血兒, 하늘과 땅에 매어 있는 中間的 존재, 즉 타락한 존재로서의 인간이다. 비록 그리스도교적 인간형을 규정지음에 있어서 불교에서와 같이 理性的 인간형이라고 한다 하더라도 타락한 인간, 원죄를 짊어진 인간을 그 출발점으로 하고 있기 때문에 인간은 이성이 지향하는 바에 따라 하나님 편, 善便, 즉 구원에 이를 수도 있고, 이성을 등지고 방종, 타락할 수도 있다는 점에서 이성적 인간이라 하기보다 선악의 중간적 존재, 타락적 인간이라고 보는 것이 타당하다고 생각된다. 이것은 불교에서 理性에 힘입어 一切皆苦의 業을 쓴 悲哀의 인생으로부터 苦·集·滅·道(四諦)의 命題를 안고 오직 正見, 正思, 正語, 正業, 正命, 正精進, 正念, 正定(八正道)의 해신을 통한 구원, 해탈 열반에 이르고자 하는 이성적 인간형의 규정과는 對蹠的임을 본다.

이와 같이 오늘의 2대 종교인 불교와 그리스도교는 구원으로 가는 인간의 기본형을 달리 설정하고 있기 때문에 신앙의 자세도 다르다. 그러나 이 두 종교의 出發點(人生苦와 墮落)에서 終着點(解脫과 救援)에 이르는 신앙노정을 대비하여 볼 때, 그리스도교의 말씀의 예언자, 십자가를 짊어진 그리스도는 불교에서 知性, 理性, 智見으로 대비되고, 기도, 즉 하나님과의 교통과 대화는 불교에서의 깨달음, 正覺에 대비되고, 하나님은 불교의 正法에 대비되는 것을 본다. 한마디로 두 종교의 인간형으로 볼 때 불교는 이성적 인간, 즉 知者의 종교요, 그리스도교는 어리석은 者, 즉 愚者의 종교라 말할 수 있다. 예수님이 제자들에게 "어린아이들을 용납하고 내게 오는 것을 금치 말라. 천국이 이런 자의 것이니라"(마태 19:14, 마가 10:14~15)라고 하신 말씀에서도 우리는 이것을 분명히 알 수 있다.

불교가 出世宗敎로, 그리스도교가 入世宗敎로 된 근본원인도 여기서 찾을 수 있다고 본다.

V. 오늘의 時代에서 宗敎를 보는 두 눈

오늘의 세대에는 많은 종교가 있다. 원시사회에서는 자연풍토적 환경에 따라

種族 또는 民族 고유의 종교가 있어서 그 사회에 소속된 모든 사람들은 敎理와 儀式에 따라 동일한 종교적 환경 속에 살아야 했으나, 현대에 와서는 같은 문화적 풍토와 환경 속에서도 多岐多樣한 종교가 공존하고 있다. 이는 각 사람마다 共鳴되는 종교관, 교리, 의식이 다른 데서 나타난 현상이다. 종교학자들은 종교를 정의함에 있어서 제각기 다른 입장에서 정의하여 오늘날 수백 가지가 헤아려지고 있는 실정이다. 그러나 이들 정의를 종교의 목적성에 초점을 맞추어 정리하여 본다면 대체로 다음의 두 가지로 유별되고 있음을 본다.

그 하나는 동양적인 문화적 배경에서 비롯된 목적관으로서 "종교란 원래 인간성의 향상을 이끌어 가는 인간조직이다"라고 보는 것이며 다른 하나는 서구적 문화배경에서 비롯된 것으로, 포이어바흐(1808~1872년)에 의하면 "종교란 인간의 소망을 投影시킨 것이다"라고 보았고, 이어서 그는 신앙의 대상인 神을 "인간의 욕구 대상을 理想化시킨 幻想, 즉 詩的 산물"이라고 정의하였다.

여기서 동양적 또는 서양적이란 말은 엄밀한 구별을 두고 한 말은 아니며 다만 종교의 목적관에 따른 지역적 대척성을 강조한 데 지나지 않는 말이다. 前者는 이성적 인간형의 완성으로 인도하는 불교의 목적관 또는 유교에서 格物致知, 誠意正心, 修身齊家治國平天下와 같은 인륜과 맥을 같이하고 있다. 이에 반하여 후자는 一神敎인 이슬람교, 그리스도교에서 보는 것처럼 "하나님이 인간을 창조하셨다"(창세기 1:26)는 데 그 출발점을 두고 時代사조의 변천에 따라 神本主義로부터 人本主義로 이행되어 온 것으로, 현대에 와서는 一神論的 교리사상에서 벗어나 "인간이 신을 만들었다"는 사상을 밑에 깔고 종교의 목적성을 본 것이다.

종교의 목적관에 대한 이 두 견해의 차이는 信仰基盤의 내적 구조의 차이에서 비롯된 것이라 할 수 있다. 다시 말하면 신앙의 주축이 되는 주체자가 神이냐 아니면 인간이냐에 달려 있다. 인간은 원시적 생활환경에서 살았거나 종족·민족사회의 생활환경에서 살아왔거나 또는 현대 科學社會에서 살고 있어도 그의 顯在된 의식 속에 그리고 內面 깊숙한 잠재의식 속에는 반드시 종교성을 가지고 있으며 이 종교의식은 사람마다 시대에 따라 다르게 發露되고 있다. 여기서 인간이기 때문에 종교를 갖게 되었느냐 아니면 종교를 갖게 되었기 때문에 인간 *Homo Sapience*

이 되었느냐에 대한 의논이 생겨나게 된다. 전자의 경우를 人間卽宗敎의 입장이라면 후자의 경우는 宗敎卽人間의 입장이라 할 수 있을 것이다. 사도 바울이 다메섹 途上에서 回心한 이후 "오호라 내가 살아 있는 것이 아니라 그리스도가 나의 안에 있으므로 삶을 얻었다"고 토로한 것은 종교 즉 인간임을 말하는 것이며 釋尊의 "자기를 依處로 하라"는 가르침은 인간 즉 종교임을 말한 것으로 생각된다.

한편 이러한 종교관의 차이는 종교의 실천생활 속에 역사적으로 지켜 내려온 出世信仰, 入世信仰의 전통을 오늘의 시대에도 계승되게 하였다. 깨달음의 경지에 도달하려면 妻子를 거느린 세속적 재가 생활에서는 불가능하다고 보는 불교에서는, 四諦를 멸하고 八正道를 행하려면 出家托鉢의 출세를 이상으로 삼지만 현대의 대중시스템 생활에서는 전기한 바와 같이 종교를 인간성 향상의 목적, 수단으로 보는 경향이 농후해져 가고 있음도 부정할 길 없는 것이다.

또한 神의 내재성을 믿고 하루하루 거듭나는 생활을 이상으로 삼는 그리스도교에서도, 마치 그리스·로마인들이 神託을 믿다가 신탁이 효능을 보지 못하자 그들의 고유 민족 신을 버린 것같이, 合理主義, 理性主義로 치달아 온 서구 문명사회가 신을 버리는 과정에서 "인간이 신을 만들었다"는 신의 機關思想이 대두하게 된 것도 하나의 역사과정이라 볼 수 있다. 또한 사람이 종교를 갖는 이유의 하나를 단지 윤리적 도덕성과 같은 차원에서 인격 완성, 인간성 향상에 두고 있는 것도 오늘의 현실에서 보이는 것이다.

VI. 科學時代에 바람직한 宗敎의 모습

사람은 먼 과거로부터 '무엇 때문에 사는가?', '어떻게 살 것인가?'라는 인생 전체, 全 自己에 관련된 문제를 절실하게 맞붙들고 생각하여 오는 가운데 앞서 설명한 종교의 두 대척적 출발점인 '宗敎卽人間', '人間卽宗敎'의 입장에서 오늘의 불교, 그리스도교와 같은 고등종교의 모습으로 전개되어 왔음을 보았다. 오늘날 인간연구와 물질연구, 즉 존재에 관한 연구는 그 어느 때보다도 심도 있게 그리고 광범

위하게 學際的으로 연구되고 있으며, 그 어느 하나도 종교문제와 관련되지 않은 것이 없게 되었다.

이제 과학시대와 인간과 종교의 문제로 국한시켜 생각해 볼 때, 인간은 과거(19세기 이전)와 같이 민족, 국가단위 사회, 특정 종교사회, 특정 이데올로기 사회에 한정되어 살고 있는 것이 아니라, 좋건 싫건 간에 민족·국가를 초월하고 종교를 초월하고 이데올로기를 초월한 인류사회·과학사회에 살지 않으면 안 되게 되었다. 核力, 公害, 관능적 가치 등 증대일로에 있는 갖가지 인류 멸망의 위기를 안고 未來世界, 새 시대를 열어야 하는 轉換의 時代에서 우리는 어떠한 길을 택해 가야 할 것인가 심각하게 생각하지 않으면 안 될 상황에 처해 있음을 자각하게 된다.

아인슈타인은 자연, 우주가 우연히 만들어진 것이 아님을 설명하면서 "신은 주사위를 던지는 遊戲를 하지 않는다"고 하였다. '70년대 이후 오늘의 理論物理學, 天文學, 生命工學, 精神科學을 총망라한 뉴사이언스(신과학시대운동)를 부르짖는 학자들은 '물질에도 精神(마음)이 있다'고 생각하게끔 되었다. 이것은 오늘의 과학시대가 갖게 된 새로운 국면이며 특징이다. 과학자가 품은 신비성, 한 걸음 더 나아가 종교성이 오늘의 과학의 樣相이 되어 가고 있다.

종교계는 이 사실을 직시해야 한다. 만일 종교가 이 사실을 외면한다면 갈릴레이 시절 종교(그리스도교의 교권)와 科學(자유인)과의 싸움이 현대판으로 재연될 가능성이 없지 않다고 본다.

여기서 우리는 오늘의 과학시대에 있어야 할 종교의 모습으로 몇 가지 원칙을 생각하게 된다.

첫째로, 모든 종교는 타 종교의 가치를 존경하고, 될 수 있다면 자체 종교 내에 타 종교의 가치를 受容하는 아량을 갖고 노력하여야겠다.

둘째로, 모든 종교는 자체 내에서 종교적 개혁을 통하여 '仰信'의 종교는 '仰信'에 그치지 말고 '解信'으로 가는 길을 찾을 것이며, '解信'의 종교는 '仰信'의 기반을 세우도록 노력하여야 한다. 이것은 오늘의 과학시대를 사는 사람은 合理的인 외길에 치우치지 말고 神秘性과 合理性이라는 양극의 의식을 동시에 지녀야 한다는 점에서도 강조되어야 하는 것이다.

셋째로, 오늘의 종교는 萬人司祭의 종교가 되지 않으면 안 된다. 여기에서 聖과 俗의 구별은 사라지고 우리의 생활 속에서 성스런 종교생활이 일상화될 수 있는 것이다.

넷째로, 과학시대에 있어서 종교는 시대적 유물인 一夫多妻制 허용 또는 獨身聖職制 같은 구태의연한 諸制度에서 과감히 벗어나야 한다.

다섯째, 과학시대의 종교는 하나의 善主權 아래 세계 모든 인류를 하나로 융합시키는 길을 찾아 나가야 할 것이다. 그렇게 함으로써만이 사랑을 기반으로 하는 하나의 文化世界가 이루어지고 영원한 평화세계가 실현될 수 있게 되는 것이다.

Ⅶ. 맺음말

오늘의 과학시대는 역사의 일대 전환의 시대이며 屈曲의 모서리에 서 있는 시대이다. 이 전환의 시대는 가치적으로 볼 때 위기의 시대이기도 한 것이다. 위기의 시대의 특징은 무엇인가? 그것은 새로운 종교가 나타나야 할 시대이기도 한 것이다.

불교가 인도에 나타났을 때, 그리스도교가 로마제국 내에 나타났을 때, 유교가 중국의 춘주전국시대에 나타났을 때도 나름대로 지역적인 위기의 시대를 맞이하여 이들 고등종교가 나타났던 것이다.

오늘 우리는 과학시대를 맞는 위기에 처하여 있다. 이 시대에 새로운 종교가 나타나지 않는다면 인류는 멸망의 길로 빠져들어 갈 것이 예견된다. 核力, 公害, 悖倫 이것이 바로 인류를 멸망으로 인도하는 것들이다. 이 중에 으뜸가는 것이 패륜인 것을 우리는 분명히 알아야 할 것이다.

(※ 이 글은 1987년 5월 8〜11일에 있은 제7차 국제기독인교수학술회의에서 발표되었던 것이다.)

제2장

文化 藝術과 宗敎

十字架刑과 復活
-그 歷史的 事實과 文學的 修飾-

孔德龍

단국대학교 교수 · 영문학

Ⅰ. 머리말

이 연구는 예수 그리스도의 마지막 여정에서 십자가의 고난에 이르기까지의 만년의 생애를 역사적으로 추적하고, 그 뒤에 오는 復活의 意味를 문학 속에서 풀어 보고자 하는 동기에서 시작하였다.

역사는 있었던 일을 기록하고, 문학은 있음직한 일을 서술하는 작업이라 하겠다. 둘 사이에는 그만큼의 거리가 있다.

십자가형은 기록과 史蹟에 의하여 그 사실이 밝혀지나 부활은 주로 신약의 기록을 바탕으로 신앙의 차원에서 그렇게 신앙되어 왔다. 부활 신앙은 성경의 기록을 그대로 믿는 한에 있어서는 별문제가 없겠지만 기록 자체가 記者에 따라 앞뒤가 맞지 않는 대목도 있고, 또 사후의 영혼과 육체의 분리문제 등은 달리 설명될 수도 있을 것이다. 따라서 부활은 사실보다는 그 의미를 중시하게 되며 여기에 문학이 개입할 여지가 생긴다. 작가는 기자와는 달리 주관에 따라 그 의미를 解釋하고 자신의 해석을 합리화하기 위해서 기록의 일부를 修飾도 하고, 수정도 한다. 그래야만 더 있었을 법하기 때문이다. 있었던 일은 어느 시대 어느 지역에 한정되므로 시간과 공간의 제약을 받으나, 있었을 법한 일은 그 제약을 넘어선다. 천 년 전에 있었을 법한 일은 오늘날에도 있을 수 있기 때문이다. 역사는 事實을 추구하고, 문학은 眞實을 추구한다고 할 수 있다.

문학의 목표가 사실이 아닌 진실의 추구에 있다 할지라도 문학작품, 특히 역사물에 있어서는 사실을 바탕으로 수식을 하거나 일부를 수정하는 데 그쳐야지 사실에서 너무 벗어나거나 사실을 왜곡하게 되면 진실성마저 희박해지고 만다.

부활은 본시 超自然的 現象이었으므로 보는 시각에 따라 그 의미가 달라진다. 문학가는 그 의미구현을 위해 文學的 修飾으로써 십자가의 상징적 의미를 따서 현대에 옮겨 심기도 하는 것이다.

한 사람의 일생을 결산함에 있어, 나서부터 죽을 때까지를 망라할 필요는 없다. 깨달음을 얻거나 업적을 이루거나 하는 것은 인생의 한 고비에서 결정된다. 그 한 고비를 조명하는 것으로 족하지 남은 여백까지 밝힐 필요는 없다. 여백은 덮어 둠으로써 명암은 더욱 뚜렷해진다.

예수 그리스도의 전 생애에 있어 세 번의 고비가 있었다고 본다. 그의 초현실적 탄생과 세례요한과의 만남, 그리고 십자가의 죽음이다. 그런데 십자가의 고난은 죽음인 동시에 그 죽음은 곧 부활로 이어지기 때문에 예수는 한 고비를 더 보태게 된다. 보통사람의 경우 죽음은 곧 終末을 의미하는 것이지만 예수에 있어서는 재림의 동기였다고 볼 수 있다.

선지자나, 위인이 태어나기 전에는 흔히 어떤 예시가 따르기 마련이다. 동양에 있어서는 태몽으로 용을 보거나 한다. 예수의 경우 聖靈으로 잉태되어 獨生子로 태어났는데, 태어나는 순간 하늘에는 煌煌하게 빛나는 별―천문학자의 설에 따르면, 流星이 아니면 慧星 혹은 新星(전문용어로 '노바(nova)', 갑자기 나타나 며칠 동안 光度를 더해 가다 꺼지는 별)이라고 한다. 아무튼 신기한 현상이다. 이 신기한 현상은 예술적 모티브가 되기에 충분하다.

예수가 성장한 땅은 가버나움(Capanaum)으로(마태 9:1), 그는 '나의 마을'이라고 하였다. 예수가 세례 요한에게 세례를 받고 전도를 시작한 것은 그의 나이 30세 때였다(누가 2:23). 그 전의 근 30년 동안 그는 무엇을 하였는가? 그 내용에 대해서는 자세히 알 수 없으나 다만 평범한 市井人이었을 것이라는 추측이 가능하다. 따라서 30세부터 십자가상에서 운명하실 때까지의 3년간이 그의 전 생애의 壓卷이라 하겠다.

Ⅱ. 마지막 旅路

　그의 마지막 여행은 팔레스타인을 가로질러, 가버나움으로부터 예루살렘에 이르는 길이었다. 갈릴리로부터 예루살렘까지 사마리아의 구릉을 넘어 곧바로 남하하면 걸어서 사흘 길이었다. 이 국도는 일찍이 아브라함이 가족과 가축을 거느리고 지났던 길이고, 예수도 자주 사마리아를 통과한 일이 있었다(누가 9:51～56). 그런데 이번에는 그 길을 피해 우회하였다. 사마리아 사람들의 반유대 감정을 잘 알고 있었기 때문이다. 그렇지 않아도 그는 전부터 신변의 위험을 느껴(마태 16:20～21, 마가 8:30～31), 한때는 성지순례를 삼갔던 적도 있었다. 역사가의 가정에 따르면, A.D. 32년의 草幕節(*Booths*) 때였다. 그를 믿지 않고 증오심마저 품고 있던 형제들은 예수께 이르되, "당신의 행하는 일을 제자들에게 보이기 위해 이곳을 떠나 유대 땅으로 가라"고 권하였다(요한 7:3). 또 스스로 나타나기를 바라면서 묻혀서 일하는 사람이 없다고도 하였다(요한 7:4). 성경의 이 구절은 유대인의 숨은 흉모 같은 것을 풍긴다. 이를 눈치 챈 예수는 불길한 예감이 들어 주저하였다. 그러나 聖地巡禮의 일행이 떠난 뒤 그도 길을 떠났다.

　앞서 밝힌 대로, 사마리아 사람들의 반유대 감정을 의식한 예수는 무리를 거느리고 이 땅을 통과할 수가 있을지 의심스러웠다. 그래서 요한과 야곱을 앞서 보냈더니, 아니나 다를까, 통과허가가 나오지 않았다. 그래서 "요단강 건너 유대의 땅으로"(마태 10:1)의 길을 택한 것이고 여리고에 들러(누가 19:1), 삭개오라는 세리의 집에서 하룻밤을 묵었다(누가 19:2).

　여리고로부터 예루살렘까지는 23마일로 요단강 유역의 열대지방을 가로질러 황량한 산턱을 넘으면 성지 예루살렘이 바로 거기 있다. 일행이 이곳을 지난 것은 逾越節 일주일 전의 일이다. 거리는 이 성스러운 제전에 참석고자 원근 각지로부터 모인 유대인들로 붐볐다.

그 옛날 예루살렘의 경관은 웅대하고도 아름다웠다. "신전과 거리가 이보다 훌륭한 한 폭의 그림이 될 수 없다"고 가스탕은 말한다.

예수는 베다니로부터 예루살렘으로 내려갔는데(요한 12:12), 앞으로 다가올 자신의 운명을 미리 알고 있었던지 가까이 다가오자 눈물을 흘렸다(누가 19:41). 예수가 체포되어 심문을 받고, 형이 언도되는 과정은 마치 미리 정해 놓은 일정같이 진행되었다. 후세 사람들은 救世主가 어떻게 이런 죽음을 당할 수 있었을까 하고 안타까워하지만, 당시로서는 예수는 지극히 미미한 존재였다. 현대적 표현을 빌면 그는 '群衆 속의 孤獨' 같은 것을 뼈저리게 느꼈을 것이다. 그를 따르는 제자들과 신앙 깊은 여인들이 주위에 있었지만(마태 27:55, 마가 15:41, 누가 23:49, 55), 예루살렘에서의 예수는 이방인에 불과하였다. 그를 둘러싼 바리새 사람들의 악의와 불신은 그의 힘으로는 어찌할 수 없는 벽이었다. 그의 제자들은 갈릴리 사람이라는 이유로 경멸당했다. 어느 모임에서 그를 따르던 니고데모가 예수를 변호하려 하자 사람들은 "너도 갈릴리에서 왔느냐? 聖典을 찾아보아라. 갈릴리에서 성자가 나올 리 없느니라"(요한 7:50)고 면박하였다.

예수는 이에 이르러 일순의 회의를 느꼈다. 그 회의는 이내 풀리고 일종의 諦念으로 변했다. 그때까지 예수의 전도행각은 시골이나 변두리의 거리에서였고, 하층계급의 단순한 사람들을 상대로 그의 가르침이 잘 먹혀 들어갈 수 있었지만, 여기서는 사정이 영 달랐다(마태 10:11~13, 마가 6:10, 누가 10:5~8). 갈릴리에서는 共有思想에 길이 들어 세상물정을 모르고 지낸 그였는지라 순진한 언사가 새어 나오기도 했는데, 그것마저 이상하게 보였을 것이다(마태 21:3, 마가 11:3, 14:13~14, 누가 19:31, 22:10~12). 그의 가르침은 역시 전원적인 환경이 제격이었다. 그는 예루살렘의 神政政治制度에 회의를 품었다. 그리고 백성을 위해, 하는 일도 없이 유복하게 사는 성직자들에게 반감을 가졌다. 이런 감정은 자연 입 밖으로 발설되었을 터이니 사제들의 비위에 거슬렸을 것이다. 神殿은 보수 귀족층의 거점이었다. 그 본을 딴 회교의 하람(haram)도 그러했지만 예루살렘은 세상에서 가장 혁명이 어려운 곳이었다. 그러나 예수는 자신의 가르침이 성취되느냐 못 되느냐는 이 거점을 정복하느냐 못 하느냐에 달렸다고 생각하였던 것이다. 여기서 예수의 의지

같은 것을 감지할 수 있다. 갈보리 언덕 위에서 성경의 해석이나 교단법에 관한 논쟁이 한없이 펼쳐지는 가운데 예수의 나날은 지체 없이 흘렀다.

그는 설교하면서 청중들의 기색을 살펴보니 감동한 표정을 읽을 수는 있었지만 답답하게도 그들은 입을 열려고 하지 않았다. 어느 날, 신전의 하급 벼슬아치가 예수의 설교를 듣고 크게 마음이 동하여 司祭 앞에 와서 평소 품고 있던 의심을 털어놓았다. 사제들의 답은 이러하였다. "관가나 바리새인 가운데 단 한 사람이라도 그를 믿는 자가 있느냐? 律法을 모르는 군중은 저주받은 자들이니라"(요한 7:45~49). 예수는 스스로 '세상의 빛'이라 하고 나를 따르는 자는 어둠에 다니지 아니하고, 생명의 빛을 얻으리라 하였지만(요한 8:12) 바리새인들은 "네가 너를 위하여 증거하니 네 증거는 참되지 않다"고 반박하였다(요한 8:13). 그의 논법은 아리스토텔레스의 논리 규칙에 따라 생각하면 약점이 많았다. 그러나 때로 그의 기지는 말할 수 없는 마력을 지닐 때가 있었다. 서기관들이 한 간음한 여자를 데려와서 예수를 당혹게 하려는 저의를 가지고 어떻게 처리하겠느냐고 물었다. 이 물음에 대한 예수의 답변은 참으로 경탄할 만한 것이었다. 위대한 道德에 결부된 機智는 도리어 어리석은 사람들을 당혹게 하기에 충분하였다. "너희들 가운데 죄 없는 자는 먼저 돌로 치라!" 이 한마디는 위선적인 사람들의 심장을 뚫었다. 그러나 그 결과 자신의 죽음의 판결을 가져오게 되니 예수는 비극의 그림자를 끌고 다녔다고 할 수 있다. "貢物을 가이사에 바치느냐"의 문제를 물었을 때 '헤롯黨' 사람들은 예수를 빌라도에 넘길 구실을 기대하였을 것이다. 그의 답은 묻는 사람들의 意表를 찔렀다. "가이사의 것은 가이사에게, 하나님 것은 하나님에게"라는 한마디는 기독교의 미래를 결정하는 것이었다. 이로써 정신적인 것과 물질적인 것을 구별 짓는 기초를 놓았다 할 것이다. 이방인이 먼저 신의 나라에 들어간다고 한 그의 教理는 귀족계급에 대한 협박같이 들렸을 것이고, 스스로 '신의 아들'이라고 공언한 말은 유대교에 대한 심각한 도전으로 받아들여졌을 것이다.

베르너 켈러의 『歷史로서의 聖經』에 따르면(p.419) 4복음서의 심문·선고·십자가 수형에 대한 기술은 많은 학자가 과학적으로 철저하게 고증한 결과, 세부에 이르기까지 역사적 사실로서 믿을 수 있다고 밝히고 있다. 예수에 대한 고소의 증거는 간접적으로 입증할 수 있으며 선고받은 장소는 발굴에 의해 확인된다. 또 심문 도중에 생긴 여러 가지 일은 당시의 典籍과 최근의 연구로도 증명된다.

체포와 더불어 이 비길 데 없는 비극은 전개되는 것이다. 올리브 산의 겟세마네 동산에서 예수는 여느 때와 같이 제자들을 주위에 모이게 하였다. "그러자 곧 예수가 말씀하실 때, 열두 제자의 하나인 유다는 다가왔다. 그리고 제사장, 서기, 장로들이 보낸 군중이 검과 몽둥이를 손에 들고 그를 뒤따랐다."(마가 14:43)

이스가리오데의 유다가 스승을 배반하고 군내를 안내한 動機는 쉬 설명할 수가 없다. 유다는 다른 제자들과 별로 다를 바 없는 사람이었다. 기적을 행하고 마귀를 쫓으며, 사도의 이름도 가지고 있었던 사람이다. "사도 중에는 11인의 성자와 1인의 악인이 있었다"는 전설도 있었지만 현실적으로 확인할 수 있는 것은 아니다. 복음서에서는 유다의 범죄 동기를 탐욕에 두고 있고, 다른 한편으로는 베다니에서의 식사 때 스승으로부터의 꾸지람에 자존심이 상했기 때문이라고도 하지만, 이것으로 설명이 충분치 않다. 르낭(*Renan*)의 『예수傳(*vie de Jésus*)』(1863)에 의하면 4복음서에서는 처음부터 그를 도둑 혹은 의심 많은 사람으로 다두고 있지만, 이는 오히려 제자들 사이 질투의 감정, 내분 같은 것이 개입된 까닭이 아니겠는가. 은화 몇 닢에 대한 탐욕으로 유다의 머리가 돌았다 할지라도 전혀 도덕감을 상실하였다고는 생각되지 않는다. 왜냐하면 그는 자기 잘못을 뉘우치고 자살하였기 때문이다.

체포된 예수는 의회(*sanhidrin*)에 끌려갔다. 산헤드린은 당시 유대인의 최고 권위로 神政의 집행을 담당하며 또 최고법원의 권한도 아울러 가지고 있었다. 그 모임은 신전의 아래층에서 열렸다. 의회가 예수에게 사형을 선고한 법적 근거는 무엇이었을까? 마틴 노도 교수는 이렇게 쓰고 있다. 유대민족은 예언자의 말대로 메시아로서의 왕이 오실 것을 기대하였는데, 장기적인 외세의 지배하에 있게 되자, 점차 政治的 解放을 바라는 방향으로 발전하였다. 로마의 지배에 대한 울분이 강해지면서 외세를 물리칠 '메시아로서의 정복자'상이 그들의 마음을 차지하게 되었던 것이다. 그런데 이를 기준으로 하면 예수는 그들이 기다리는 메시아가 아니었다. 예수가 메시아가 아니라면 사기꾼이다. 그가 사기꾼이라면 예루살렘의 종교

생활의 평화와 안전을 위태롭게 할 것이 틀림없다. 사실 예수는 심문을 받을 때 분명히 메시아라고 선언하고 있다. 구약에 따르면 그는 신의 아들이 된다. 이 말은 사형을 선고하기에 충분한 불경죄이다(켈리, 『歷史로서의 성경』, pp.424~425). 예수에게 내려진 사형선고는 '惑世하는 者(mesith)'에 대한 법적 제재였던 것이다.

예수의 제자들도 스승의 죄목이 '혹세'였음을 전하고 있다. 복음서에 기록된 이야기는 탈무드가 규정한 소송 수속과도 일치한다. 유대인들의 계획은, 증인 신문과 예수 자신의 고백에 따라 모세의 종교를 모독한 것을 승복시켜 법에 따라 그에게 사형을 언도하고, 빌라도에게 이 판결을 追認받는 것이었다. 예수 당대의 유대는 賄賂·폭행·압정에다 재판은 공평하지 못하고 처형은 잔혹하였다. 빌라도의 유대인에 대한 증오와 경멸은 일이 있을 때마다 드러났다. 예수가 선고받은 이유를 잘 아는 그는, 그들의 요구를 취하하고 예수를 석방하려 하였다. 그는 "나는 이자에게 아무 罪를 인정치 아니한다"(누가 23:4)고 하면서 서슴없이 예수의 무죄를 선고하였다. 그러나 산헤드린으로부터 선동받은 군중은 덮어놓고 사형을 요구하였다. 빌라도는 별수 없이 이를 허락하였다. 그가 왜 그들 요구에 굴복하였는가? "스스로 왕이라 하는 자는 가이사에게 배반하는 것이다", "만일 이 사람을 풀어 주면 당신은 가이사의 편이 아니오."(요한 19:12) 이 한마디 협박에 그는 굴복한 것이다. 자신을 왕이라고 칭하는 자는 물론 로마 황제에 대한 반역이었고 『유리아나法典』에 따르면 그 죄는 사형이었다. "이 말을 듣고 빌라도는 예수를 끌어내어 舖床(Pavement, 히브리어로는 Gabbatha)이라고 부르는 자리에 앉혔다"(요한 19:13~16)고 했는데 그 재판이 진행된 법정의 포상은 기원 70년 예루살렘이 괴멸한 후에도 남아 있었다. 이 포상은 여러 해 동안의 탐색 끝에 고고학자인 신부 L. H. 뱐산에 의해 발견되었다.

逾越節 때 죄인 한 사람을 사면하는 관습이 있었다. 빌라도는, 예수가 끌려온 것은 제사장들의 질투 때문이라는 것을 알고 있었으므로(마가 15:10) 이 관례를 이용하여 예수를 풀어 줄 궁리를 하였다. 다시 재판장 자리에 올라, '유대인의 왕'의 석방을 제의하였다. 총독 자신이 이런 표현을 쓰자 제사장들은 당황하여 바라바의 석방을 요구하도록 군중에 암시하였다(마태 27:16). 바라바는 악명이 높으나

예루살렘에서는 인기가 있었던 죄인으로 民亂을 일으키고 살인한 사람이었다. 그런데 이자의 본명이 '예수'였던 것이다. "이 사나이가 아니고 예수 바라바를!" 하는 소리가 군중 속에서 메아리쳤다. 빌라도가 예수를 살려 주려고 한 이유의 하나는 아내의 꿈 때문이었다. 꿈속에 나타난 예수가 그의 아내를 괴롭혔다는 것이다(마가 27:19).

법정에서 골고다까지의 길은 멀지 않았다(요한 19:20). 골고다(*Golgotha*)란 '두개골'을 의미한다. 아마 초목이 없는 대머리 모양의 구릉이었을 것이다. 이 구릉의 정확한 위치는 밝혀지지 않는다. 책형(磔刑)에 결정된 죄수는 형구를 등에 업고 형장으로 가야 했다. 예수는 체력이 약해 비틀거렸다(존 헤이먼의 영화 <예수>). 마침 들에서 돌아오던 구레네 사람 시몬과 마주치게 되는데, 로마 군인들은 이 사람으로 하여금 십자가를 대신 지게 한다. 시몬은 후일 기독교에 개종하는데, 그의 두 아들 알렉산더와 루푸와 더불어 삼부자의 이름이 성경(마가 15:21)에도 나온다. 시몬은 자신이 목격한 광경을 소상히 이야기하였을 것이다. 이때 예수의 주위에는 한 사람의 제자도 없었다(르낭,『예수傳』, p.345). 또 A.D. 333년, 프랑스의 볼노로부터 예루살렘을 순례한 일행에 의하여 "주님이 십자가에 못 박힌 골고다의 작은 언덕"이라는 기술이 있다(켈러,『歷史로서의 성경』, p.428).

드디어 형장에 이르렀다. 유대의 관습에 따르면, 형을 집행하기 전에 향이 강한 포도주를 사형수에게 먹이곤 하였다. 죄인의 감각을 마비시켜 고통을 덜어 주기 위해서였다. 예루살렘의 여인들은 연민의 정에서 사형수에게 포도주를 갖다 주곤 하였다. 沒藥(*myrrh*)이 든 포도주를 예수의 입술에 갖다 댔을 때 예수는 마시기를 거절하였다(마가 15:23). 그의 강한 기품으로선 또렷한 의식 속에서 완전한 지각을 가지고 죽음을 맞이하고 싶었을 것으로 추측된다. 책형(磔刑)은 태형으로 시작된다. 예수의 옷을 벗겨 주황색 상의를 입히고, 가시 돋친 넝쿨을 엮어서 머리에 씌웠다(마가 15:17). 손에는 갈대를 쥐어 주었다고도 한다. 군인들이 열을 지어, 차례로 뺨을 때리고, "유대인의 왕이여 편안할지어다"(마가 15:17)라고 조롱하여 침을 뱉고 갈대로 머리를 치는 자도 있었다. 이는 예수에게 치욕일 뿐 아니라 로마 군인으로서 비열한 행위였다. 이런 식의 태형이 정말 가해졌을까 하는 데는 르낭도 의문을 품었다. 가시넝쿨은 '시리아의 그리스도의 관'이라고도 불리는데, 포스트 박사에 따르면, 이 식물은 골고다지역에 무성하였다고 밝혀졌다.

십자가가 높은 것은 아니었다. 사형수의 발이 거의 땅에 닿을까 하는 높이였다. 기둥을 눕히고, 사람의 등을 대게 하고, 두 손에 못질을 한다. 두 발에 흔히 못질을 하지만, 밧줄로 묶기만 할 때도 있었다(누가 24: 39, 요한 20: 25~27). 나무토막 한 개를 기둥 한가운데 가로질러 고정시켰다고 한다. 죄인은 이 나무토막을 가로 타고 몸을 지탱한다. 이 나무가 없으면 손바닥이 찢어지고 몸은 앞으로 곤두박질할 것이다(르난, 『예수傳』, pp.345~346). 집행인들은 제비를 뽑아 예수의 옷을 차지하려고 그를 지켜보고 있었다(마태 27: 36). 전하는 바에 따르면, 그는 "아버지여, 저희들을 사하여 주옵소서. 자기의 하는 일을 알지 못함이니이다"(누가 23:34)라는 말을 했다고 한다. 이 말은 입 밖에 내지 못하였다 하더라도 마음속에 품고 있었으리라고 본다.

예수가 십자가에 못 박힌 시간은 제3시였다(마가 15:25). 현대의 시각으로는 오전 9시쯤이다. 로마의 관습에 따르면 십자가 정점에 罪標를 붙이는데 예수의 십자가에는 히브리어, 그리스어, 라틴어로 '유대인의 왕'이라고 적어 넣었다. 이 글귀는 유대인에게 거북한 표현이었을 것이다. 이 글귀대로라면 예수가 '유대인의 왕'임을 시인한 결과가 되기 때문이다. 사실 통행인들은 이 글귀를 읽고 불쾌하였다. 그래서 제사장들은 '자칭 유대인의 왕'으로 고치라고 주장하였지만, 빌라도는 이 사건으로 골치가 아픈데다, 제사장들의 주제넘은 간섭에 앙갚음하려는 심사로 고쳐 쓸 수는 없다고 튕겼다(마태 23:37, 마가 15:16, 누가 23:38, 요한 19:19~22).

제자들은 도망치고 따르던 무리들은 뿔뿔이 흩어졌다. 그러나 전해 내려오는 말에 의하면, 요한만이 시종 십자가 밑에 서 있었다고 한다. 예수의 시중을 들던 믿음이 깊은 갈릴리 여인들도 그를 버리지 않았을 것이다. 그의 어머니, 이모, 글로바의 아내 마리아, 그리고 막달라 마리아 등이다(요한 19:25). 예수는 어머니에게 "보라, 당신의 아들이니이다", 제자에게는 "보라, 너희의 어머니로다"라고 외쳤다고 한다. 오가는 사람들은 "사흘 안에 성전을 부수고 다시 세우겠다는 자여, 네가 하나님의 아들이거든 자기를 구원하고 십자가에서 내려오라"(마태 27:40)라고 하며 그를 비웃었다. 어렴풋이 예수의 묵시록적 사상을 알고 있던 어떤 자는 "그가 엘리아를 부른 듯하니, 엘리아가 나와서 이자를 구원할지 우리 지켜보자" 고 하였다. 두 도둑도 그를 욕하였던 것 같다(마태 27:44, 마가 15:32). 하늘은 어둡고 땅은 암울하였다(마태 27:45). 일설에 의하면 그는 한때 정신을 잃었다고 한다. "하나님, 나의 하나님, 어찌하여 나를 버리시나이까" 하는 탄식 속에는 어리석은 인류를 위해 이토록 고생하는 자신이 가련하기도 하고, 잠시 신을 원망하는 마음도 있었을 것이다. 이 대목은 매우 인간적인 면을 드러내고 있어 그도 별수 없이 사람의 아들이었던가 싶기도 하다. 하나, 그의 神的 本能은 이를 극복하였다. 힘이 점차 빠져나감에 따라 넋은 맑아지고, 하늘을 향해 조금씩 조금씩 옮겨져 감을 어렴풋이 느꼈다. 그러면서도 다 이루지는 못했지만, 그래서 억울하기도 하지만 구원이라는 자신의 사명을 되새겨 보았다. 자신의 죽음 속에 인류의 구원 같은 것을 그려 보았다.

로마의 십자가형 집행의 규칙에 따르면 사흘 동안 매달아 두게 되어 있다. 반면 유대의 법(신명 21:22~23)은 밤에는 목숨이 끊긴 사체를 십자가 위에 두지 못하게 정해져 있었다. 그런데 로마인은 그들의 법을 지키지 않았던 것 같다. 예수가 처형된 이튿날은 유대교의 안식일(*sabbath*)이었다. 성스러운 안식일을 보기 흉한 광경으로 더럽히고 싶지 않아서였을 것이지만 유대인들은 로마군 당국에 형집행 중지를 요청하였다. 이 요청은 받아들여져서 세 죄수의 죽음을 앞당겨 안식일이 되기 전에 십자가에서 내리라고 하는 명령이 떨어졌다. 이런 경우에는 제2의 형인 '脚折刑(*crurifragium*)'이 가해진다. 이 각절형은 노예나 포로에게 가해지는 흔히 있었던 형이었다. 예수에게는 이 형은 가해지지 않았다. 그는 이미 목숨이 끊겨 있었기 때문이다. 그런데 형리 중 한 자가 미심쩍었던지, 예수의 사체에 다가와 창으로 옆구리를 찔렀다. 피와 물이 나뉘어 쏟아져 나왔다. 이것을 보고, 예수가 절명하였다고 판단하였다(요한 19:31~35). 제4복음서를 기록한 사람은 사도 요한으로, 이 장면을 될수록 자세히 서술하려고 하였다. 사실, 십자가상에서 몇 시간 정도 못 박혀 있음으로 해서 절명했다고는 믿기 어렵다. 십자가의 受刑者가 이틀, 사흘 혹은 그 이상 목숨을 부지한 예는 드물지 않았다. 앞에서도 밝힌 바와 같이 수직으로 세운 기둥에는 흔히 세디레(의자) 혹은 고르누(뿔)라고 불리는 작은 '받침대'가 붙어 있어, 수형자는 여기에 체중을 실어 고통을 덜고 상반신은 혈액순환을 부드럽게 하여 昏絶의 고비를 넘기기도 하였던 것이다(켈러, 『歷史로서의 성경』, p.429). 책형을 당한 자 중에 때맞춰 들어 내려져서 치료를 받고 회생한 사람의 예를 여럿 들고 있다.

'예수가 정말 죽었을까' 하는 의문이 뒤따르고 있는 사실을 주목해야 한다. 후일 오리게네스는 이토록 빠른 최후를 설명하자면 기적을 빌 수밖에 없다고 하였다. 빌라도도 처음에는 그의 죽음에 일말의 의심을 품었던가 싶다(마가 15:44~45). 마가복음 기록자는 유대인의 예수에 대한 의혹과 증오심을 잘 증명하고는 있지만 유대인들이 예수가 정말 부활하지 않았을까 하는 그런 두려움에 싸여 있었다고는 볼 수 없다는 것이 르낭의 견해이다(르낭, 『예수傳』, 1863, p.352). 그러면 예수의 사인은 무엇이었는가? 근년, 퀼른의 의학자들이 과학적 조사연구를 한 결과는 다음과 같다.

두 팔로 사람을 늘어뜨리면, 혈액은 신속하게 하반신으로 내려간다. 6분에서 12분이면 혈압은 반감하고, 맥박은 두 배가 된다. 심장으로 가는 피가 현저히 적어지고, 그 결과 기절한다. 뇌와 심장으로 순환하는 피가 크게 감소하므로 똑바로 선 채 쇠약해진다. 그런고로 십자가형의 죽음은 심장의 쇠약에 기인한다(켈러, 『歷史로서의 성경』, pp.428~429).
로마의 관습에 따르면, 예수의 유해는 십자가에 매단 채 방치하게 되어 있었다. 반면 유대의 율법에 따르면, 일몰과 더불어 끌어내려 사형수의 무덤에 넣게 되어 있었다(르낭, 『예수傳』, p.352).

그런데 아리마데(*Arimathea*)에서 온 요셉이라는 사람—예수의 제자였고 산헤르린의 의원—이 빌라도에게 와서 유해를 달라고 요구하였다. 빌라도는 내주라고 명령하였다(마태 27:57~58). 예수를 위해 진력한 또 하나의 친구 니고데모도 이 자리에 왔다. 요셉과 니고데모는 유대의 관습대로 몰약과 향유를 넣고 세마포로 싸서 새로 판 무덤에 안치하였다. 갈릴리에서 온 여인들도 그 자리에 있었다(마태 27:61, 마가 15:47, 누가 23:55).

이 무덤은 임시의 묘소였다(요한 19:41~42). 그날은 유대인의 예비일이고 다음

날은 安息日이었기 때문에 서둘러 마련하였던 것이다. 유해를 안치할 동굴은 경사진 암산을 수평으로 파 들어간 것이었다. 사람들은 예수를 이 동굴 속에 넣고(고린도전 15:4) 입구에 돌을 고여 놓았다. 이튿날은 모두 안식을 취했다. 일요일 아침, 막달라 마리아를 비롯한 여인들이 일찍이 무덤을 찾아왔다(마태 28:1, 마가 16:1, 누가 24:1). 돌은 치워져 있었다. 그런데 시체는 없었다. 이와 때를 같이하여 이상한 소문이 돌았다. "주가 살아났다!"는 외침은 번개와 같이 제자들의 귓전을 때리고 소문은 꼬리를 물고 번져 나갔다. 예수의 부활에 관해서는 복음서를 비롯하여 여러 대목에 걸쳐 기록되어 있다. 르난은 그의 『예수傳』 제26장 '무덤 속의 예수' 마지막 절에서 다음과 같이 자신의 의견을 피력하였다.

> 『예수傳』은, 역사가에겐 그의 마지막 숨이 끊어지며 끝난다. 그러나 그가 제자들과 몇몇 성실한 친구들에게 남긴 인상은 다시 몇 주일 동안 그들에게는 살아서 위안이 될 정도로 깊었다. 누가 그의 육체를 옮겨 갔는가? 언제나 輕信하는 열광적 정신은, 부활에 대한 신앙을 세운 갖가지 이야기를, 어떤 상태에서 孵化했는가. 부활을 반증하는 史料가 없으므로 영구히 알 수 없을 것이다. 그러나 우리들은 이렇게 말하리라. 그 당시 막달라 마리아의 강한 상상력이 주역을 했을 것이리라고. 사랑의 숭고한 능력! 환상에 잡힌 여인의 애정이 부활한 신을 세계에 주는 그 거룩한 순간! 예수의 부활에 막달라 마리아의 '강한 상상력'이 주역을 맡았다면, '부활'은 역사를 떠날 수밖에 없을 것이다.
> 예수의 죽음의 유일한 유적이라 할 무덤이 남아 있기는 하다. 聖墓교회 속에 낡은 계단이 있고, 계단을 내려가면 바위를 파낸 길이 6피트의 墓穴이 있다. 이것이 예수가 묻혔던 자리일까?(켈러, 『歷史로서의 성경』 p.430)

또, 마틴 노도는 그의 저서 『이스라엘史』에서 다음과 같이 서술하고 있다.

> 한 의문이 예로부터 해답을 찾고 있다. 성서의 여러 장에 걸친 기록을 따로 한다면, 그 시대의 기록이라고 할 것이 전혀 없다. 이럴 수가 있을까? 그 시대의 세계사는 그에게 아무 관심도 없었다. 그도 그럴 것이, 그의 출현이 예루살렘 사람들의 마음을 감동시킨 것은 불과 一瞬이었기 때문이다. 그 이야기는 지나 버린 과거의 한 揷話가 되고, 사람들은 자신에게 마음을 돌려야 했고, 그쪽이 더 중요하다고 생각되었던 것이다. 하나, 이것이 이스라엘史에 있어서 최후의 결정적 위기였다. 그를 따르는 사람의 수가 늘고, 세계사의 테마로 인정되는 추세에 이르자, 비로소 그의 이름을 인정하기 시작한 것이다.

예수의 생애가 역사의 照明을 받게 되는 이유는 물론 그 ‘復活’에 있다. 그런데 앞서 밝혔듯이 부활에 관한 기록은 신약성경에 적혀 있을 뿐 그 밖에 기록은 거의 없다. ‘부활’의 기록자는 여럿이고 어느 정도 주관이 개입되었다고 본다. 게다가 비유적·상징적 표현이 많아 읽는 사람에 따라 해석이 달라질 수도 있다. 예수의 부활은 육체적 부활이었을까, 영적 부활이었을까? 아니면 영육 아울러 부활한 것일까? 먼저 부활에 관한 성경의 기록을 살펴보기로 하자. “……많은 苦難을 받고 죽음을 당하고, 제3일에 살아날 것을 제자들에게 비로소 가르치시니……”(마태 16:21)라는 기록에서 ‘살아날 것’이 靈인지 肉인지 알 수가 없다. 다음에 “내 손과 발을 만져 보라. 영은 살과 뼈가 없으되, 너희 보는 바와 같이 나는 있나니라”(누가 24:39)에서는 살과 뼈가 없는 영을 어떻게 볼 수 있을 것인가? 있다면 그 영은 ‘靈人體’라고 풀이할 수는 있다. 또 1) “죽은 자들로 하여 2) 저희 죽은 자를 장사 지내게 하라……”에서 1)은 살아 있되 영적으로 죽은 자이고, 2)는 육체적으로 죽은 자를 시사함은 쉽게 알 수 있다. 이상의 몇 가지 기록에서, 예수는 死後에 영·육이 분리했다고 추리할 수 있다. “부활한 예수가 마리아에게 나타났으나 알아보지 못하고……”, “불신하는 자에게는 손과 옆구리를 보이고 확인케 한 것”(이상 요한 20:1~20)으로 보아서는 얼핏 육체적 부활을 연상케 하나, 마리아가 알아보지 못했다는 대목으로 미루어 ‘영인체’였다고 풀이할 수도 있다. “……육의 몸을 심고, 神靈한 몸으로 다시 사나니, 육의 몸이 있은즉 신령한 몸이 있나니라”(고린도 15:44)라는 대목에서 영·육의 분리는 더욱 분명해진다. “씨 뿌린 몸은 죽고 부활해서 멸망치 아니한다(*The body that is sown is perishable it is raised imperishable*)”(THE HOLY BIBLE, New International Version 1 Corinthians 15:20, p.875). 영문에서 ‘it’는 영혼을 가리킴이 분명하다. 예수의 ‘復活’을 파악함에 있어, 영·육 두 갈래로 나누어 생각할 필요가 있다.

Ⅲ. 復活을 담은 작품 『죽었던 사나이』[1]

　소설 『죽었던 사나이(*The Man Who Died*)』(1928년)는 D. H. 로렌스(1885~1930년)의 만년 작품이다. '죽었던 사나이'의 사나이가 누구를 가리키는가에 관해서 작가는 한마디도 언급하지 않았지만, 작품 속의 行跡으로 미루어 보아, 그것이 예수 그리스도를 가리킴은 쉽게 알 수 있을 것이다. 여기서 '사나이'가 그리스도라고 가정한다면 그것은 기독교 신앙의 바탕을 뒤흔드는 것으로서 참으로 엉뚱한 발상이라 하겠다. 전통적 기독교 신앙은 마리아의 童貞女 잉태와 예수의 육체적 부활을 사실대로 믿는 것이라 할 때, 그의 착상은 육체 부활에 대한 도전이라고 해석된다.

　'불합리하기 때문에 믿는다'는 사람들은, 도전하기 위한 도전으로 받아들였을 것이다. 육체의 부활을 믿지 않는 것만도 불경스러운 일인데, 성서의 기록을 왜곡하고 합리화하려고 하였으니 교회 측으로부터 맹렬한 비난을 받을 수밖에 없었다. 1928년, 미국 「Forum」지에 소설의 제Ⅰ부가 실리자, 일부에서는 '人類의 敵(*enemy of human beings*)'이니, '용서받지 못할 죄(*unpardonable sin*)'라는 비난이 쏟아져 나왔다.

　로렌스는 사후의 영혼의 존재에 대해 별 관심이 없었으니, 肉體의 復活을 믿을 리가 없다. 하지만 십자가에 못 박혔다는 사실을 인정하고 다시 살아났다고 가정할 때 완전히 죽지 않은 상태, 즉 假死狀態에서 깨어났다고 하는 엉뚱한 결론으로 끌고 갈 수밖에 없었던 것이다. 죽지 않았으니 깨어날 수밖에 없었다고 하는 것이 그의 논리였다. 이를테면 결과에 맞추어 과정을 수정하는 방법이다. 假說을 작품화하여 소설 줄거리에 엮어 넣었던 것이다.

　로렌스에 있어, '살아났다'고 하는 사실은 매우 중요한 의미를 갖는다. 그의 철학 '生命力(*Life-force*)'을 펴 나아가기 위해서는 살릴 수밖에 없었을 것이다. 그렇다면 어떻게 살리느냐가 문제가 된다. 앞에서 밝혔듯이 문학은 역사와는 달리 어떤 가능성만 있으면 그 위에 虛構의 탑을 세울 수가 있다. '왜 살았느냐?' '살아난 후에는 무엇을 하였느냐' 하는 문제는 작가의 주관에 따라 구성된다.

---

1) *Modern English stories*(Ⅰ)(Ellak, 영미 문학총서 9, 1966).

진실을 찾는 과정은 의혹에서 시작된다. '그는 과연 하나님의 뜻에 따라 십자가에 못 박혔던가? 동족인 유대인은 그를 曲解했고, 마침내 惑世誣民의 굴레를 씌워 형장으로 몰고 가지 않았던가. 과연 그가 인류의 죄를 代贖하기 위해 십자가에 못 박혔다면 부활한 이유가 무엇이었던가? 그것도 육체적으로……. 필시 그는 사명을 다하지 못하고 비명에 간 것이 아닐까' 하는 추리는 충분히 근거가 있다 할 것이다. 또 '그는 부활한 후 무엇 때문에 지상을 서성거려야 했던가? 만일 육체적으로 부활하였다면 육체적으로 삶을 누린 결과가 나왔어야 한다'는 推論도 가능할 것이다.

1. 復活과 現場

'부활'에 관해서는 異說이 분분하다. 믿는 사람 사이에도 이견이 있다. 그러나 전통적이고 보편적인 견해는 그리스도가 처형된 지 사흘 만에 육체적 부활을 하였다는 설이다. 천주교는 물론 대부분의 개신교에서도 신앙의 차원에서 이를 믿고 있다. 그러나 일부 신흥종교에서는 영혼의 부활을 믿을 뿐, 육체의 부활을 믿지 않는다. 그러면 로렌스는 '부활'을 어떻게 생각하였는가?

> 그날 아침, 같은 시간 동 트기 전 바로 그 시각에 한 사나이는 그가 결박되었던 기나긴 잠에서 깨어났다. 바위 암굴 속에서 마비되고 싸늘한 상태에서 깨어났다. 그는 눈을 뜨지 않았다. 그러나 깨어났음을 알고 있었다. 기나긴 잠을 자고 있는 동안 그의 신체는 마비되고 춥고 뻣뻣하고 상처투성이였다. 그리고 결박되어 있었다. 그의 얼굴은 차디찬 붕대로 감기고 그의 두 다리도 한데 묶여 있었다. 손만이 풀려 있었다.[2]

처형된 몸이 어떻게 깨어날 수 있었을까? 로렌스는 이 대목을 소상히 밝히지 않고 다음과 같은 독백으로 처리하고 있다.

> 나는 죽지 않았다. 놈들이 너무 일찍 나를 풀어 내렸던 것이다. 그러니 나는 살아난 것이다. 그러나 놈들이 나를 찾아내면 다시 십자가에 매달 것이다(I am not dead. They took me down too soon. So I have risen up. Yet if they discover me, they

win do it all over again……).[3]

그러면 'too soon'은 무엇을 의미하는 것일까? 바로 이 점이 문제를 푸는 키가 된다.

로마의 사형집행 관례에 따르면, 사형수를 십자가에 못 박아 둔 채 사흘 동안 방치하게 되어 있었다. 사형집행일이 금요일이었으므로 월요일 바로 그 시각까지 못 박힌 채 두어야 했을 것이다. 그런데 집행 다음 날이 유대의 안식일(*sabbath*)이고, 안식일엔 집행을 중지하지 않으면 안 되었기 때문에 이틀 앞당겨 십자가에서 풀어 내렸다고 풀이되는 것이다. 그러면 로렌스의 해석대로 형 집행을 중지하였을까? 존 헤이먼이 제작하고 존 크리스, 피터 사이크스가 감독한 영화 <예수>를 봄으로써 그 의심이 풀린다.

형리가 로마의 총독 빌라도에게 가서, 유대인의 안식일을 지켜, 풀어 내려야 할 것인가, 형 집행을 계속할 것인가를 묻는 대목이 있다. 총독은 잠시 생각한 끝에 중지하도록 지시한다. 사실 십자가의 수형자가 이틀 사흘, 때로는 그 이상 목숨을 부지한 예는 결코 적지 않다(켈러, 『歷史로서의 성경』 p.426). 또 제 I 부에서 밝혔듯이 사형 집행의 날이 유월절을 준비하는 날이었고, 유대교의 율법에 따르면 십자가에 매단 시체는 밤을 넘겨 이튿날 아침까지 두어 둘 수가 없었다(신명 21:23). 사흘 동안의 형 집행을 하루 만에 중지했다고 해서 목숨을 부지했다고 하는 증거는 없다. 그러나 그럴 가능성은 있다 할 것이다. 앞에서 밝혔듯이 문학은 사실을 밝히는 기능보다는 그럴 가능성만 있으면 소재가 될 수 있다. '놈들은 너무 일찍 끌어 내렸다. 그래서 목숨을 부지하였다'고 로렌스는 추론한 것이다.

기록대로라면 물론, 예수는 십자가에서 숨을 거두었다(요한 19:31~33).

그래서 유태인은 빌라도에 청하여 다리를 꺾고, 시체를 내리기로 하였다. 병사가 와서, 예수와 더불어 십자가에 못 박힌 두 죄수의 다리를 차례로 꺾었다. 그런데 병사들이 예수에게 왔을 때, 그가 이미 죽은 것을 보고 다리를 꺾지는 않았다.

---

3) 상게서, p.9.

2. 肉體的 復活의 意味

만일 예수가 육체적 부활을 할 필요가 있었다면 그 의미는 무엇이었을까? 기적을 낳음으로써 하나님 아들임을 증거하기 위해서였을까? 그래서 지상을 서성거렸던가? 그것도 불과 며칠 동안이었다. 아니면 후일 再臨하기 위해 육신을 쓰고 나타날 필요가 있었기 때문이었을까? 그렇다면 먼 후일 그 당시 그 모습대로 재림한다는 말인가? 이 질문에 대한 대답은 성경에도 없다.

제II부는 이 문제에 답하기 위해서였다고 할 수 있다. 로렌스 자신의 철학 '生命主義'가 무엇인가를 보여 줄 좋은 재료가 마련된 것이다. 재생한 사나이는 기독교인이 기대한 그런 사람은 아니었다. 처형 이전의 '사나이'가 구원의 사명을 지니고 있었다면, 처형 후의 '사나이'는 그의 철학 '생명주의'를 실천하는 신 아닌 사람의 아들이었다. 전자는 사명을 다하지 못하고 돌아갔지만 후자는 끝내 사명을 마쳤다. 이를테면 '사나이'는 영혼의 영도자와 육체의 구원자인 두 얼굴을 가졌다.

제II부는 완전히 虛構이다. 그러나 문학에서는 허구일지라도, '있음 직한' 일이면 소설의 소재가 될 수 있다. 한 번 죽었던 몸이 살아난다는 것은 설사 덜 죽어서 깨어났다손 치더라도 축복받을 일이요, 攝理의 승리요 신의 아들만이 가능한 일이고, 그의 가르침을 따르는 무리에게는 한 기적을 실증하는 일이겠지만, '사나이'는 반대로 회생의 의사가 없었다. "기억조차 돌같이 굳어 버린 외계에서 머물러 있고 싶었던" 것이다. 現世에 돌아오면, 죽기 전과 같이 '사명'이라고 하는 굴레를 다시 써야 하니, '깊은 구역질'이 났던 것이다. 그러나 죽지 않았으니 '살아야 한다(*life must be*)'는 과제는 이 작가의 '생명주의'가 가리키는 바이기도 하다. 다행히도 '사나이'의 삶에의 의욕을 불어넣어 줄 수탉 한 마리가 등장한다. 동굴 무덤을 빠져나와 서성거리다 풀려나 도망치던 수탉을 잡아 주인에게 돌려준 인연으로 농부 집에 숨어서 상처가 아물기를 기다린다. 그 수탉은 로렌스가 말하는 '生命力(*life-force*)'을 상징한다. 끈만 풀어 주면 활개 칠 힘의 상징을 보는 것이다. 그가 깨어났을 때만 하여도 다시 살고 싶은 생각은 없었지만 수탉의 왕성한 생명력을 지켜보는 동안 삶에의 의욕을 되찾는다. 그러나 그가 바라는 삶은 처형당하기 전의 삶과는 전혀 다른 것이었다.

'사나이'가 처형당하기 전의 삶이란 이를테면 '땅을 하늘로 끌어 올리려'고 한 삶이었다면, 그가 바라는 삶은 '땅은 땅인 채로 하늘과 마주 보게 하자'는 삶이었다. 땅은 하늘을 마주 보고 떨어져 있어야 그 존재를 주장할 수 있는데, 이 원리를 벗어나 땅(지상)을 경시하고 하늘(천국)을 중시하여 땅을 하늘로, 현세를 내세로, 육체를 영혼으로 추켜올리고자 간섭하던 과거(처형 전)의 생활, 인간의 분수를 모르고 신의 아들이라고 착각하여 주위 사람들의 추대를 받아 구원하려 하였던 엄청난 비리, 자기의 능력을 모르고 분에 넘는 일을 시도하였으니 필경 자기기만이었을 것이다. 그러고 보니 사형이 자신을 구해 준 결과가 되었다. 사형을 내린 빌라도, 모함을 한 제사장들은 결국 '사나이'를 한 인간으로 재생케 해 준 은인이었다. 그리고 '가엾은 유다'를 배신자로 원망한 것은 잘못이었다.

성경의 脚本대로, 마다레인(Madeleine)[4]은 빈 무덤을 기웃거리다 돌아오는 길에서 '사나이'와 마주친다. 처음에는 몰라보았지만, 그 사나이가 바로 부활한 그리스도임을 알고 반색을 한다. 그녀의 기색을 살펴보니 그 아름다운 얼굴에는 구원을 바라는 간절한 소망이 역력하다. 여자의 조상 이브는 여러 남자를 품에 안고 남자를 뜻대로 조정하였지만 오늘의 마다레인은 딴전을 부리고 있었다.

"이브는 여러 남자를 품에 안고"라는 구절은 다음과 같이 풀이할 수 있다.

성경 창세기에는 뱀의 유혹에 끌려, 이브는 금단의 열매 '善惡果'를 따 먹고, 아담에게도 권하였다고 적혀 있다. 창세기에는 비유와 상징이 많다. '뱀'도 '선악과'도 무엇을 빗대고 있음을 알 수 있다. '뱀'은 곧 남성의 상징이며, 그 남성은 천사 중의 한 사람이라고 推理할 수도 있을 것이다. '선악과'는 여성 貞操의 상징적 표현이다. 즉 여호와가 정해 준 장래의 남편 아담과의 결혼에 앞서, 타관 남자와의 성적 관계를 시사하였다고 풀 수 있다.

오늘의 마다레인은 전과는 정반대로 받지는 않고 주고만 싶었다. 그러나 그것 역시 어려운 일이고 따뜻한 육체에게는 잔인한 일이다. 즉 받지는 않고, 주기만 함으로써 구원을 받으려 하고 있는 것이다. 여자가 받지는 않고 주기만 하려는 태

---

4) Mary Magdalene, Magdala Maria를 가리킴.

도는 로렌스의 사랑의 倫理(*love ethic*)에 어긋나는 태도이다. "아, 나는 주님에게 모든 것을 바치려 하는 것을 아시겠지요"라고 하자, '사나이'는 엉뚱하게 "돈이 있소? 조금만 나에게 주겠소? 내가 빚을 지리다"라고 대꾸한다. 그녀는 비로소 '부활'한 사나이가 기대하던 메시아가 아님을 눈치 채고 회의와 실망을 안고 돌아선다. '사나이'는 이 돈으로 밥값을 치르고, 남은 돈으로 농부의 수탉을 사들였다. 죽음에서 깨어난 '사나이'는, 그의 육체가 아직 동정임을 새삼 인식하게 된다. '동정'이라 함은 육욕의 반대라 할 수 있겠지만, 그것도 일종의 탐욕임을 깨닫게 된다. 바람직한 육체적 兩性은 주고받고, 받고 주는 평형관계에 있다고 판단한다. 이 점이 바로 로렌스의 性倫理이다.

> 이제 그는 보다 위대한 육체의 삶을 알고 주려고 탐내지 않고 받으려고 탐내지 않는, 그와 더불어 몸을 섞을 수 있는 여자 혹은 여자들을 위해 부활한 사실을 알게 된다.[5]

그러나 '사나이'가, 생각하고 있는 '부활'은 아직 이루어질 단계는 아니다. 그의 '생명주의'의 상징이라 할 수탉이 한발 앞서 부활한다. 다리를 옭매었던 결박이 풀리고, 생명의 불꽃이 속으로 타오르기 시작한다. '사나이'는 수탉을 안고 길을 떠난다. 레바논으로 들어가는 길목의 한 여인숙에서 하룻밤을 묵을 때, 그 집의 '보통 수탉'과 싸움을 붙일 기회가 온다. 사나이의 수탉은 보통 수탉을 쪼아 죽이고 암탉을 모두 차지한다. 그러자 '사나이'는 외친다.

> 너는 마침내 너의 왕국을 찾았고, 육체로는 암탉을 찾았구나. 너의 고독은 당당해지고, 암탉의 후림새로 너는 윤택해질 것이다.[6]

위 구절은 '부활'의 서막이라 할 수 있다. 다리를 결박한 끈을 끊고 도망친 일이 있던 '수탉'은 바로 처형 전의 '죽었던 사나이'에 비유된다. 수탉은 이제 자유의 몸이 되어, '사나이'가 바라던 '홀로(*aloneness*)'를 성취한 것이다. 즉 '사나이'의

---

5) 상계서, p.24.
6) 상계서, p.33.

‘사명’에서부터의 해방에 비유된다. 그러나 해방이 곧 부활이 될 리 없다. 부활에 이르는 과정에 불과하며 ‘홀로’에서 ‘함께’에 이르는 과정에 불과하다. 닭은 ‘함께’를 달성하였으나, ‘사나이’는 아직은 ‘홀로’의 단계에 머물러 있다. 처형 전의 ‘委任(commitment)’의 단계에서 벗어나 이제 ‘孤高(aloofness)’의 단계에 이르렀으나 ‘함께’의 단계에는 이르지 못하였다.

로렌스의 경우, ‘홀로’와 ‘함께’, ‘위임’과 ‘고고’ 사이, 바꾸어 말하면 자아의 완성과 개체의 회생 위의 전체의 융합이라는 이 矛와 盾 사이를 몇 번이고 오가고 하였던 것이다. ‘사나이’는 북쪽으로 지중해 연안을 따라가다가 마침내 암벽 위의 한 사원에 이른다. 이 사원은 아이시스(Isis)[7]라는 여신을 모신 곳으로 한 처녀사제(virgin priestess)가 사원을 지키고 있었다. 신화에 따르면, 여신 ‘아이시스’는 죽은 남편 오시리스(Osiris)의 육체를 찾아 헤맨다. 남편의 육체는 산산조각 나서 흩어져 있는 것이다. 그녀는 산산조각이 난 남편의 사지, 머리, 배, 심장이 모두 제자리에 맞춰진 다음, 온기가 돌고 생기가 솟으면 그녀를 포옹하고 ‘자궁을 채워 주리라’ 그렇게 소망했던 것이다. 그러나 그녀는 그 간절한 소망을 풀지 못한 채 죽는다. 소망을 풀지 못한 여신, 그 여신을 모시는 여사제는 현실의 세계에서 여신의 소망을 풀어 주려는 것이다. 그러므로 여사제는 ‘아이시스’의 변신이라 할 수 있다. 십자가에 못 박혔다 재생한 ‘사나이’는 신화의 각본 그대로 ‘오시리스’의 운명을 지니고 있는 것이다.

여사제는 소녀 때, 로마에서 유명한 哲人을 만난 일이 있었다. 철인은 소녀의 관상을 보고는 ‘한 번 죽었다 다시 살아난 사나이’를 기다리라는 것이었다. 신화의 ‘오시리스’는 ‘마지막 실재(the last reality)’를 찾지 못했지만, 현실의 ‘사나이’는 바로 그 ‘실재’를 찾고자 하는 것이다. ‘아이시스’, ‘오시리스’의 관계는 여사제와 ‘사나이’의 관계로 推移되는 것이다. 여사제는 자아가 강한 여인(a woman to herself)인데 이 말은 바로 로렌스가 바라는 여인상이기도 하다. 여사제는 사나이를 보고 별 관심이 없었지만 노예로부터 팔다리에 상처가 있다는 말을 듣고, ‘오시리스’의 육체가 산산조각이 났던 사실을 상기하였다. 그녀는 동굴 속으로 찾아와 잠든 ‘사

---

7) 이집트의 신화에 나오는 풍요의 여신. Osiris의 누이동생이자 아내.

나이'의 얼굴을 살펴본다. 그의 모습은 야위고 볼이 꺼지고 흉했다. 그러나 그 속에서 다른 종류의 아름다움, 보다 깊은 삶의 靜寂 같은 것을 보았다. 어두운 이마, 파인 두 눈에는 어떤 위엄도 서려 있었다. 난생처음으로 야릇한 감동을 느꼈다. 마치 생명의 밝은 불길 끝이 와 닿는 것만 같았다. '아이시스'를 모시는 여사제가 '사나이' 속에 '오시리스'를 본 것도 당연한 귀결이다.

두 남녀가 '육체의 접촉'에 이르기까지 일이 순탄치만은 않았다. 여사제의 어머니의 간섭, 노예들의 감시가 따른다. 그러나 그런 것은 '보잘것없는 날의 삶(the life of the little day)', '보잘것없는 사람들의 삶(the life of little people)'으로 무시해 버린다 (처형 전 '사나이'의 주위 사람들을 가리킴).

옷을 벗는 여자를 지켜보던 '사나이'는 자신의 '죽음의 용기(courage to be crucified)'와 그녀의 '부드럽고 신기한 삶의 용기'를 비교하며 그 차이에 놀란다. '삶의 용기'는 장미의 속같이, 불꽃의 응어리같이 아름답다. 지난날에도 그를 아껴 준 여인이 없었던 것은 아니다. 그 여인은 눈물로 발을 씻어 주고 머리 단으로 닦아 주었으며, 값비싼 향유를 부어 주기도 하였다.[8] 그러나 그런 것은 '사랑의 시체(the corpse of love)'에 불과하다. 정신적·의무적·자기부정적·희생적 사랑은 로렌스가 멸시하는 사랑이다. '사나이'가 과거에 받은 것이 '사랑의 시체'였다면, 그가 준 것도 같은 것이었다. 그런데 지금은 몸과 몸의 접촉, 부드럽고 따뜻한 사랑의 '실체' 위에 먼동이 터 오는 것이다. 그녀와의 '접촉'은 '사나이'가 救世主로서 설교한 그 많은 '말'보다 더 중요한 의미를 갖는다.

> 그리고 그의 죽음과 희생의 정열 같은 것은 이제 그에게는 아무것도 아니었다.
> 그는 여인의 웅크리고 있는 충만한 육체, 생명의 부드러운 흰 바위…… 그것만을
> 알 수 있었다. '이 바위 위에 나는 삶을 세웠다.' 그는 여자 쪽으로 몸을 구부렸다.
> 그러자 그의 남성과 힘의 불길이 허리에서 솟아오름을 느꼈다. '나는 부활하였다!'

『죽었던 사나이』 제Ⅰ부에서, '사나이'의 육체적 부활의 문제는 로렌스의 독단적 추리이고, 그런 가능성은 극히 희박하다. 위에서 목숨을 부지했다고 하면 십자

---

8) Madeleine을 가리킴.

가는 한낱 가정에 불과할 뿐이다. 그런데 이런 터무니없는 가정을 세운 이유는, 성경의 '부활'의 의미를 왜곡하거나 부정하려는 동기에서라기보다는, 육체적 性本能을 통한 全人的 생명의 연소가 그의 마지막 목표였다. 그러므로 '사나이'의 십자가형은 그의 性哲學을 풀기 위한 동기에 불과하다고 판단된다. 그의 성철학은 原初的 성본능에 근거를 둔다. 이를 설명하기 위해 인간의 중추는 배꼽 밑 최대의 交感神經叢인 '太陽叢(solar plexus)'에 있다고 주장하는 것이다. 태양총은 정자와 난자가 결합한 후 모체 안에 생기는 최초의 세포가 자리하는 위치이다. 동양에서는 일찍이 '丹田'이라 하였는데 이를 한 생명체의 중심이라고 풀이하면 로렌스의 생각과 우연치 않게 일치한다.

로렌스의 이러한 착상은 직감에서 나왔으므로 객관적으로 증명하지 못한다. 그럼에도 불구하고 '생명주의'니 '原初意識'이니 하는 말로 그의 사상을 내세우는 이유의 하나는 현대의 知性偏重, 思惟過剩의 추세에 대한 반발이라 할 수 있다.

Ⅳ. 작품 『사람의 아들』[9]

'사람의 아들'은 '신의 아들'로 맞서는 존재이다. '신의 아들'은 말할 나위 없이 예수 그리스도이고, '사람의 아들'로 등장하는 인물은 아하스 페르츠이다. 그의 이름은 성경에는 나오지 않지만, 기독교의 野史라고나 할 外經에 나오는 이름이다. 전설에 따르면 그는 예수와 같은 날 태어났다고 한다. "그 시각 세켐 부근의 한 샴마이파 율법사 집에서는 진정한 사람의 아들 아하스 페르츠가 태어나고 있었다."(p.44) 그의 태어남은, 예수와는 달리, 그저 알게 모르게 이루어졌다. 예수는 남의 아내 될 몸에서 독생자로 태어남으로 후일 그의 아버지는, 니체로부터 "자기가 세운 금단의 문을 스스로 허물고, 샛길로 온 神"[10]이라는 빈정거림을 받았다. 그가 어떻게 헤롯왕의 칼을 피했는지는 알려지지 않는다. 그가 악령의 도움으

---

9) 李文烈, 『사람의 아들』, 民音社, 1981(제3회 오늘의 작가상 수상작).

10) 『짜라투스트라』에서.

로 태어나자마자 걷고 말할 수 있어 두 살 미만의 유아만 찾은 헤롯의 군병들을 쉽게 속일 수 있었다는 악의에 찬 설이 있다(p.44). 한편 그의 아버지가 律法師였으므로 사두개인들과 헤롯당에 선이 닿아, 죽음을 면했으리라고 한 일부 학자들의 추측이 보다 온당하리라고 작자는 말한다(p.44). 그는 어려서부터 총명하고, 자라면 훌륭한 율법사가 되리라는 기대를 모았지만, 결국은 製靴工이 되었다. 그의 유년시절은 예수의 유년시절과 마찬가지로 밝혀지지 않고 있다. 전설에 따르면 '허풍장이 테토스'(예수 이전에 메시아를 자칭했던 실제 인물)가 거리에서 설교를 할 때 有酵餠을 주었다고 한다. 유월절로부터 일주일간 누룩 넣은 빵을 먹지 못하게 되어 있었으니, 그 당시의 전통으로 보면 異端兒의 행위였다.

여기서 소설『사람의 아들』의 해설을 대충 해 둘 필요가 있을 것 같다. 이야기는 민요섭이라는 신학생의 죽음으로부터 시작된다. 그의 유물에서 일기가 나왔는데, 일기의 내용이 이 소설의 본줄기가 된다. 그러므로 소설의 구성은 현대와 유대시대를 번갈아 엮어 가는 이중구조이다. 이야기 속에 이야기를 담는 格子形式을 취하기도 한다. 민요섭을 스승같이 따르는 조동팔이라는 청년이 나온다. 2천 년 전 예수를 따르던 제자가 있었던 사실에 비유된다. 그런데 민요섭은 결국 조동팔의 손에 죽게 되니 어쩌면 예수와 유다의 관계를 연상케 한다. 민요섭은 그를 가르친 배 교수의 말에 따르면 "가가와와 함께 나가더니, 오피테돌의 꼬리를 달고 돌아왔다"(p.28) 가가와 도요히꼬(賀川豊彦)는 일본의 유명한 실천신학자이다. 명문가정에 태어났지만 전도를 위해 고베 니이가와 빈민굴에 들어간 그는 신앙이 돈독한 공장 아가씨를 아내로 맞았다. 한편 오피테돌은 뱀을 인간타락의 원인으로 보지 않고, 오히려 지혜의 사도로 숭배했던 고대의 異端이었다. 그러면 가가와 같은 복음의 실천자가 되고자 학교를 중퇴한 민요섭이 어찌하여 오피테돌 같은 사람이 되었을까? 학교에서 받아들이지 않자 다시 뛰쳐나가, 결국은 조동팔에게 피살된다.

소설 속의 虛構는 어쩌면 2천 년 전, 예수와 그 주위 사람들이 엮어 낸 미스터리를 푸는 열쇠가 될지도 모른다. 물론, 아하스 페르츠를 등장시킴으로써 가능하다. 하지만 이는 작가의 주관이다.

『사람의 아들』은 작가가 "우리의 새로운 神을 확연하게 제시하려고 한다"는 창작의도를 밝히고 있지만, 이 작품을 평한 한 평론가는 "기독교의 본질적인 悲劇性을 표현하였다"고 말하고 있다. 어쨌든 최근에 와서, 성경의 내용을 소재로 한 작품이 여럿 나왔는데, 새로운 神觀, 새로운 성경해석, 反神論的 도전이 눈에 띈다. 요새 상연되고 있는 연극의 제목 중에 <신은 인간의 땅을 떠나라>는 것도 있다.

이야기는 다시 2천 년 전으로 거슬러 올라간다.

예수가 나타나는 곳에 아하스 페르츠는 뒤따라 나타난다. 그리고 대결한다. 그 첫 번째 대결은 가버나움에서였다. '가나의 혼인잔치'에서 첫 기적을 행한 직후의 일이다. 예수에 관한 소문이 퍼져 가던 무렵 아하스 페르츠는 예수를 찾아가 최초의 경고를 주었다. 그는 예수를 보고, "왜 또 우리를 간섭하려 하는가? 당신은 거짓 人子, 독선의 아들"이라며, 모욕하고 비방하였다. 그러자 예수는 결연히 "입을 다물어라. 너 추악한 귀신아, 썩 나가거라"라고 하며 그를 땅바닥에 내동댕이쳤다 (p.132).

그다음의 대면은 '산상 垂訓'의 현장에서였다. 예수가 쉬고 있던 자리에 찾아간 것이다. 그 자리에는 유다도 있었다. "아직도 인간과 이 대지에 미련을 버리지 못하고, 그 독선의 말씀과 공허한 천국의 약속으로 그들을 당신에게로 되돌릴 수 있다고 믿고 있소?"(p.133) "……당신의 가르침은 현란한 수식과 인상적인 비유의 껍질만 벗기면, 아무런 진리도 은혜도 포함하고 있지 않다는 것을……"(p.134)라고 하면서 그는 예수를 힐난하였다.

세 번째 대면은 간음하다 잡힌 여자를 예수 앞에 끌고 갔을 때였다. 성경의 기록대로 "당신들 중 누구든지 죄 없는 사람이 있으면 저 여자를 치시오" 한즉, 사람들은 물러갔다. 여인도 급히 사라졌다. 그런데 그곳을 떠나지 않고 시종 예수를 지켜보던 아하스 페르츠는 예수에게 다가가서 말했다.

> 보시오. 당신은 용서했지만, 결국 그 여자를 斷罪할 수 있는 것은 당신뿐이 아니었소? 흩어진 모든 사람들—그게 바로 당신이 구해야 할 인간들이오(p.140).

이어 두 사람 사이에 서로 비방하는 대화가 오간다.

그들의 네 번째 만남은 최후의 만찬 직후였다. 그 무렵, 전 유대 땅은 예수의 초기 화려한 성공과는 달리, 맹렬한 반대운동으로 들끓고 있었다(p.144).

이는 우선 바리새파 사람들과 제관들이 예수의 不敬에 원한을 품어 왔던 탓이다. 그러니 야훼는 결국 자신의 칼로 스스로를 상하게 한 셈이다. 다음으로는 사두개인들과 헤롯당, 그 밖에도 열심당을 선두로 한 여러 民族主義者들과 애국지사 그리고 소수이긴 하지만 지혜로운 사람들의 반대운동이 예수를 에워쌌다.

나의 살과 피를 그들에게 주고, 영혼은 돌아와 당신 우편에 앉으라 하셨소(p.146).

이는 예수가 아하스 페르츠에게 한 말이다. 여기서 유다가 등장한다. 유다가 예수를 배반한 이유나 동기는 성경이나 다른 어느 기록에도 밝혀지지 않았으나 작가는 유다로 하여금 아하스 페르츠 앞에 나서게 한다. 아하스 페르츠는 "……예수와 그의 아버지의 예정을 우연히 자네가 실현시킬 뿐일세. 어쨌든 자네는 사람으로서 사람에게 한 약속을 지켜야 돼"라고 하면서 그를 사형으로 몰고 갈 그럴듯한 이유와 명분을 세워 유다에게 다짐을 준다.

전통적 예정론에 따르면 예수를 못 박히게 한 것은 이미 예정되어 있었던 터이니 유다는 그저 그 예정에 따라 '실현시킬 뿐'이다. 유다는 사람과의 약속을 지켜야 했을 뿐이다. 예수는 신과의 약속을 지키고 유다는 사람과의 약속을 지키고 이렇게 해서 예수는, 아하스 페르츠가 지켜보는 가운데, 예정된 대로 그의 생애를 마친다. 그런데 아하스 페르츠는 처음에는 예수의 죽음을 사건으로 생각했었는데, 이제 그것이 확고한 예정임을 알게 되자, 茫然해져 버린 것이다. 문득 그를 가로막는 거대한 時空의 벽을 느꼈던 것이다(p.154). 시간과 공간은 인간의 선천적 직관형식이며 모든 사유와 인식의 필연적인 매체였지만, 동시에 그것은 神的인 것과 인간적인 것을 구별하는 중요한 수단이었다. 인간의 생명을 有限에 묶어 두는 사슬이었고, 그 몸을 대지의 모퉁이에 박아 두는 못이었다. 그것에서 벗어나지 않고서는 언제, 어디서 있을지 모르는 예수의 재림은 그에게는 속수무책이었다(p.155).

이 대목은 '사람의 아들'의 큰 깨달음이었다. 인간의 아들이기에 어쩔 수 없이 당하는 운명인 것이다. "나는 당신의 재림을 기다리기로 했소." 아하스 페르츠의 말이다. 그런데 죽음에 임박한 예수는 "제가 받아야 할 것이 아니거든 이 잔을 거두어 주옵소서"(p.156)라고 기도하였고 숨을 거두는 순간에는 "엘로이, 엘로이. 레마 사박타니?"(나의 하느님, 나의 하나님. 어찌하여 나를 버리시나이까?)라고 부르짖었다. 이 한마디는 '신의 아들'의 '사람의 아들'다운 일면을 보여 준다.

앞에서 언급하였듯이 요즈음 소설과 연극에서는 신의 문제를 다룬 작품이 많이 나오고 있는데 신에 대한 회의, 도전, 반항 등이 돋보인다. 여기에 소개한 『죽었던 사나이』와 『사람의 아들』은, 그 두드러진 본보기로서 작품으로는 모두 성공한 경우이다. 그러나 두 작품은 신과 인간관계의 어느 한 면을 조명하였을 뿐, 全面的 眞理(*whole truth*)라고 할 수는 없다. 역시 반면의 진리(*half truth*)라 할 수밖에 없다. 해결의 길은 멀기만 하다. 해결의 실마리를 잡았다고 하는 단계에서 문제의 핵심은 더 멀리 있음을 인식하게 되는데, 어찌할 수 없는 일이다.

神話와 歷史와 宗教

朴時仁

전 서울대학교 교수 · 알타이어학

I. 머리말

오랜 옛날의 신화는 그것을 생산한 사회의 역사와 일정한 관계가 있고 또 종교의 원천도 되었다. 우리 민족은 지금까지 살아오는 동안 고대로부터 많은 왕국들을 세웠는데 그 왕국들의 역사는 신화로 시작되고 있고 그 속에는 우리 민족종교의 精髓가 담겨 있다. 그런데 이러한 신화를 접하는 후세의 사람들 중에는 그 신화를 문자 그대로의 의미에서 진실이라고 주장하며, 그것을 역사적 사실 또는 종교적 교리로서 그대로 수락하여야 된다는 이도 있고, 또 한편, 신화는 다만 지어낸 架空的인 이야기에 지나지 않는다고 보고 그 사실성 내지는 진실성을 부인하는 이도 있다.

신화에 대한 이런 유형의 평가들은 신화를 문자적 의미로서만 이해하고 세심한 고증을 거치지 않고 수락하거나 부인하는 데 기인하고 있다. 그러나 신화가 기록된 시기는 史料가 희소한 고대에 속하고, 신화에 사용된 용어에도 갖가지 비유와 상징적 표현이 많으므로, 먼저 세심한 연구로써 신화 속의 인물 또는 사물의 정체, 사건의 진위, 고대 지명의 위치, 상징적 표현의 참뜻 등을 알아내는 것이 필요하다.

그러므로 우리 민족의 建國神話들 중에서 약간을 예로서 선택하여 연구 검토하고, 그들 신화에 담긴 역사적 사실과 종교적 교리, 관습 등을 알아보고, 그런 다음에 우리나라 안에 들어와 있는 외래종교들의 신화적 표현에 관하여서도 잠시 살펴보려는 것이 이 글의 목적이다. 우리 민족의 건국신화들은 민족 본연의 종교뿐만 아니라, 역사와도 밀접한 관계가 있다. 古代史 부분에는 오늘날 사학계에서 잘못 알고 있는 사항이 특히 많으므로, 그러한 사항도 접하는 대로 비교적 자세히 다루려고 한다.

『三國遺事』에는 우리 민족이 세운 고대왕국들의 건국신화를 기록하기에 앞서, 서론적으로 다음과 같은 글을 싣고 있다.

> 옛날 성인들이 禮樂으로 나라를 일으키시고, 仁義로써 교화를 펴실 때 怪力亂神을 말한 일이 없다. 그러나 새 나라를 세우게 되실 왕이 나실 때에는 하늘이 주신 표시가 반드시 있어서, 여느 사람과 다르셨다. 그런 후에 큰 변동이 있는 때를 타시고, 새 나라를 세우는 큰일을 이룩하셨다. 그런 까닭에 太昊 伏羲氏는 어머니가 무지갯빛에 감긴 후에 임신되어 탄생하셨고, 炎帝 神農氏는 어머니가 용과 관계가 있은 후에 나셨고, 小昊 金泉氏는 어머니 황아가 궁상이라는 들에서 서쪽 나라 白帝의 아드님을 만난 후에 나셨고, 殷나라 시조 契는 어머니가 하늘이 내려보낸 玄鳥의 알을 삼키고 임신하여 낳은 사람이고 堯임금은 임신 후 열네 달 만에 탄생하시었고, 漢高祖는 어머니가 용과 어울린 후에 나셨다고 하였다. 그 후에도 이런 이야기는 수없이 많다. 우리 민족이 세운 왕국들의 시조가 모두 神異하게 탄생하셨다는 이야기도 다른 종류의 것이 아니다. 보통사람과 달라서 신기하게 나셨다는 뜻이다.

비단 중국과 우리 민족의 경우뿐만 아니라, 세계 어느 민족이든지 나라를 창건한 왕이나, 종교를 창시한 성인이나, 어떤 분야에서 특출한 역사적 위인의 출생이나 입적에 관해서는 초자연적인 신화가 흔히 있다. 이러한 신화는 그 인물이 보통사람이 아니라, 天地神明이 낳으시고 도우시는 신성한 분이라는 뜻을 나타내기 위하여 지어낸 것이다. 그러므로 구약성경에 관한 영국의 저명한 신학자이며, 런던대학 명예교수인 후크 박사(S. M. Hooke)는 고대 바빌론이나 성경의 신화를 다룬 그의 저서 『중동의 신화(Middle Eastern Mythology)』에서 이런 종류의 신화는 그 인물이 보통사람들과 달라서, 신기하게 탄생하였다고 높이는 뜻의 崇慕神話(preslige myth)로 분류하였다. 이 말은 다른 지역의 신화에도 적용되는 말이다.

이 글에서 다루는 신화들은 주로 이 종류에 속하는 것이다. 우리 민족의 건국 신화들 중에 연대가 가장 오랜 단군에 관한 신화로부터 시작하여 각 신화의 원문을 소개한 다음 한 편씩 연구하기로 한다.

Ⅱ. 檀君神話

"『魏書』에 말하기를 2천 년 전에 단군왕검이 阿斯達을 서울로 삼고 朝鮮이라는 나라를 세우셨다. 중국의 高임금과 같은 시대의 일이다.

『古記』에 이르기를, 옛날에 하늘나라 임금 桓因의 서자인 桓雄이 땅에 내려오셔서 인간세상을 다스리는 것이 늘 소원이셨다. 그 아버님께서 아드님의 이런 뜻을 아시고(父知子意), 아래 세상을 굽어보시니, 三危太伯의 산줄기가 펼쳐져 있는 모습이 하도 아름다워서 아드님을 내려보내시어 사람들에게 큰 혜택을 주시려고(弘益人間) 생각하셨다. 그래서 환웅에게 하늘 임금의 아드님이라는 표시로서 세 가지 보물을 주시고 땅에 내려가서 다스리라고 하셨다.

환웅은 삼천의 신하를 이끌고 태백산 꼭대기 神壇樹 아래로 내려오셨다. 그곳을 神市라고 일컫는다. 그중에는 바람의 신, 비의 신, 구름의 신 그리고 곡식, 생명, 질병, 형벌, 선악 등 세상의 온갖 일을 다스리는 신들이 있었다.

이때에 곰 한 마리와 범 한 마리가 한 굴속에서 같이 살고 있었는데, 이들이 환웅에게로 와서 사람이 되게 하여 주시기를 간청하였다. 환웅은 쑥 한 줌과 마늘 스무 쪽을 주시면서, 이것을 먹고 백 날 동안 日光을 보지 않으면 사람이 된다고 일러 주셨다. 곰과 범은 그것을 먹었다. 곰은 삼칠일, 즉 이십일 일 동안 일광을 보지 않으니 여인으로 변하였다. 그러나 범은 금하신 일을 범하고 일광을 보았기 때문에 사람이 되지 못하였다.

곰이 변해서 사람이 된 여인은 신단수 있는 곳으로 와서 아이를 갖기를 원하였다. 그러므로 환웅이 사람으로 변하여 그 여인과 혼인하시고 아드님을 낳으시니 그가 곧 檀君王儉이시다. 단군왕검은 중국으로 말하면 요임금 50년에 조선나라를 세우시고 평양성에서 다스리셨다. 그 후 백악산 阿斯達로 서울을 옮기셨다. 이곳은 弓忽山 또는 今彌達이라고도 한다. 단군이 천오백 년 동안 나라를 다스리셨을 때에 주(周)나라 虎王이 箕子를 조선왕으로 삼으니 단군은 藏唐京으로 서울을 옮기시고, 그 후 아사달에 은퇴하여 산신이 되시었다.

『唐書』「裵矩傳」에 말하기를 고구려는 본시 孤竹國인데, 주(周)나라 때에는 기자의 조선 땅이 되었다. 한(漢)나라는 조선을 현도(玄菟), 낙랑(樂浪), 대방(帶方) 세 군(郡)으로 나누어 다스렸다."[11]

[研究]

『삼국유사』에 실린 이 글은 『위서』, 『고기』, 『당서』 세 사서에서 따온 인용문으로 되어 있다.

『위서』 高임금은 요임금을 가리킨 것이다. 『삼국유사』의 편찬자인 一然法師는 고려 제3대 정종의 이름자가 높은 요(堯) 자이므로 그 글자를 쓰기를 피하고, 높은 고(高) 자를 쓴 것이다. 중국 요임금 때에 동이에 조선이라는 나라가 있었느냐가 오늘날 사학계의 의문인데, 이를 검토해 보고자 한다.

『史記』에 의하면, 중국역사는 황제, 전욱(顓頊), 곡(嚳), 요(堯), 순(舜) 五帝로부터 시작되었는데, 이들은 황제와 그의 자손들이어서 모두 성이 같았다는 것이다.[12] 그런데 맹자는 오제 가운데 한 사람인 순은 동이사람(東夷之人)이라고 하였다.[13]

---

11) 一然法師, 三國遺事 卷一 「古朝鮮」.

12) 『史記』 卷一 「五帝本經」에 "自黃帝 至舜禹皆同姓 而異其國號, 以章明德 故黃帝爲有熊, 帝顓頊爲高陽, 帝嚳爲高辛, 帝堯爲陶唐, 帝舜爲有虞, 禹爲夏后, 而別氏, 姓姒氏, 契爲商, 姓子氏, 棄爲周, 姓姬氏"라고 있다.
즉 『史記』에 의하면, 中國史 시초의 五帝로부터 夏, 商 일명 殷, 周 세 왕조의 제왕은 모두 黃帝의 후손들이며, 그 世系는 다음과 같다.

```
황제 ― 창의 ┬ 전욱 ┬ 궁선 ― 경강 ― 구망 ― 교우 ― 고수 ― 순
             │      └ 곤 ― 우(하왕조의 시조)
             └ 현효 ― 교극 ― 곡 ┬ 요
                                 ├ 설(상왕조의 시조)
                                 └ 기(주왕조의 시조)
```

그리고 周 다음 춘추전국시대의 趙와 秦 두 나라 왕가의 시조인 大業도 黃帝의 손자 顓頊의 먼 후손인 女修라는 여인이 玄鳥의 알을 삼키고 임신하여 낳은 아들이라고 한다.
그러므로 『史記』에 의하면 黃帝로부터 秦末(서기전 207년)까지 2천5백 년 중국의 제왕은 모두 황제의 후손이며, 舜東夷之人也라는 『孟子』에 비추어 보면 이들은 모두 본시 東夷사람이었다.

13) 『孟子』 卷八 「離婁章句下」에 "孟子曰 舜生於諸馮, 遷於負夏, 卒於鳴條 東夷之人也. 文王生於岐周卒於畢郢 西夷之人也"라고 있음.
東夷, 西夷의 夷字는 東方之人을 의미하였으니, 文王은 西夷라는 孟子의 말은 殷나라 때에 그 서방으로 이동해 가서 살고

그러므로 오제는 모두 동이사람이었다. 『史記』에 의하면, 요의 나라는 평양(平陽), 즉 오늘의 산서성 태원(太原)에 도읍한 지방 천 리가량의 작은 나라였고[14] 그 북방에는 산융(山戎), 발(發), 숙신(肅愼·息愼)이 있고, 동방, 즉 오늘의 하북성·산동성 해안의 양곡(暘谷)에는 郁夷라는 동이가 있고, 거기는 장이(長夷), 조이(鳥夷)라는 동이도 살고 있었다.[15] 발(發)은 밝[明]다, 숙신(肅愼·息愼)은 날이 샌[明·新]다는 조선말의 소리를 중국문자로 쓴 것이고, 조선(朝鮮), 양곡(暘谷)은 그 의미를 중국문자로 쓴 것이다. 아사달은 아침달[朝山] 또는 아시달[始山]이라는 조선말의 발음을 중국문자로 기록한 것이다.[16]

요컨대, 발, 숙신, 조선, 양곡, 아사달 등은 모두 해 뜨는 밝은 곳이라는 지명을 중국문자의 의미 또는 발음으로 기록한 것이다. 그 시대는 중국사람도, 조선사람도 동이사람들이고 말이 같았기 때문이다. 이것으로 요임금 시대의 중국 동쪽에 아침이 밝은 조선이라는 나라가 있었음은 의심의 여지가 없다. 『山海經』이라는 중국의 옛날 지리책에도 중국 동해와 북해 구석에, 즉 지금의 하북성 해안에 조선이라는 나라가 있다고 하였다.[17] 춘추시대의 제(齊)나라 재상 관자(管子)는 발, 숙신을 8천 리의 발, 조선이라고 하였다.[18] 발, 숙신 즉 발 조선은 요임금시대에는 당시의 중국처럼 지방 천 리가량의 작은 나라였지만 춘추시대로 내려와서는 중국도

있는 東夷였다는 뜻이다. 그러므로 『晉書』 卷百八 「高瞻條」에 "文王生于東夷"라 하였다.

14) 『史記』의 正義에, "帝王紀云, 堯都平陽"라고 있다. 『中國地名大辭典』에 平陽은 "古帝堯都, 三聊魏置平陽郡, 故治在今山西臨汾縣西南"라고 되어 있다. 지금의 太原地方이다.
 『史記』 卷六 「秦始皇本紀」에, "丞相綰 御史大夫劫 廷射斯等皆曰 昔者 五帝地方千里 其外侯服夷服諸侯 或朝或否 天子不能制"라고 있다.

15) 『史記』 卷一 「五帝本紀」에 堯의 대신으로서 舜이 정치할 때에, 그 나라 北東에 있는 주민들을 '北山戎, 發, 息愼, 東長, 烏夷'라고 하였다.
 梁柱東, 『古歌研究』 4면에는, '불'(붉)이 '光明, 國土'의 義로 『古史』에 '發·伐·弗·沸·不·夫餘·夫里·火·原·平·坪·評·赫·昭·明' 내지 '白·百·伯·貊·泊·朴·瓠' 等 字로 國名·地名·族名·人名 等에 借字됨은 주지의 일이다.
 同書 390면에, "于先 '肅愼'(息愼)이 바로 '신'이오, '朝鮮'도 實은 '신' 혹은 '붉신'의 借字(義字下音漆記)이며, '辰國·辰韓'의 '辰'은 그 音轉形 '신'의 音借字에 不外하는 것이다"라고 있다.
 梁 博士는 肅愼·息愼이 곧 朝鮮이며, '신' 혹은 '붉신c이란 조선말을 중국 문자로 기록한 것이라고 하였다. 이 말은 古代 中國의 五帝時代에는 東夷의 말이 사용되었음을 의미한다.

16) 阿斯達의 아사는 조선말의 아츰(朝), 日本語의 아사(朝), 조선말의 아시(初小), 아지(枝子), 아치(枝)이며, 그 本形은 앚, 그 終聲△이 音節化되어 아시-아지-아치가 되고 이것에 ㄴ 또는 ㅁ이 붙어 形容詞나 名詞가 된 것이 여진말 아춘(次), 조선말 아츰(朝) 따위다. 그러므로 梁柱東 『古歌研究』, 597면에, "檀君의 都 '阿斯達'은 '앚달'(압달), 곧 '子山·小山'의 義. '阿斯達'은 古來로 '九月山'에 擬함은 '앗달'과 '아홉 달'과의 音似 때문이다."라고 쓰고 있다.

17) 『山海經』의 「海內經」에, "東海之內 北海之隅 有國 名曰朝鮮"라고 있다. 중국의 東海之內 北海之隅는 天津을 중심으로 한 河北省 海岩地方이다. 거기 朝鮮 즉 檀君朝鮮이 있었다는 기록이다.

18) 『管子』 卷三十七 輕重甲의 管子對曰에, "一貊之皮容金而金也, 然後八千里之發朝鮮, 可得而朝", 管子의 春秋時代에는 朝鮮이 燕의 東方에 八千里나 되었다는 것이다.

크게 되고, 발 조선도 중국의 연(燕), 조(趙), 제(齊)의 동쪽으로 8천 리나 되는 큰 지역을 영유하고 있었다는 것이다.

『古記』 桓因은 인도의 시경이라고 일컫는 『베타(吠陀)』나 『法華經』의 인드라(Indra)를 중국문자로 표기한 것인데, 인드라는 하늘나라 광명천왕의 이름이다.

단군이 인드라의 손자라는 것은 단군이 조선에 광명을 주신 왕이라는 뜻이다. 환인이 내려다보았다는 三危太伯은 삼위산과 태백산이다. 삼위산은 오제시대의 중국영토 서단에 있었다는 산이고[19] 태백산은 북경(北京) 부근 태행산맥(太行山脈) 북단에도 있고, 장백산, 즉 백두산의 옛 이름도 태백산이다. 특히 백두산, 태백산을 신성시한 것은 신선도교 사상이 왕성하였던 동호 선비족(東胡 鮮卑族)의 중국 왕조인 후위(386~534년) 때부터 현저하였다. 그 후 여진의 금(1115~1234년)나라 명창 4년(1172년)[20]에는 그 산을 개천굉성제(開天宏聖帝)라고 하였다.

고려의 일연법사가 『삼국유사』에 인용한 『古記』의 내용에는 그 산에 관한 중세의 이런 신선사상도 반영된 것으로 보인다.

태백산은 한밝달[大光明山]이라는 조선말을 중국문자로 쓴 것이다.

환인이 삼위태백을 내려다보았다는 것은 땅의 서쪽 끝에서 동쪽 끝까지 내려다보았다는 뜻이고, 서자 환웅을 땅으로 내려보냈다는 것은 태자는 하늘나라 왕위를 계승할 분이니, 서자 즉 여러 아들 가운데 하나를 내려보냈다는 말이다. 이것은 그리하여 건국된 조선은 천국은 분명히 아니지만 지상천국이라는 뜻이다.

태백산의 곰과 범은 그 산의 산신령 즉 地神이다. 동북아시아의 시베리아, 만주, 중국, 한국 등지에는 곰이나 범을 산신령이라고 믿는 신앙이 오랜 옛날부터 있었다. 『史記』에 보면, 중국의 黃帝는 有熊氏라 하였고, 춘추전국시대의 초(楚)나라 왕의 선조들은 대대로 곰 웅(熊) 자를 이름자에 사용하였다. 그리고 『삼국사기』의 부여국 시조신화에는 태백산, 熊心山이 압록강 근처에 있다고 하였다. 곰은 성씨의 조상이라고 한 토템사상(totemism)이 예부터 있어 온 것이 엿보인다.

---

19) 『史記』 卷一, 「五帝本紀」에, "三苗在江淮荊州, 數爲亂, 於是舜歸而言於帝…… 遷三苗於三危"라 있고, 「括地志」에 "三危山有峰, 故曰三危, 俗亦各卑羽山, 在沙州燉煌縣東南三十里"라고 있다. 三危山은 中國西端에 있었다는 것이다.

20) 『中國地圖册』(北京 新華書店, 1973) 四面에 大行山脈 北部 山西省 北東端에 '太白山'이 있다.
『中國地名大辭典』의 長白山을 보면, "後魏曰, 太白山, 又曰從太山, 從太山, 太皇山, 其名長白山, 則自金始, 又曰白山, 大定十二年(金나라 世宗年號, 西紀 1172年) 封山神爲 雪應王 明昌四年(金나라 章帝年號, 西紀 1193年) 册爲開天宏聖帝"라 하여 白頭山을 이같이 부른 것이다.

광명천왕의 아들인 천신 환웅과 지신 곰이 사람으로 변하여 혼인한 후 탄생한 단군이 조선의 시조왕이 되었다는 신화는 하늘 아버지(天父)와 땅 어머니(地母) 사이에서 첫 사람, 첫 왕이 탄생하였다는 뜻이다. 이 이야기는 우리 겨레가 옛날부터 아버지를 하늘같이, 어머니를 땅같이 생각한 것을 반영한다. 부모를 하늘땅같이 생각하고 효성을 다하려고 하면 형제, 자매, 동포 모든 사람 누구든지 자기와 꼭 같이 생각하고 위하는 것이 사람이 사는 길이라는 깨달음에 자연히 도달하게 된다. 이러한 깨달음을 가지고 사는 것이 하늘 아버지가 알아주시는 뜻(父知子意)을 가지고 모든 사람을 위하여 사는 敬天愛人・弘益人間의 삶이다. 이 신앙을 계승하여 우리 민족은 부여 때에도, 삼한 때에도 하늘에 제사를 지내고 광명정치를 표방하여 왔다.

범이 단군의 어머니가 되지 못하고 곰이 단군의 어머니가 되었다는 것은 범은 살생을 일삼는 짐승이기 때문이다. 이 신화에서 주(周)나라 武王을 虎王이라고 한 것을 보아도, 범은 사나운 짐승이고, 범과 대조적인 곰은 어진 산신령 또는 地神이라는 뜻임을 알 수 있다.

단군이 태백산 신단수 아래에서 탄생하였다는 이야기를 살펴본다. 五行(木火土金水) 중에서 생명이 있는 것은 나무(木)뿐이다. 신단수 아래에서 탄생한 단군은 생명을 아끼는 어진 임금이라는 뜻이 담긴 이야기다. 오행의 나무는 방향으로는 동(東), 덕으로는 사랑[仁]을 대표한다. 이것도 단군은, 동쪽에 솟아나는 아침 해와 같은 밝은 빛(知의 상징)과 따스함(仁의 상징)은 온 세상의 주는 왕이라는 뜻이다. 그러므로 단군이 다스리는 나라는 아침이 빛나는 朝鮮이라고 한 것이다. 단군의 조선은 이미 말한 대로 요임금의 중국 동쪽에 인접하여 오늘의 하북성 북경 근처에 도읍하여 있었다. 단군이 평양에 도읍하였다는 이야기는 후세의 소견을 말한 것에 지나지 않는다.

이 신화를 지은 소재를 설명하면 『주역』 先天圖의 하늘[乾・父], 즉 시간으로 말하면 한낮[午時]의 해[日]가 땅[坤・地], 시간으로 말하면 한밤중[子時]에 이르러, 새날[日]이 시작되고, 이윽고 동쪽 하늘에 아침 해[日]가 밝게 솟아올라 세상을 밝게 비추는 해의 운행을 소재로 하고, 땅에 새 나라의 왕이 나타난 것을 이야기한 것이다.

해가 五方 東南中西北을 돌고 도는데, 따라서 五行 즉 木火土金水가 차례로 생겨난다는 이치는 주역의 근본이론인데, 단군이 조선의 왕이 된 일을 그 이치에 따라 지은 것임을 알았다.

단군조선 다음은 기자조선인데, 기자가 조선왕이 된 일도 같은 이치로서 『주역』에 설명되어 있다. 즉 『주역』에 땅(坤·地) 아래에 불(離·火)이 있는 명이(明夷)라는 점괘가 있는데, 이 점괘는 암우한 왕 아래서 밝은 덕을 가진 어진 군자가 암담한 고생을 하다가 참고 기다리면 어두운 밤이 지나고 밝은 해가 땅 위에 솟아올라 세상을 비추듯이 어진 사람의 덕이 밝게 빛나게 된다는 점괘이다. 이 점괘의 대표적인 예로서 『주역』에는 은나라 마지막 암우한 왕의 치하에서 西伯과 기자가 감옥에 투옥되었다가 나중에 서백은 주나라 文王이 되고 기자는 조선왕이 된 것이라고 기록되어 있다.[21] 기자가 조선왕이 됨으로써 단군조선은 끝이 나고 그 자리에서 기자의 조선이 시작되었다. 『史記』 권38에는 기자의 무덤이 中國本土 內의 梁國蒙縣에 있다는 설명이 있다.

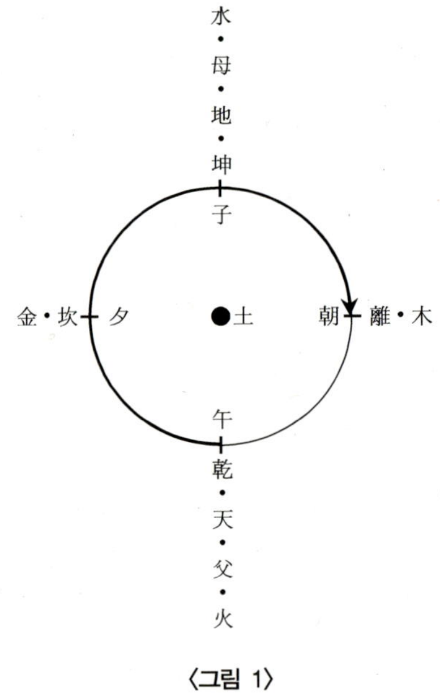

〈그림 1〉

---

21) 『易經』 下經 “明夷, 利艱貞.”
　　“象曰, 明入地中明夷 內文明而外柔順 以蒙大難 文王以之. 利艱貞 晦其明也. 內難而能正其志 箕子以之.”
　　“象曰 明入地中明夷 君子以莅衆. 用晦而明.”

『唐書』고구려는 본시 孤竹國이라고 하였다. 고죽국은 중국 은(殷)나라 제후국의 하나였는데, 요서 즉 오늘의 북경 동북에 있었다. 고죽국의 두 왕자 백이와 숙제는 서백의 아들 발(發)이 은나라 말기의 폭군을 정벌하고 주(周)나라 무왕이 되니, 신하가 왕을 정벌함은 不仁이라고 말하고, 주나라의 곡식을 먹지 않고 수양산에 들어가서 산나물을 따 먹고 살다가 죽었다는 이야기로 유명하다.[22] 수양산은 처음 햇빛을 받는 산이라는 뜻이며, 양곡, 조선, 아사달 등과 같은 뜻의 지명이다. 백이·숙제는, 仁者는 불인한 세상을 떠나서 심산에 가서 곡식을 먹지 않고 신선이 된다는 사상의 대표적 인물이며, 기자가 조선왕이 되니 단군은 아사달산에 가서 신선이 되었다는 것도 그러한 신앙에서 나온 이야기다.

고구려 사람은 맥(貊)이라고 하였는데,『詩經』을 보면 주나라 선왕 때(기원전 9년)에 맥은 주나라 북변에 큰 왕국을 이루고 왕을 한(韓)이라고 하였다.[23] 이 단어는 조선말의 한[一], 큰[大], 일꾼, 나무꾼의 꾼[人], 몽고말, 여진말의 한(汗·王) 등의 어원이며, 큰사람, 왕이라는 뜻이다.

그 후 한(漢)나라 초기에는 맥은 예맥조선(穢貊朝鮮), 즉 새밝조선이라는 연합세력을 이루고, 오늘의 북경 동북에서 크게 떨쳤다. 그중에서 王險城 즉 오늘의 山海關에 도읍한 조선왕 준(準)은 기자의 40여 대 후손이었는데, 연(燕)나라에서 온 위만의 기습을 받고 동남으로 이동하였다. 이로써 왕검성에서 기자조선은 끝나고(기원전 195년), 위만조선이 시작되었다. 이동해 간 조선왕은 한이라 칭하고, 그의 나라도 한(韓)이라고 하였다. 이것이 우리 겨레를 한겨레[韓族]라고 칭하게 된 유래다. 韓이라는 말은 위에서 설명한 바와 같이 조선말 한[一, 大, 人, 王]이다. 왕검성에 도읍한 조선은 위만의 손자 우거가 왕이 되었을 때, 한무제와의 전쟁 중에 일부 대신과 장군이 왕을 시해하고 한나라로 가서 오늘의 하북성 천진(天津)과 산동(山東) 사이 해안지방에 있는 추저(萩苴), 홰청(澅淸), 기(幾), 온양(溫陽·涅陽) 등 네 고을의 후(侯)가 되었다. 이로써 위만이 시작한 조선은 망하고, 한(漢)나라로 넘

---

22)『史記』卷六十一「伯夷列傳」에, "伯夷叔齊孤竹君之二子也 父欲立叔齊 及父卒 叔齊讓伯夷 伯夷曰父命也 逐逃去 叔齊亦 不肯立而逃之. 國人立其中子 於是伯夷叔齊聞西伯善養老 蓋往歸焉. ……武王已平殷亂 天下宗周 而伯夷叔齊恥之義不食周 粟 隱於首陽山 采薇而食之 及餓且死"라고 있다.
『史記集解』"馬融曰, 首陽山在河東蒲坂華山之北 河曲之中."

23)『詩經』大雅 韓奕
"溥彼韓城 蒸師所完 以先祖受命 因時百蠻 王錫韓侯 其追其貊 奄受北國 因以其伯"

어간 조선인의 사군(四郡)이 있게 되었다. 그것도 한무제의 정화 2년(기원전 91년)까지 이르는 사이에 후(侯)가 모두 사망하고, 사군도 모두 없어졌다. 이것이 그 당시 한무제의 史官이었던 사마천의 『史記』가 전하는바 한나라 안에 있는 조선인의 四郡이다.[24]

한사군이 진번, 임둔, 현도, 낙랑이라는 것은 『사기』에는 없는 나중에 지어낸 말이다. 『唐書』를 인용하여, 『삼국유사』에 실려 있는, 한나라가 조선에 현도, 낙랑, 대방, 진번 등의 군을 두었다는 말은 결코 사실이 아니다.

현도는 한무제의 아들 소제 때(기원전 76년)에, 낙랑은 한나라가 망하고 왕망의 신(新)나라 때(서기 9년)에 처음 史上에 나타난 왕국명이다. 대방군은 후한 말(서기 205년경)에 공손강(公孫康)이 낙랑을 나누어 새로 둔 군이다. 이들 세 군은 오늘의 중국 하북성에 있었다. 예맥조선의 조선이 한무제와의 전쟁으로 망한 후에 예는 왕국 부여를 세웠다. 이어서 맥은 그 남쪽에 옛날의 고죽국 땅 요서에 왕국 고구려를 세웠다. 고구려사람 맥(貊)의 근원을 따지면 『詩經』에서 주나라 북변에 큰 왕국을 세우고 왕을 한(韓)이라고 한 맥까지 거슬러 올라간다. 고구려는 압록강 중류에서 건국되었다는 오늘날 사가들의 주장은 일차적 사료(一次的 史料)들을 무시하는 낭설에 지나지 않는다.

Ⅲ. 東明王 神話

고구려 시조 동명왕의 성은 高, 이름은 朱蒙이다. 왕이 나신 유래는 이러하였다.

---

24) 『史記』 卷 百十五 朝鮮列傳
 "故遂定朝鮮爲四郡 封參爲澅淸侯 陰爲萩苴侯 唊爲王州侯 長爲幾侯 最以父死頗有功爲溫陽侯" 『史記』 卷 二十 年表에 의하면 전쟁 중 朝鮮에서 漢으로 亡入한 이들 五人中에서 처음의 三侯는 전쟁이 끝난 해 元封 3年(서기전 108년)에 侯가 되고, 그중에서 平州侯는 다음 해(서기 107년) 전에 사망하여 그의 고을이 없어지고, 같은 해에 나중 二侯를 封하여, 결국 漢나라에는 朝鮮에서 귀순한 四侯의 四郡이 있었는데, 四郡은 武帝의 征和 2年(서기전 91년)까지 이르는 사이에 四侯가 모두 死亡함으로써 모두 없어졌다. 이것이 漢武帝가 朝鮮과의 전쟁 이후에 둔 진짜 四郡이며 그 四郡은 모두 지금의 天津以南의 하북성 해안에 있었다. 漢四郡이 眞番, 臨屯, 樂浪, 玄菟의 四郡이라는 것은 『史記』가 편찬된 지 약 200년 후에 後漢人 班氏가 『史記』의 「朝鮮列傳」을 移記하여 『漢書』에 「朝鮮列傳」으로서 실을 때에 『史記』의 原文에는 없는 樂浪 등 四地名을 새로 기입한 데 유래되는 와전이다. 오늘날 史家들은 이 사건에 관한 第一史料인 『史記』의 기록을 주의하지 않고, 그것을 틀리게 移記한 『漢書』의 기록을 따르는 큰 오류를 범하고 있다. 자세한 것은 朴時仁, 『알타이人文研究』(서울大學校 出版部, 1973年 改訂版), pp.505~511 참조.

"부여(扶餘 · 夫餘) 나라 왕 解夫婁는 나이가 많았으나 왕자가 없었다. 그래서 산천에 기도하여 왕자를 주시기를 기도하였다. 그러던 어느 날 왕이 타신 말이 곤연(鯤淵)으로 갔다. 곤연에 가니 물속에 돌 두 개가 마주 대하여 눈물을 흘리고 있었다. 이상스레 여겨 신하에게 명하여 그 돌을 굴리게 하였더니, 돌 밑에서 아기가 나왔다. 금빛이 찬란한 개구리처럼 생긴 아기였다. 왕은 하늘이 주신 왕자라고 기뻐하고, 이름을 金蛙라 짓고, 태자로 삼았다.

그 후 어느 날 해부루 왕의 대신 아란불(阿蘭弗)이 왕에게 고하였다. '하늘에서 일자(日者) 즉 무당이 제게로 내려와서, 장차 내 자손을 이 나라에 왕으로서 내려보낼 터이니, 그대는 왕을 모시고 동쪽 바닷가에 있는 가섭벌(迦葉原)로 서울을 옮기시오. 거기는 땅이 기름지고 곡식이 잘되는 곳이니 서울로 삼기에 좋은 곳이오'라고 하였다. 왕은 이 말을 듣고, 그곳으로 서울을 옮기고 나라 이름을 東扶餘, 즉 새밝이라고 하였다. 해부루 왕이 별세하자 태자 금와가 왕위를 계승하였다.

금와왕은 태백산 남쪽에 있는 우발수(優渤水)에서 한 미녀를 만나서 누구냐고 물으니 '저는 강의 신(河伯)의 딸 유화입니다. 동생들과 셋이 놀러 나왔다가 하늘나라 왕자라고 말하는 해모수(解慕漱)를 만나서 熊心山 아래 압록수 가에 있는 어떤 방에서 그 왕자의 사람이 되었습니다. 저의 부모님은 허락을 받지 않고 사랑을 한 죄로 저를 집에서 쫓아내셨습니다. 그래서 여기 와 있습니다'라고 하였다. 금와왕은 이 말을 듣고 이상하게 생각하고 그 미녀를 어두운 방 안에 가두었다. 그랬더니 햇살이 들어와서 그 미녀를 비추었다. 미녀가 몸을 피하면 햇살은 그림자로 변하여 따라왔다. 이런 일이 있은 후에 그 미녀는 임신하여 큰 알 하나를 낳았다. 왕은 그 알을 개에게 던져 주고 돼지에게도 던져 주었으나, 개도 돼지도 먹지 않았다. 길에 내다 버렸더니 소도 말도 밟아 깨뜨리지 않고 피해서 지나갔다. 멀리 들에 내다 버렸더니 새들이 날아와서 깃으로 덮어 싸 주었다. 왕은 그 알을 도로 주어 오게 하여 깨어 버리려고 하였으나 무슨 방법으로도 깰 수가 없었다. 결국 낳은 어미에게 돌려주니, 어미는 그 알을 잘 싸서 따뜻하게 해 주었다. 얼마 후에 그 알에서 남자 아기가 나왔다. 아주 영특한 아이였다. 일곱 살이 되자 자기 손으로 활을 만들어 쏘는데 무엇을 쏘아도 백발백중이었다. 그래서 이름을 朱蒙

이라고 지었다. 그 나라에서는 활을 잘 쏘는 사람을 주몽이라고 하였던 것이다.

금와왕은 일곱 왕자가 있었는데 그중 어느 왕자도 주몽만큼 영특하거나 활을 그렇게 잘 쏘지 못하였다. 맏왕자 대소는 늘 주몽을 없애려고 하였으나, 왕은 허락하지 않고 주몽에게 말을 치는 일을 시켰다. 주몽은 빠른 말에게는 먹이를 적게 주어 여위게 하고 느린 말에게는 먹이를 많이 주어 살찌게 하였다. 왕은 살찐 말을 타시고, 여윈 말은 주몽에게 주었다. 사냥을 나갈 때는 주몽에게는 화살을 적게 주었다. 그러나 주몽은 어느 누구보다도 아주 많은 짐승을 잡았다. 왕자들과 여러 대신들은 주몽을 기필코 죽이려고 비밀리에 계획을 세웠다. 주몽의 어머니가 이 일을 알아차리고 주몽을 불러 놓고 말하였다. '나라 사람들이 너를 죽이려고 한다. 너만큼 재주가 있으면 다른 데로 가더라도 무슨 일을 못 하겠느냐. 여기 머물러 있다가 큰 변을 당하지 말고, 먼 곳으로 가서 큰일을 하여라.' 그래서 주몽은 오이(烏伊), 마리(摩離), 협부(陜父)라는 세 사람을 데리고 부여를 떠났다. 가다가 엄호수라는 강에 이르니, 강에는 다리가 없고 추격해 오는 병정들은 가까이 왔다. 그래서 주몽은 강물을 향해 '나는 하늘 왕의 아들이고, 강물 신의 외손자요. 오늘 피신하는 길에 추격자들은 박도하였는데 강에 다리가 없으니 어쩌라는 뜻이오'라고 말하자마자 고기 떼, 자라 떼가 물 위로 떠 올라와서 다리를 놓았다. 주몽의 일행이 건너자마자 고기 떼, 자라 떼가 도로 사라지고 다리가 없어져서 추격자들은 건너지 못하였다.

주몽이 모둔곡(毛屯谷)에 당도하니 이상한 옷차림의 세 사람이 있었다. 이 사람들도 데리고 졸본천(卒本川)에 도착하니 땅이 기름지고 산세는 험하여 도읍지로서 좋은 곳이었다. 그곳의 불류수(沸流水)가에 도읍하고 나라 이름을 고구려라 하고 성을 高라고 하였다. 이때 주몽의 나이가 스물둘이고, 때는 한(漢)나라 建昭 2년(서기 37년), 신라 박혁거세 21년이었다."[25]

[研究]

부여(扶餘), 부루(夫婁)는 불[火]이라는 조선말 소리를 중국문자로 기록한 것이

---

25) 『三國史記』, 「高句麗本紀」, 始祖 東明王.

고, 왕의 성명 해부루는 해붉[日火], 해모수(解慕漱)는 햄수·곰수[神雄]이라는 조선 말이다.[26]

나라 이름도 왕의 이름도 다 같이 해[日]에 유래한다. 동명왕도 동쪽의 밝은 해 같은 왕이라는 뜻이다. 조선왕 단군이 아침 해 같은 왕이라고 한 전통을 이은 것이다. 이러한 전통으로 우리 겨레는 지금도 왕을 나라님이라고 한다. 나라라는 말은 날[日]이라는 말과 근원이 같다. 조선말 날[日]은 몽고말 나라[日]와 근원이 같다. 나라님을 해님이라고 하는 것은 여기서도 찾아볼 수 있다.

동명왕 신화의 作法을 보건대 하늘의 왕자가 땅으로 내려와 강물의 신의 따님을 만나서 낳은 알에서 나온 아기가 자라나서 나라의 시조 동명왕이 되었다는 이야기는 『주역』先天圖의 하늘[乾·天]에서 땅[坤·地]으로 내려온 불덩어리[火] 즉 해[日]가 오행(五行)의 물[水]의 자리, 북(北)에서, 시간으로 말하면, 자시(子時)의 어둠 속에서 새날의 해님[日]으로서 새로 탄생하여, 시간이 지나고 아침이 되자 동(東)에 이르러 하늘에 솟아올라, 밝게 세상을 비추는 해의 輪運動을 소재로 하고 지어낸 이야기다. 이미 검토한 단군·기자에 관한 이야기도 고구려·신라·가야의 시조왕 신화도 모두 해의 윤운동을 소재로 하고 지어낸 것이다. 왜냐하면 해의 윤운동은 五行相生 원리의 근원으로서 절대 중요시되었기 때문이다. 이야기의 소재는 동일하였으나, 지어낸 신화는 제각기 다른 데서 이런 신화를 지어낸 이들의 지혜를 엿볼 수 있다.

---

26) “古朝鮮(王儉朝鮮) 世系와 北夫餘 世系를 略示하면 다음과 같은데 桓因－天”, ‘神雄－解慕漱’(굠수, 김수), 夫妻, 解夫妻(붉, 히붉)는 각기 동일화하기 때문이다(梁柱東, 『古歌研究』, 698면).
　　　　桓因－桓雄－檀君－夫妻……古朝鮮
　　　　天―――解慕漱 解夫妻……北夫餘－東夫餘
　　　　　　東明……高句麗
　　夫餘系엔 檀君에 해당하는 一代를 缺하였으나, 총괄적으로 볼 때 兩系가 同源임은 瞭然한다. 요컨대 古朝鮮, 北夫餘, 東夫餘, 高句麗는 모두 同系로서 북방 ‘붉’族의 南下·東遷에 의한 분화에 불과하다. 厥後 百濟, 新羅 역시 ‘南夫餘·所夫里’(식붉·식니붉) 혹은 ‘徐伐, 徐羅伐’(식붉·식니붉)을 칭한 것도 모두 同系의 南遷分化를 證한다. 우리 民族은 모두 檀君의 子孫이며, 一系라는 것이다. 解는 키(日), 히(日), 日本語 키(日), 히(日)

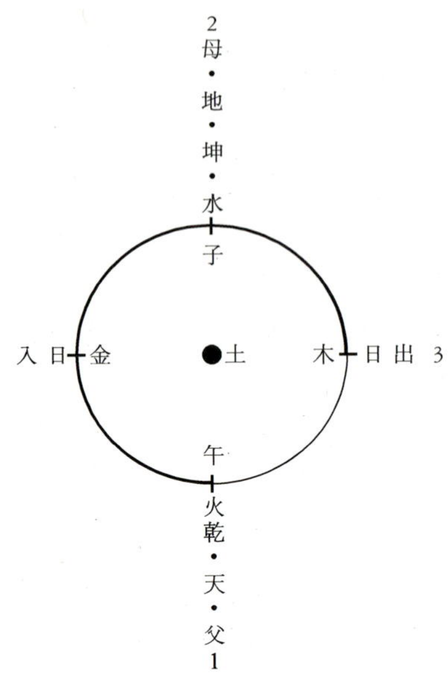

東明王神話의 作法分析
1. 하늘[乾天]에서 불덩어리[火] 해[日]가 땅으로 내려와서,
2. 五行의 水의 자리에서 子時의 어둠 속에서 새날의 해로 탄생하여
3. 아침에 東天에 솟아 밝게 세상을 비춘다.

〈그림 2〉

고구려의 시조 동명왕은 아침 해고, 그의 아버지는 하늘에서 내려온 왕자라고 한 것은, 왕은 하늘 아버지[天父]의 아드님으로서 하늘을 공경하고 나라의 해님으로서 선인과 악인을 차별하지 않고 모든 사람에게 빛[明政]과 따스함[仁政]을 고루 주신다는 신앙과 정치이념을 반영한다. 그러므로 고구려에서는 시월이 되면, 왕이 하느님에게 제사[祭天]를 올리고 해님에게도 제사를 지내고, 시조 동명왕을 비롯한 역대 선조에게도 제사를 지내는 신앙 풍속이 있었다. 이러한 제사를 지낸 것은 왕은 천지 일월 선조님들을 공경하고, 모든 신민을 자녀로서 고루 사랑함을 王政의 理念으로 삼고, 백성들은 서로 형제자매로서 제 몸같이 사랑하며, 나라의 모든 사람이 한집안 식구처럼 서로 사랑하기를 가르쳤던 것을 보여 준다. 이러한 정치 및 교육의 이념은 단군조선 이래 지금까지 계승되어 내려오는 것이다.

동명왕이 새 왕국 고구려를 세우려고 이동할 때에는 오이(烏伊)라는 사람이 동행하였다. 그의 아들 불류(沸流), 온조(溫祚)가 새 왕국 백제를 세우러 갈 때에는 오간(烏干)이라는 사람이 동행하였다. 새 나라를 세우러 가는 왕을 따라가는 까마귀 오(烏) 자 이름을 가진 사람에 관하여 알아보는 가운데, 신화의 변천하는 모습을 살펴보기로 한다. 『삼국유사』에 보면, 신라에 살던 연오랑(延烏郎)이라는 해의 신[日神]이 일본으로 건너가서 그 나라 왕이 되었다는 신화가 있다. 그리고 일본왕가의 시조는 해의 신[日神]인 天照大神이라고 하는데, 그에게는 늘 따라다니는 동생 스사노오[素戔烏]라는 까마귀 오(烏) 자 이름을 가진 동생이 있었다.27) 천조대신의 손자인 니니기의 증손자이며 일본의 초대왕이라는 神武天皇이 나라를 세우려고 갈 때에는 해의 신이라는 까마귀[頭八咫烏]가 길 안내를 하며 갔다는 신화가 있다. 고대 한국이나 일본의 이러한 신화 속의 까마귀는 해님 속에 있다는 금까마귀, 즉 태양신이며, 까마귀 오(烏) 자 이름을 가진 사람들은 까마귀로 분장한 일자(日者), 즉 무당, 알타이계통의 새무당(bird-type shaman)이었다.28)

태양신 까마귀에 관한 신화와 민속을 더 더듬어 보기로 한다. 알타이 지방이나 시베리아의 원주민촌에서는 하늘기둥(Pole of Heaven)이라는 장대를 세우고, 그 끝에는 나무로 만든 새를 얹어 놓는다. 이것을 천둥새(Thunder-bird)라고 하는데, 마을의 무당은 큰 새의 날개를 어깨에 달고 새로 분장하고 새무당의 굿(séance)을 한다. 몽고 초원의 돌무지인 오보 위에도 그러한 장대를 세워 놓고 있다. 한국 시골에서는 설이 되면, 집 앞에 오지봉(烏止棒)이라는 장대를 세우고 그 꼭대기에 갈새가 와 앉으면 그해는 풍년이 든다고 하는 연중행사가 최근까지 있었다. 갈새는 검은 새[玄鳥]라는 고어인데, 이 말이 일본에 건너가서는 가라스[烏]라는 말이 되었다. 시베리아에서 신대륙 쪽으로 건너가면 알라스카·캐나다·미국 서북해안지방 등에

---

27) 『日本紀』卷一에 의하면, 日神 天照大神과 그 동생 素戔鳴(素戔烏)이 다 같이 하늘에 있다가, 하늘에서 素戔烏가 쫓겨서, 신라에 내려와 살다가 신라에서 배를 타고 일본으로 건너갔다고 한다. 이것은 延烏郎이 신라에서 일본으로 건너가서 왕이 되었다는 이야기의 일본형에 해당된다. 『日本紀』는 일본에 건너간 素戔烏의 아들이라고도 하고 六世孫이라고도 하는 大國主神이 그 나라를 다스리고 있을 때에, 아직도 하늘에 있는 天照大神이 손자 니니기를 일본에 보내어 大國主神의 나라를 접수하고, 니니기의 증손자는 東國으로 이동하여 日本國 初代王인 神武天皇이 되었다고 한다. 『日本紀』의 이 신화는 일본은 신라보다 오랜 후세에 건국된 것을 보여 준다. 그런데 같은 책에는 神武天皇의 건국이 서기전 660년에 해당되는 것으로 年代를 인상하여 기록하고 있다. 자기 나라 시조왕이나 자기 성의 시조의 연대를 인상하는 일은 各國 各姓에 흔히 있는 일이다. 天照大神은 日本에 손자인 니니기를 내려보낸 후에도 그리고 니니기의 증손자가 日本의 初代 天皇이 된 후에도 수백 년 동안 신라보다 높은 하늘에 머물러 있었다. 이것은 일본은 건국 후에도 수백 년 동안 신라보다 더 높고 큰 나라의 移民國으로서 그 지배를 받았다는 의미로 해석 가능하다.

28) 『日本紀』卷三, 神武天皇이 나라를 세우려고 군대를 이끌고 갈 때에 길 안내를 한 頭八咫烏는 나라를 세운 후에 神武天皇으로부터 상을 받았는데 그의 후손은 어느 姓氏라고 『日本紀』에 기록되어 있다. 이것은 頭八咫烏는 까마귀로 분장한 시베리아系의 새무당(日者)이었던 것을 보여 준다.

사는 몽고인종 원주민촌에는 여러 가지 동물신을 조각한 나무기둥(*totem-poles*)들이 있는데, 그 꼭대기에는 큰 까마귀 형상의 조각이 있다. 이것도 천둥새라고 한다. 아시아의 민속과 비교해 보면 그것은 태양신인 까마귀임을 알 수 있다.

캄차카의 원주민은 고략족(*Koryaks*)으로부터 알라스카의 에스키모와 북미 원주민에 이르기까지의 신화에서는 까마귀(*Raven*)가 천지의 조물주이며 많은 신화의 주인공으로 되어 있다.

알타이지방에서 서쪽으로 멀리 간 곳, 북유럽의 신화에서는 가장 높은 신을 오딘(*Odin*)이라고 하는데, 오딘이 어디로 갈 때에는 늘 동행하는 후긴(*Hugin*)과 무닌(*Munin*)이라는 두 마리의 까마귀가 있다. 세상의 종말이 오면 바다에서 큰 뱀(*Midgard Serpent*)이 땅으로 올라와서 큰 난동을 부리게 되는데, 천둥의 신 톨(*Thor*)이 내려와서 그 뱀과 싸우다가 함께 죽는다는 신화가 있다.[29] 톨은 태양신 까마귀를 신격화시킨 것이다.

서남아시아로 가면 고대 페르시아의 미트라(*Mithra*) 신앙에서는 태양신과 서로 돕기로 약속한 미트라 신은 까마귀를 따라가서 땅굴 속으로 들어가려는 地神인 검은 소를 붙잡아 죽였다고 한다.[30] 이 경우도 까마귀는 태양신이나 미트라 신의 협조자 구실을 한다. 헝가리의 건국신화에서는 알파트 왕이 군대를 이끌고 나라를 세우려고 칼파티아 산맥을 넘어서 다뉴브 강 유역의 평야로 갈 때에 투루(*Turul*)라는 까마귀가 길 안내를 하여 주어, 나라를 세우게 되었다고 한다.[31] 이 신화의 까마귀도 고구려나 일본의 건국신화 까마귀, 오딘과 동행하는 까마귀와 같고, 투루라는 이름은 천둥신 톨(*Thor*)의 이름과 어원이 같다.

기독교 성경에서는 대홍수가 그치고 해가 나왔을 때 세상 형편을 알아보려고 노아가 방주의 창문을 열고 맨 처음 날려 보낸 새가 까마귀(*Raven*)였다. 까마귀가 날아서 왕래하며 돌아오지 않으니 그다음에 날려 보낸 비둘기가 감람나무 잎사귀를 물고 돌아왔기 때문에 홍수가 물러간 것을 알았다고 한다. 그러므로 까마귀 대신에 비둘기가 평화의 새로서 명성을 가지게 되었지만, 이 신화에서도 까마귀는

---

29) 朴時仁, 『알타이 神話』, 三中堂, 1980年, pp.315~324.

30) 상게서, pp.310~311.

31) 星野良, 『研究史 神武天皇』(古川 弘文館, 昭和 55年), p.208.

日光의 상징이고 태양신이다.

다시 東의 아시아로 돌아와서 중국의 상(商), 일명 은(殷)나라 건국신화에 의하면 은나라를 세운 천을(天乙) 탕왕(湯王)의 시조 설(契)은 그의 어머니가 하늘이 내려보낸 검은 새(玄鳥)의 알을 삼키고 임신하여 탄생하였다고 한다. 예부터 시경학자들은 그 검은 새를 제비[燕]라고도 하고 봉(鳳)이라고도 한다.[32] 그러나 위에 소개한 많은 나라 신화와 비교해 보면, 그 검은 새는 태양신 까마귀였음을 알 수 있다. 만주 여진의 말로는 봉(鳳)을 가루다(Garuda), 봉의 암컷인 황(凰)을 거루다(Geruda)라고 하였다. 인도신화에서는 가루다(Garuda)는 태양 속에 있다는 금색의 새이다.[33] 이것으로 중국 은나라 시조신화의 검은 새[玄鳥]는 본시 태양 속에 있다는 금까마귀[金鳥] 또는 양오(陽鳥)라는 까마귀였고, 그것을 미화한 것이 봉황임을 재확인할 수 있다. 중앙아시아 알타이어족 원주민의 신화에서는 수미산(須彌山) 아래 큰 바다(Cosmic Ocean)에는 로시(Losy)라는 큰 뱀[大蛇]이 있는데, 세상의 종말이 되면, 그것이 땅 위에 올라와서 큰 난동을 부리는데, 수미산 꼭대기에서 가루다(Garuda)라는 큰 새가 내려와서 로시와 싸워 죽인다고 한다.[34] 가루다는 북유럽신화의 천둥신 톨(Thor)에 해당된다.

캄보디아 앙코르 와트의 고찰(古刹)의 석조 조각에 보면 가루다(Garuda)는 두 날개를 펼친 사람 모양의 신이다.[35]

성경을 보면 천사 그룹, 스랍 등의 형상을 말해 주고 있는데, 이는 고대 애굽이나 앗시리아 왕궁을 지키는 날개 있는 신의 형상을 딴 것이라고 천사학자들은 말한다.[36]

---

32) 殷의 始祖神話는 『詩經』 商頌 玄鳥라는 詩의 "天命玄鳥, 降而生商 宅殷土芒芒 古帝命武陽 正域彼四方"과, 『史記』 卷三 「殷本紀」 처음에 "殷契母曰簡狄 有娀氏之女, 爲帝嚳次妃, 三人行溶, 見玄鳥墮其卵, 簡狄取吞之 因孕生契"라는 기록에 보인다. 屈萬里는 『詩經釋義』 二卷에 『詩經』 商頌玄鳥에 注하여 "玄鳥, 燕也"라 하였다. 『禮記』 月令 仲春之月에는 "是月也 玄鳥至"의 疏에 "娥簡狄吞鳳子"라 하여, 玄鳥卵을 鳳卵으로 보았다.

33) Zimmer, *Mythes et le Symbolisme dans l'art et la civilisation de l'Inde*(Paris 1951) pp.35~37 "Garuda' l'oiseau soleil d'or"

34) Holmberg, *Finno-Ugric, Siberian Mythology*(Boston, 1927) 334~5.

35) 朴時仁, 『알타이人文研究, 第3版』(서울大學出版部, 1981) 圖板, 10.

36) G. D. Diekmann, *Angel*(article in Encyclopaedia Britannica, 1963)에,
"Iconography-The iconography of angels likewise has undergone development in the course of centuries. It is generally agreed that Egyptian and Assyrian sculptures of the winged beasts guarding the royal palace were a major influence of the cherubim of the Old Test-ament."

이같이 하나님이 그 사람(아담)을 쫓아내시고 에덴동산 동편에 그룹들(Cherubin)과 두루 도는 화염검을 두어 생명나무의 길을 지키게 하시니라(창세기 3:24) 웃시야 왕이 죽던 해에 내가 본즉 주께서 높이 들린 보좌에 앉으셨는데 그 옷자락은 성전에 가득하였고, 스랍들(Seraphim)은 모여 섰는데 각기 여섯 날개가 있어 그 둘로는 그 얼굴을 가리었고, 그 둘로는 그 발을 가리었고, 그 둘로는 날며 서로 창화하여 가로되 거룩하다 거룩하다 만군의 여호와여 그 영광이 온 땅에 충만하도다(이사야 6:1~4).

'그룹, 스랍'이라는 말은 천사를 의미하는 고대 히브리말의 단수 그룹(*K'rub*), 복수 그루빔(*K'rubim*)에서 왔는데, 이 말은 인도신화의 가루다(*Garuda*, 金鳥) 또는 가루빈(*Garubin*)에서 유래한다.

고구려 시조 동명왕이 나라를 세우려고 이동할 때에 동행한 사람 오이(烏伊)와 관련하여 고대 신앙과 민속을 잠시 살펴보는 가운데 이와 같이 지구의 북반구를 샅샅이 다니면서 그 사람이 때로는 왕의 종신, 무당, 천사, 신 또는 여러 가지 실재 또는 상상의 새로서 형상을 바꾸며 여러 종교가 신화와 의식을 서로 빌며 영향을 주고받으며, 수천 년을 존속해 왔음을 보았다. 나라님은 하느님 아들 또는 나라의 해님이라고 한 고대 중국, 한국, 일본 등지에서는 동짓날을 해님의 생일이라 하여 명절로 삼았는데, 고대 페르시아의 미트라교에서도 동짓날은 해님과 동맹을 맺은 미트라 신의 생일로서 축하하였다. 그것을 본떠서 로마시대의 그리스도교에서는 그리스도를 '정의의 태양'이라 하고, 동짓날을 그리스도의 생일로 정하였는데, 날짜 계산의 착오로 크리스마스는 冬至인 12월 22일이 아니라 25일이 되었다는 것은 주지의 사실이다.

그리고 하나님 환인의 아들이 내린 태백산의 신단수는 日著, 즉 무당이 신을 불러 내릴 때에 손에 들고 춤을 추는 降神木이 되고, 이 풍속이 일본에 가서는 신관이 손에 들고 흔드는 나무가 되고, 정초 새해를 맞이할 때 집 현관에 세우는 門松이 되고, 알타이지방에서 멀리 유럽에 가서는 신록의 계절을 맞이하여 마을에 세우는 나무(*May-poe*)가 되고, 그곳에 기독교가 전파되어서는 태양 같은 구세주가 오신 날에 세우는 크리스마스트리가 되었다. 이와 같이 동서고금의 종교들이 서로의 풍습을 빌려서 자기 것으로 삼아 나온 것을 볼 때에 인간이 다 같이 서로 사랑하면서 평화롭게 사는 길을 가르치는 모든 종교가 서로 긴밀하게 협력하는 것이 마땅하다.

Ⅲ. 淸國 始祖神話

　　장백산은 높이가 이백 리, 둘레가 천 리고 정상에는 터문이라는 호수가 있다. 이 호수는 둘레가 팔십 리고, 야루(鴨流), 훈퉁(混同), 아이후(愛滹)라는 세 강의 근원이다. 이 세 강에서는 귀한 구슬과 진주가 나오고, 장백산은 아주 높아서 여름에는 서늘하기 때문에 사방에서 많은 짐승들이 모여 온다. 만주 구룬(國)의 선조는 이 장백산 동쪽 보우리에 있는 불후리라는 호숫가에서 탄생하셨다. 그 유래는 다음과 같다.

　　"어느 맑은 날 그 호수로 언구런, 정구런, 부구런이라는 이름의 암캐 살간(天女) 셋이 아름다운 옷을 훨훨 날리며 날아 내려와서 옷을 벗어 물가에 놓고 목욕을 하기 시작하였다. 목욕을 다 하고 물에서 나와 옷을 입으려고 할 때, 셋째 암캐 살간 부구런은 자기 옷 위에 빛나는 붉은 열매가 있는 것을 보았다. 그것은 하늘이 내려보낸 까치가 몰고 와서 두고 간 것이었다. 그 열매가 하도 아름다워서 땅에 놓을 수가 없어 입에 물고 옷을 입다가 그만 삼켜 버렸다. 그 때문에 곧 임신하고 몸이 무거워져서 하늘로 올라갈 수 없게 되어 울고 있으니 언구런, 정구런은 '우리도 신선 알약을 먹어 본 일이 있지만 너무 걱정하지 말아요. 천명으로 알고, 아기를 낳고 몸이 다시 가벼워지면 하늘로 날아 올라오면 될 것이니까'라고 위로의 말을 하고는 부구런을 남겨 두고 하늘로 날아 올라갔다. 그 후 부구런은 옥동자를 낳았다. 그 아기는 낳자마자 말을 하고 무럭무럭 잘 자라났다.

　　어느 날 부구런은 그 아들에게 그날까지의 이야기를 다 들려준 다음 '암캐 한[天王]님이 만주구룬의 한[王]으로서 너를 이 세상에 보내셨으니, 여기 있는 이 배를 타고 강물을 따라 만주로 가서 한이 되어 모든 사람이 잘살게 하여라' 하고 말하고 하늘로 날아 올라갔다. 어머니 말씀대로 아이는 배를 타고 강을 따라 내려가는데 사람들이 그 강에 와서 물을 길어 가는 곳에 이르자, 배에서 내려서 버들가지와 쑥으로 돗자리를 만들고 그 위에 앉아 있었다. 이때에 그곳에서는 三姓의 부족이 제각기 만주를 지배하려고 싸우고 있었는데, 강에 다녀온 사람들의 말을 듣고 많은 사람들이 그 이상한 아이를 구경하러 모여 와서 어디서 왔으며 성은 무엇이냐고 물었다. 아이는 어머니가 들려주신 대로 '내 어머니는 부구런이라는 이름의 암캐 살간입니다. 어느 날 장백산 중 불후리 호수로 다른 두 암캐 살간과 셋이 날아 내려오셔서 목욕을 하시고, 물가에 벗어 놓으신 옷을 입으시려다가 그 옷 위에 까치가 떨어뜨리고 간 빛나는 붉은 열매를 삼키고, 임신하여 저를 낳고는 하늘로 날아 올라가셨습니다. 내 성은 애신[金]이고, 이름은 보구리 용손입니다'라고 하였다. 이 말을 듣고 사람들은 '이 아이는 천명을 받고 탄생한 것이 분명합니다. 모시고 갑시다'라고 말하였다. 그들 중 두 사람이 손을 엮어 가마를 만들어 그 위에 앉히고 마을로 모시고 갔다. 이에 三姓의 사람들이 모여서 의논하여 이르기를 '우리가 서로 늘 싸우지 말고 하늘이 보내 주신 이 동자를 왕으로 삼고, 미녀 버리를 왕비로 드리자'고 하였다. 이리하여 왕으로 추대된 보구리 용손은 장백산 동쪽 오모회라는 밝은 들의 어다리(鄂多理) 성에 살면서 싸움이 그치지 않던 백성을 화목하게 다스리고, 나라 이름을 만주라고 하였다. 그가 곧 만주 구룬의 시조이시다."

그로부터 여러 대 후손의 한[王]이 백성들을 학대하였기 때문에 반란이 일어나서 어다리 성이 함락되고 왕족들은 살해되었다. 왕족 중에서 반차라는 아이 하나만이 성에서 빠져나와서 벌판을 달려가는데 군병들이 보고 쫓아왔다. 반차는 갈 바를 몰라서, 벌판에 서 있는데, 신령님이 변해서 까치가 되어 반차의 머리 위에 내려와 앉았다. 군병들이 반차의 머리 위에 까치가 앉은 것을 보고, 마른 나무기둥에 까치가 앉은 것으로 생각하고 그냥 가 버렸다. 반차의 후손인 누루하치가 만주의 왕이 되어, 나라 이름을 애신교로[金國]라 하고 연호를 天命이라고 하였다. 이런 연고로 만주 구룬의 한[王]은 까치가 나라를 지켜 주는 신령이라고 보호하며 죽이지 않는다.[37]

[研究]

이 신화는, 하늘이 내려보낸 검은 새[玄鳥]가 떨어뜨린 알을 두 시녀와 셋이 함

---

37) 朴時仁, 『알타이神話』, pp.190~192.

께 목욕하러 물로 나갔던 곡 임금의 왕비가 삼키고 임신하여 은나라 왕가의 시조 설(契)을 낳았다는 『詩經』, 『史記』 중에 보이는 유명한 신화와 같은 종류의 왕의 卵生神話이다. 알이 붉은 열매가 되고 하늘의 검은 새가 까치가 되었다. 이러한 난생신화는 우리 겨레 한족(韓族)을 중심으로 한 동이족의 특징적 신화임은 오늘날 중국학자들도 인정하는 바이다.[38] 만주 여진의 애신교로(金國), 즉 청나라는 이런 시조 난생신화를 가졌는데, 여진은 부여, 고구려, 발해의 후손인 우리 겨레이다. 즉 고구려가 668년에 망한 지 겨우 삼십 년에 고구려의 말갈 부족은 발해국(668~926년)을 세우고 고구려 영토를 완전히 수복하고 해동성국을 이루었다가, 동부 몽고에서 일어난 요(遼)나라에 정복된 후에는 여진이라고 하였다. 여진은 그 후에 요나라를 정복하고, 금나라(1115~1234년)를 세웠다.[39] 금나라가 몽고족에게 정복된 후 명나라 말기까지 장백산록과 송화강 유역에서 부여·고구려 이래의 오랜 풍속과 생활을 계속하여 온 여진은 새로운 금나라를 세우고 우리 겨레의 유구한 전통을 좇아 앞에 실은 것 같은 건국시조 卵生說話를 지어낸 것이다.

오늘날 우리는 여진이 과거에 만주에 살고 있던 야만족이라고 생각하고 있으나, 이는 고려시대에는 여진의 금나라와 접경하고, 조선시대에는 여진의 청나라와 접경하여 침략에 대처해 온 까닭이다. 이는 우리가 휴전선을 지키면서 북괴 오랑캐가 남침하면 초전에 박살하라고 말하고는 있으나 북한의 주민이 결코 오랑캐가 아니라 우리 겨레인 것처럼 여진도 우리 겨레의 북방 동족이었던 것이다.

암캐 한[天王]이 만주 한[王]의 시조를 보냈다는 청나라의 건국신화는 왕은 하나님의 아들로서 하나님을 지성으로 공경하며 효도를 다하고 또 백성의 아버지로서 나라 안의 모든 사람을 고루 사랑하고 仁政을 베풀며, 이기심(利己心), 사심(私心)을 버리고 서로 아껴 주며 모든 국민이 한집안 식구처럼 살라는 가르침을 담은

---

38) 徐亮之, 『中國史前史話』(香港 1954), pp.256~257.
　　"帝嚳－東夷的權威及其神話. 帝嚳乃殷商之始祖 已如上述…… 白民乃夷人, 與帝嚳興於東夷"
　　"玄鳥衝卵而墮之, 簡狄得而呑之, 遂孕胸剖而生契."
　　"這種卵生神話, 一直震憾東方的人心, 成爲政治鬪爭的無形資本. 漢代朝鮮半島的新羅開國者赫居世(公元前五七年)高句麗開國者朱蒙(公元前七年)便都是自命卵生, 以收拾人心的輝煌成功者. 卵生神話乃東夷部族的祖先宗敎" p.254.
39) 『金史』卷一 "金之先出靺鞨氏…… 太祖敗遼兵于境上 耶卵律謝十, 乃使梁福幹苔刺招諭渤海人曰, 女眞渤本同一家"
　　金나라(1115~1234년) 太祖 阿骨打는 1114년에 混同江에서 과거에 渤海國을 정복한 거란 즉 遼의 대군을 혁파하고 여진과 발해는 同一家라고 말하였다. 그 후 여진은 또 金나라 즉 淸나라(1116~1911년)를 세웠는데 淸나라는 그 시조 난생신화의 장백산을 聖地로서 神聖化하였다.

것이다. 이는 단군 이래의 敬天愛人・弘益人間의 이념을 면면히 계승해 온 것이다. 청나라에서는 고조선과 삼한 이래의 우리 겨레의 종교적 전통을 좇아서 시조 탄생지라는 장백산을 성지로 정하고 매년 사신을 보내어 제사를 지내고, 누구든지 허가를 받지 않고는 입산하기를 엄금하였다. 황실에서도, 각 가문에서도 천지신명과 역대 선조님들에게 제사를 지내며 國泰民安과 家和繁榮을 기원하여 왔다.

부여, 고구려, 발해 계통의 우리 겨레인 여진의 청나라 건국신화와 같은 신화전설은 몽고에도, 한반도에도, 일본에도 전해 온다. 다음에 소개하는 것은 북몽고와 시베리아에 분포하여 사는 부리아트(Buriat) 몽고족의 시조 탄생에 관한 전설이다.

> 호리도이라는 이름의 노총각이 어느 날 바이칼 호수로 가서 아름다운 풍경을 바라보며 서 있는데 유난히 아름다운 백조가 노래하며 하늘에서 날아 내리더니 선녀로 변하여 호숫가에 날개옷을 벗어 놓고 목욕하기 시작하였다. 호리도이가 살금살금 다가가서 그 옷을 숨겨 두니 선녀는 하늘로 날아 올라가지 못하고 그의 아내가 되어 아들 열하나를 낳았다. 그들이 부리아트 몽고족 열한 족속의 시조다.[40]

이런 이야기는 우리나라에서는 금강산 중의 나무꾼과 선녀 이야기가 되어 전해 내려오고 있다. 일본에서도 선녀의 날개옷 전설(羽衣傳說)로서 전해 내려온다. 또 유럽에까지도 전파되어 거기서는 백조공주(Swan-maiden) 전설이 되었다.

시대와 지역에 따라서 혹은 건국신화가 되기도 하고 혹은 민간의 전설동화가 되기도 하며, 때로는 종교와 깊은 관계를 가지면서 전래되고 있다.

Ⅳ. 老子의 탄생신화

"老子의 어머니가 임신한 지 팔십일 년이 되던 해에 오얏[李] 나무 아래를 지나가는데 옆구리가 갈라지더니 노자가 탄생하였다. 또는 어머니가 별이 입으로 들어오는 꿈을 꾸고 임신하여, 칠십이 년이 지난 후에 노자를 낳았다. 그래서 노자는 날 때부터 백발이었다."[41]

---

40) 朴時仁, 『알타이신화』, p.193.

[硏究]

이 전설은, 노자의 늙을 노(老) 자와 그의 성의 오얏 이(李) 자를 소재로 하여 노자는 보통 사람이 아니라 날 때부터 팔십 노인처럼 경험과 지혜가 많았다는 뜻을 나타내기 위하여 지어낸 설화이다. 노자는 자기를 예방하여 가르침을 청한 공자에게 "훌륭한 상인은 물건을 깊이 감추어 두고 상점이 빈 것같이 하고, 덕이 높은 군자는 덕을 감추고 어리석은 사람같이 보인다는 말이 있는데, 당신의 덕을 자랑하는 자세와 욕심은 모두 몸에 해로운 것이오. 일러둘 말은 이것뿐이오"라고 말한 것으로 유명한데, 『道德經』에서는 다음과 같이 말했다.

> 聖智를 버리고 무위자연의 도를 좇으면, 도리어 백성에게 백배나 利로울 것이다. 仁義가 숭상됨은 不仁과 不義가 있기 때문이니, 아예 인의가 필요 없는 세상이 되면, 백성들은 누구나 다 효성스럽고 자애로운 사람으로 돌아갈 것이다. 기교를 버리고 가지고 싶은 마음을 자극하는 진기한 물품이 생산되지 않게 하고, 제각기 자기의 생업에 안정하여 구태여 이익을 탐낼 필요가 없게 되면 세상에 도적이 없을 것이다. 私心도 욕심도 없는 자연스러운 세상이 될 것이다(十九章).

이와 같이 노자는 사람마다 천생의 자연스러운 마음을 좇아 천지・부모를 공경하고 형제, 자매, 동포 모든 사람을 자기같이 생각하고 아낀다면, 평화로운 세상이 된다고 가르치셨다. 노자의 탄생에 관한 신화는 후세 사람이 지어낸 이야기에 지나지 않고 그의 가르침인 도교와 하등의 관계가 없는 것이다.

V. 佛敎의 神話

"히말라야 산 남쪽 기슭 로히니 강가에 석가 부족의 서울 가비라가 있었다. 대대로 바른 혈통을 이어받아 왕이 된 숫도다나는 성을 쌓고 선정을 베풀었으므로, 백성들은 기꺼운 마음으로 왕을 섬겼다. 왕의 성씨는 고타마였다. 왕비 마야 부인은 석가와 같은 종족의 크리아족 출신으로 데바다하 성의 여인인데, 왕과는 사촌

---

41) 『史記』 卷六十三 「老子列傳」의 「老子者」 아래 正義에 "玄妙內篇云 李母懷胎八十載, 逍遙李樹下, 迺割左腋而生. 又云玄妙玉女, 夢流星入口而有娠 七十二年而生老子"라고 있다.

간이었다. 결혼한 후 오랫동안 자녀가 없다가 이십여 년이 지난 어느 날 밤 마야 왕비는 흰 코끼리가 옆구리로부터 뱃속으로 들어오는 꿈을 꾼 뒤에 아기를 가졌다. 달이 차자 왕비는 친정으로 가서 해산하는 그 나라의 풍습대로 채비를 갖추고 성문을 나섰다. 일행은 룸비니 장원까지 다다라 잠시 쉬어 가게 되었다. 때마침 봄철이라 날씨가 화창하고 아쇼카 꽃이 만발하였다. 왕비가 바른 손을 들어 그 꽃가지를 꺾으려고 하였더니, 그 순간에 왕자가 태어났다. 하늘과 땅이 환희의 소리를 보내며 모자를 축복하였다. 이날이 음력 사월 초파일이었다. 슛도다나 왕은 크게 기뻐하였고, 모든 소원이 성취되었다는 뜻으로 '싯다르타'라는 이름을 왕자에게 붙였다."[42]

> "싯다르타 왕자는 어느 날 산으로 갔다가 절벽 아래를 내려다보니 새끼 일곱을 낳은 어미 호랑이가 너무 오래 굶어서 다 죽어 가고 있었다. 어미 호랑이가 죽으면 그 새끼들도 다 죽게 되리라고 생각하니, 너무나 불쌍하여, 싯다르타 왕자는 자기 몸 하나를 죽여서 그 호랑이들의 여덟 생명을 살리는 것은 보람이 있는 일이라고 생각하고 호랑이의 밥이 되려고 절벽 아래로 몸을 던졌다. 바로 그 순간에 그는 삼십삼 층 높은 하늘 위에 새로 탄생하였다."[43]

"옛날 어느 나라에 부모가 연로하면 먼 산에 버리는 풍속이 있었다. 그 나라 왕의 대신 한 사람이 자기의 연로한 아버지를 내다 버릴 수가 없어서 나라의 엄한 풍속을 어기고, 비밀리에 땅굴 속에 아버지를 숨겨 두고 잘 모시었다. 어느 날 이 나라 왕에게 신령님이 나타나서 많은 어려운 수수께끼를 내고 그것을 풀지 못하면 나라를 멸망시킨다고 하였다. '여기 두 마리의 뱀이 있다. 어느 것이 암놈이고 어느 것이 수놈인가?' '두 마리의 똑같은 암말이 있다. 어느 것이 어미고, 어느 것이 새끼인가?' 왕도, 조정의 어느 대신도 그 답을 알 길이 없어서, 왕은 누구든지 그 수수께끼들을 푸는 사람에게는 큰 상을 내린다고 전국에 공고를 냈다.

아버지를 숨겨 둔 대신이 나라의 어려운 문제를 말하였더니 그 아버지는 '그것은 아주 쉬운 문제다. 그 뱀들을 방바닥에 놓고 지켜보면 제자리에 가만히 있는 것은 암놈이고, 그 주위를 기어 빙빙 도는 것은 수놈이다. 또 말들에게 풀을 주어

---

42) 大韓佛敎振興院, 韓英日 佛敎聖典(韓振出版社, 1979年), pp.16~21.

43) 상게서, 510~511.

서 주는 대로 자기가 먹는 것은 새끼고, 입으로 풀을 밀어 자기 앞 말에게 주는 것은 어미다'라고 하면서 모든 수수께끼를 쉽게 풀어 주었다. 그 답을 대신이 왕에게 알려드려서 왕이 모든 수수께끼를 풀자, 신령님은 그 나라를 멸하지 않고 가 버렸다. 나라를 구한 모든 답이 땅굴에 숨겨 둔 늙은 아버지가 알려 준 것이라는 대신의 말을 듣고 왕은 그 대신의 아버지에게 큰 상을 내리고, 늙은 부모를 버리는 풍속을 폐지하고, 앞으로는 누구든지 부모를 지성으로 모시라는 새 법령을 내렸다.”44)

[研究]

마야 부인의 코끼리 胎夢, 아쇼카 꽃가지를 꺾으려고 했을 때에 왕자를 낳았다는 이야기도 부처님의 탄생을 미화하기 위한 것이다. 그 이야기가 사실이 아니더라도 부처님이 탄생하신 사실은 결코 부인되지 않는다. 단군, 동명왕, 노자 등의 탄생에 관한 신화도 마찬가지이다. 그러한 신화는 사실이 아니더라도 탄생한 인물이 있었던 사실은 영향을 받지 않는다. 그러면 신화는 하등의 가치도 없는 것이냐 하면 그렇지는 않다. 그것은 지어낸 시대와 사회에 관하여 많은 것을 알 수 있는 좋은 연구자료다. 다만 피해야 할 일은 신화를 문자 그대로의 의미로 받아들여 그것을 사실이라고 주장하거나 허위라고 부인하는 일이다.

싯다르타 왕자가 자기의 몸을 던져서 호랑이의 밥이 되어 살려 주려 했던 그 순간에 하늘나라에 새로 탄생하셨다는 이야기는, 자기를 생각하는 사심을 완전히 버리고 원수도 사랑하는 것이 곧 무량수를 누리는 부처님의 마음 또는 부처님 자신이라는 뜻이다. 이러한 부처님의 無限慈悲 삶의 첫걸음이 자기를 낳아 주신 부모님을 지성으로 모시고 효성을 다하는 일이라는 것을 가르치는 것이 세 번째 이야기의 참뜻이다. 捨身成佛의 수도의 첫걸음은 효도라는 뜻이다.

---

44) 상계서, 403~413.

Ⅵ. 그리스도교 聖經의 경우

"예수 그리스도의 나심은 이러하니라. 그 모친 마리아가 요셉과 정혼하고 동거하기 전에 잉태된 것이 나타났더니, 그 남편 요셉은 의로운 사람이라 저를 드러내지 아니하고 가만히 끊고자 하여 이 일을 생각할 때 주의 사자가 현몽하여 가로되, 다윗의 자손 요셉아 네 아내 마리아 데려오기를 무서워 마라. 저에게 잉태된 자는 성령으로 된 것이라. 아들을 낳으리니 이름을 예수라 하라. 이는 그가 자기 백성을 죄에서 구원할 자이심이라 하니라."(마태 1:18~21)

"예수께서 가라사대, 내가 곧 생명의 떡이니 내게 오는 자는 결코 주리지 아니할 터이요, 나를 믿는 자는 영원히 목마르지 아니하리라. 그러나 내가 너희더러 이르기를, 너희는 나를 보고도 믿지 아니하는도다 하였느니라. 아버지께서 내게 주시는 자는 다 내게로 올 것이요 내게 오는 자는 내가 결코 쫓지 아니하리라. 내가 하늘로서 내려온 것은 내 뜻을 행하려 함이 아니요 나를 보내신 이의 뜻을 행하려 함이니라. 나를 보내신 이의 뜻은 내게 주신 자 중에 내가 하나도 잃어버리지 아니하고 마지막 날에 다시 살리는 이것이니라. 내 아버지의 뜻은 아들을 보고 믿는 자마다 영생을 얻는 이것이니, 마지막 날에 내가 이를 다시 살리리라 하시니라. 자기가 하늘로서 내려온 떡이라 하시므로 유태인들이 예수께 대하여 수군거려 가로되, 이는 요셉의 아들 예수가 아니냐, 그 부모를 우리가 아는데 제가 지금 어찌하여 하늘로서 내려왔다 하느냐."(요한 6:35~42)

[研究]

예수님은 그의 모친 마리아가 요셉과 정혼하고 동거하기 전에 정령으로 잉태되었다고 기록되어 있다. 예수님 스스로도 '하나님의 아들'이라 하셨다. 그러나 유태인들은 '요셉의 아들'이라 하였다. 그래서 이 문제에 관하여 예수님이 제자들의 의견을 물으셨다.

> 예수께서 가이사랴 빌립보 지방에 이르러, 제자들에게 물어 가라사대, 사람들이
> 인자를 누구라 하느냐. 가로되 더러는 세례 요한, 더러는 엘리야, 어떤 이는 예레
> 미야나 선지자 중의 하나라 하나이다. 가라사대 너희는 나를 누구라 하느냐. 시
> 몬 베드로가 대답하여 가라되, 주는 그리스도시요. 살아 계신 하나님의 아들이시
> 니이다. 예수께서 대답하여 가라사대 바요르 시몬아 네가 복이 있도다. 이를 네
> 게 알게 한 이는 혈육이 아니요 하늘에 계신 내 아버지시니라(마태 16:13~17).

예수님이 사람의 아들이라는 말은 혈육을 보고 말하는 사람들의 견지에서 나온 말이고, 예수님이 하나님의 아들이라는 말은 하나님을 자기의 아버지라고 모시는 반석 같은 믿음을 가진 사람의 말임을 알 수 있다.

이런 양론에 대한 명쾌한 답은 이천여 년 전 중국의 『史記』에도 이미 실려 있다.

> 어떤 사람이 제 선생에게 묻기를, 시경에 말하기를 은나라 왕의 시조 설(契)이나,
> 주나라 왕의 시조 后稷은 아비 없이 낳았다고 하는데, 여러 전기에 보면 아비가
> 있었다고 합니다. 모두 黃帝의 후손이라는 것입니다. 『시경』의 말과 다르지 않습
> 니까? 제 선생이 대답하기를 그렇지 않소, 알을 삼키고 설을 낳았다 하고, 큰 사
> 람의 발자국을 밟고 후직을 낳았다는 것은, 천명이 있고 그것을 받드는 정성이
> 있어서 낳았다는 것이오. 귀신도 저절로 낳을 수는 없고, 반드시 사람이 있어야
> 낳는 것이오. 어찌 아비 없이 낳을 이치가 있으리오. 믿는 사람은 믿는 대로 전
> 하고, 의심하는 사람은 의심하는 대로 전하여 두 가지 말이 생긴 것이오. 요(堯)
> 임금은 설도 후직도 현인이며 하늘이 낳은 사람이라는 것을 알았으므로, 큰일을
> 맡긴 것이오.[45]

사람은 부모가 낳는 것이지만, 큰일을 할 사람은 天命을 받은 사람, 하늘이 낳은 사람이라고 하므로, 은나라 왕가의 시조 설이나, 주나라 왕가의 시조 후직은 하늘이 낳은 하나님의 아들이라고 하였다는 지극히 당연한 설명이다.

예수님도 자기를 人子 즉 사람의 아들이라고 자주 말씀하셨다. 예수님은 어머니 마리아와 그의 남편 요셉 두 사람의 아들이었음은 물론이다. 예수님이 사람의 아들이라는 말은 아들다운 아들이라는 뜻이다. 예수님은 부모님 요셉과 마리아를 지성으로 섬겨 효를 다하시고, 부모님의 자식인 여러 동생들을 자기와 같이 사랑하며, 제(悌)를 다하시고, 利己心, 私心이 전혀 없이 사셨다는 뜻이다. 그리고 여기

---

45) 『史記』 卷十三 三代世表 "張夫子問褚先生曰, 詩言契后稷皆無父而生, 今按諸傳記咸言有父, 父皆黃帝子也, 得無與詩謬乎. 褚先生曰, 不然, 詩言契生於卵, 后稷人迹者, 欲見其有天命精誠之意耳 鬼神不能自成 須人而生, 奈何無父而生乎, 一言有父, 一言無父, 信以傳信 疑以傳疑, 故兩言之. 堯知契后稷皆賢人, 天之所生, 故封之."

에 그친다면 보통사람과 다를 바 없다. 예수님은 자기를 '다윗의 아들', '아브라함의 아들', '하나님의 아들'이라고도 늘 말씀하셨다. '다윗의 아들'이라는 말씀은 예수님은 자기의 이십팔 대 선조 되시는 다윗 왕까지의 모든 선조를 아버지로 모시고 孝를 다하시고, 그 선조들의 모든 자손 즉 자기 겨레 전체를 자기와 똑같이 사랑하시며 悌를 다하시며 사셨다는 뜻이다. '하나님의 아들'이라는 말씀은 조물주 하나님까지의 모든 선조들에게 효를 다하시고 그 후손인 과거, 현재, 미래의 모든 사람들을 자기와 똑같이 사랑하시며 전혀 私心이 없이 사셨다는 뜻이다.

> 나는 너희에게 이르노니, 너희 원수를 사랑하며, 너희를 핍박하는 자를 위하여
> 기도하라. 이같이 한즉 하늘에 계신 너희 아버지의 아들이 되리니, 이는 하늘이
> 그 해를 악인과 선인에게 비추게 하시며, 비를 의로운 자와 불의한 자에게 내리
> 우심이니라. 너희가 너희를 사랑하는 자만 사랑하면 무슨 상이 있으리오(마태
> 5:44~46).

사람을 善惡·親疎로 가리지 않고, 원수도 자기처럼 사랑하며 일체의 私가 없이 살면, 그런 사람이 하나님의 아들이라는 말씀이다.

> 이에 예수께서 제자들에게 이르시되, 아무든지 나를 따라오려거든 자기를 부인
> 하고 자기 십자가를 지고 나를 좇을 것이니라. 누구든지 제 목숨을 구원하고자 하면
> 잃을 것이요, 누구든지 나를 위하여 제 목숨을 잃으면 찾으리라(마태 16:24~25).

24절의 말씀은 누구든지 예수님처럼 살고 예수님처럼 救世主가 되려거든 자기 私心을 버리고 자기 십자가를 지고 나를 따르라. 즉 과거, 현재, 미래의 모든 사람을 자기로 삼고 나처럼 사랑하라는 뜻이다. 자기 십자가는 사형틀인 십자가가 아니다. 아무든지 날 때부터 지고 나는 모든 사람과의 인연의 십자가다.

십자가는 자기의 모든 선조, 후손을 대표하는 시간적 인연과 형제, 동포 등 동시대에 살고 있는 지구상의 모든 사람을 대표하는 공간적 인연이 자기를 중심 삼고 종횡으로 교차하여 이루는 무한한 因緣의 十字架이다. 사람마다 그 십자가의 중심점, 즉 자기의 때와 장소에서 살아 활동하고 있지만, 자기만을 위하는 사심을 버리고 자기의 십자가 전체 즉 모든 시대와 장소의 사람을 자기로 삼고 사랑하며

살라는 것이 자기를 부인하고 자기 십자가를 지라는 말씀의 의미이다. 25절은 누구든지 자기만 살려고 하면 망할 것이고, 예수님을 따라서 자기(私心)를 버리고, 남을 자기처럼 위하면 육체는 죽어도 영은 살아 있게 된다는 말씀이다. 그것이 곧 부활이라는 뜻이다.

> 그리스도께서도 한 번 죄를 위하여 죽으사 의인으로서 불의한 자를 대신하셨으니, 이는 우리를 하나님 앞으로 인도하려 하심이라. 육체로는 죽임을 당하시고, 영으로는 살림을 받으셨으니, 저가 또한 영으로 옥에 있는 영들에게 전파하시니라(베드로 전서 3:18~19).

그리스도께서도 육체는 죽고 영은 살아 계시다고 베드로가 말하였는데, 그리스도 자신도 "살리는 것은 영이니, 육은 무익하니라. 내가 너희에게 이른 말이 영이요 생명이니라"(요한 6:63)고 말씀하셨다.

영이란 그리스도께서 세상 사람들에게 일러 주신 하나님 아버지의 말씀, 즉 그리스도교를 지칭한 것이다. 그러므로 "내가 문이니 누구든지 나로 말미암아 들어가면 구원을 얻으리라"(요한 10:9)라고 말씀하셨다. 누구든지 그리스도처럼 하면 그리스도처럼 되어 삼위일체를 이루고 그의 영, 즉 언행과 가르침의 영생을 얻게 된다는 말씀이다. 그리하여 누구든지 하나님의 아들답게 사는 나라가, "나라이 임하옵소서"라는 地上天國이다.

어떤 사람이나 그리스도처럼 하려면, 자기[私]를 버리고 하나님까지의 자기의 모든 선조를 아버지로 모시고 그들의 모든 후손을 자기 자신처럼 사랑하라는 것, 그가 만일 한국 사람이라면 단군의 조부이신 환인 즉 하늘나라 왕까지의 모든 선조를 아버지로 모시고 효성을 다하며, 과거, 현재, 미래의 모든 한국인과 인류를 자기 자신같이 사랑하라는 것이 그리스도교의 참뜻이다. 이 길의 시초는 부모에게 효성을 다하는 것이고, 가운데는 겨레를 자기처럼 사랑하는 것이고, 끝은 넓게 모든 사람을 위해서 홍익인간의 공덕을 세우고, 세상에 와서 사는 보람을 이루고, 그 길을 남겨, 후세의 거울이 되는 것이다.[46] 한국인으로서 하늘에 닿도록 효도하

---

46) 『孝經』 卷一.
　　"子曰 夫孝德之本也, 敎之所由也. 復坐吾語汝, 身體髮膚受之父母, 不敢毁傷, 孝之始也. 立身行道, 揚名於後世, 以顯父母, 孝之終也. 夫孝始於事親, 中於事君, 終於立身."

는 것이다.

그리스도께서는, "내가 곧 생명의 떡이니 내게 오는 자는 결코 주리지 아니할 터이요 나를 믿는 자는 영원히 목마르지 아니하리라"라고 하셨는데, 생명의 떡은 주기도문의 '일용할 양식'이며 그리스도가 전해 주신 하나님의 말씀이다. 그것은 사람의 사는 길, 즉 자기[私]를 버리고 원수도 자기처럼 사랑하는 일이다.

그리스도께서는 옛날 先知者들의 전통을 좇아 늘 의미심장한 비유로 말씀하였다.

예수께서 이 모든 것을 무리에게 비유로 말씀하시고, 비유가 아니면 아무것도 말
씀하지 아니하셨으니(마태 13:34)

그런데 비유적 언어로 기록한 예수님의 탄생에 관한 성경기록을 알아듣지 못해서, 예수님 자신이 '인자, 사람의 아들'이라고 말씀하셨는데도, 자고로 많은 성경학자들이 예수님의 어머니인 마리아의 남편 요셉이 예수님의 육신의 아버지임을 의심하거나 부인하고, 그리스도 자신이 아무든지 "자기 십자가를 지고 나를 좇을 것이니라"라고 하셨는데도 그 십자가가 무엇인지 알아듣지 못해서, 그리스도를 사형에 처한 십자가의 형상을 만들어 목에 걸고 다니는 우상숭배를 아직도 계속하고 있다. 그리스도께서는 "육체로는 죽임을 당하시고 영으로는 살림을 받으셨으나" 모든 사람과 생물의 몸은 때가 되면 죽는 사실을 무시하고 "몸이 다시 사는 것과 영원히 사는 것을 믿사옵니다"라는 거짓 맹서를 가르쳐 오고 있다. 성경의 신화와 비유 등 상징적 표현 속에 비장된 참뜻을 알고 보면 예수 그리스도 가르침의 핵심적 내용(마태 16:24~25)은 공자의 殺身成仁, 노자의 無私, 부처님의 捨身成佛, 단군님의 弘益人間과 완전히 같다.

그리스도교의 십자가의 기둥은 유교의 孝의 길, 십자가의 대들보는 유교의 悌의 길이다. 십자가의 중심과 동서남북은 유교에서는 信과 仁義禮智이다. 춘하추동의 사시가 돌고 도는 것처럼 돌고 도는 십자가는 불교의 卍이다. 이것은 세월의 물결 속에서 돌고 도는 물방아의 바퀴의 모양이다. 그러므로 부처님의 가르침을 法輪이라고 한다. 자기를 부인하고 법륜의 작은 것을 굴려 나감을 小乘이라 하고, 법륜의 아주 큰 것을 굴려 나감을 大乘이라고 한다. 이 경우 승(乘)은 만승의 천자,

천승의 제후 등의 승으로서 옛날의 왕들이 가진 수레를 의미한다. 법륜의 큰 것을 실시하려면 자기를 완전히 부인하고 노자가 말씀하신 無私의 경지에 이르러야 하는데, 거기에 이른 이를 도교에서는 신선이라 하고, 불교에서는 부처님이라 하고, 그리스도교에서는 그리스도라고 한다. 그리하여 무한한 사랑과 자비를 베푸는 것이 환인의 홍익인간이다. 제 종교의 신화와 경전의 내용은 다르나, 그 가르침은 다 같이 천지신불을 최고의 아버지로 모시고 자기[私]를 부인하고, 그 자손인 모든 사람을 참된 자기로 삼고 사랑하라는 것 한 가지뿐이다.

각 종교의 경전과 의식이 제각기 다르니 종교는 천차만별이고 종파는 무수히 많지만, 그 가르침대로 실천한다면 모든 종교는 하나로 되돌아간다. 우리 겨레의 건국신화나, 중국의 『易經』이나, 불교의 경전이나, 그리스도교의 성경 등에는 비유로 된 말씀과 신화가 많이 있으므로, 세심히 조리 있게 연구하여 그 속에 들어 있는 절대불변의 참뜻을 알아내는 것이 필요하다. 그것을 알아내고 보면, 이 글에서 다룬 모든 신화와 종교의 가르침의 정수는 누구든지 자기의 뜻에 의하여 탄생한 것이 아니라, 하늘이 보내 주셔서 이승에 온 천지신불의 자손임을 깨닫고 자기를 버리고 누구든지를 새로 거듭난 자기로서 사랑하라는 것이다. 그러므로 『시경』에 "天生烝民 有物有則 하늘이 뭇사람을 낳으셨으니, 사람에게도, 만물에게도 지켜야 하는 法則이 있다"라고 하였다.

Ⅶ. 맺음말

인류의 역사는 2백만 년가량 된다고 하는데, 지금으로부터 일만 년 전 신석기시대에 야생의 동식물을 길러서 목축과 농경을 시작하여, 비로소 자기의 노동으로 생산을 하게 되기까지는 대자연의 품 안에서 어린 양 떼처럼 평화롭게 살아왔다. 그러나 자기 힘으로 물건을 생산하게 된 이후부터는 자기가 수고하여 생산한 물건을 다른 사람과 나누어 쓰기를 싫어하는 利己心이 생겨나서 서로 물건을 교환하는 일, 남의 것을 빼앗거나 도적질하는 일 등이 많이 생겨났다. 이런 유래를 상징적으로 예시한 것이 카인과 아벨 형제의 살인사건이다. 그때 이래로 지금까지 인류의 역사는 형제의 피로 물들인 전쟁의 연속이 되어 왔다.

그런데 1945년 원폭은 투하로 인하여 인류의 미래는 더 이상의 전쟁을 절대로 허용하지 않을 것이다. 利己心, 私心을 좇아서 사람과 사람, 나라와 나라가 서로 싸우거나 전쟁하면 안 된다는 하나님의 絶對命令이었다. 그러나 그 후 겨우 5년이 지나서 이 나라에 동족상잔의 전쟁이 일어났고, 아직도 지구상의 도처에서는 전쟁이 계속되고 있다. 지금은 전쟁하면 인류가 멸종된다는 것을 누구든지 다 알게 되었지만, 과거로부터의 타성에 얽매여서 여전히 군사적·경제적·인종적·사회적 전쟁을 하고 있다. 이대로 싸움과 전쟁을 계속하다가 어느 순간에 원자무기가 사용되면 지구상의 모든 생물은 멸종되고 만다. 인류가 직면한 오늘의 종말적 위기는 사람이 사는 길을 가르쳐 주는 제 종교의 가르침을 따르기를 촉구하고 있다. 그런데 제 종교의 가르침의 비유로 된 부분을 알아듣지 못해서 자고로 많은 사람이 곡해하고 있으므로 세심하게 과학적으로 연구하는 것이 필요하다. 그러한 연구의 필요성과 방법의 일단을 이 글이 보여 주었다면 이 글을 쓰는 목적은 이루어진 것이다.

建築과 宗教
－교회건축과 지역의 종교문화－

金相景

경희대학교 교수 · 건축학

Ⅰ. 연구목적과 방법

　현재까지 서울을 포함한 우리나라의 대도시에서 나타나고 있는 기독교 건축공간의 양적인 팽창은 무절제한 상태에서 날로 증가하고 있다. 1960년부터 시작된 우리나라의 종교 열기는 '70년대부터 가열되어 이제는 전국 어느 곳에나 교회가 없는 지역이 없을 정도이다. 특히 지난 1984년에 천주교 선교 2백 주년, 개신교 전래 1백 주년을 맞이하면서 기독교의 敎勢는 가히 폭발적이다.

　한국기독교교회협의회에 따르면 '85년 말 현재 국내 개신교 신도 수는 846만 명에 교회 수는 22,871개이며, 가톨릭은 215만 명에 교회 수(본당)는 713개에 이른다(86년 말 현재). 改新敎만을 보더라도 '76년에 신도 수 432만 명, 교회 수 16,351개였던 것과 비교해 볼 때 10년 사이에 거의 2배가량 증가한 셈이다. 이와 같이 늘어나는 교회를 최근 일간신문에서는 "서울 심야의 십자가의 숲"이라는 현장취재에서 한국의 종교열기에 대해 "국내학자들은 '70년대 이후 급속한 産業化로 물질적으로는 다소 풍요해졌으나 정신적으로는 방황사태를 맞게 되어 이를 보완하려는 욕구에서 비롯된 것"이라고 분석하고 있기도 하다.[47]

　그러나 이렇게 양적으로 팽창해 가는 교회는 모든 기독교인들이 서로 사랑을

---

47) 한국일보, 1987년 3월 27일자, 5면.

나누며 봉사를 위해 노력하는 기독교 정신과 가치가 반영된 도시의 宗敎文化의 정 주현상으로 발전되어 가고 있지 못하며 질적으로 아직 확립되어 있지 않은 상황 이다. 이러한 현상은 종교적 상품처럼 표현되고 있는 교회와 종교문화 사이의 乖 離現象이라고 하겠다. 많은 교회의 종교공간이 외부와 단절되고 폐쇄된 상황으로 인하여 기독교인 상호 간의, 그리고 사회 대중과의 긴밀하고 유기적인 관계가 유 지되기보다는 교회 자체의 획일적이고 일방적인 성격을 지니고 있다고 하겠다. 즉 현대사회 속에서 교회공간의 구성은 경제적으로 효율성과 융통성에 대한 연구 가 필요하게 되었고, 지역 커뮤니티에 대한 기여와 함께 우리 지역상황 차원에서 교회형태의 바람직한 방향 제시로서 한국 교회의 土着化 시도가 필요하게 되었다.

따라서 본 연구의 내용은 첫째, 현대사회에서 기독교 건축의 기능과 역할을 재 해석하여 그것을 근본으로 한 효율적이고 융통성 있는 합리적인 건축 내·외부 空間構成을 고려한다. 둘째, 현재 양적으로만 팽창해 가면서 제각각의 형태를 유 지하고 있는 상황으로부터 탈피하여 도시환경 측면에서 도시·건축 어프로치를 통한 바람직한 도시형태로서 교회의 造形槪念을 제안하고, 최근의 사례를 들어 시 역 주변환경과의 형태와 사용패턴상의 조화를 추구하는 것이다. 이러한 건축공간 과 형태의 고려와 병행하여, 지역사회와의 단절이 아닌 그 지역문화에 적응하며 共同體意識을 증진시키고 함께 참여하는 사회·문화적 고려를 함으로써 지역 종 교문화의 정착화를 모색하는 것이다.

연구방법은 우리 교회건축의 현황과 문제를 물리적·사회·문화적 측면으로 제기하고 그 해결방향으로 단순히 주로 禮拜機能만으로 쓰이고 있는 현대사회 교 회의 기능 해석과 역할을 규명한다. 그리고 물리적인 환경의 구성 요소들을 분석 하여 지역 커뮤니티의 다양한 요구에 상응시키고 도시의 종교문화 장소의 개념을 구체화한다. 그리하여 현대사회에서 종교생활을 위한 바람직한 방향과 그에 따른 기독교 공간과 형태를 제시하여 종교문화의 정착화에 기여하는 데에 본 연구의 목적이 있다.

Ⅱ. 우리 교회건축의 현황과 문제의 제기

한국 기독교의 부흥은 사회 · 경제적 여건의 향상과 더불어 교회의 대량 건축을 유발시켜 나온 결과 교세 확장 및 경제 성장에 따라 교회가 점차 巨大化하고 있으며, 규모의 거대화에 비례하여 교회 내의 각 공간은 效率性이 저조하다. 또한 거대한 형태는 물리적으로나 사회 · 문화적 측면에서 주변지역의 환경과 부조화 현상이 일어나고 있다.

즉 도시교회의 대지가 필요 시설면적에 비해 영세하기 때문에 교육기능, 예배 등 多目的 機能을 수직으로 중첩시켜 교회건물을 높고 웅장하게 하려는 고딕양식과 함께 이웃과의 스케일 부조화 현상이 야기되었다. 더욱이 건축디자인의 낮은 수준으로 공간의 경직성을 갖게 되어 교회 사명에 흡족한 공간이 되지 못하고 있다.

일주일에 몇 번 밖에 사용 안 되는 예배공간이 너무 크고 비경제적이며 서민 주택들로 이루어진 주위환경과 부조화의 분위기를 만들어 내고 있다. 지금의 교회들처럼 우리의 좁은 생활공간의 대부분을 비어있는 공간으로 둔다는 것은 낭비적인 요소가 아닐 수 없다. 현재 우리의 교회는 사랑과 奉仕의 공간으로 지역사회의 커뮤니티와 긴밀하게 유대관계를 맺는 역할과는 별로 연관되지 않는 특성을 지니며 일종의 敎權의 신분과 권위를 상징하여 거대하고 화려한 권위주의적인 형태를 유지하고 있다. 이렇게 일종의 신분을 상징하고 權威의 대상으로 된 오늘날의 교회건축 현실을 지양하고, 인간과 신이 만나며, 고난에 동참을 하는 장소로서의 역할이 필요한 것이다. 즉 교회는 더 이상 하나님의 집만이 아니고, 우리들의 만남의 장소로서 역할이 강조되어 교회를 地域社會의 생활 중심이 되게 만들어, 예배, 주일학교 등의 기능만이 아니고 그 지역에서 일어나는 문화행사, 심포지엄 등이 이곳에서 이루어져 일상생활과 분리되지 않는 보편적 장소가 되어 교회건축의 문화화 작업을 시도하여야 할 것이다.

이상에서 우리 교회건축의 문제해결은 다목적의 정신적 · 물리적 그리고 지역사회적인 문제를 해결해 가는 새로운 공간과 형태 구성이 필요한 것이다. 결국 요약하면,

1) 거대한 크기의 문제는 효율적이고 융통성 있는 공간 구성의 合理化 작업이
   필요하고,
2) 주변환경과의 不調和 현상은 인접 건물군과의 親近感 있는 결합작업이 필요하며,
3) 지역사회와의 斷絶 문제는, 현대사회조직 속에서 교회가 그 지역의 대중시민
   들과 대화하며, 그들을 인도하려는 교회의 사회·문화적 역할을 보완하는
   구체적 작업이 필요하다고 하겠다.

Ⅲ. 현대사회에서 교회의 기능 해석과 役割

조동진의 『敎會行政學』에서는 신의 실재로서의 교회와 인간들의 공동생활체로
서 인간적 실재로서의 교회라는 두 가지 측면의 기능을 가져야 한다고 지적한다.
그런데 우리의 현실은 첫 번째 기능을 강조하여 부각한 나머지, 인간들의 공동생
활체 측면의 역할은 미흡한 경향이 있다. 특히 교회행정의 경식성에 따라 지역주
민들이 일상생활로부터의 접근이 어렵고, 개방적임을 주장하면서 실제로는 교회
가 폐쇄적이고 보수적인 영역으로 인식되고 있다. 즉 현대사회조직 속에서 대중
시민들과 대화하며 전도하려는 교회의 기능은 결여되어 있다고 하겠다. 이러한
상황으로부터 교회 공간의 효율정과 융통성을 높여 일반대중들까지도 지역사회
의 宗敎領域(christians' territory)에 함께 공동 참여할 수 있는 기회를 마련하는 시도가
있어야 하겠다. 왜냐하면, 교회가 지역의 문화를 수용·적응하면서 서구교회의
亞流와 모방을 탈피하여 지역을 종교 문화화하는 역할이 현대사회에서 크게 요구
되기 때문이다.

최근에 개최된 한국사목연구소의 신학심포지엄인 '韓國天主敎會의 土着化 展望'
이란 주제에서 현대사회에서 교회의 역할에 관해 다음과 같이 설명하고 있다.

> 교회가 鄕土文化와의 전면적인 동일화를 모색하고 그 본질을 구현해 가는 과정
> 은 현대종교의 발전에 필수불가결한 요소로 간주되고 있다. 이는 하느님께서 인
> 간을 구속하기 위해 사람이 되셨듯이 교회는 선교사명을 수행하는 데 그 지역의

문화에 적응함으로써 교회의 본질을 실현한다는 논리에서 출발하고 있다.[48]

이 논의에서 토착화 작업을 수행하는 데 있어 정치, 경제, 문화, 종교 등 한국의 역사와 현실을 규정하는 요소들을 어떻게 福音的 眼目으로 정확히 이해하고 평가하는가에 달려 있다는 의견이 지배적이었다. 이와 관련해서 한국교회가 민족사회의 전 문화영역을 福音化하려는 데 等閑視했다는 지적은 충격으로 받아들여졌다고 한다. 이 세미나에서 심상태 신부는 "문화의 복음화 작업은 행정적인 지시에 따라 일반 본당 수준의 司牧活動이나 교리교육을 통해 쉽게 해결될 수 있는 문제가 아니며, 인간의 생활을 규정하는 다양한 복합적 요소, 정신적이고 물질적인 요소에 대한 학문적인 이해와 비판적인 분별능력의 함양이 진정한 문화의 복음화를 가능하게 한다"고 주장한다.

이상에서 볼 때 한국교회가 외적인 팽창·성장에 만족할 것이 아니라 교회의 쇄신과 더불어 획기적인 선교와 사목을 통하여 종교의 지역문화화와 나아가 교회의 土着化 시도로써 신앙공동체 내연의 정숙을 이룩해야 하겠다.

Ⅳ. 地域의 宗敎文化 정도의 모색

한국교회의 土着化(*Inculturation*)를 위한 물리적인 시도로서 지역 종교문화 장소의 모색은 그 지역주민들이 원하는 종교의 기능을 쉽게 접근하여 선택하고 사용하며, 시간이 흐름에 따라 그들의 생활모습이 담긴 공동 집합장소의 연속에서 이루어진다고 믿는다. 따라서 宗敎文化 장소의 모색은 다양한 그룹의 도시민들이 사회적으로 모여 대화하고 서로 전도하며 지역사회의 커뮤니티 의식을 고취시켜 그들의 종교적인 삶과 직접 연결되는 모임의 장소(*gathering place*) 개념에서 출발한다고 하겠다. 이러한 사회·문화적인 개념이 발전되어 교회건축은 神의 부름을 받은 사람들의 모임 기능을 가지는 것이며, 따라서 교회의 위치는 모든 주민들이 쉽게 모일 수 있는 곳이어야 한다.

---

48) 한국사목연구소, 「토착화 전망논의」, 『주간종교』, 1987년 4월 15일자.

〈그림 1〉 각 지역의 커뮤니티마다 분포된 외부의 소규모 만남의
장소와 연결된 교회건축(미국 필라델피아 주거지역)

　　교회는 단순히 청중들이 모이는 대집회장과는 다르며 예배를 구경하는 것이 아니
라 자기와 예배와의 실제적인 關聯性을 맺으면서 능동적으로 참여하는 것이다. 이러
한 의미의 모임 장소로서 교회의 사회·문화적 타당성은 신이 제단과 함께 교인들
사이에 계시며, 특정한 예배의 장소와 우리 사회를 구별하지 않는 데에 근거한다. 이
개념에 근거하여 각 지역과 동네의 소규모 커뮤니티마다 단순한 禮拜機能의 차원을
넘어 신도들과 지역주민들과의 자연스러운 만남, 사랑과 봉사 그리고 전도하는 생활
의 장소로서 교회가 문화화되며 有機的으로 지역사회, 나아가 도시와 연결시키는 것
이 바람직하다. 그리하여 종교적 믿음이 반영되고 그리스천들의 표현과 개성이 나타
나 지역사회와 연관을 맺는 宗敎의 領域化가 이루어질 것이다. 즉 이러한 개념의 종
교적 장소는 각 지역과 화합하여 외부와 단절되고 폐쇄된 예배공간으로부터 탈피하
여 신도와 지역주민에게 쉽게 접근할 수 있어 신과의 만남과 신도 상호 간의 만남의
장소가 제공될 것이며, 都市 속의 종교문화화는 가능해질 것이다.

<그림 2> 주거지역과 조화를 이루는 교회건축(필라델피아)

　　필자가 머물렀던 미국의 필라델피아에서 서구적인 도시의 전통적인 모습 속에 각 지역마다 분포된 커뮤니티를 위한 모임의 장소가 교회와 긴밀하게 연결된 사례를 발견할 수 있었다. 주택가의 집, 길 그리고 마을은 시민들이 자부심을 가지고 그 장소에 대해 적응한 것은 오랜 세월의 흐름에 따라 그들의 종교적 표현을 담게 되었으며, 그 결과 그 지역의 주거와 종교가 화합하여 지역의 宗敎文化가 이루어지게 된 것은 본받을 만한 사실이라 하겠다.

Ⅴ. 都市 속의 敎會空間과 형태의 방향

　　地價가 높고 대지의 면적이 협소한 도심의 상황에서 교회건축이 가져야 하는 형태와 내·외부 공간 구성은 어떻게 되어야 할까? 필자는 이 문제를 풀기 이전에 교회건축만이 아니라 모든 기능의 건축이 도시 속에서 일정하고 통일된 개념 하에 形態構成을 하여야 한다고 믿는다. 이것은 어느 기능의 단위 건축도 건축의 스케일에서는 전체가 되지만, 도시의 스케일에서는 부분의 구성요소로 작용하여 도시 전체를 구성하는 質序의 原理에 순응하여야 하기 때문이다. 즉 도심지의 어느 용도의 건축이든지, 외관은 도시조직을 이루는 구성요소인 都市의 壁(urban wall)으로서 보아야 하고 주변건물의 볼륨, 높이, 공간의 연속, 사용행위의 패턴, 역사적인 특징 등의 요소는 상호 통합되어 도시의 질서를 유지하는 구실을 하여야 한다. 일본의 유명한 도시 건축 전문가인 마키(Maki)는 그의 저서[49]에서 개체로서의 건축이 모여 集合形態(collective form)를 형성하는 전체적 의미를 도시라고 해석했으며 이 도시는 건축물들의 집합 속에서 사람들의 경험 패턴을 연결시킨다고 주장했다.

처음에 제시한 도시 교회건축의 공간과 형태에 관한 질문의 해결을 찾기 위한 基本概念을 위에서 살펴보았다. 구체적으로 교회의 경우도 마찬가지로, 위치한 지역사회의 경관을 저해하는 것이 아니고 인접지역 건물과의 조화를 추구하면서 기독교인들과 지역주민들의 거주생활의 延長의 장소로서 주거의 스케일, 나아가 인간적 스케일을 갖는 형태여야 할 것이다.

교회건축이 가져야 하는 볼륨을 어떻게 인접 주변환경(주로 주거지역)의 스케일로 人間化시키느냐에 관한 좋은 예로 최근에 신축된 강남구 서초동에 자리 잡은 '사랑의 교회'를 예로 들 수 있겠다. 이 교회의 공간 구성 원칙을 살펴보면, 교회의 主空間인 예배공간을 지하에 수용함으로써 교회의 외형 크기를 축소하고 남는 공간은 외부의 마당으로 계획되어 都心地의 교회건축 형태의 혁신적인 제안을 하고 있다. 즉 일반적으로 생겨지는 교회건축의 커다란 볼륨에 의한 저항감을 줄이고 이웃 주변환경과 어울리는 인간적 스케일에 의한 空間構成의 예는 성공적이라고 할 수 있겠다.

---

49) Fumihiko Maki, *Investigation in Collective Form*, 워싱턴대학 출판부, 1964.

〈그림 3〉 사랑의 교회 투시도

〈그림 4〉 지상을 사무교육 기능으로 수용하고, 대예배공간을 지하에 두어 건물의 볼륨을
축소화시켰다(사랑의 교회 전면 외관)

로 접한 gate를 통하여 외부마당으로 연결된다. 이 마당의 지하 부분이
대예배공간으로 구성되어 있다

지하 대예배공간(사랑의 교회)

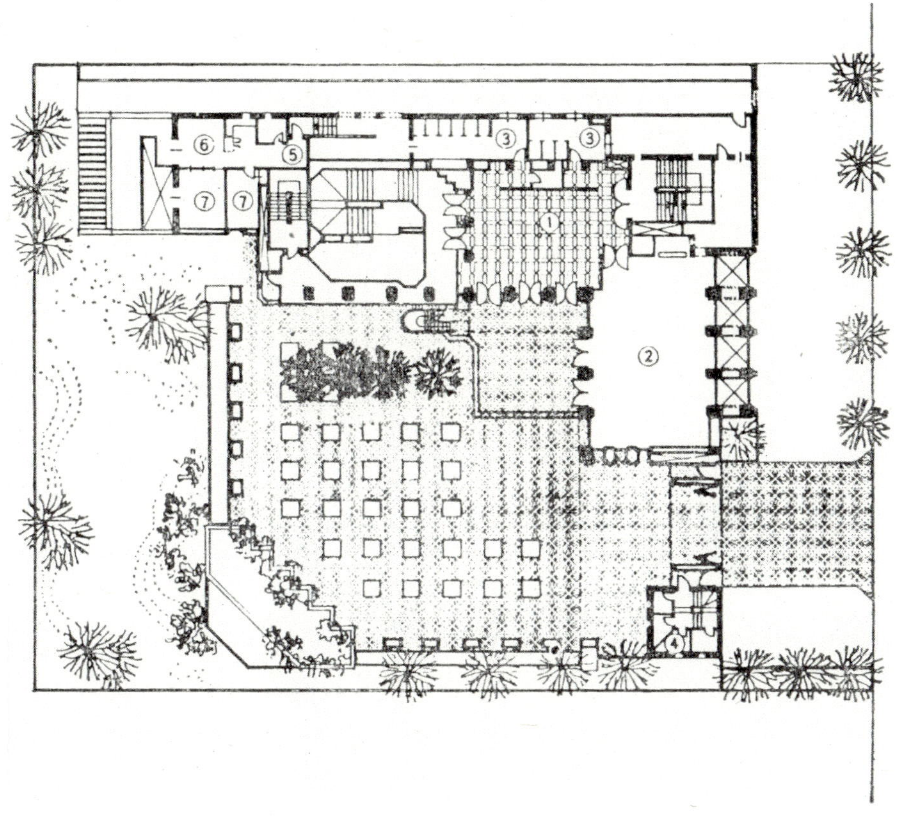

1. 홈　　2. 친교실　　3. 화장실
4. 개인기도실　　5. 현관　　6. 거실　　7. 방

1층 평면도

지하층에 대예배공간을 구성함으로써 생겨지는 외부공간을 전정으로 구성하고 있다. 내부의 우측 주요 계단을 외부로 노출시킴으로써 생겨지는 동선의 원활함과 외부공간의 활성화 시도가 미흡하다(사랑의 교회).

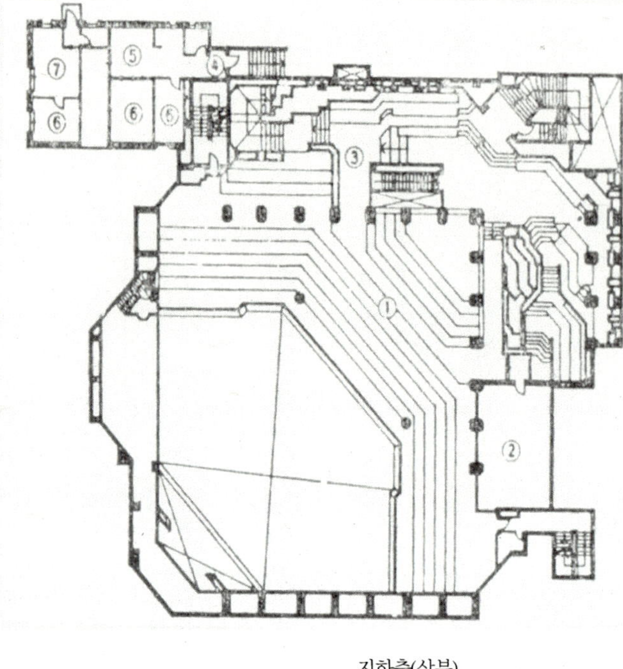

지하층(상부)

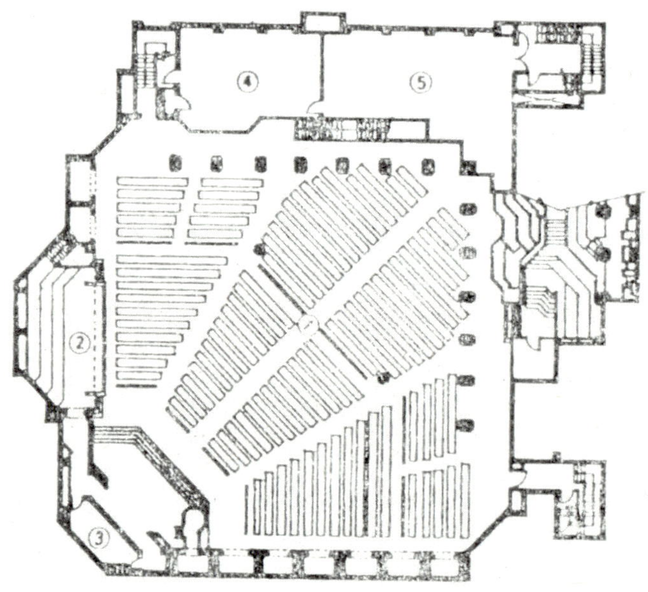

지하층(하부)

〈그림 8〉 사랑의 교회

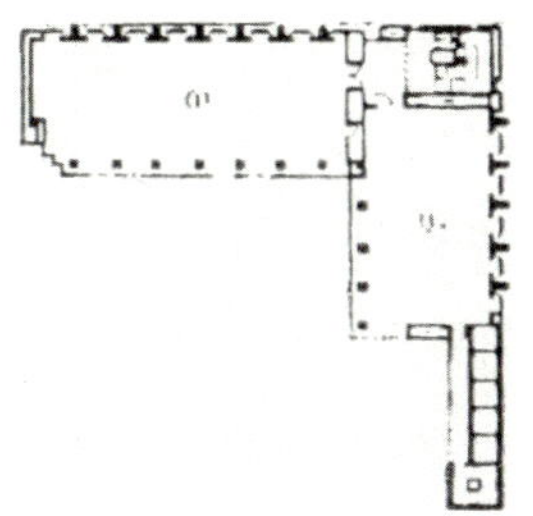

1. 회　의　실
2. 부교역자실
3. 목　사　실
4. 사　무　실
5. 다목　적실
6. 창　　　고
7. 개인기도실

〈그림 9〉 2층평면도

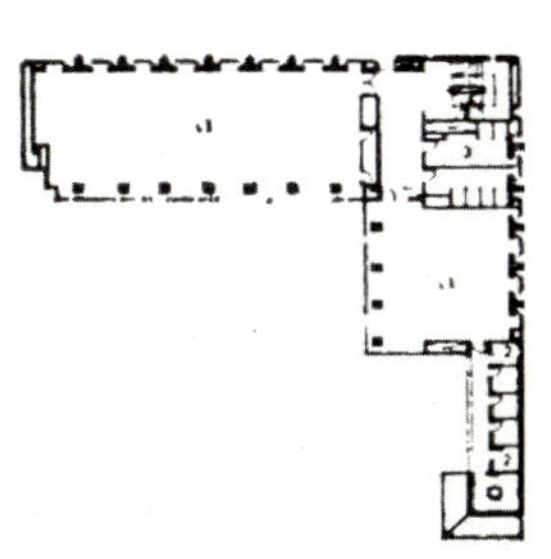

1. 교　육　관
2. 개인기도실
3. 화　장　실

〈그림 10〉 3층평면도

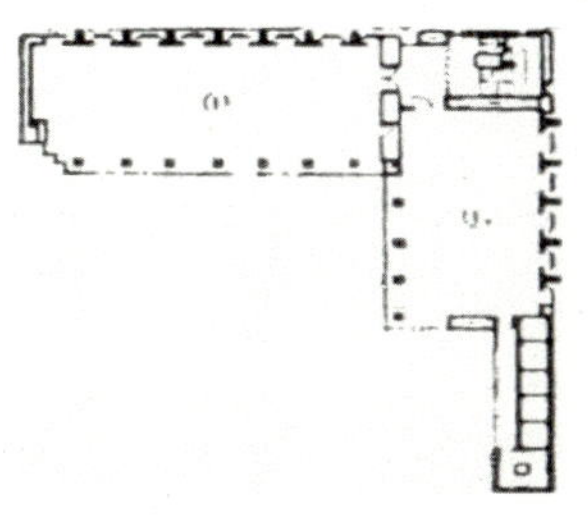

1. 교육관

〈그림 11〉 4층평면도

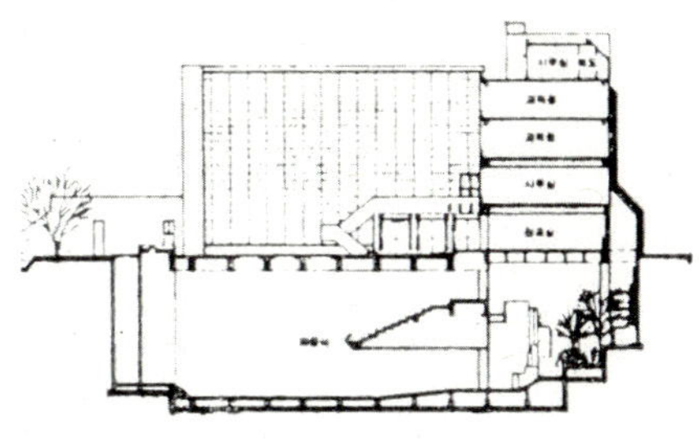

〈그림 12〉 단 면 도

지상층은 사무실, 교육제시설, 회의실 등으로 건축
의 볼륨을 줄일 수 있다(사랑의 교회).

그러나 지하 예배공간으로의 진입계단이 건물 내부에 있어서 많은 신도들의 동선 해결을 원활히 해 주지 못하고 있는 미흡함이 있으며, 외부 공간의 마당 역시 地域社會에서 요구하는 다목적 기능을 이 공간에서 해결하지 못하고 있다. 오히려 지하로 진입하는 계단을 외부 마당에서 직접 진입케 하는 설계가 내·외부의 자연스러운 相互作用이 이루어져 효과적이라 생각되며 외부공간의 活成化도 이루어지리라 기대된다. 즉 전정이 지역사회로부터 적극적으로 사용되지 못하고 있는 것이 아쉽고 내부의 지하로 내려가는 계단을 외부공간으로 빼내어 동선의 원활함과 외부공간의 활성화가 필요하다고 생각한다. 결과적으로 장점은 대예배공간을 지하에 두어 외부 형태의 볼륨을 축소하여 외부 마당의 여유를 가지게 되고 human scale을 유지한 것은 도시형태로서 교회가 지니는 방향을 제시했다고 볼 수 있다.

〈그림 13〉 경사로의 진입공간에 의하여 본당으로 연결된다(마산성당)

〈그림 14〉 주 공간주변의 소규모 공간들을 배치시켜 조형 구성을 하여 스케일의 분절을
시도했다(마산성당)

다음의 내·외부 空間構成의 흐름을 의도적으로 계획한 마산의 '마산성당'은 참로(경사로로 구성)에 의하여 본당으로 연결되는 진입공간을 설정한 것이 특이하다고 하겠다. 종교적 분위기의 연출을 극적으로 시도한 이 마산성당은 입구→전정→경사로→십자가→현관홀→본당의 연결과정을 가지며 경사로라는 중간영역을 이용하여 내부와 외부 공간 간의 相關關係를 유지하고 있다. 즉 이 성당은 人間共同體를 위한 종교의 개념을 실현시키고 기분을 충족시키는 종교적 분위기를 만들어 주는 건축을 추구하였다는 점에서 종교건축의 새로운 유형을 제시하고 있다.

그러나 내향적 공간조직과 수직성 강조의 외부 조형과의 매스감은 외부와의 차단을 의식하고 있다. 내부공간은 human scale인 데 반하여 외부의 조형은 형태 자체의 閉鎖性을 지니면서 경사로와 底層의 조형처리로 human scale을 시도하였다.

즉 이 성당은 벽체를 작게 分節시키고 소규모의 공간들은 주 공간 주변에 배치시켜 human scale에 의한 공간과 조형 구성을 추구하고 있다.

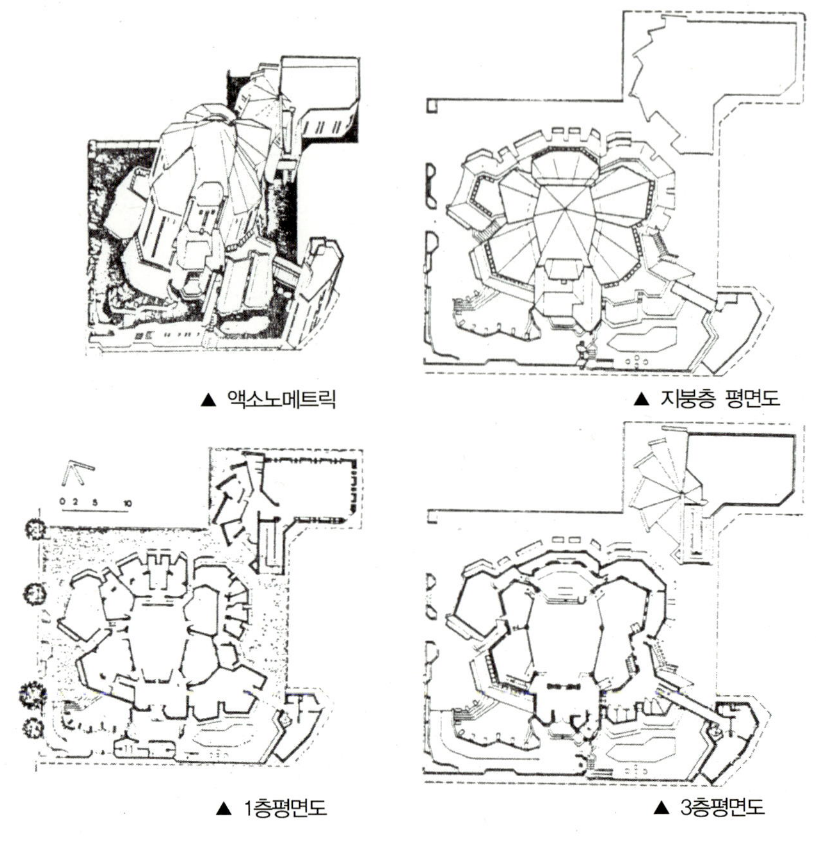

〈그림 15〉 마산성당 평면도

    한편 서울의 경동교회와 불광동 성당은 위와 비슷한 개념에서 출발하였지만 외부 주변환경과의 조화를 어렵게 만들고 있다.

    한편 교회 건축공간에 관한 연구에서 교회가 가져야 할 기본적인 인구문제 분석과 기능적인 공간 연구로 새로운 교회건축의 방향을 설정할 수 있다고 설명하면서, 특히 교회건축의 經濟性과 融通性에 따른 효율성의 고려를 강조하였다. 교회 공간 구성 원칙에 관하여 예배, 행정, 다목적 기능공간 3개의 블록으로 나누었다. 그 연구에 의하면 예배공간의 경우 교회인구의 50%가 주 1회의 비율로 사용되며 25% 정도가 가장 많이 사용되므로 25%(25% 인구×0.3평/1人)의 공간을 고정화하여 神聖化할 수 있는 공간으로 정하고 나머지 25%는 융통성 있는 분할(*partition*)을 이용하여 전체가 사용 가능할 수 있도록 계획의 원칙을 제시했다. 그리하여 나머

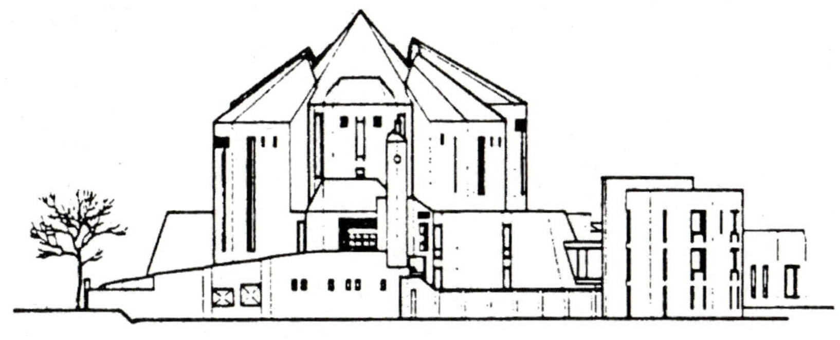

▲ 북서 측 입치도

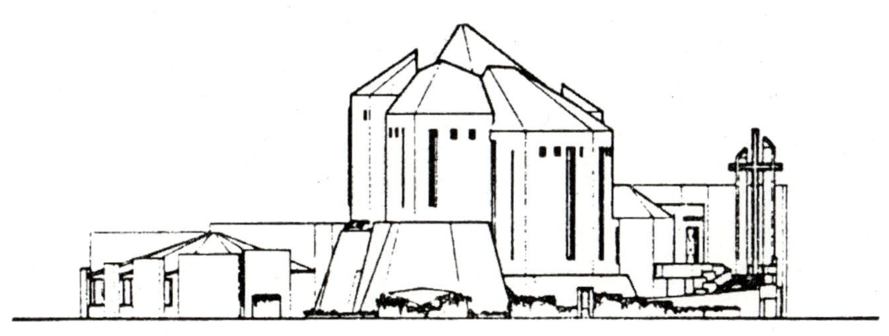

▲ 남서 측 입면도

〈그림 16〉 마산성당

지 25%는 몇 개의 공간으로 分割하여 다른 기능의 교회학교의 공간 등으로 사용될 수 있어 언제나 開放空間(*open space*)의 개념을 가지는 것이다.[50]

최근의 예배실 평면에 관한 연구에서 기젤만(*Gieselmann*)은 현대사회의 보조를 맞추기 위한 교회 예배공간 구성에 관해 그의 저서『새 교회들(*New Churches*)』에서 제단(*Alter*)이 회중도(*Nave*) 안으로 내려와 회중도를 예배공간 둘레에 반원형 혹은 4분의 3 원의 형태로 배치하고 있다고 설명한다.[51]

---

50) 이호진, 「한국 교회건축 공간의 새로운 방향에 관한 연구」, 『대한건축학회지』 19권 67호, 1975년 12월, pp.23~24.

51) 한수일, 「현대 교회건축의 기본계획 방향에 관한 연구」, 국민대학교 대학원 석사논문, 1983, p.46.

〈그림 17〉 도시소음 속에 위치한 교회 내부 공간의 유지를 위하여 외부환경과
차단된 조형을 가지고 있다(서울 장충동 경동교회)

현대사회의 다양한 기능과 역할 수행을 위한 교회 건축공간의 구성은 융통성 있는 대예배실과 교육기능(유·중·고등부 교회학교 공간), 행정기능 그리고 다목적 기능의 역할을 수행하는 대화, 친교, 전도 그리고 지역사회에 기여하는 모임의 장소로서 屋外空間을 포함하여 도시와 직접 연결되는 것이 바람직스러울 것이다.

Ⅵ. 맺음말

이상에서 살펴보았듯이 교회공간과 형태는 하나님의 신성이 표현되고 의식을 담는 그릇과 함께, 그리스도의 복음을 전하며 일반대중과 호흡하는 장소로 표현되어야 한다고 본다. 특히 서구 중세신앙의 상징인 고딕의 건축양식의 모방에서 벗어나 대상지역과 호흡을 같이하는 空間과 形態 구성이 절실히 필요하다고 하겠다.

〈그림 18〉 주변환경을 압도하는 불광동 성당은 내·외부 공간의 흐름으로
지역사회와의 연결을 시도했다.

　　제한된 예산을 가지고 교회의 다양한 사업을 위하여 최소의 경비로 품위 있고
종교의 분위기를 유지하면서 현대사회 속에서 지역사회에 부과된 사명을 다할 수
있도록 교회의 구조를 多目的으로 이용할 수 있는 空間構成이 필요하다고 하겠다.
특히, 지역상황에서 개별적인 건축물과 마을 전체와의 사이를 연결하는 轉移領域
(*transitional territory*)으로서 교회건축과 그의 부속되는 외부공간이 종교문화의 福音
化 역할을 담당하여야 한다. 이러한 종교적인 영역이 지역의 求心點이 되어 시민
들의 공공생활과 개인생활이 자연스럽게 연결되고 활기 있는 균형을 찾게 되면
지역의 종교문화는 이루어질 것이다.

참고문헌

이호진, 「한국교회건축공간의 새로운 방향에 관한 연구」, 『대한건축학회지』 19권 67호, 1975
년 12월.
한수일, 「현대 교회건축의 기본계획 방향에 관한 연구」, 석사학위논문, 1983.
조동진, 『교회행정학』.
황일인, 「사랑의 교회」, 『건축가지』, 1985년 7~8월호.
「김수근 추모특집」, 『공간지』, 1986년 8월호.
Fumihiko Maki, *Investigation in Collective Form*, 워싱턴대학 출판부, 1964.
Reinhard Gieselmann, *New Churches*, 뉴욕 Architectural Book Publishing, 1972.
Amos Rapoport, *Human Aspects of Urban Form*, 뉴욕 Pergamon Press, 1977.
Sang Kyung Kim, "Territorial Behavior and the Design of Small Neighborhood Gathering Places", 펜
실베이니아대학 박사학위논문, 1984.

제3장

現代社會와 宗敎의 役割

現代社會와 儒教의 役割

張基槿

성심여자대학교, 중문학

Ⅰ. 머리말

이 연구는 하나님이 소망하는 '하나의 이상세계, 지상천국'을 실현하기 위한 統一運動의 일환으로 현대사회의 병폐를 분석하고, 이에 대한 치유와 아울러 하나님주의에 의한 '하나의 평화세계' 건립을 위한 유교사상의 핵심인 禮敎와 禮治를 논한 것이다.

인류가 수천 년에 걸쳐 쌓아 올리고 물려 내려온 귀중한 학문·사상은 표면적으로는 시간, 지역, 인물이 다름으로 해서 표현된 언어와 논술이 같지 않다. 그러나 깊은 뜻과 가치는 상통하는 점이 많다. 특히 유교·불교·기독교 진리의 심층부에는 공통된 것이 많고, 그 가치·효용이 다 '하나의 世界'를 건립하는 데 크게 이바지할 수 있는 것들이다. 부분적 소이만을 고집하고 내세우고서 大同的 一致를 마다하면, '하나의 세계'를 바라볼 수가 없다. 이러한 의미에서 필자는 유교의 핵심인 禮·禮敎·禮治의 原理와 本義를 오늘의 위기 극복과 내일의 이상세계 건설에 효용할 수 있게 체계화하고 해석하고자 한다.

溫故知新이다. 중국의 경전과 전통사상은 결코 사장되거나, 버려져서는 안 된다. 고전의 무게와 생명력을 바르게 찾아 오늘의 병증을 치유하고 미래의 광명으로 빛나게 해야 한다. 우선 오늘의 인류세계를 진단해 보자.

오늘의 인류는 심각한 위기와 파경에 직면하고 있다. 개인적으로나 사회적으로나 또는 국가적으로 심각한 이기주의, 물질만능주의, 찰나적 공리주의에 빠져 숭고한 정신과 존엄한 인간성을 저버리고 오직 인간을 '機能하는 道具'로 간주함에 따라 오늘의 세계는 바로 비인격적 집단사회로 전락하였고, 그와 아울러 오직 '物質的·物理的 힘'만으로 인간과 사회를 다스리게 되었다. 그 가장 극악한 경지가 바로 共産主義이다. 그들은 철저한 무신론과 유물주의와 왜곡된 辨證法的 歷史觀을 내세우고 오직 무력통치만을 일삼고 있다.

그러나 벌써 오래전부터 인류사회에는 위기적 징조가 싹트고 있었던 것이다. 즉 중세기의 암흑기를 벗어나 문예부흥으로 헬레니즘의 꽃을 피웠던 인류는 마침내 산업혁명, 종교혁명을 거쳐 인간의 지능을 앙양하고 해방시키더니, 그 타성이 지나쳐 니체로 하여금 "神은 죽었다"고 외치게 함으로써 많은 지성인들을 무신론으로 몰아넣게 했던 것이다. 그 후 두 차례에 걸친 세계대전, 소련의 혁명, 중공의 패권 장악과 놀라운 과학기술의 발달, 공산품의 풍요가 더욱 인류를 신으로부터 멀어지게 했고, 드디어 많은 지식인들은 종교신앙을 迷妄으로 간주하고 오직 진리는 좁은 의미의 科學에서만 실증적으로 찾을 수 있는 것이지, 절대로 시간과 공간을 초월하여 '하나님'이나 또는 形而上的 관념에서 찾아지는 것이 아니라 하여 '하나님의 絶對價値'를 인정하지 않기에 이르렀다.

이렇게 하여 비공산국가인 자유제국에 있어서도 일반적으로 지식인들 간에는 무신론적 인본주의가 팽배하게 되었고 그 결과 人間의 운명을 좌우하는 정치에 있어서도 종교적 차원에서의 '하나님의 사랑이나 진리의 길'에서는 너무나 멀리 떨어진 '人爲的이며 恣意的인 사회과학적 기능과 공리주의'만이 판을 치게 되었으며, 그 결과 人間들은 패권정치의 제물로 전락하고 말았다.

한편 국제적으로 보더라도 오늘의 인류세계를 위기에 떨어뜨린 원흉은 물론 무신론, 유물주의, 무력혁명을 일삼는 공산세력의 발호에 있음은 두말할 필요가 없다. 그러나 이들과 대치하고 있는 자유진영에도 이차적 책임이 없지 않다. 즉 반공·승공을 위해 자유민주주의 제국들도 차츰 그들의 정치를 '無神論的 物質·武力主義'로 기울이지 않을 수 없게 되었기 때문이다. 그 결과 오늘의 세계는 흑심한 '이지적 국가절대주의'가 판을 치고 저마다 '돈, 힘, 과학'을 바탕으로 한 부국

강병에 몰두함으로써 대립, 분열, 경쟁, 쟁탈, 전쟁의 방향으로 줄달음치고 있다. 이러한 위기를 어떻게 극복하고 또 진정한 人類大同의 세계평화를 구현할 수가 있을까? 인류의 구원은 근본적으로 이루어져야 한다.

우선 자유민주세계의 모든 사람들이 하나이신 하나님[神·天]을 되찾고, 하나님의 진리의 길[天道]를 따르고 절대가치와 最高善을 바라고 하나가 되어 나아가야 한다. 즉 '무신론적 人本·人知主義'만을 바탕으로 한 사회과학을 지상으로 내세우는 인간적 오만에서 탈피하여, 絶對價値와 최고선의 근본인 하나님 앞에 머리 숙이고 따르는 경건한 종교적·정신적 차원에서 각자가 인격혁명을 이룩하고 모두가 하나님을 중심으로 하여 하나가 되어야 한다.

하나님은 無形의 本體이다. 그렇기 때문에 하나님을 내세우고 믿는 것을 '비과학적이다, 혹은 迷信이다'라고 한다. 그러나 조금만 깊이 생각해 보자. 자연과학의 경우에도 과학자들은 눈에 보이지 않는 무형의 법칙을 터득하고 활용해서 훌륭한 과학적 성과를 거두고 있지 않은가? 보이지 않는 자연과학의 법칙도 하나님의 진리의 일부이다. 자연법칙이 보이지 않는다고 없다고 하겠는가? 또 없으니까 따르지 말라고 하겠는가? 보이지 않아도 진리는 따라야 한다. 宇宙 天地萬物을 창조하고 그 모든 것이 끝없이 창조되고 발전되게 하는 원리·법칙이 바로 하나님의 진리이다. 그것은 광명정대하고 공평무사하고 영구불변한 진리이다. 그것은 넓은 의미로 '자연의 법칙'이라고 해도 좋다. 하나님이 自存者이신 것처럼 하나님의 진리도 '스스로 그렇게 되는 절대적 법칙'이다. 心情的으로 하나님을 돈독히 믿고 따르는 높은 경지는 하루 이틀 사이에 모두가 다 도달하기를 기대할 수는 없다. 그러나 21세기를 맞이하는 지성인이라면 누구나 자연법칙과 같은 天道(하나님의 진리)를 따라 最高善을 지향하는 이상세계를 구현하기 위한 실천적 지성인이 되어야 할 것이다. 그것이 참다운 지성인의 사명이다.

오늘의 세계는 외형적·물질적·자연과학적으로는 거의 하나가 되었다. 모든 과학자가 하늘의 진리인 자연법칙을 한결같이 잘 받아들이고 따르기 때문에 과학의 세계에서는 엄청나게 좋은 성과를 거두고 있는 것이다. 그러나 내면적·정신적·종교적 진리에 있어서는 아직도 사람들이 하나가 되지 못하고 있다. 저마다의 我執과 獨斷에서 벗어나지 못하고 있음으로 해서 서로 분열되고 대립되고 있다. 그러므로 오늘의 인류의 위기를 극복하고 진정한 세계평화를 구현하기 위해서는 무엇보다도 내면적·정신적·사상적·종교적 統一運動이 앞장서 나가야 한다. 하나님은 한 분이시고, 하나님의 진리는 시공을 초월한 絶對眞理이며, 하나님의 善은 만물·만민의 공통분모적 절대선이며, 그 가치가 바로 絶對價値이다. 참되게 눈을 뜬 지성인이라면, 누구나 쉽게 '하나'에 歸一하게 될 것이다.

『說文解字』에서는 '하나[一]'를 다음과 같이 풀었다.

> 아득한 太初에 眞理가 하나에서 세워졌고, 다음에는 하늘과 땅이 나누어졌고, 그로부터 만물이 조화·생성되었다(惟始太初, 道立於一, 造分天地, 化生萬物).

유교에서 말하는 '하나'와 기독교에서 주장하는 '하나님'이 다 같이 창조의 근원이자 동시에 우주 천지만물의 運行, 發展, 變化의 진리, 도리의 연원임을 알 수가 있다. '분열, 대립, 투쟁'으로 얼룩지고 서로 피폐해지는 오늘의 세계를 구하기 위해 모든 사람, 특히 지성인들이 앞장서서 '하나[一]'로 돌아가야 한다.

우선 현대세계, 인류의 위기적 병폐를 분석하고, 아울러 이데올로기의 虛構性을 파헤쳐야 하겠다. 위기의 실체를 잘못 알고 있는 사회과학적 입장과 대립된 이데올로기로서는 세계를 救濟할 수가 없다.

Ⅱ. 人類의 危機와 이데올로기

1. 危機的 병폐

인류사회를 위기에 빠뜨린 절대요인은 잔인무도한 공산정권의 팽창에 있다. 물론 공산주의의 虛構性이나 非人間性 및 비도덕성이 사실로서 증명되었고 또 공산집단의 파괴성, 포악성이 각처에 노출되고 있으므로 장구한 인류문화 발전의 정통을 지키고 絶對善을 지향하며 전진하고 있는 자유민주국가들이 필연적으로 승리할 것을 확신한다. 그러나 인류는 그들로 인해 모든 면에서 혼란에 빠졌고 마침내는 심각한 危機를 초래하기에 이르렀음을 부정하지 못한다. 즉 자유민주제국들이 武力專制의 공산주의와 싸우기 위해 부득이 칼을 뽑아 들어야 했고, 또 모든 역량을 국가안보에 집중시키지 않을 수 없음으로 해서, 어느덧 자유민주주의도 도덕의 正道에서 벗어나게 되었던 것이다. 마치 재정난에 빠진 교회를 구하기 위해 포도주를 빚어 팔던 목사가 술주정꾼으로 전락했다는 寓話와 같다고 하겠다.

공산주의의 가공할 특징의 하나는 국가를 테러集團化하고 인간을 도구화하고 국민을 맹목적 전투요원으로 내몰고 있는 것이다. 따라서 이에 대항하는 자유민주세계도 부득불 國家絶對主義와 총력안보체제로 기울지 않을 수 없다. 여기에 바로 오늘 인류의 위기적 소인이 싹트게 되었던 것이다. 현대의 위기적 요인을 다음과 같이 나눌 수가 있다.

1) 利己的인 국가절대주의
2) 尖端 과학기술의 武力化
3) 가공할 고성능 파괴무기의 개발 및 축적
4) 산업 경제의 無節制한 膨脹

그러나 이들 4개의 요인은 서로가 불가분의 인과관계를 맺고 서로가 因과 果의 위치를 바꾸어 가면서 더욱 위기를 심화시키는 악순환을 거듭하고 있다. 고도로 발달한 공격무기들이 국경을 무시하고 선진산업은 쉽사리 국적을 넘나들고 있다. 따라서 모든 국가들은 군사적으로나 경제적으로나 대외적으로 노출되어 있으며 냉혹한 弱肉强食의 경쟁 앞에 위협을 받고 있다. 이에 모든 국가들은 自存, 安保, 發展을 위해 힘을 키워야 하며, 그 힘은 바로 무력과 재정인바, 그 바탕이 될 과학과 경제의 개발을 서두르지 않을 수 없다. 따라서 오늘의 국가들은, '고도의 첨단적 과학기술 및 산업경제의 개발과 보유'='國力으로서의 무력과 재력의 확보 및 축적'='국가의 존립·안보 및 발전의 바탕'이라는 等式을 설정하는 한편, '과학과 경제의 발전'도 바로 국력을 바탕으로 해야 한다는 끝없는 악순환에 빠져 '富國强兵'에 邁進하지 않을 수가 없게 되었다. 4개의 요인을 항목별로 敷衍하겠다.

1) 막대한 권력·조직·기능을 바탕으로 한 국가 절대주의는 국민과 국가의 관계에 큰 변화를 초래했다. 개개인이 모여서 국가를 형성하고 그 울타리 안에서 국민이 목가적으로 안주한다는 소박한 고전적 국가관은 이미 사라졌고, 오늘의 국민은 국가의 이데올로기, 絶對權力 및 고도의 관리기능과 조직에 묶여 있으며, 심지어 국가는 合目的的으로 대중의 여론마저도 만들어 내게 되었다.

2) 과학기술의 발달은 현대인에게 많은 편리를 주고 있으나 오히려 주인인 인간을 무시하고 학대하기에 이르렀다. 선용도 되고 악용도 될 수 있는 과학이 인간에게 有害로운 존재가 되었다는 것도 말하자면 인간의 책임이기도 하다. 그러나 이기적 국가절대주의는 해독을 방치하기에 이르렀다. 그 결과 현대인은 科學 앞에 矮小한 존재일 뿐만이 아니라 영혼과 정신을 박탈당했고 심지어는 신을 喪失하기에 이르렀다. 본래 神은 인류의 한 뿌리이자 하나의 귀착점이다. 신을 잃고 영혼과 정신을 박탈당한 물질적 존재로서의 인간은 결국 서로가 분열·대립·쟁탈할 수밖에 다른 길이 없다. 神의 상실은 분열된 인간들을 餓鬼로 전락시키고 말았다.

3) 가공할 고성능의 파괴무기를 끝없이 개발하고 축적하면서 평화니 전쟁방지를 외쳐 대고 있는 오늘의 인류는 광기에 들렸다고 해도 과언이 아니다. 오늘의 인류는 건전한 정신을 지니고 있는 것일까? 오늘의 지구상에는 빈곤, 질병, 기아, 천재지변에 의해 태반의 인류가 허덕이고 있는데, 이른바 강대국들이 반세기 이상을 막대한 재력, 인력, 知力 등을 낭비하면서 쓰지도 못할 핵무기의 개발과 축적에 광분해야 하는가? 그러나 그러지 않을 수 없는 현실에 살고 있으니 우리는 위기라 하는 것이다.

4) 무절제한 산업·경제의 팽창은 인류사회를 不道德한 시장으로 화하고 인간들을 경제동물로 타락시키고 있다. 인격이나 德性을 높이지 않고 오직 돈만을 쟁취하려는 기업은 국가권력을 등에 업고 세계로 진출해야 한다. 이에 다시 국가, 무력, 과학, 경제 4대 요인은 얽히고설키어 인과의 惡循環을 되풀이하면서 인간과 인류사회를 위기에 빠뜨리고 있는 것이다. 그리하여 마침내

오늘의 인류는 (1) 인간의 尊嚴性과 고귀
한 정신이 무시되고 인간을 物質化하게
되었고, (2) 세계의 모든 국가가 道義的으
로 타락했으며, (3) 세계 모든 인류가 하
나의 歸一點을 상실함과 동시에 절대가
치를 망각하고 서로 대립·분열하기에
이르렀고, (4) 귀중한 인력과 막대한 재
물을 끝없는 파괴 무기의 개발과 축적에

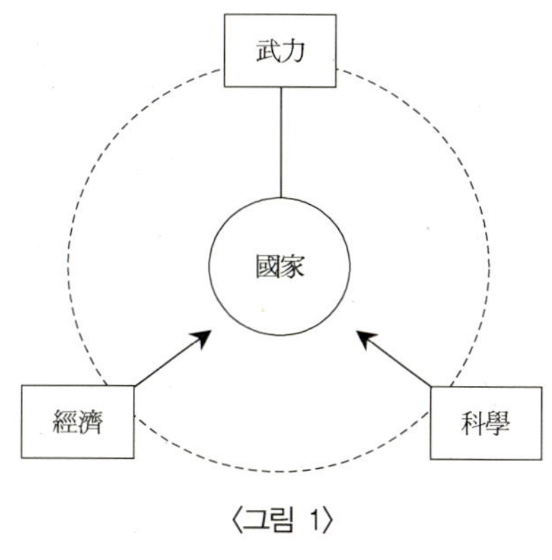

〈그림 1〉

낭비하고 있으며, (5) 마침내 지구와 환경을 훼손하고 오염시키기에 이르렀고,
(6) 더욱 인류를 공포와 절망에 빠뜨리는 등 위기적 상황에 처하게 되었다.

2. 克服과 救濟

건전한 정신과 양식을 지닌 세계의 많은 지성인들은 누구나 오늘의 위기를 염
려하고 이에 대한 구제를 염원하고 있다. 그러면서 현실적으로 그들의 '정신이나
양식'이 유효하게 表出되지 못하고 도리어 인류는 어둠 속으로 빠져들고 있는 것
이다. 이에 우리 知性人들은 더욱 우울하지 않을 수 없다. 그렇다고 우리는 포기할
수도 없다. 수십만 년을 걸쳐 오늘의 단계에까지 발전해 온 인류사회를 오늘의 危
機로써 파멸시키고 말 수는 없다. 아무리 힘들고 어렵더라도 우리 지성인들은 건
전한 精神과 양식으로 오늘의 위기를 극복하고 인류를 救濟해야 한다. 그렇다면
오늘의 위기는 어떻게 克服되어야 하며, 또 救濟의 길은 무엇인가. 우선 우리는 공
산주의의 집단과 세력을 타도해야 한다. 그들이야말로 인간과 인류사회를 武力的
으로 파괴하는 원흉이기 때문이다. 그러기 위해 우리는 불가불 그들보다 더 큰 힘
을 지녀야 하며, 이에 자유민주세계의 고민이 있는 것이다. 그렇다고 우리는 그들
과 같은 차원에 머물러 유물주의적 무력파괴 내지는 잔인한 전제억압을 일삼아서
는 안 된다. 비록 우리가 무력적 우위를 확보함으로써 그들의 침공을 막고 나아가
서는 그들을 억제하고 종국에는 그들을 굴복시켜야 한다손 치더라도 우리는 그들
이 갖지 못한 귀중한 모든 것을 지니고 키우고 현현시킴으로써 인류 발전의 정도

를 가야 한다. 그것이 바로 오늘의 인류 위기를 극복하고 또 인류를 구제하는 길이기도 하다.

1) '현시적·개별적 존재로서의 나'만을 보지 말고 내가 바로 시간적으로는 영원하고 공간적으로는 무한대한 전체와 一統되어 있음에 각성하고 또 그 자각 위에서 행동해야 한다.
2) 가치의 정점을 이기적 무력 지배에 두지 말고 眞·善·美가 삼위일체를 이룬 전체적 調和統一에 두어야 한다. 오늘의 危機的 狀況에서는 人間의 지식, 능력, 자원, 과학기술 등이 모두 무력화에 집중되는 경향이 농후하다. 이는 가치의 도착이 아닐 수 없다.
3) 존귀한 인간성을 지니고 있는 모든 인간들은 전제통치의 무차별적·물질적 도구나 부품이 아니라 저마다의 絶對位置에서 정신적·독창적 존재로서 영구한 인류문화 발전에 기여하기 마련이다. 따라서 모든 인간들은 그렇게 교육을 받고 또 계빌되어야 한다.
4) 인간은 반드시 사회생활을 영위하기 마련이며, 크고 작은 사회집단(가정, 지역사회, 직능사회, 국가공동체 등)은 그 자체로서 존재나 활동의 목적·가치를 한정해서는 안 되고 반드시 하나의 世界에 一統되어야 한다.

인간의 사고나 행동은 다양하며, 천차만별하게 마련이다. 따라서 인생관, 우주관, 역사관, 국가관 등이 서로 다른 것도 당연하다고 하겠다. 그러나 人間이 개별적이면서 전체적 존재이듯이 사고나 행동에도 일통된 그 무엇인가를 찾아내야 한다. 우선 나의 존재나 가치의 범위를 어디까지 확대하느냐 하는 점을 고려해 보자.

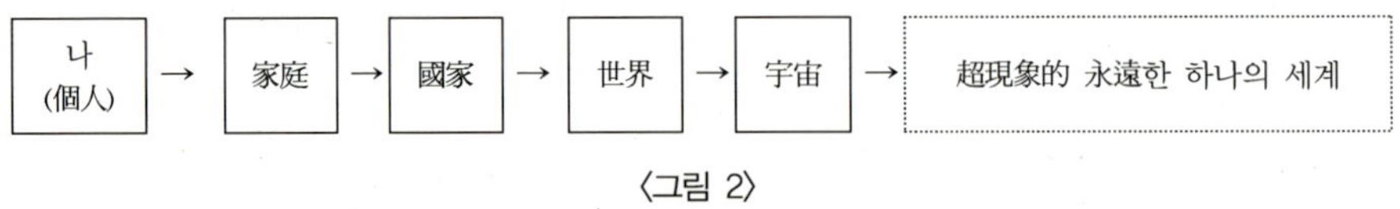

〈그림 2〉

내가 화살표를 따라 크게 확대하면 할수록 우리는 그 사람을 '大人'이라고 한다. 한편 인간의 행동을 유발하거나 억제케 하는 요인이나 준거에 다음과 같은 차

등적인 단계가 있다고 본다.

1) 자체적 쾌락이나 고통 혹은 물질적 보수나 손실
2) 타인이나 사회 혹은 국가로부터 받는 상벌, 명성이나 비방
3) 타율적인 사회의 규칙이나 국가의 법률
4) 타율적 拘束力보다는 자각하고 자진해서 추종하는 모든 사회적 규범으로서
   의 윤리도덕
5) 고도의 良識과 德行이 따르는 天道와 天理
6) 宗敎的 悟道와 信仰

이렇게 볼 때 한 인간의 存在, 價値, 行動은 결국 '큰 범위와 높은 단계'에서 이루어질수록 높게 평가되고 그 반대의 경우 낮게 평가된다. 이러한 견지에서 볼 때, 오늘의 위기가 결국은 '크지 못하고 높지 못한' 까닭으로 빚어졌기 때문에 그 치유와 구제는 '낮고 작은' 경지에서의 정치나 교육이 아니라, '크고 높은' 경지의 종교나 倫理, 道德의 경지에서 이루어져야 한다. 亂世가 극에 달하면 온갖 邪說暴行이 성행하게 마련이다. 공산집단의 난동이나 종교계 및 도덕계의 혼란·타락이 바로 그와 같은 징조라 하겠다. 우리는 바른 종교, 사상, 도덕, 윤리로 위기를 극복하고 인류를 구제해야 하겠다.

3. 政治이데올로기의 虛構性

오늘 우리나라에 있어서도 현실적 不條理와 不義를 타파하기 위해 제법 많은 청년들이 깊이 알지도 못하면서 이데올로기를 만병통치약인 줄 착각하고 있다. 그러나 좁은 의미의 정치이데올로기는 상대적 투쟁도구이며 그것은 상대적으로는 虛構意識에 불과한 것이다. 그것은 절대로 사회, 국가, 세계를 근본적으로 구제하고 나아가 평화나 번영으로 이끌어 주는 것이 아니다. 그것은 어디까지나 투쟁을 위한 선동적 구호이자 허구의 이념인 것이다. 다음에서 이데올로기의 본질과 특성을 고찰해 보겠다.

廣義의 이데올로기는 "공동체적 구성원을 설득하여 그들을 공동체적 목적노선으로 이끌어 가고 아울러 공동체적 목적을 실천적으로 달성하려는 規範的 理念體系이다"라고 정의할 수가 있다. 여기에는 종교나 윤리·도덕의 규범적 이념체계도 포함된다.

한편 협의의 정치적 이데올로기는 "정치적 권력집단이 그 사회에 소속되어 있는 모든 사람들을 조직적으로 동원하여 그들의 정치노선에 순응하게 하고 아울러 그들의 정치목적을 달성하기 위한 일관된 政治理念과 思想體系를 갖춘 구호로서의 정치적 선전도구이다"라고 정의할 수 있다.

狹義의 정치적 이데올로기는 강력한 조직집단으로서의 국가라는 한정된 울타리 안에서 現時的으로 목적을 달성해야 하니까 일차적으로는 설득을 하지만 다음 단계에 가서는 강압적으로, 혹은 다수의 힘을 빌려서라도 순응(혹은 복종)하게 한다. 그러나 광의의 종교·윤리·도덕적 이데올로기의 경우는 比較的 空間과 時間的 制約이 적으며 따라서 강요 아닌 설득과 자각에만 의지한다. 다음에는 이데올로기가 지녀야 할 특성을 몇 개 추려 보겠다.

1) 이데올로기는 진리와 普遍性이 깃들어 있어야 하고 또 當爲와 實在가 조화되어 있어야 한다. 따라서 인생관, 사회관, 국가관, 우주관, 역사관과 아울러 形而上과 形而下가 체계적으로 統一된 철학·사상으로 일관되어야 한다.
2) 이데올로기는 각계각층의 모든 사람들에게 영구한 평화와 평등한 행복을 약속하고 아울러 미래에 대한 향상적 모습을 제시해 주어야 한다. 모든 사람에게 삶의 문화적 창조와 발달을 확약하고, 또 이들이 달성되도록 해야 한다.
3) 이데올로기는 지배자와 피지배자를 이성적·감성적으로 統合시켜야 한다.
4) 이데올로기는 역사나 문화 발전의 전통과 正統 위에 서야 한다.
5) 이데올로기는 最高 至善的이며 아울러 절대진리임을 내세울 수 있어야 한다.
6) 實踐理論으로서의 이데올로기는 때로는 정책적 전략성을 띠고, 한편으로는 배타적·독선적 偏黨性을 띠게 된다.
7) 모든 사람들을 총괄하여 이끌어 나가야 할 이데올로기는 주창자나 집단을

절대화하고 영웅시하여 그들의 권력행사에 정통성과 정당성을 부여한다.

이상과 같은 특성은 곧바로 치명적인 다음과 같은 결점에 이어진다. 특히 利己的 國家絶對主義에 입각한 정치이데올로기는 저마다 자기의 것은 절대진리이자 최고지선이라고 하면서 상대적으로 남의 것은 서로 허구이자 허위의식이라고 한다. 더욱이 인류가 하나로 돌아갈 하나님[神·天]과 하나의 원리인 로고스(天理)를 부정하고, 아노미현상에 빠져 가치기준을 상실한 채 혼란과 불확실성 속에서 이기적 국가절대주의만을 내걸고 있는 모든 국가의 정치적 이데올로기의 '상대적 허구 및 虛僞意識'은 그 극에 달하고 있다. 체제를 달리하고 있는 東西 이데올로기의 대립은 물론이고, 같은 체제에 속하는 민족국가 사이에도 혹심한 이데올로기의 불일치가 있을 뿐만 아니라, 같은 국가에 있어서도 혁명 등에 의한 정권교체 시 내거는 이데올로기가 얼마나 판이한가를 살펴볼 때 건전한 지성은 참으로 정치적 이데올로기의 恣意性, 독단성과 아울러 상대적 虛構性에 통탄을 금치 못한다. 특히 위기의 세계에서 치열한 경쟁을 해야 하는 국가들이 내세우는 이기적인 이데올로기는 자연히 冷酷하기 짝이 없는 戰鬪的·혁명적이 되지 않을 수 없고 무차별한 人間虐待와 무절제한 자연 파괴도 서슴지 않고 있다. 그 극심한 예가 공산주의이다.

이와 같은 것으로는 절대로 인류를 구제할 수가 없다. 힘이나 허위에 의한 억압, 정복, 통치는 보다 더 큰 힘이나 허위를 불러들일 뿐이다. 역시 종교적 차원에서의 '영원한 사랑', '절대가치'의 바탕 위에서 근본적으로 구제되어야 한다. 그 한 사상적 예증을 유교의 禮敎와 禮治에서 찾아보고자 한다.

Ⅲ. 儒敎의 禮敎와 禮治

1. 禮의 文字學的 釋義

禮라는 字를 문자학적으로 풀어 다음과 같이 우리말로 추릴 수 있다.

"祭器에 귀중한 제물을 고여 그 제기를 받침대 위에 놓고 경건히 하늘에 제사

〈그림 3〉

를 올리고 하늘로부터 진리의 계시를 내려 받고, 그 진리를 실천함으로써 복을 받고 누린다.”

한편 禮는 聲韻學的으로 ‘理’와 ‘履’에 통한다. 따라서 禮의 깊은 내면적 의의는 다음과 같이 추릴 수도 있다. “禮는 내용적으로는 하늘의 啓示로 주어진 진리, 원리, 도리, 즉 天理, 天道이고, 외형적으로는 그 천리, 천도를 인간들이 밟고(履) 따르고 지킴으로써 성취되는 인간적·문화적 생활양식이다.”

禮를 이상과 같이 풀이한 근거를 추적해 보겠다. 禮는 會意·形聲字이다. ‘示’와 ‘豊’의 합자이다. 音은 ‘豊＝豊(례)’를 따랐다. 『說文解字詁林』에 다음과 같이 있다.

禮는 밟고 실천함이다. 神을 섬기고 복을 누림이다. 示와 豊로 짜였다. 豊는 음으로 표시하면 ‘례’라고 발음한다(禮 履也 所以事神致福也 从示从豊豊亦聲(靈啓切).<豊·豊(례)와 豊(풍)은 別字>).

示는 ‘二(상)’과 ‘川(삼)’의 合字인데 ‘二’는 ‘上’의 古字로 ‘天’을 뜻하며, ‘川’은 ‘日·月·星’ 셋을 表象한다. 따라서 ‘示’는 “上天이 日·月·星으로 하여금 여러 가지 天文을 내려 보임으로써 사람에게 길흉을 계시한다”는 뜻이다.

『說文解詁林』에 다음과 같이 있다.

示는 하늘이 天文現象을 내려서 吉凶을 나타내 가지고 사람에게 보임이다. 二와 三의 合字이다. 二는 古文字로 上이고, 三은 日·月·星의 天文을 아래로 내려 보임이다. 天文을 관찰하여 때의 運行變化를 살피며, 하늘의 일을 계시받는다. 모든 계시의 뜻을 나타내는 문자는 다 示에 따른다(示 天垂象 見吉凶 所以示人也 从二(二, 古文上字) 三 垂日月星也 觀乎天文以察時變 示神事也 凡示之屬皆从示).

豊는 고대의 禮器였다. 『說文解字詁林』에는 “禮를 行하는 그릇이다. 豆와의 會意象形字이다(豊 行禮之器也 从豆象形)”라고 풀었다. 豆는 ‘효＝豆’로 제기 ‘∪’를 받치는 받침대이다. 豊의 ‘曲’는 ‘㗊’로 제기 ‘∪’ 속에 귀중한 제물 ‘玨’을 고인 상형이다.

한편 禮를 古文字로 ‘祼’로 쓰기도 했다. 梁寒操는 『중국문화의 특점』에서 古文字 ‘禮(祼)’를 다음과 같이 풀었다.

禮의 左旁은 示(礻)로 上天이 天文現象을 내려 보임이고, 右旁乚은 즉 사람이 땅
에 무릎을 꿇고 있는 모양이다. 天이 人에게 天文現象을 내려 보이자, 사람이 땅
에 무릎을 꿇고 경건하게 계시받는다. 이것이 禮 字의 최초의 뜻이다. 만약 사람
이 예를 못 지키면 초목금수와 다를 바 없다. 고로 禮는 사람이 되는 절대조건이
다(禮字 左旁爲示字 天垂象曰示 右旁爲乚 乃人跪地狀 天示象於人 人乃跪地以示
虔敬 這是禮字的最初意義 若人不能禮 則與木禽獸無異了 故禮爲做人的起碼條件).
<中國文化之特點: 人生 152期>

이상과 같은 說文學的 釋義와 아울러 聲韻上으로 '禮(lǐ)·理(lǐ)'는 통한다. 따라서
경전에서는 禮를 理로 주석했다. 즉 理는 속에 있는 條理·眞理·原理이다. 하늘이
내린 것이니까 그것은 바로 天理·天道이다. 한편『說文』에서 禮를 履라고 풀었다.
履는 오늘의 白話音은 'lǚ'이지만 古音은 'lǐ'이다. 따라서 古音上으로는 禮·理·履
는 통한다. 그러므로 禮를 내용에 있어서는 천리이고, 외형에 있어서는 천리를 따
르고 실천하며 얻어진 문화생활 내지는 양상이라고 풀이한다.

유교에서는 '學'을 중시한다. '學'도 "내면적으로는 天理를 覺悟하고 외형적으로
는 그것을 倣效實踐한다는 뜻"이다. 이는 바로 禮와 같이 天理를 내용으로 하고 실
천을 외형으로 한 것이다.

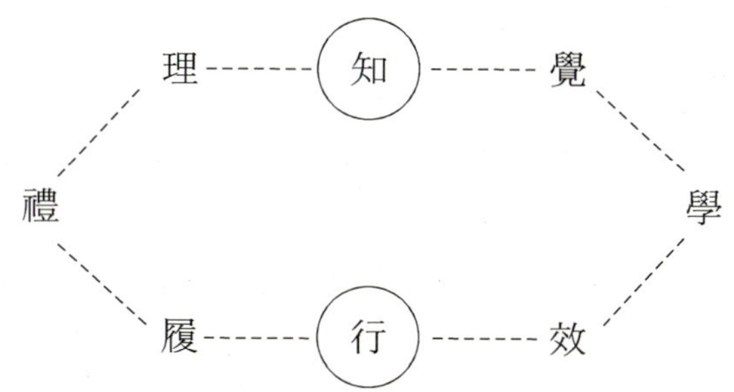

〈그림 4〉 禮나 學이나 知行一致이다(『學問과 宗敎』, p.237 참조)

2. 古代의 天命思想

古代의 중국인들도 天을 만물의 창조주이자 섭리의 주재자로 보고 동시에 最高
善의 절대로 파악했었다. 아울러 天은 우주를 영원히 발전·진화시키려는 의지의
소유자로 보고, 이러한 天意에 따르면 길복을 받고 거역하면 흉화를 얻는다고도

믿었다. 이는 다른 원시인들의 경우와 같다. 즉 그들은 애당초 자연의 위협이나 공포에 눌려 종교적 신앙을 갖게 되었으며, 종국적으로 時·空을 초월한 항구 불변하는 주재자로서 天을 絶對的 實在로 파악하게 된 것이다.

황하 유역에서 농경으로 생활을 유지하던 고대 중국인들이 천재지변이나 일월 정신의 天文表象을 통해 天事와 人事의 관계가 밀접함에 눈을 떠 우주 천지의 운행 변화 속에 많은 神의 힘과 進化를 보았으며, 마침내는 모든 神을 統攝하고 주재하는 유일·최고의 절대적 상제로서의 天을 인식하고, 아울러 그 天이 모든 것을 절대적 명령으로 내려 준다는 天命思想을 갖게 되었다.

天命의 命은 朱子가 풀이한 대로 "절대적·명령적으로 내려 준다(賦與)는 뜻"이다. 인간세계의 모든 것은 天命으로 주어지고 이루어지는 것이다. 따라서 고대 중국인들은 禮로써 하늘에 제사를 드리고 天命을 받아 이를 지키고 따르고자 했다. 그러나 중국인들은 이를 끝끝내 宗敎로 지키고 또 종교적으로 발전시키지 않고, 現世的·人文的·敎化的 차원으로 풀어 발전시켰다. 특히 孔子는 귀신을 敬而遠之하여 유교를 인간본위, 합리적·주지주의적 교화사상으로 키웠다. 이렇게 하여 人文精神的인 중국 전통의 특성이 자리를 굳히기 시작했다. 그렇다고 우리는 중국 정치나 중국역사 속에서 종교적 天命思想이 자취를 감추었다고 보아서는 안 된다. 孔子 이후 2천5백 년의 중국사상이나 정치·역사 및 인간 생활 속에서 '天, 上帝, 天命, 天道, 天運, 天意' 등이 맥맥이 살아서 깊이 작용하고 있음을 알아야 한다. 공자는 절대로 무신론자가 아니었고, 그도 하늘에 기도를 드렸다. 다만 그는 "盡人事하고 待天命하라"는 가르침으로 '務民之義'에 주력하고, 교화에 第一義的 노력을 기울이고 사람들을 학문적으로 교화시키고자 했던 것이다.

중국 고대에 발달한 天命思想을 고찰해 보겠다. 이를 정치적 천명사상과 도덕적 천명사상으로 나누어 보겠다.[1]

1) 政治的 天命思想

天, 즉 上帝는 우주의 초월적 主宰神으로 우주만물을 창조하고 지배하고 또 감

---

1) 高田眞治의 『支那思想의 研究』 第2章 참고.

독하며 牧養한다. 이러한 사상은 『詩經』, 『書經』 속에 잘 나타나 있다. 天은 무형이
며 認見할 수 없다. 그러나 天은 보고 듣고 또 무언의 명령도 내리고 지휘도 한다.
단 天은 사람처럼 입으로 말하고 손으로 지휘하지 않는다. 천명과 천의는 오로지
민심을 통해 나타나게 마련이다. 공정한 사회의 민중의 소리가 바로 天意를 표현
한다고 믿었다. 天은 만물의 어버이다. 따라서 피조만물의 하나인 사람은 결국 天
의 자식이요, 하늘의 아들딸이다. 그리고 그들 하늘의 자녀들의 마음 즉 人心은 즉
시 天心에 직통하게 된다.

그러므로 天은 언제나 민중·만민이 유덕자라고 높이는 자에게 명을 내리어 自
己를 대신하여 人民을 다스리게 한다. 그에게 가장 존귀한 자리를 주고, 그를 '天
의 아들(天子)'이라고 일컫는다. 천자는 천명을 받고 '欲養萬物'하겠다는 천의를 따
라 천하세계와 억조창생을 撫育해야 한다.

天은 항상 천자가 천도를 받들어 만민을 잘 生育化成하나 못 하나를 감시하고
있다. 천자나 王君이 人民을 잘 무육하고 선정을 펴고 있으면 天은 賞을 내린다. 風
調雨順하고 국가가 안온하고 오곡이 풍요하고 모든 祥瑞가 나타나 福賞을 누리게
된다. 그러나 만약 군왕이 失德하고. 포악한 학정을 펴서 백정을 괴롭히면, 天은
노하여 그에게 벌을 내린다. 천재지변이 빈번하고 국가가 소란하게 된다. 이러한
天의 경고에도 군왕이 반성할 줄 모르거나, 개과천선하지 못하면 마침내 天은 그
에게 내린 天命을 거두고 새로운 유덕자에게 천명을 바꾸어 새로이 내린다. 바로
혁명이다. 즉 失德한 군왕은 멸망하고, 새로 명을 받은 새 군왕이 등극하게 된다.
이렇듯 중국에는 혁명이 천의에 의해 합당하게 이루어진다. 인위적으로 피비린내
나는 전란을 동반하는 서양의 혁명사상과는 근본적으로 다르다.

2) 道德的 天命思想

중국에 있어서 道德은 서양의 그것과 개념이 크게 다르다. 서양의 도덕은 사회
의 규범·관습에서 나온 것이다. 그러나 중국의 도덕은 사람들의 약속으로 이루
어지는 것이 아니고 우주의 주재자인 天이 수여해 준 것이다. 天은 우주의 주재·
統攝者로 최고 절대선의 실체이다. 따라서 완전하고 至善한 천도를 따르고 실천하

여 좋은 성과를 얻고 알차게 결실하는 것이 '德(得)'인 것이다.

人間들이 지켜야 할 도덕은 바로 天道를 따라 地德을 세운다는 것으로 그 가치는 天과 더불어 至純至善한 것이다. 天의 소생인 인간은 天의 본성을 이어받았다. 따라서 人性 중에는 천정이 깃들어 있고, 天의 무한한 능력, 창조성도 인간은 본성적으로 이어받고 있다. 이것을 바로 '天命之謂性'이라고 한다. 따라서 天으로부터 부여된 인성을 지닌 인간은 자연히 本性을 따라 하늘의 도를 자기의 도로 삼고 나아가게 마련이다. 이것이 바로 『中庸』의 '率性之謂道'인 것이다. 人道는 바로 天道를 따른다. 인간은 본성적으로 그렇게 따르게 되어 있다. 결론적으로 도덕적 天命思想은 "사람의 道德性은 天에서 稟受한 것이며, 이 道德性에 근거하여 人間常行의 道德·倫理·禮儀가 나온다."[2] 고대 중국인의 경천사상과 天人合一思想은 위와 같은 천명사상에 뿌리를 둔 것이고, 그것은 다시 '禮'에 직결된다.

3) 禮의 根源과 效用

고대 중국인들도 유일무이한 최고의 절대자로서의 天神·上帝를 인정했으며, 그 天神이 우주·천신·만물을 창조하고 아울러 운행하는 모든 도리를 禮(理)라고 보았다. 즉 기독교에서 '하나님'을 '로고스'로 믿는 것과 같이 고대 중국인들은 '天·上帝'를 '禮·理'로 보았던 것이다. 『禮記』 「禮運篇」에 있다.

> 禮는 어디까지나 大一(太一)에 뿌리를 두고 있다. 나누어짐으로써 天地가 되고, 轉하여 陰陽이 되고, 變하여 四時가 되고, 列하여 鬼神이 되었다. 그 내림[降]을 命이라 하고 모든 것은 天을 법도로 하고 있다(夫禮必本於大一 分而爲天地 轉而爲陰陽 變而爲四時 列而爲鬼神 其降曰命 其官於天也).

또, 官은 法으로 풀었다. "官은 法과 같다. 이로써 성인이 天을 법도로 삼고 있는 것이다(官猶法也 此聖人所以法於天也)". <鄭注>

위의 '大一'은 '太一'이며 '가장 큰 하나, 절대자, 天'이다. 즉 천지, 우주의 창조주이자, 운행 변화의 주재자로서의 천신이다. 이는 한자의 '一'과 같다. 즉 '하나·

---

2) 高田眞治의 『支那思想의 研究』 第3章.

하나님'의 뜻으로서의 天이다.

그러나 天은 形而上의 理(Logos)만의 실재가 아니다. 宇宙·天地·萬物의 근원인 이상, 天은 질료의 근원적 실체이기도 하다. 이에 孔穎達은 疏에서 다음과 같이 天을 元氣(氣의 근원)로 보았다.

> 반드시 大一에 근본 한다고 했음은 바로 天地가 나누어지기 전에 있었던 혼돈한 元氣를 말하는 것이다. 극히 큼으로 天이라 하고 나누어지지 않았으므로 一이라 한다. 그 元氣가 가장 크고 나누어지지 않았으므로 大一이라고 한다(必本於大一者 謂天地未分混沌之元氣也 極大曰天 未分曰 一其氣旣極大而未分 故曰大一也).
> <禮記注疏 卷第二十二 禮運 第九, 藝文印書館 十三經注疏, 禮記, p.438>

疏에서 '極大曰天'이라고 했으나, 바로 다음의 經文에서는 '夫禮必本於天'이라고 했다. 즉 '禮必本於大一'이나 '禮必本於天'이라고 한 경문으로도 '大一'이 곧 '天'임을 알 수가 있다. 『說文』에서는 '天'을 一과 大의 合字로 풀었다. '가장 큰 하나[一大]'나 '큰 하나[大一]'나 다 '하나님[天]'이다.

孔穎達은 또 예를 모든 도리 및 문화형식의 근본으로도 보았다. 따라서 그는 모든 禮制는 至善의 大理·天理를 바탕으로 해야 한다고도 했다. 禮理가 大一과 같으므로 禮를 제정하는 자는 지선의 大理를 교본으로 삼아야 한다(禮理 旣與大一而齊 故制禮者用至善之大理以爲敎本). <仝上>

이렇듯 大一(天)의 至善之大理(最高善의 絶對眞理)를 본받고 따라 人間世事를 다스려야 한다. 『禮記正義』에 다음과 같이 있다.

> 禮는 천지의 大綱을 바로잡아 주고 人倫을 바르게 다스려 주는 것으로, 그 根本은 天地가 나누어지기 前에 있었다. 따라서 「禮運篇」에서 禮는 뿌리를 반드시 大一에 두고 있다고 한 것은 天地未分 전에 이미 禮가 있었다는 뜻이다(夫禮者 經天地 理人倫 本其所起 在天地未分之前 故禮運云 夫禮必本於大一 是天地未分之前 已有禮也).

그리고 『禮記正義』에서는 "禮는 理이다. 禮를 따라서 다스리면 天地와 더불어 興盛한다(禮者理也 其用以治 則與天地俱興)"고 했다.

이것을 『禮記』「禮運篇」에서 孔子는 다음과 같이 具體的으로 말했다.

孔子가 말했다. 禮는 바로 옛날의 聖王들이 天道를 받들어 따르고, 나아가 인간
들의 性情을 바르게 다스리던 바탕이다. 그런 까닭에 禮를 잃으면 죽고, 얻으면
산다. 『詩經』에 "쥐도 몸이 있거늘, 사람으로서 어찌 禮가 없을 수가 있느냐? 사
람이면서 禮가 없다면, 어찌 죽지 않겠느냐"라는 시가 있다. 禮는 반드시 天에
뿌리하고 地에 效法하고, 귀신과 이어지고, 喪・祭・射・御・冠・婚・朝・聘 등
모든 인사 국사의 文化生活을 달성시켜 주는 것이다. 그런 까닭에 성인이 禮로써
나타내 주었으며, 이에 따라 천하 국가가 바르게 될 수 있는 것이다(孔子曰 夫禮
先王以承天之道 以治人之情 故失之者死, 得之者生 詩曰 相鼠有體 人而無禮 人而
無禮 胡不遄死 是故夫禮必本於天 殽於地 列於鬼神 達於喪祭射御冠昏朝聘 故聖
人以禮示之 故天下國家可得而正也).

'正'은 '하나[一]에 가서 멈춤[止]'이다. 천하 국가가 바르게 된다 함은 '하나, 하
늘, 하나님과 하나가 됨'이다. 孔子는 禮를 "承天之道 治人之情" 하는 것이라 했다.
즉 禮를 形而上의 天理이자, 동시에 形而下의 正治形式으로 보았다. 天에서 근본 한
理는 有形의 땅(地)에도 나타나고, 陰・陽의 鬼・神과도 이어져 조화를 부리고 인간
생활양식 및 국가대사의 의례에도 현달되는 것이라고 보았다. 다시 말해서 禮의
性相과 形狀을 다 밝혔다. 『禮記』「禮器篇」에는 다음과 같이 있다.

先王이 禮를 내세움에 있어서는, 本과 文이 있었다. 忠信은 禮의 本이고, 義理는
文이다. 本이 없으면 바탕이 서지 못하고 文이 없으면 行해지지 않는다(先王之立
禮也 有本有文 忠信 禮之本也 義理 禮之文也 無本不立 無文不行).

禮에는 本과 文이 있다고 했다. 本은 根本, 始本이다. 文(爻・父)은 人間에 의해서
엮인(乂・交) 文化・文飾이다. 本은 形而上・性相・心性的인 것이라 忠信은 덕성을
바탕으로 하고, 文은 形而下・形狀・行動的인 것이라 '適義와 合理(義理)'로 나타나
게 마련이다. 이 상은 孔穎達의 疏를 통해 풀이한 것이다. 本은 承天之道에서 立하
고, 文은 治人之情으로 遠行・久行하게 된다. 『論語』에서 孔子가 "言而不文, 行之不
遠"이라고 한 것도 그 '言' 속에는 本으로서의 天理가 깃들어야 하고 표현된 '言'은
'適義・合理・正確・修飾' 등의 外形美를 갖추어야 한다는 뜻이다. 즉 내용의 진리
와 외형의 正美가 일치한 것이 禮인 것이다.

『禮記』「禮器篇」에서는 禮가 만물을 통일적으로 섭리하는 것임을 다음과 같이
밝혔다.

　　禮는 天時에 合하고, 地財를 얻고, 鬼神과 順合하고, 萬民의 民心과 和合하는 것,
　　즉 萬物을 攝理하는 것이다(禮也者 合於天時 設於地財 順於鬼神 合於人民 理萬
　　物者也).

　대략 이상으로서도 禮가 우주·천지·만물의 창조주이자 운행변화의 주재자인 '하나의 絶對·天'에서 나온 것으로 그것은 바로 끝없는 창조와 발전(生生不已)의 원리, 진리, 도리로서의 天理이자, 동시에 인간들이 천리를 따라 천하국가를 다스려야 하는 當爲의 문화적 생활양식인 文飾이기도 하다. 이렇듯 인간은 내용적으로 天理를 따르고, 외형적으로 文飾生活을 이룩함으로써 인간다운 인간으로서 천지와 더불어 홍성할 수가 있다. 반대로 만약에 禮를 失하면 殆亡하게 된다.

　'禮必本於天(大一)'이다. 이에 敬天思想, 天人合一, 祭政一致 및 禮敎와 禮治의 思想이 전개되는 것이다. 孔子는 治國에 있어서 祭禮의 重要性을 다음과 같이 밝힌 바 있다.

　　郊社의 뜻이나, 嘗祭의 禮를 밝히면, 治國하기가 손바닥 가리키듯 쉽다(明乎郊社
　　之義 嘗禘之禮 治國其如指諸掌而已乎). <禮記, 仲尼燕居 第二十八>

　郊社는 外祭이고, 嘗祭는 內祭이다. 다 하늘을 모시는 祭祀이다. 또 孔子는 "夫禮 先王以承天之道 以治人之情 故失之者死 得之者生" 한다고 했고, 또 "聖人은 禮의 重大함을 안다. 나라가 무너지거나 집을 잃거나 사람이 죽게 되는 경우에는 반드시 먼저 禮가 없어지기 마련이다(故唯聖人爲知禮之不可以已也 故壞國喪家亡人 必先去其禮)"<禮記, 禮運篇>라고도 했다.

4) 禮敎와 禮治 및 特性

(1) 敎의 뜻과 禮敎의 核心(人倫)

　『說文解字』에서 "敎는 위에서 베풀어 주고 그것을 아래가 仿效함이다(敎, 上所施 下所效, 从攴从爻)"라고 풀었으며, 그 字의 핵심은 學과 마찬가지로 '孝·爻'이다. 즉 "天道와 地德을 위에서 가르쳐 주면, 아래가 받들고 실천한다"[3]는 뜻이 敎의 本

---

3) 국제크리스챤교수협의회 편, 「儒敎의 學問精神과 天道의 具現」, 『학문과 종교』, 주류.

義이다.

教와 學의 본의를 통해 우리는 고대 중국인의 교육관을 엿볼 수 있으며, 특히 天道·地德이 중심·중점임을 확신하게 된다. 天道·天理를 따른 교육이나 정치는 결국 '하나[一]'에 뿌리를 둔 禮에 歸一하는 것으로 따라서 政教合一, 君師合一의 사상이 높이 평가되는 것이다. 그들에게 있어 정치는 통제나 억압이 아니고, 백성들을 교화하고 각성시켜 스스로 天道를 따르고 실천하게 하는 것이다. 즉 政治=教化, 教=政=正인 것이다. 그러므로 『禮記』「學記篇」에 "옛날의 王者는 나라를 세우고 백성 앞에 임금 노릇 할 때에는 教學을 앞세웠다(古之王者 建國君民 教學爲先)"라고 했다.

君王은 통치자가 아니라 先師(선각적 스승)로서 백성들을 지덕으로 교화해야 한다. 교화의 내용은 물론 자연활용과 아울러 생산, 생활의 기능도 있으나, 보다 중요한 것은 天道·天理를 중심으로 한 禮教였다. 이것이 東洋 政治思想의 우선이며, 天理와 德化를 중시한 그들은 법치를 다음으로 여겼다. 孔子가 『論語』에서 말했다. "정치로써 백정들을 인도해 가고, 형벌로써 백성들의 행동을 다지면, 그런대로 다스려지고, 틀 밖에 나가지 않을 것이다. 그러나 설혹 나쁜 짓을 하고도 법망에 걸리지 않기만 하면 스스로 창피를 느끼지 않을 것이다. 한편 백성들을 德으로 인도하고, 禮로써 고르게 하면, 스스로 염치를 알고 바른 경지에 도달하게 될 것이다(道之以政 齊之以刑 民免而無恥 道之以德 齊之以禮 有恥且格)."<論語, 爲政>

정치나 법률의 힘으로 백성을 묶고 틀 잡아 주는 것보다, 禮教과 德化로써 백성 스스로가 천도·천리를 깨닫고 실천하여 正治가 이루어지는 것이 이상이다. 孟子는 다음과 같이 말했다. "善政보다도 善教로써 백성들을 얻는 것이 더 좋다(善政不如善教之得民也)."<孟子, 盡心上>

人間은 절대로 혼자 살지 못한다. 사회적 존재로 縱的(時間·歷史的)으로나 橫的(空間·社會的)으로나 '남과의 관계 속에' 살고 있다. 따라서 禮教 중에서도 인륜을 가장 중시하게 되는 것이다. 맹자는 다음과 같이 말했다. "배불리 먹고 따뜻이 입고 편히 살지만 교화가 없으면 금수와 비슷하게 된다. 聖人이 그것을 걱정하여 契를 司徒로 삼고 人倫을 가르쳐 주게 했다(飽食煖衣 逸居而無教 則近於禽獸 聖人有憂之

使契爲司徒 敎以人倫)."<孟子, 膝文公上>

衣食住의 技術的 해결이나 向上的 滿足만으로는 참다운 인간이라 할 수 없다. 인간의 인간다운 가치는 人倫을 알고, 가르치는 데 있다. 『尙書』에 보면 이미 예부터 人倫에 대하여 五品, 五敎라 지적하고 있음을 알 수 있다. "帝는 契를 불러 말했다. 백성들이 서로 親愛하고 上下左右가 서로 恭遜友和롭지 못하니 네가 司徒가 되어 五敎를 잘 살펴서 가르쳐라. 그러나 교육은 어디까지나 넓고 너그럽게 해야 한다(帝曰契 百姓不親 五品不遜, 汝作司徒 敬敷五敎在寬)."<尙書舜典>

孔穎達은 『正義』에서 풀었다. "이렇듯 五品이 不遜하고 보니, 바로 예교가 이루어지지 않고 따라서 기풍이 순화되지 못했다(此五品不遜, 眞是禮敎不行, 風俗未淳耳)." <同上, 孔穎達 疏>

五敎는 五倫이다. 즉 "父子有親, 君臣有義, 夫婦有別, 長幼有序, 朋友有信"이다. 그리고 人倫의 핵심은 바로 天理·禮이다. 인간은 宇(空間)·宙(時間)的 存在로 천지간에 만물 및 만인과의 관계 속에 살며 '生生不已하는' 天理를 따라 살기 마련이며, 그중에서도 가장 중요한 것이 인륜이다. 따라서 禮敎의 핵심이 인륜이며, 특히 인륜의 중심·근본이 孝悌·忠信·仁義이다.[4]

(2) 禮敎와 禮治의 合一과 特性

『易經』에 있다. "天地가 생긴 다음에 萬物이 있게 되었고, 萬物이 있은 후에 男女가 있게 되었으며, 男女가 있은 후에 夫婦가 있었고, 夫婦가 있고서 父子가 있게 되었으며, 父子가 있고서 君臣도 생겼으며, 君臣이 있음으로써 上下가 생겼으며, 上下가 있은 후에 禮儀가 꾸며지게 되었다(有天地然後有萬物 有萬物然後有男女 有男女然後有夫婦 有夫婦然後有父子 有父子然後有君臣 有君臣然後有上下 有上下然後有禮義有所錯)." <周易 序封 第十>

'天地→萬物→男女'로부터 인간사회와 윤리·도덕·예의가 생겼다고 하는 것은, 결국 인간사회의 상하좌우 人倫을 다스리는 禮가 天에서 비롯했음을 말한 것이다. 荀子는 다음과 같이 말했다.

---

4) 張基槿, 『儒敎의 原理와 本義』.

天地는 生의 本이며, 先祖는 類의 本이며, 君師는 治의 本이다. 天地가 없었으면 어떻게 생겨났을 것이며, 先祖가 없으면 어떻게 태어났을 것이며, 君師가 없으면 어떻게 다스려질 것인가? 또한 이들이 없으면 어떻게 사람이 편안할 수 있겠는가? 따라서 禮는 위로는 天을 섬기고 아래로는 地를 섬기고, 先祖를 尊敬하고 君師를 높이는 것이니, 이를 禮의 三本이라 한다(天地者生之本也 先祖者類之本也 君師者治之本也 無天地惡生? 無先祖惡出? 無君師惡治? 三者偏亡 焉能安人? 故禮 上事天, 下事地, 尊先祖而隆君師, 是禮之三本也). <荀子 禮論篇>

人間의 삶과 사회생활을 보장하고 이어 주고 틀 잡아 주는 三本은 바로 天地·先祖·君師이다. 천지에서 자연의 혜택을 받고, 선조로부터 생명·종족을 이어받았고, 군사로부터 국가·사회적 敎와 治를 받는다. 이 三本은 바로 '禮의 三本'이기도 하다. 즉 인간이 끝없이 창조와 발전을 이룩하는 바탕이 이 三本이며, 그 원리·문화적 진리와 실천이 바로 '禮의 三本'이다.

이와 같은 禮의 뜻을 교육하여 따라 실천케 하는 것이 禮敎이고, 그를 따라 국가사회를 다스려 전체가 천리에 따라 창조·발전을 이룩하게 하는 것이 예치이다. 예교와 예치는 다름이 아니다.

萬物의 根源이며 生成發展의 主宰者인 天의 絶對眞理·絶對善을 本性으로 좇아 행하고, 또한 남들도 天道를 따르고 행하게끔 敎導하는 것이다.

고대에 있어서 군장은 바로 祭天者(司祭)이자 敎師이자 治者였다. 따라서 고대에 있어서는 祭政一致, 政敎合一, 禮敎·禮治合一이었다. 그 궁극적 뿌리는 '하나[一]', '一大', '天'이었다.

인간은 天의 眞理를 배워서 깨닫고, 나아가 실천함으로써 인격을 완성할 수가 있다. 그리고 인격을 완성한 모든 사람들이 모여 잘 다스림으로써 '天의 뜻'에 맞는 이상세계를 꾸며야 한다.

예교는 인간을 깨우치고 가르치고 교화하는 것이고, 禮治는 교화된 人間들을 묶어 이상세계 건설을 이룩하는 것이다.

예교와 예치가 그 바탕을 '天·天理'에 두고 있음은 특성 중의 絶對 특성이다. 이에 대해서는 전술했다. 다음에는 몇 가지 항목별로 특성을 보충하겠다.

(가) 天人合一 : 사람은 天의 所生이며, 사람의 本性은 天命을 받은 것이다. 따라서

人心은 바로 天心에서 나온 것이며, 人道는 天道이며, 人倫은 天理이다. 朱子는 『中庸集註』에서 말했다. "사람의 사람 된 연유나 道의 道다운 연유나, 聖人이 남을 가르칠 수 있는 연유가 다 하늘에 根本을 두었기 때문이요, 또한 하늘의 根本을 내가 지니고 있기 때문이다(人之所以爲人 道之所以爲道 聖人之所以爲敎 無一不本於天而備於我)." <朱子, 中庸集註>

즉 인간은 天의 소생이니까 그 인간이 밟고 가야 할 人道나, 바람직한 群生의 도리로서의 윤리가 다 천도·천리에 一統된다는 뜻이다. 다시 말하면 인간이나 인간사회의 倫理道德이나, 인간의 성정, 정신 등 모두가 하늘에 귀일될 수 있다는 것이다. 天은 절대선이며 唯一無二의 存在이다. 인류가 天과 하나가 되어야 비로소 하나의 世界, 하나의 理念, 하나의 眞理, 절대 최고선에 귀일하고 一統된 하나의 가족세계를 실현할 수가 있을 것이다. 이 天人合一의 사상은 동양전통의 핵심이며, 예교의 많은 特性 중에서도 가장 중요한 것이다.

(나) 政敎合一: 東西를 막론하고 古來로 민중을 대표하고 그들을 영도하는 사람은 지혜나 능력이 특출하고 남들을 가르치고 도움을 줄 수 있는 사람이었다. 즉 고대에 있어 君王은 민중을 교화하고 지도해 나가는 사람이었다. 그러나 인류사회는 점차로 권력과 강압을 다스림으로 여기는 잘못에 물들게 되었다. 그러나 古今東西를 통하여 인류의 사상은 힘으로 누르고 억지로 끌고 가는 정치보다는 德으로 깨우쳐 주고 스스로 좇는 정치를 내걸고 있다. 이러한 의미에서 정치와 敎化를 동일시한 政敎合一의 禮敎精神은 인류의 理想을 구현하자는 것이기도 하다.

고대 중국에서 전설적인 성군이라 알려진 燧人, 庖犧, 神農, 黃帝 등이 다 火食이나 漁獵, 農耕, 牧畜, 建築 등 생활기술을 직접적으로 백성들에게 가르쳐 준 사람들이었다. 그러나 인간사회가 질서와 평화를 유지하기 위해서는 생활기술 외에 이른바 윤리를 깨우쳐 주어야 했다. 여기서 后稷은 백성들에게 가색을 깨우쳐 주는 동시에 契를 사도로 하여 五敎를 펴게 했다. 이렇게 하여 古來로 君師合一, 官師合一, 政敎合一이 중요시되었던 것이다. 물론 이때의 정교의 중심은 禮敎였다. 孔子는 "정치는 예를 앞세워야 한다. 禮는 정치의 기본이다(爲政先禮, 禮者政之 本與)." <左傳哀公問>라 했고 순자는 "禮가 없으면 사람이 살 수 없고, 일도 되지 않고, 나라

도 편하지 못하다(人無禮則不生 事無禮則不成 國家無禮則不寧)"라고 했다. 결국 政敎
一致도 禮敎의 극치라 하겠다.

禮敎로써 국민을 교화시키면, 형벌을 쓰지 않고 국가사회는 안락해질 수 있는
것이다. 漢의 董仲舒는 말했다. "敎化가 이루어지지 않으면 백성들이 바르지 못하
다. 옛날의 聖王은 누구나 다 교화를 앞세웠으며, 나라에는 太學을 세워 가르쳤으
며, 邑에는 庠序를 깨우쳤으며, 仁義禮로써 백성들을 敎化節度했다. 따라서 아주 가
벼운 형벌만으로도 범죄자를 금할 수 있었으며 온 백성들이 잘 교화되어 習俗이
優美했다(敎化不立 而萬民不正也 古之王者, 莫不以敎化爲先務 立太學以敎於國 設庠序以
化於邑 漸民以仁 摩民以誼 節民以禮 故其刑罰甚輕而禁不犯者 敎化行而習俗美也)."＜賢良
策對＞

『大學』의 三綱八條는 바로 인간의 예교와 만민의 예치를 함께 묶은 정교합일의
극치를 풀어 놓은 것이다.5)

5) 禮와 欲求의 조절

荀子도 "사람은 禮 없이 살 수 없으며, 萬事도 禮 없이는 이루어질 수 없으며,
국가도 禮 없이는 안녕할 수가 없다"고 했으며 또 "禮는 治辨의 극치이며, 국가를
강하게 하는 근본이다(禮者 治辨之極也 强國之本也)"＜荀子, 議兵篇＞라고 했다.

그러나 性惡說을 주장한 순자의 禮論은 인간의 본성은 천성으로 선하다는 正統
派의 禮論과는 다르다. 즉 荀子에게 있어 禮의 일차적 大義는 인간의 욕심·정욕을
억제하고 조절하는 것이라고 주장했다. 이것이 결국 法家思想으로 이어진다.

荀子는 "옛 성왕은 사람의 본성이 악하여 편험부정하고 패란불치하므로 예의를
일으켜 法度를 制하고 사람의 그릇된 情性을 矯飾하여 바로잡고 또한 順化敎導했다
(古者聖王以人之性惡 以爲偏險而不正 悖亂而不治 是以爲之起禮義 制法度 以矯飾人之情性
而正之 以擾化人之情性而導之也)"＜荀子, 性惡篇＞라고 말하였다.

禮의 起源에 대해서도 荀子는 인간의 욕구를 누르기 위한 것이라고 풀었다. "禮
의 기원은 무엇이냐? 사람은 生來로 욕구하는 바 있으며, 욕구하는 바를 채우지

---

5) 국제크리스찬교수협의회 편, 전게서, 1986.

못하는 경우에도 욕구를 버리지 못한다. 그리고 度量分界 없이 무한정 욕구를 내면서도 쟁탈하지 않을 수 없게 된다. 쟁탈하면 亂해지고 亂하면 窮하게 된다. 先王은 그렇듯 亂해지는 것을 꺼리어 禮義를 制하여 秩序分界를 세우고 또한 인간의 욕심을 적절히 살리면서 아울러 인간의 욕구하는 바를 적절히 충족시켜 주었다. 이렇게 하여 욕구가 물질의 부족으로 막히거나 또는 물질이 지나친 욕구에 의해 꺾이거나 하는 일 없이 兩者가 서로 적절히 조화되고 활용되게 했다. 이가 바로 禮의 起源이다(禮起於何也 曰: 人生而有欲 欲而不得 則不能無求 求而無度量分界 則不能不爭 爭則亂 亂則窮 先王惡其亂也 故制禮義 以分之以養人之欲 給人之求 使欲必不窮乎物 物必不屈於欲 兩者相待而長 是禮之所起也)."＜荀子, 禮運篇＞

荀子가 말하는 禮는 天理로서의 그것이 아니고 法制로서의 이치라 하겠다. 즉 惡性과 過慾을 어떻게 억제하느냐 하는 法理를 지적한 것이다. 그러므로 荀子에게 있어서 禮의 효용은 소극적인 것이다. 즉 적극적으로 인간선을 진작시키는 正統論이 아니라, 소극적으로 人間惡을 抑制하는 데 중점을 두었다고 보아야 한다.

물론 정통 속에도 인간의 지나친 욕구나 감정을 억제하고 조절해야 한다는 생각은 있었다. 따라서 禮의 뜻을 節度, 辭讓이라고 풀기도 했다.

『禮記』에 있다. "禮는 인간의 情性을 좇되 그를 절도 있고 文雅하게 만듦으로써 모든 사람들이 방종하게 됨을 막자는 것이다(禮者, 因人之情 而爲之節文, 以爲民坊者也)."＜禮記, 坊記 第三十＞

孟子는 四端說에서 "辭讓之心, 禮之端也"라고 했다. 禮記에는 다음과 같은 말도 있다. "마시고 먹는 것이나, 男女의 性愛는 인간의 본능적인 욕구이며 사망이나 貧苦를 싫어하는 것도 인간의 先天的인 혐오심리다. 따라서 이들 욕구나 혐오는 인간 심리의 기본이다. 그러나 인간 각자 속에 숨어 있는 이러한 심리는 쉽사리 측도할 수가 없으며, 또한 좋다 나쁘다 하는 감정도 속에 묻은 채 외색에 나타나지 않는다. 따라서 이러한 心理나 감정을 종국적으로 조절하려면 禮를 가지고 해야 하는 것이다(飮食男女 人之大欲存焉. 死亡貧苦 人之大惡存焉. 故欲惡者 心之大端也. 人藏其心 不可測度也. 美惡皆在其心 不見其色也. 欲一以窮之 舍禮何以哉)."＜禮記, 禮運 第九＞

禮는 인간의 본능적 욕구나 감정을 절도 있게 조절하고 또한 文雅하게 나타나게 하는 것이기도 하다. 슬프다고 原色的으로 울부짖는 것은 비문화적이다. 슬프거나 울 때에 문화적으로 나타내는 것이 예의 일면이기도 하다. 인간의 욕구나 감정을 순화하고 文雅하게 나타내야, 남과의 조화와 협동이 가능해진다. 協同·調和는 인류 공동사회의 진화발전의 바탕이기도 하다. '仁'은 바로 '사랑을 바탕으로 한 협동이다.' 이러한 의미에서 소극적인 禮의 절도도 결국은 발전·진화의 天理에 맞는 것이기도 하다.

고대에는 禮와 樂으로 禮治를 했다. 禮로써 인간의 性을 높이고, 樂으로써 인간의 情을 순화했다. 性情이 바르면 心正하고, 心正하면 修己하고 齊家·治國·平天下가 이어진다. 『禮記』에 다음과 같이 禮樂에 의한 禮治를 풀이하고 있다.

先王이 禮樂을 제정한 의도는 口腹耳目의 향락적 욕구를 끝없이 충족시키고자 한 것이 아니고, 사람들에게 愛好와 嫌惡하는 感情을 平庸하게 조절하여 人道에 돌아오게 하자는 것이었다. 사람의 태어난 그대로의 本性은 靜正하다. 이는 天性으로 그런 것이다. 그러나 외계물체에 감촉하면 動하니, 이로써 天性 속에 숨어 있는 욕구가 나타나는 것이다. 모든 外物이 來到한 것을 알게 되면 즉 愛好나 嫌惡하는 感情이 형성된다. 내면적으로 愛好나 嫌惡하는 感情에 節度가 없고, 외면적으로 物的 欲求에 끌리면 天性으로 타고난 靜正에 돌아가지 못하고 따라서 天理를 받은 人生을 망치게 된다. 무릇 외물이 인간을 끝없이 흔들고 인간의 감정에 절도가 없으면 이는 외물에 의해 인간이 物體化된 것이라 하겠다. 인간이 物體化되면, 天理가 滅하고 인간의 욕구에 끝이 없게 된다. 그렇게 되면, 悖逆과 詐欺하는 마음이 생기고, 淫佚과 紛亂스런 일이 생기며, 강자가 약자를 위협하고, 다수가 소수에 橫暴하고 지자가 우자를 속이고 만용한 자가 소심한 자를 괴롭히고 질병에 걸려도 이들을 收養하지 않게 되며, 老幼孤獨한 사람은 살 바를 얻지 못하게 되니, 참으로 大亂의 꼴이라 하겠다. 따라서 先王이 禮樂을 制定한 것은 사람들에게 節度를 주고자 한 것이다(是故先王之制禮樂也 非以極口腹耳目之欲也 將以教民平好惡 而反人道之正也. 人生而靜 天之性也. 感於物而動 性之欲也. 物至而知, 然後好惡形焉. 好惡無節於內 知誘於外 不能反躬 天理滅矣. 夫物之感人 無窮 而人之好惡無節 則是物至而人化物也. 人化物也者 滅天理而窮人欲者也. 於是有悖逆詐僞之心 有淫佚作亂之事. 是故强者脅弱 衆者暴寡 知者詐愚 勇者若怯 疾病不養 老幼孤獨不得其所 此大亂之道也. 是故先王之制禮樂 人爲之節).<禮記, 樂記 第十九>

天意와 천리에 맞는 하나의 이상세계를 구현하기 위해서는 각자가 자기의 사리사욕을 억제하고 大我에 살아야 한다. 나의 사사로운 욕구나 감정을 억제하고 극복하여 하나의 天理로 돌아가는 것을 孔子는 『論語』에서 '克己復禮'라 했다. 孔子는 "克己復禮면 天下歸仁이라"고 깨우쳐 주고 있다.

Ⅳ. 맺음말

禮는 天理를 내용으로 하고, 문화적 생활양식을 외형으로 하고, 실천되고 구체적으로 현현되는 天의 진리인 것이다. 王陽明은 다음과 같이 말했다.

> 禮字는 바로 理字다. 그러나 理가 표현되어 나타난 것을 文이라 하겠고 文이 隱微하여 밖에 보이지 않는 것을 理라 하겠다. 그러나 이들은 같은 것이다(禮字卽是理字 理之發現可見者謂之文 文之隱微不可見者謂之理 只是一物). <傳翟錄>

禮는 眞理이자, 文化이다. 宇宙萬物이 天의 섭리에 따라 질서정연하고 아름답게 운행 진화하는 품을 文이라 한다. 『尙書正義』에도 천지를 經緯하는 것을 文이라 풀었다. 따라서 우리 인간들도 국가나 사회생활을 함에 있어 天의 섭리를 따라 질서정연하게 하나의 정도를 一統의 진리로 삼고 아름답게 협동하여 진화 발전할 때 비로소 禮를 받아들였으며, 또한 禮를 지키는 것이라고 하겠다. 이것이 바로 順承天하고 治人情하는 것이요, 또한 天理一統된 절대진리를 모든 사람이 따른 품이라 하겠다. 따라서 禮를 履나, 理라고 풀 수 있으며 또한 중국의 예치, 문치의 일통된 原理가 있는 연유이다.

'하나[一]'에 歸一하여 人類大同의 문화세계를 건설하는 것이 '禮敎와 禮治의 목표'이다. 이는 기독교에서 말하는 하나이신 하나님의 뜻에 맞는 '하나의 인류세계'를 구현하자는 경지와 같다. 유교의 이상을 오늘의 지식인들이 정신적으로 받아들이고, 또 수천 년의 축적된 叡知를 현대적으로 활용하여, 오늘의 위기를 극복하고, 세계평화 구현에 매진해야 하겠다.

佛敎와 現代社會

睦楨培

동국대학교 교수 · 불교학

Ⅰ. 머리말

 佛陀의 진리는 인간에 관한 진리이다. 그것은 좁게는 한 개인의 깨침의 진리이며 넓게는 사회를 구성하는 인간관계에 관한 緣起的 眞理이다. 그리고 佛敎的 位相에서 인간사회를 관찰할 때 그 인간과 인간관계는 근본적으로 무엇인가 바로잡고, 바로 깨닫도록 요구되고 있는 此岸과 彼岸의 양면성을 갖고 있는 것이다. 그러한 사정은 佛陀 이전에도 그러했고 지금도 또한 그러하다. 바르게 깨닫도록 되어 있는 요구를 知的 要求라고 한다면 바로잡도록 하는 요구를 우리는 行的 要求라고 할 수 있을 것이다. 그 두 가지 요구를 다 원만하게 수행하는 길을 보여 준 역사상의 실존이 불타, 즉 석가세존이다. 그 길을 그 법(法)(*Dharma*)에 의거(依據)하여 가는 인간과 인간공동체를 우리는 승(僧)(*sangha*)이라 불러 왔다.

 불교는 하나의 사상이기도 하지만 사상 이상의 것이다. 그것은 영원히 인간의 마음속에 살아 있는 힘이며 인간사회 속에 살아 있는 진리이다. 그런 의미에서 불교를 인간에 관한 하나의 대선언이라고 보는 것은 지극히 타당한 견해라고 할 수 있다. 人間宣言으로 시작한 불교는 언제나 인간 그 자신에 대한 그릇된 이해와 그릇된 생활방식에 관해 경고해 왔다. 또 불교는 시대가 흘러가면 갈수록 인간이 자기이해와 그 생활방식에 있어서 큰 오류를 거듭하고 엄청난 業障 속에 얽매어 스스로를 파멸로 이끌어 갈 가능성을 지니고 있음을 동시적으로 전포하였다. 현대 사회는 인간의 실상을 잘못 보고 그 정도를 모르는 인간들로 말미암아 여러 사회적 모순을 현저하게 露呈하고 있다.

불타인 석가세존의 시대에도 六師外道라는 邪見을 가진 무리들이 있었다. 정도의 차이는 있지만 그러한 사견은 어느 시대에도 逸失되지는 않았으며 사회를 파멸로 몰고 갈 정도로 심각한 때도 있었다. 그럼에도 불구하고 인류가 파멸의 구렁에 떨어지지 않고 유속되어 올 수 있던 것은 正見과 正行이 완전히 고갈되지 않고 그 사회를 혁신하고 씻어 주는 원천의 구실을 해 주었기 때문이다. 우리는 우리가 살아 숨 쉬는 이 땅에서 불교가 그 일익을 담당하여 왔음을 역사를 통하여 살필 수가 있을 것이다. 신라 의상의 『華嚴一乘法界圖』, 원효의 『十門和諍論』의 저작도 이러한 의도와 무관하지는 않을 것이다.

논자는 불교적 견지에서 비판받아야 할 현대사회의 통념을 살펴보고 불교의 사회관, 더 나아가 불교가 현대사회에서 어떠한 역할을 담당할 수 있는가를 고찰해 보고자 한다.

Ⅱ. 佛敎的 見地에서 본 現代社會

佛敎에는 사회에 해당하는 적절한 용어로서 '世間(*Lokadhātu*)'이라는 표현을 쓴다.[6] 그리고 그것은 승(僧)(*sangha*)이라는 이상세계를 말해주고 있다. 즉 화합을 추구하는 공동집단이라는 의미이다. 불교의 관점은 어떠한 집단이라 할지라도 그 구성원들의 마음가짐에 따라 타락한 사회를 만들 수도 있고, 깨끗한 사회를 건설할 수도 있다고 보는 것이다. 그렇기 때문에 世間을 지탱하는 여러 因緣의 작연으로 말미암아 개인적인 자세가 어떠해야 하겠는가 하는 점을 중시하고 있다. 바꾸어 말하면 창조적 문화의 동인은 바로 개인의 의지 여하에 달려 있다고 보는 것이다. 그것을 전문적인 불교술어로 쓰면 流轉緣起와 還滅緣起로 설명된다. 스스로

의 약점을 극복하면서 착하게 살려는 노력을 집중하는 삶의 태도를 還滅緣起라 하고, 반대로 肉身을 욕망에 내맡기고서 덧없이 生滅을 거듭하는 것을 流轉緣起라고 한다.

그런 의미에서 사회와 인간이 갖는 유기적 관계를 보는 불교의 관점이 서구적 시각과 동률로 볼 수도 있다. 다만 그 실천적 원리의 해명에 있어서 서구적 견해는 다분히 개인주의적 경향을 나타내지만 불교의 견해는 오히려 개인과 전체의 同質性을 강조한다는 점이 다른 것이다. 이러한 불교적 견지에서 현재 한국 사회에서의 가치통념을 살펴보는 것은 유익한 작업이 될 것이다.

1. 産業化에 따른 人間性 喪失

한국이 근대적인 산업국가로 발돋움하게 된 것은 1960년대 초반이다. 1962년 1차 경제개발 5개년 계획을 효시로 하여 현재까지 그 사업은 꾸준히 계속되고 있다. 그 결과 고도의 경제 성장과 산업화로 이제 제철, 비철금속, 조선, 기계, 전자, 화학 등 6개 분야를 주종으로 하는 중화학공업시대를 맞이하여 중진국으로까지 성장할 수 있게 되었다.[7]

급속한 사회 변화는 필연적으로 가치관의 변모를 초래하였으며 이는 곧 인간 자신이 변모해 감을 뜻한다. 이와 같은 변모 가운데 가장 우려할 만한 현상은 역시 조직의 구조적 모순으로 인한 人間性 喪失이라고 볼 수 있다.

現存在의 보호를 위한 거대한 기구는 개개인을 기능으로 파악하고 矮小化시킨다. 이렇게 함으로써 이 기구는 일찍이 전통으로써 인간을 감싸고 있던 실체적인 생활의 內實로부터 개인들을 분리시키고 만다. 여기에는 이미 사물이나 인간에 대한 애정은 소멸될 수밖에 없다. 인간의 척도가 평균적인 작업능력으로 평가될 때 한 개인이 개인으로서는 어떻게 되든 상관하지 않는다. 그 개인은 일반적인 것이지 결코 그 사람 자신이 아니다. 자신의 일을 아예 바라지 않는 사람들, 그런 사람들은 이미 이러한 생활을 하게끔 운명 지어져 있다. 뿐만 아니라 그런 사람들이야말로 産業社會 속에서 적절히 적응할 수 있다.[8]

---

7) 張源宗,「産業社會의 傳統的 精神文化」, 1978 東國大 심포지엄.

여기서 지적되는 것은 첫째, 傳統價值觀의 斷絕, 둘째, 組織의 非理, 셋째, 人間性의 喪失로 요약될 수 있다. 오늘의 한국 사회는 이로부터 벗어날 수 있다고 단언할 수 있는 어떠한 근거도 갖고 있지 못하다. 물론 산업사회가 갖는 긍정적인 면을 무시하려는 것은 아니다. 생활의 편의, 물질적 풍요 속에 상실되어 버린 인간성을 살펴보려고 하는 것이다. '自我를 발견하라', '마음을 비워라' 하는 등의 불교의 法句가 더 이상 의미 없는 메아리로 들려서는 안 될 것이다. 이 시점에서 반드시 짚고 넘어가야 할 문제가 있다고 본다. 먼저 정신문화의 뒷받침이 없는 산업화를 경계할 줄 아는 지혜(般若, Prajña)이다. 다음으로 과학 일변도에 대한 맹신과 人間性 회복이라는 이율배반을 조화시킬 수 있는 方便(Upaya)이다. 이것은 또한 불교가 현대 산업사회를 향하는 각성의 호소이기도 하다.

2. 이데올로기의 대립

이데올로기라는 용어는 觀念에 대한 과학 혹은 그 관념에 대한 연구를 지칭하는 어휘이다. 그러나 오늘날 이 말은 어떤 집단이나 사회에 특별하게 긴밀한 연관성을 가지고 있는 일련의 信念이나 觀念 혹은 態度를 가리키는 뜻으로 쓰고 있다. 그렇기 때문에 현대 산업사회에서는 일정한 연령, 직업, 종교, 성별의 차이에 따라 각기 일정한 카테고리가 형성될 수 있으며 각 집단들마다 각기 동질적 이데올로기가 있을 수 있다.

현대사회 속에서 특히 주목을 끄는 이데올로기로는 1) 사회주의, 2) 네오마르크시즘, 3) 사회민주주의, 4) 유로 코뮤니즘, 5) 종속이론, 6) 매판자본, 7) 解放神學, 8) 제국주의, 9) 공산주의, 10) 자유민주주의 등이 있다. 오늘날의 이데올로기는 선명한 이념적 투쟁을 목표로 한다기보다 살벌한 폭력적 투쟁의 근거로 쓰이는 경우가 많다. 그 가운데서도 한국 사회에서 가장 영향력 있는 이데올로기는 역시 자유민주주의와 공산주의 그리고 산업주의라 할 수 있을 것이다. 르네상스 이후의 급속한 과학발달은 산업주의를 낳았으며 그것은 기술적 세계를 토대로 하는 卽物主義로까지 치닫고 있다.[9]

---

8) L. Mumford, *The Transformation of Man*, Happer & Brothers, 1956.

여기에서 지적되어야 할 것은 이데올로기적 양극 간의 불화와 갈등에 관한 점이다. 특히 마르크스의 이론은 억압적 관리체제로부터의 탈피를 목표로 하고 있다. 따라서 이때의 이데올로기는 구체적인 社會現實에 대한 비판으로 나타난다. 사회현실을 부정하는 논리는 필연적으로 파괴와 투쟁일 수밖에 없다. 다시 말해서 사회의 경제적인 下層構造와 上層構造 사이의 갈등을 분석하고 그것이 모두 生産關係의 不一致에서 오는 것이라고 결론짓는 가운데 그 불일치를 해소하기 위하여 폭력과 투쟁을 부르짖는다. 佛敎의 입장에서 보면 이데올로기의 갈등의 문제는 외부적이라기보다는 내면적 문제로 이해할 수 있다. 석존은 인위적으로 빚어지는 이러한 不平等을 부정하고 안으로의 생명의 同質性을 강조하였다. 그의 가르침은 당시 인도의 계급의식과 神中心的 思考를 무너뜨리게 된 자각의식의 발견운동이 되었다고 할 수 있다. 그러나 그가 본질적으로 강조한 점은 내면으로부터의 해방(解脫·*Vimuktti*)이었다. 다시 말해서 나를 둘러싸고 있는 외부적 조건으로부터의 해방보다 내 안의 그릇된 貪着心을 없애지 않는 한 완전한 自由(涅槃·*Nirvanna*)는 있을 수 없음을 강조하였다.

우리는 여기에서 다음과 같은 타당한 결론을 연역해 낼 수 있을 것이다. 현대의 이데올로기는 어떤 체제·권력으로부터의 解放을 주장한다. 그리고 불교의 예지는 인간의 內面性의 회복이나 증득을 성취하여야 함을 강조하고 있다. 현대의 이데올로기는 불교가 갖는 이 내면으로부터의 人間理解에 더 깊은 관심을 가져야 한다. 이제 인간은 그 날카로운 비판의 화살을 자기 내부로 돌려야 하리라고 본다. 현재의 억압과 불공정은 결코 균등한 경제적 배분만으로 해소되지는 않을 것이다. 내면의 평화를 확대시켜 그 평화성이 사회의 지배적 위력으로 발흥하는 일이야말로 佛敎의 社會的 平等을 가져올 것이다.

3. 未來의 挑戰

늘 예측할 수 없는 미래는 다음과 같은 우려와 문제를 안고 있다. 첫째는 가공할 核戰爭에 의한 인류멸망의 위협이며, 둘째는 인구폭발로 인한 식량문제, 셋째

---

9) Kar Jaspers, 『現代의 精神的 狀況』, 飯島宗享 譯, 理想社, p.28.

는 資源고갈과 自然의 파괴 현상이며, 넷째는 公害의 문제이다.[10] 이것은 모두 농
경사회에서 근대 산업사회로 전환하는 과정에서 파생되는 문제인 것이다.

> 現代에 있어서는 인간의 성격이 결정적으로 최종적 변화를 이루기 시작하였다.
> 과학적 방법과 근대기술의 非人間的 조작의 발견에 의해 냉정한 理性은 이전보
> 다 더 자연의 에너지를 지배할 수 있었던 것인데, 이제는 이미 널리 인간활동을
> 지배하고 있다. 이 세계에 생존하기 위해서 인간은 자기 자신을 기계에 적용시키
> 지 않으면 안 된다. 藝術家, 詩人, 聖人, 農民 등과 같은 적합하지 않은 유형의 인
> 간들은 사회 도태에 의해 전향되든가, 소멸되든가 할 것이다. 구세계의 文化와
> 宗敎에 관계있는 창조활동은 소멸되고야 말 것이다. 보다 더 인간다워지는 일,
> 보다 깊이 인간의 성질을 탐구하는 일, 신을 탐구하는 일은 이제 기계에서 태어
> 난 인간의 목표는 아닌 것이 되고 말았다.[11]

오늘의 잡다한 현상들이 미래를 위협하는 요인으로 되는 근본 원인은 불교견
해에 의하면 사물의 實相을 如如하게 파악하지 못했기 때문이라는 결론에 이를 수
있다. 인간의 무지와 타락이 빚은 결과는 당연한 인과의 순환일 수 있으며, 그것
을 극복하는 성패도 우리의 決斷에 달려 있는 것이다. 우리는 如來性의 세계에 현
현되어야 함을 깨달아야 한다.

Ⅲ. 佛敎의 社會觀

佛敎에서는 사회를 크게 출가수행자들로 구성되어 있는 '出世間的인 社會'와 일
반 세속의 '世間的인 社會'로 구분하고 있다. 그것은 석존이 解脫의 究境에 이르고
자 하는 방법의 하나로 출가생활을 권장하면서도 한편으로 세속적인 생활도 충분
히 존중하여 그 생활의 이면을 종교적·윤리적으로 정화하는 데에 주의를 게을리
하지 않도록 하였다.

여기에서 다루어지는 불교의 사회관은 물론 世間的인 것이기는 하지만 出世間
은 항시 세간에 영향을 끼치면서 세간적 이상세계인 淨土를 실현하려는 의지로

---

10) 國民倫理硏究會 편, 「現代社會와 人間」, 『現代社會와 倫理』, 螢雪出版社, 1982, pp.58~61.

11) L. Mumford, 전게서.

표출되고 있으므로 불교사회관의 기본 의미를 파악함에 있어 출세간의 것도 아울러 살펴보는 것이 합당할 것이다.

1. 出世間的 意味

출세간적 집단을 우리는 '僧伽'라고 한다. 그러나 불교교단사를 더듬어 보면 처음부터 승가라고 불렀던 것은 아니었다. 석존 당시에는 그의 인격을 공경하여 그에게 귀의했던 사람들은 모두 '가르침을 듣는 이' 즉 聲聞(Srāvaka)이라고 불렀다.12) 처음에는 출가수행자는 물론 재가신도들도 이에 포함되었으나, 차츰 교단이 발전하여 교단의 권위가 확립되면서 출가수행자는 재가신도에 대하여 한층 높은 위치를 갖게 되었고, 상대적으로 재가신도의 지위는 보다 낮게 인식되어 聲聞이라는 명칭은 교단에서 집단생활을 영위하는 출가수행자만을 지칭하게 되었다. 이들 출가수행자 중 남성 출가자는 比丘(Bhiksu), 여정 출가자는 比丘尼(Bhiksuni)라 하는데, 이는 걸식하는 사람이란 뜻으로 그들이 전혀 생산에 종사하지 않고 걸식에 의해 생활을 하고 있었기 때문에 이와 같이 불렸다. 한편 재가신도 중 남자는 優婆塞(Upāsaka), 여자는 優婆夷(Upāsikā)라고 불리게 되었는데, 이는 출가수행자를 섬기는 사람이라는 뜻으로 명칭상에 있어서도 출가자를 상위에 두었음을 알 수 있다.

초기의 교단은 특별한 명칭은 없었다. 그들은 숲속에 모여서 가르침을 들으며 수행하고 있었기 때문에 그들 자신의 교단을 그저 '모임', '무리' 등으로 부르다 교단이 확장됨에 따라 '상가(sangha)'라는 호칭을 즐겨 쓰게 된 것이다.13) '상가'란 말은 한역 불전에서는 '僧伽'라고 音譯되고 줄여서 '僧'이라고도 하는데, 우리가 보통 '僧'이라고 하면 개인을 뜻하지만 본래 모임 또는 무리라는 데서 유래했으므로 複數의 뜻을 가지고 있다. 이와 같은 출가수행자의 집단 또는 교단의 대명사로서 僧伽에 대하여 일반사회는 '世間', '世界' 또는 '國土'라는 말로 표현되었는데, 교단의 계율이 엄격해짐에 따라 僧伽는 차츰 우월한 사회집단으로 발전하였고 드디

---

12) 中村 元, 「その思想と生活」, 『原始佛敎』, 日本放送出版協會, 1970, p.142.

13) 상게서, p.145.

어는 일반 세간 이상의 사회집단으로 형성되었다.

그러면 승가라는 출세간적 사회의 성격은 어떠했을까? 原始經典에서는 승가집단의 유형을 '第一衆', '不和合衆', '和合衆' 셋으로 나누고 있다.

> 比丘衆이여, 그 衆中의 장노 비구는 資具를 많이 비축하지 않고 學에 게으르지 않으며 墮落事에 제약되지 않고 遠離에 있어 선도자이니라. 未得의 得을 위해 未達의 達을 위해, 未證의 證을 위해 정진한다. 그들의 자제는 그의 예를 본받아 또한 資具를 많이 비축하지 않고 學에 게으르지 않으며, 墮落事에 제약되지 않고 遠離에 있어서 선도자이니라. 未得의 得을 위한, 未達의 達을 위한, 未證의 證을 위한 정진을 발한다. 比丘衆이여, 이를 第一衆이라 설하느니라.
>
> 比丘衆이여 그 衆中의 비구는 嘲弄하고 투쟁하고 쟁론하여 서로 口劍으로 찌르면서 산다. 比丘衆이여, 이를 不和合衆이라 說하느니라.
>
> 比丘衆이여, 그 衆中의 比丘는 화합하고 歡喜하여 쟁론치 않고 乳水와 같으니라, 서로 親愛의 눈으로 바라보며 산다. 比丘衆이여, 이를 和合衆이라 說하느라.[14]

이에 의하면 第一衆은 어떤 영도자를 중심으로 한 정당 또는 도당과 같은 성격의 결합체이고, 不和合衆은 근대 사회학에서 말하는 이른바 이익사회(*Gesellshaft*)에 그리고 和合衆은 공동사회(*Geminshaft*)에 해당하는 것이라고 할 수 있다. 불타가 比丘衆들에게 바라는 승가의 유형은 세 번째의 和合衆, 공동사회였다. 이처럼 僧伽는 화합을 생명으로 하는 단체이다. 일정한 가르침을 중심으로 해서 결성되어 항상 행동을 함께하고 젖과 물이 잘 융합되듯 긴밀한 和合을 생명으로 할 때 平和가 유지되고 기쁨이 있으며, 만족이 있고 행복이 있으며, 解脫의 길도 열릴 수 있 게 된다는 것이다.

또 『增支部經典 2集』 「衆會品」에 보면 여러 衆會의 예를 들면서 바람직한 僧伽의 성격을 밝히고 있다.

1) '麤顯衆會'와 '隱密衆會'가 있는데 '隱密衆會'가 수승하며,

2) '無有上衆會'와 '有上衆會'가 있는데 '有上衆會'가 수승하며,

---

14) 『增支部經典 3集』 5, 「一掬鹽品」(南傳大藏經 第17卷, pp.398~399).

3) '非聖衆會'와 '聖衆會'가 있는데 '聖衆會'가 수승하며,

4) '糟糠衆會'와 '醍醐衆會'가 있는데 '醍醐衆會'가 수승하며,

5) '僞의 美로 훈련되고 질문으로 훈련되지 않는 衆會'와 '질문으로 훈련되지 않는 衆會'가 있는데 '질문으로 훈련되고 僞의 美로 훈련되지 않는 衆會'가 수승하며,

6) '財를 중히 여기고 正法을 중히 여기지 않는 衆會'와 '正法을 중히 여기고 財를 중히 여기지 않는 衆會'가 있는데 '正法을 중히 여기고 財를 중히 여기지 않는 衆會'가 수승하며,

7) '不等衆會'와 '等衆會가' 있는데 '等衆會'가 수승하며,

8) '非法衆會'와 '法衆會'가 있는데 '法衆會'가 수승하며,

9) '說非法衆會'와 '說法衆會'가 있는데 '說法衆會'가 수승한다.[15]

이처럼 僧伽의 성격은 어디까지나 佛敎敎理, 佛道修行的인 바탕에 충실하도록 규정지어져 있고, 각 구성원 간에 和合이 절체절명의 원리로 전제된 것이다.

2. 世間的 意味

불타는 출세간적인 사회집단인 僧伽뿐만 아니라 세간적인 사회집단에 대하여서도 화합과 협동에 대해 강조하였다. 불타는 단체를 화합시키려는 목적으로 '布施(dāna)', '愛語(peyya-vajja)', '利行(atta-cariya)' 및 '同事(samānattatā)'의 이른바 '四攝法' 또는 '四攝事'를 설하여[16] 사회단체가 화합과 협동을 이룰 수 있도록 하였다. '布施'란 남에게 무엇을 베풀어 주는 것으로 불교에서는 이를 財施와 法施 그리고 無畏施로 나누고 있는데, 한마디로 요약하면 자비심에 의해 아무런 조건 없이 타인에게 그가 재물을 구하면 재물을 주고(財施), 法을 구하면 法을 주는(法施) 자선적인 행위를 말한다. '愛語'란 모든 사람들에게 자비로운 마음으로 말을 건네는 행위를 말한다. '利行'은 자기를 뒤로하고 먼저 타인을 이롭게 하는 利他的인 행위를

---

15) 상게서, p.399, pp.107~117.

16) 『長部經典』 3.31 敎授尸迦羅越經(『南傳大藏經』 第8卷, p.257).

말하고 '同事'는[17] 다른 사람들과 이익을 같이하면서 고락과 화복을 함께하는 능동적인 협동을 말한다.

이러한 四攝法은 비단 일반사회 단체에 국한되는 것이 아니라 특히 대승불교가 발달한 후에는 출가수행자들에게도 적극적으로 강조되면서 大乘菩薩이 중생제도를 위해 攝受, 敎導하는 덕목으로 발전되어 왔는데[18] 四攝法 그 자체보다도 그 속에 내재해 있는 정신이 무엇인가를 밝히는 것이 중요할 것이다. 四攝法, 즉 布施, 愛語, 利行, 同事에 내재하는 정신은 '慈悲'와 '利他'일 것이다. 자비란 僧과의 대립 또는 어느 특정한 관계에서 이루어지는 세속적이 아닌 문자 그대로 순수한 자애이며 그러한 자애의 대상은 어느 특정한 상대가 아닌 일체 중생이며 利行이란 그러한 자비심을 구체화시키는 자비심의 실천인 것이다. 불교에서는 '자비심이 곧 부처님의 마음'[19]이라고 하여 더없이 중요하게 생각하고 있다. 또 불타 자신이 成道後 일체 중생을 無明과 苦海에서 건지기 위하여 교화에 나선 것은 곧 자비심에 의한 것이며 入滅 때까지의 45년여간의 교화생활은 바로 利他行의 行程인 것이다.

이렇게 보면 불타가 일반사회에 요구하는 것은 불타와 같은 자비심의 구현, 利他行의 行을 목표로 하여 사회의 화합과 협동을 성취시키는 데 있음을 알 수 있다. 다시 말해서 자비와 利他를 기조로 하여 화합과 협동이 충만한 이상적인 사회 건설이 기본목적이 되는 것이다. 불교적인 이상사회의 건설을 우리는 현실사회의 佛國土化 또는 現實 淨土化로 표현한다. 그러나 이것은 출가수행자로 구성되는 출세간적인 집단의 발전적인 확대를 말하는 것은 아니다. 출세간은 출세간대로 화합을 기본으로 수행자의 길을 가고, 세간은 세간대로 자비와 이타를 기조로 하여 화합과 협동의 사회를 건설하면서 出世間과 世間이 조화를 이루는 데서 불교적 이상사회인 佛國土 건설이 구현될 수 있을 것이다. 즉 중생과 부처가 공존하면서 중생의 불성을 백분 발휘하게 하는 것이다.

---

17) 『心地離經』 第7 「功德莊嚴品」.

18) 『大集經』 卷29 「無盡意菩薩品」; 心地觀經 第7 「功德莊嚴品」.

19) 『觀無量壽經』 "諸佛心者 大慈悲是 以無緣慈 攝諸衆生."
　　『觀佛三昧海經』 「觀用品」 第364 "諸佛如來 以大慈悲 而以爲心".

Ⅳ. 佛敎의 理想社會觀

불타가 시설한 理想社會 즉 불교에서 지향하는 가장 완벽하게 발전된 사회상을 여러 경전 중에서 살펴볼 수 있다. 또 인간세계보다 훨씬 살기 좋은 세계로서 佛說에는 천상계나 극락을 보여 주기도 한다. 그러나 천상계나 극락은 인간이 사후에 上生하거나 往生하듯, 죽은 다음의 세계라고 되어 있으므로 현실적 인간사회가 발전된 모습이라고 할 수 없다. 그러므로 우리 인간이 이 지상에서 이룩할 수 있는 가장 훌륭한 이상적인 사회상을 불교에서 살펴보기로 하자.

『諸德福田經』에는 福德을 짓는 일곱 가지를 다음과 같이 들고 있다.[20]

1) 佛殿 僧房 堂閣을 일으키고,
2) 果園과 浴池를 조정하여 시원한 휴식처를 衆人들에게 제공하며,
3) 항상 의약을 베풀어 뭇 병을 치료해 주고,
4) 튼튼한 배를 만들어 사람들을 건너게 해 주며,
5) 교량을 튼튼히 놓아 나그네를 건너게 하고,
6) 길가에 우물을 만들어 목마른 이가 마시게 하며,
7) 화장실을 지어서 행인들의 편리를 제공하는 것이다.

이는 개인에 있어서는 무한한 공덕이 되어 복을 심어 거두는 복밭이 되지만, 실은 이 행위 자체가 사회를 유익하게 하는 善行인 것이다. 이러한 공익시설을 오늘날에 비추어 본다면, 종교 및 공공 집회장소의 설비, 공원·유원지 조성, 의료시설의 무료 시혜, 교통수단의 편의, 수도 시설 완비, 공중변소 및 위생시설의 완비 등으로 설명할 수 있다. 그러한 공익시설이 완전히 갖추어진 사회를 당시 불교에서는 살기 좋은 사회로 본 것이다.

또 『佛說彌勒下生經』과 『佛說彌勒大成佛性』에서는

---

20) 『佛說長阿含經』 卷2, 「遊行經」(『大正新修大藏經』 이하 『大正藏』 p.11).
　　『佛般泥洹經』 卷上(同藏, p.160).
　　『般泥洹經』 卷上(同藏, p.176).
　　『法句譬喩經』 卷4 泥洹品(『大正藏』 4卷, p.605) 등에 자세히 보임.

이 지상에는 사방의 海水면적이 줄어들고 땅이 평평하게 넓어져 토지가 비옥하여 산과 들에는 아름답고 향기로운 花果樹林이 풍성하고 감미로운 맑은 물이 흐르며 농작물이 풍성하여 잡초와 해충이 없고, 한 번 심으면 일곱 번 이상 수확할 수 있고 벼는 저절로 쌀이 되어 거두어지는데 맛이 비길 데 없이 좋고, 人家와 村落이 총총히 이어져 있으면서 길거리가 깨끗하고, 활기가 넘치며, 사람들에게는 모든 질병이 없고 貪欲과 瞋과 愚痴함이 없고, 마음들이 착하고 너그러워 모두가 한결같이 心身이 건강하므로 수명이 길어 한없이 오래 살고, 身體가 장대하며, 나라 안이 태평 안온하고 도둑과 악인이 없어 집집마다 문을 닫지 않으며 또한 수재와 화재와 전란의 재앙도 없고 굶주림과 독해의 재난도 없으며, 사람들은 언제나 慈心으로 恭敬和順하고 모든 것을 잘 조화 극복하여 서로가 부모형제와 같이 말씨가 겸손하다는 것이다. 그리고 都城 가까이에는 큰 용이 있어서 밤중이면 비를 만족하게 내리고 낮에는 맑게 하며, 또 城中에는 大夜叉가 있어서 사람들이 잠든 뒤에 시내 골목거리의 모든 청소를 도맡아 길거리를 향기롭고 기름지게 만들어 놓으며, 시장거리나 골목마다 明珠의 기둥이 사방을 밝게 비춰 밤에도 대낮과 같이 밝으며, 온갖 보배가 많은데도 사람이 없고 지나가는 사람들은 아무도 욕심을 내지 않고 서로 돌아보며 "옛날 사람들은 이것을 보배라 하여 서로 갖기 위해 죽이고, 훔치고, 속이고, 거짓말하여 끝없는 苦惱를 겪었단다"라고 말한다는 것이다. 모든 것이 풍족하고 불편한 것이 하나도 없으나 단지 세 가지의 병통이 있으니 먹는 것[飮食]과 누는 것[大小便]과 늙는 것[衰老]이다. 그러나 이 三病도 실은 오늘의 실정과는 전혀 다른 것이니 향긋한 과일과 음식이 입에 들어가면 저절로 소화가 되고, 백 가지 맛이 갖추어져 있어 기력을 충실케 하며, 변리(배설) 시에는 땅이 갈라졌다가 볼일을 마치면 제대로 오므라져서 고운 연꽃이 솟아나 더러운 냄새를 가려 버리며, 여인이 5백 세가 되어야 시집을 갈 만큼 오래 살고 그들이 노쇠하면 저절로 산림나무 밑으로 가서 편안히 누워 숨을 거둔다는 것이다. 이와 같은 살기 좋은 세상 모두가 彌勒의 慈心訓導에 의한 결과라고 되어 있다.[21]

이상은 물론 彌勒佛이 下生하는 미래 사회상의 일부이지만 이것은 허황되고 터무니없는 상상만은 아닌, 언젠가는 우리가 이룩해야 할 가장 살기 좋고 발전된 사회상인 것이다. 佛說에는 언제나 이론보다 실천을 강조하고 善因善果 善行善報를 강조하고 있다. 그러므로 彌勒의 慈心訓導도 저절로 이상세계가 도래하기를 막연히 기다리는 것이 아닌 끊임없이 발전하고 향상하려는 노력과 끊임없는 이상사회 실현의 추구력이며 밑바탕이라고 할 수가 있을 것이다. 우리는 더 이상 살상을 위한 전쟁무기 개발을 중지하고 인류 전체를 위해 모든 과학과 기계를 연구 개발하기 위해 노력을 경주한다면 佛典에서 보이는 이상사회에 근접한 사회에 도달할

---

21) 『佛說彌勒下生經』, 竺法護 譯(『大正藏』 14卷, pp.421~423).
　　『佛說彌勒大成佛經』, 鳩摩羅汁 譯(同藏, pp.428~433).

수 있을 것이다. 역사상 인도의 아쇼카왕, 신라의 진흥왕, 隋의 三階敎祖 信行 등은 불교에서 보이는 이상사회를 구현하기 위해 공력을 기울인 것이다.

그러나 불타가 이상적인 사회 건설을 위하여 불교인에게만 그런 활동을 요구한 것은 아니었다. 사회의 구성원이면 모두 그런 활동을 해야 되며 특히 부와 권력의 總師인 군주들에게 국내의 빈곤자를 구제하고 질병자를 치료해 주는 것을 국가의 사회 정책적인 의무로서 수행해 줄 것을 강력히 요구하기도 하였다.[22] 대승불교에서 말하는 '現實淨土', '現世佛國土'란 결국 불교에서 설정한 이상사회의 불교적 표현인 것이다. 사회구성원 모두가 윤리를 지키고, 사회와 사회구성원은 그 사회를 복지사회로 건설하는 것, 그리하여 화합과 자비가 충만하고 모든 사람이 불교의 正法에 힘입어 '一切 苦'를 여의고 살기 좋은 사회를 이룩한다면 이것이야말로 極樂, 淨土, 佛國土로 다가가는 것이고 그러한 세계를 건립하는 것이 이 사바세계에 살고 있는 자들의 본분사가 되어야 한다.

V. 佛敎의 現實的 役割

불교에서는 應病與藥이라는 말이 있다. 모든 중생의 根機에 맞추어서 敎化濟度한다는 뜻이다. "甘露의 가르침이 불교이다",[23] "一切安樂하여 고민 없는 法을 이름하여 佛法이라 한다"[24]고 한 經說을 통하여 보더라도 불교는 이 세상의 모든 병을 고치는 良藥으로 표현되어 있음을 알 수 있다. 그러므로 佛法이라는 영약이 모든 사람과 사회의 질병을 적응 對治하는 것이라고 할 수가 있을 것이다. 적어도 그래야만 이름 그대로의 應病與藥하는 불교가 될 것이다.

그러나 오늘날 우리는 佛敎가 자체의 병질을 치유하지 못하는 무능을 목격한다. 때문에 불교 그 자체의 무한한 가능성과 가치마저도 외면해 버리는 경향에 빠지게 된다. 불교는 이 시대의 사회적 요청을 외면할 수 없다. 우리의 선조들에게

---

22) 宮本正尊 編, 『大乘佛敎の成立史的硏究』, pp.398~404.

23) 竺法護 譯, 『佛說文殊師利現寶藏經』 上下 2卷(『大正藏』 第14卷, pp.452~466).

24) 求那跋陀羅 譯, 『大方廣寶篋經』 中卷(『大正藏』 14卷, p.473 下).

있어 불교는 유일한 종교이자 철학이었으며 생활이었다. 불교를 통해서 인생의 참의미를 알았으며 감추어진 宇宙의 實相을 파악하였다. 나는 결코 오늘날 불교가 그와 같은 대접을 받지 못하는 것을 탓하려는 것이 아니라 오히려 이와 같은 시대의 조류 속에서 불교가 무엇을 어떻게 기여해야 하는가를 모색해 보고자 하는 것이다.

1. 饒益有情의 理想

> 比丘들이여 遊行하라. 여러 사람의 이익을 위하여 안락을 위하여, 世間의 자비를 위하여 人天의 이익과 안락을 위하여 두 사람이 동일한 길을 가지 마라. 比丘들이여, 처음도 중간도 끝도 이치와 문구가 갖추어진 진리를 설하라. 일체가 완비된 梵行을 나타내어라.[25]

이것은 석존이 제자들의 敎化 길에 앞서 당부했던 가르침으로 전해 온다. 그 가르침은 크게 두 가지 대의로 설명할 수 있다. 첫째는 僧伽가 세속의 모범이 되어야 한다는 이상이며, 둘째는 승가의 기본목표가 利益衆生에 있다는 점이다. 근본불교 이래 강조되어 온 이 실천윤리는 大乘佛敎에 의하여 하나의 典型으로 굳어지게 된다. 大乘菩薩의 理想이 바로 그것이다. 또 다른 경전에서는 보살의 이상을 다음과 같이 열거하고 있다. 첫째, 부처님의 正法을 펴서 無量衆生을 깨닫도록 하는 일, 둘째, 外道의 邪惡한 견해를 부술 수 있는 이론적 배경을 갖는 일, 셋째, 佛法을 잘 가르치기 위하여 연구하고 다듬는 일, 넷째, 중생의 財利를 갖추게 하기 위하여 世方의 善方便을 구사하는 일 등의 五事이다.[26] 이것은 현실 속에서 생동하는 이상의 구현을 역설하는 가르침이다. 보살의 실천덕목으로 들 수 있는 四攝, 四無量, 六波羅密 등은 모두 이와 같은 실천의 기반 위에 세워진 좌표라고 할 수 있다.

지금까지 문화·사회를 병들게 만들어 왔던 그 근본원인은 이 이상과 현실을 조화시킬 수 있는 지혜의 결핍으로 인한 이율배반적 사고방식에 기인한 것이다. 에리히 프롬은 그 이원적 사고의 절정을 所有와 存在의 형태로 나누면서 궁극적으

---

25) 「律藏」, p.37(『南傳大藏經』 第二).
26) 『菩薩善戒經』, 卷3, p.187.

로 새로운 사회, 새로운 인간의 역할을 강조한 바 있다.[27] 따라서 불교의 입장에서 본 현대사회의 이념적 모순을 타개하기 위해서는 먼저 二元的 思考를 탈피하는 데 그 역점이 두어져야 한다. 불교의 보살은 그 실행자의 전형이다. 중생이라는 어휘로 대변할 수 있는 탐냄과 성냄과 어리석음의 사회가 보살로서 특징지을 수 있는 慈悲와 깨달음의 이상으로 승화되어야 하는 것이다.

현대 산업사회의 상황은 한마디로 말해 菩薩精神의 퇴락으로부터 비롯된다. 지금의 불교는 보다 불교다워져야 할 것이다. 보살이 가야 할 길이 이념적으로나 실천적으로나 지켜지지 않는 불교는 그 근거를 상실하고 만다. 참다운 보살정신의 함양과 실천이야말로 이 시대의 불교가 수행하여야 할 가장 중요한 문제라고 생각된다.

2. 佛敎思想의 寄與

우리는 불교의 緣起의 이론을 통해 현대사회의 이원론적 사고를 극복할 수가 있다.

> '이것'이 있으므로 '저것'이 있고 '이것'이 생기므로 '저것'이 생기고 '이것'이 없
> 으므로 '저것'이 없고, '이것'이 생기지 않으므로 '저것'이 생기지 않는다.[28]

이와 같이 緣起란 '나'와 '남'이 서로 의존하면서 생성되고 소멸됨을 지시하는 가르침으로서 숙명적으로 관련지어진 우주의 존재형태를 지칭하는 가르침이다. 이것은 연기설이라고 하여 당시 인도사회의 철학적 성찰 가운데 주류를 이루고 있던 轉變說이나 積聚說에 대응하는 불교적 이론의 밑바탕이었다. 대승불교에서는 緣起의 논리가 더욱 심화되어 구체화되어 나아갔다. 龍樹의 空觀, 無着의 唯識觀, 그

---

27) 사회를 움직이는 규범은 그 구성원들의 특성을 형성한다. 산업사회의 규범은 재산을 소유하려는 소망, 그것을 유지하고 증식시키려는 즉 이익을 얻으려는 소망 등이다. …… 반면에 存在양식이란 그 선행조건으로부터의 독립·자유 그리고 비판적 이성을 갖는다. 그 기본적 특성을 외적 활동이나 분주하다는 등의 의미로서 능동적이 아니라 내적 활동, 인간 힘의 생산적 사용이란 관점에서 能動的이라는 뜻이다(에리히 프롬, 『소유냐 삶이냐』, 정진홍 역, pp.95~137).

28) 緣起(Pratityasamutpāda)란 사물의 相依相資의 관계를 지시하는 불교교리의 핵심이다. 龍樹에 의해 전개된 中觀學派는 이 이론에 근거하여 空·假·中之論의 이론을 정립하였다. 『雜阿含』 卷2에서는 연기를 설명하기를 "기대어 서 있는 갈대 묶음은 서로 의지하여 서 있을 수 있지만 하나가 쓰러지면 나머지도 쓰러지게 됨과 같이 만물이 서로 관련되어 있음"을 설명하였다.

리고 華嚴에서의 理事圓融論 등은 모두 緣起를 근저로 하여 이룩된 가르침이다. 그 가운데서도 특히 六相의 이론은 正法을 구현하는 보살의 이상으로서 제시된 이념적 동질성의 이론이다. 正法을 이룩하는 주체는 個人이고 개인과 사회는 서로 지녀야 할 관련성과 동질정이 있어야 한다. 六相의 이론은 그것을 제시하는 가르침이다.

『華嚴經』에 의하면 개인과 전체 사이에는 다음과 같은 여섯 가지 모습(六相)이 있다고 하였다.[29] 總相(전체적인 모습)은 別相과, 同相(동질적 모습)은 異相(개성 특수성)과, 成相(완성된 모습)은 壞相(환원적 모습)과 서로 관련지어졌다고 설명된다. 전체(總相)라는 것은 개체적인 相異性(別相)을 떠나 따로 이룩될 수 없다. 또 개체적 상이성의 입장에서 보면 하나하나가 분리되어 있으면 總體의 힘을 발휘할 수 없다. 필히 개체로서 相異性을 無化시켜 전체에 들어가야만 된다. 또한 그들은 각자의 특수성[異性]을 지님으로써 전체의 조화[同和]를 이룩할 수 있고 개체의 특수성이란 것은 전체가 지녀야 할 동질성과 일치되어야만 한다. 또한 전체는 완전한 모습[成相]을 갖추기 위해서는 환원성[壞相]이 있어야 한다. 완전한 집[成相]을 완성하려면, 나무를 자르는 일[壞相]이 있어야 하고, 잘린 나무는 대들보가 되기도 하고 서까래가 되기도 한다. 문짝이 되기도 하며, 창틀이 되기도 한다. 이것 중 어느 하나라도 없으면 완전한 집을 완성할 수가 없는 것이다.

이 원리는 개인과 사회에 그대로 적용된다. 즉 개인이 곧 사회이며 사회가 곧 개인이다. 이 원리는 비단 개인의 차원에서뿐만 아니라 전체 인류와 우주에까지 확대 적용될 수 있는 가르침이다. 이것이야말로 불교가 제시하는 개체와 전체와의 정당한 관계이다. 개체(개인)와 전체(사회)의 조화로운 실현이야말로 불교가 현대사회 속에 적응할 수 있는 발판이라고 본다.[30]

이제 불교의 이상적 인간인 보살의 이상을 요약해 본다. 불교에서는 六波羅密이라 하여 보살의 길을 제시하고 있다. 그것은 자비에 바탕을 둔 실천적 利他行을 가르치는 말로서 그 수행을 통해 涅槃의 彼岸에 들어간다는 것이다. 그 여섯 가지

---

29) 華嚴思想의 핵심인 '一卽多 多卽一'에서 一(하나)을 개인으로 보고 多(전체)를 사회로 보면 개인이 곧 사회이며 사회가 곧 개인인 것이다.

30) 정병조, 「平和와 協助의 原理로서의 佛敎」, 『佛敎와 現代世界』(東國大, 1976), pp.152~153.

菩薩道는 한없이 베풂[布施], 도덕적 생활[持戒], 참고 용서함[忍辱] 성실히 살아감[精進], 자신을 되돌아봄[禪定] 등을 가르치는 것이다. 이 여섯 가지의 실천덕목은 보살이 여러 사람들을 깨달음으로 인도하는 방편이다.[31] 우리 모두가 이 여섯 가지 실천덕목을 하나하나 지켜 나갈 때 비로소 현대사회는 정화될 수 있고 利己心에 가득 찬 인간성을 회복할 수 있는 것이다.

3. 價値觀의 확립

현대사회, 특히 한국사회의 바람직스럽지 못한 현상은 여러 가지 원인에 기인한다고 할 수 있겠으나, 그보다는 哲學의 貧困, 참된 敎育의 不在, 그리고 사회 지도인사들의 태만과 타락 등에 더 중요한 원인이 있다고 생각한다. 따라서 그것을 바로잡으려는 가치질서의 모색이 시급한 과제가 될 것이다. 물질주의 사회 풍조의 만연, 이기적 독선과 정당한 노력의 무시, 그리고 소비지향 풍조의 가치의식의 팽배는 이 사회를 더욱 무질서하게 만들고 있다. 이런 價値顚倒에서 하루빨리 벗어나기 위해서는 새로운 가치관의 정립이 긴요하다.

우리는 새로운 가치질서 정립을 위해서 적어도 다음과 같은 다섯 가지의 기본적인 가치체계가 이 사회의 지배적 경향으로 전개되어야 한다고 생각한다.

첫째, 傳統的 精神文化의 새로운 해석이다. 전통문화가 낡은 것, 옛것을 가리키는 단순한 개념으로서가 아니라 미래를 선도하는 지혜의 원천으로 이해되고 고양되어야 할 것이다.

둘째, 바른 倫理意識의 확립이다. 건전한 사회는 건전한 윤리의식과 직결된다. 이 시대의 향락적 풍조가 있는 한 결코 건전한 사회는 확립될 수 없다.

셋째, 自我의 회복이다. 현대사회의 획일주의 경향은 본래의 자신을 상실케 하고 객관화한다. 획일주의에서 벗어나 자신의 가치를 추구하는 자세야말로 이 시대의 가장 절실한 문제일 것이다.

넷째로 宗敎間의 관용이다. 전통종교와 서구종교의 不協和音의 정도는 이미 우

---

31) 불교에서 방편으로 강조되어 온 실천윤리는 특히 '37助道品'이라고 부른다. 그 가운데서 핵심적인 것은 六波羅密, 四攝, 四無量이다. 四攝은 布施, 愛語, 利行, 同事 등이고 四無量은 慈, 悲, 喜, 捨 등이다.

려할 만한 지경에 이르렀다고 본다. 전통종교를 딛고 일어서야 한다는 투쟁적 발상의 태도를 견지하는 한 건전한 평화는 얻을 수 없다. '인간성 회복'이라는 관점에서 이념을 같이하여야 할 것이다.

다섯째는 菩薩精神의 실천이다. 자기보다 남을 앞세우는 利他行의 실천은 긍정적인 사회의 기틀을 다질 수 있을 것이다.

이와 같은 가치질서들은 스스로의 노력과 양심의 근저에서 비롯되어 이 사회의 기운으로 성숙될 때 비로소 가능해지는 것이다. 우리는 가치질서의 한 典型을 불교의 진리를 통해 발견할 수 있다. 불교는 언제나 새롭게 해석되어야 한다. 비록 인간의 가치와 삶을 제약하는 산업사회라 하더라도, 그 체질에 있어서는 古代와 現代가 다를 바 없다고 본다. 우리 선조들이 불교를 통해 삶의 예지를 배웠듯이, 불교를 통해 현대산업 사회의 굴레를 벗어날 수 있을 것이다.

VI. 맺음말

이제까지의 뜻을 살려 인간사회가 정립되어야 함을 주제로 삼아 지적하고 싶은 것은, 그 사회가 결코 개개의 인간을 무시하거나 혹은 포괄적 우주자연으로부터 유리된 것으로서 다루어져서는 안 된다는 것이다. 바로 이 점을 지금까지 서구 知性들은 망각 또는 간과한 것이라고 보고 싶다. 서구사상의 기본적 맹점은 法의 세계가 전적으로 緣起關係라는 사실을 파악하지 못하고 인간과 자연을 분리시키며 개체들의 실체성을 인정하지 않는 점이다. 우리는 元曉와 義湘이『華嚴經』에서 말하는 重重無盡의 法界緣起의 世界야말로 우주자연 속에 자리 잡은 인간사회가 다른 모든 자연의 구성물들과 함께 이미 실현하고 있는 正法의 실상임을 다시 자각하여야 한다. 한국지성을 대표한 스님들은『華嚴經』을 비롯한 여러 大乘經典을 깊이 연구하고 이를 통해 우주자연 속에 자리 잡은 인간사회의 '諸法'을 체험적으로 인식하고 體達하였던 것이다.

그들은 불교를 통해 인간의 현실과 이상을 알고 타락한 인간과 그 사회의 현실을 正法의 질서인 '重重無盡', '緣起의 관계'의 구현이란 방향으로 되돌려 놓는 일에 전 생애를 바친 사람들이다. 거기에는 『화엄경』의 구절구절마다 강조하고 있는 廻向이 바로 보살정신임을 확신하고 있다. 이렇게 하다 보니 正法을 攝受하고 非法을 折伏하려는 정신이 그 시대 그 사회의 時代精神이 되었고, 그러한 시대정신은 이에 부합하는 사회이상을 낳았고, 그 결과로서 우리는 그 시대, 그 사회의 초자연적 신비주의의 문화를 볼 수 있고 폭넓고 깊이 있는 도덕적 양심의 발로들을 볼 수 있으며, 고상한 기품이 넘쳐흐르는 예술작품들과 우주적 보편성을 현양하는 철학적 논술들과 종교적 경건성과 합리적 추구가 일치된 과학적 노력 등을 볼 수 있게 된 것이다.

한 사회가 건강한 사회냐 불건전한 사회냐 하는 척도는 그 사회에서 얼마나 정법이 존중되고 실현되고 있느냐에 맞추어져야 한다. 정법이 무엇인지조차도 모르는 사람은 평가의 척도를 갖지 못하는 사람일 수밖에 없다. 불교는 바로 그 正法을 가르치고 일깨워 주는 종교인 것이다. 그리고 우리들을 如如한 實相의 法界에서 安住할 수 있는 法性體가 되어야 함을 가르치는 종교인 것이다. 그것은 諸法 속에서 如來性을 구현한다는 現存的 緣起觀인 것이다.

참고문헌

Las F. Hils, T., 『종교란 무엇인가?』, 한교석 역, 서울, 受驗社, 1963.

增谷文雄, 『現代佛敎入門』, 鄭炳朝 역, 玄音社, 서울, 1984.

朴鍾鴻, 『認識論理』, 博英社, 1972, 서울, pp.186~192, pp.229~238, p.249.

『心靈硏究』, 日本心靈科學協會, 東京, 1986.

        7月號 pp.8~12.

        8月號 pp.34~45.

        9月號 pp.20~27.

        10月號 pp.24~30.

        11月號 pp.23~33.

林䮍, 科學槪論, 中山書房, 東京, 1951, pp.43~68.

Badham, P., *Christian Belief and the Ethical Dilemmas of Contemporary Medicine*, Manuscript, 1986.

Davies, C., *Abortion and Capital Punishment in Britain, U.S.A. and Elsewhere*, Manuscript, 1986.

Dougherty, J., "The Concept of 'Person'" in *American Legal Theory*, Manuscript, 1986.

Dungen, P., *Justified Warfare and the Relative Value of Human Life*, Manscript, 1986.

Khuse, H., *Hard Choices: Ethical Questions Raised by the Birth of Handicapped Infants*, Manuscript, 1986.

Kittrie, N., *The Right to Live: Whose Life is it, Anyway?*, Manuscript, 1986.

Molinski, W., *Moral Implications of the Manipulations of the Genetic Nature of Man*, Manuscript, 1986.

Nowel-Smith, P., *The Right to Die,* Manuscript. 1986.

Sivaraksa S., *The Value of Human Life in Buddhist Thought*, Manuscript, 1986.

敎育的인 社會 建設을 위한 宗敎團體의 役割

李淳珩

제주대학교 교수 · 교육학

현대사회에 있어 교육은 學校 외에서는 그 목적이 달성될 수 없으리만큼 학교가 중추적인 기관이 되어 있다. 이것은 사회가 敎育의 機能을 효율적으로 수행하기 위해 학교라는 기관을 社會制度로서 창안하여 시대를 달리하면서 그것을 더욱 발전시킬 수밖에 없었음에 기인된다. 그러나 학교는 어디까지나 교육의 목적을 달성하기 위한 제도적 장치일 뿐이며 전체 교육체제에서 단지 그 下位機能을 수행하는 것에 불과하다. 말할 필요도 없이 교육을 수행하는 기관은 학교만이 아니며 오늘날 다른 교육기관들도 그 고유 기능의 중요성을 재인식하면서 더욱 전문성을 강화하고 있다.

원래 교육체제란 가정, 학교, 사회의 세 장면을 통해 수행되는 보다 큰 체제이다. 그러므로 敎育의 質을 효율적으로 관리해 나가려면 하위요소인 이들 교육담당 기관들의 고유한 기능을 전체 체제에 상보적으로 관련시켜 통합적으로 운영함으로써 교육적인 사회를 건설하지 않으면 안 된다. 여기에서 통합성이라 함은 전체 교육체제에서의 이들 하위요소들의 관련성(*relationship*)을 묶어 각기 그 체제를 조화적으로 발전시키고 또한 동시적으로 균형 있게 운영되어야 함을 의미한다. 교육기능은 학교, 가정, 지역사회가 각기 주어진 역할을 적절히 분담하여 상호 調和性과 同時性을 함께 추구해 나가는 데서만 그 기능이 제대로 발휘될 수 있게 된다. 근래에 와서 제기된 취학 전 조기교육의 중요성이나 아울러 학교교육의 성취에 미치는 가정의 영향에 대한 확인은 가정교육이 단지 학교교육을 보완하는 이상의, 그 基底的 意味를 재인식하게 하고 있으며 더욱이 평생교육의 전망으로 하여 빚어지는 성인들의 다양한 교육적 노력들도 또한 사회교육의 獨自性을 더욱 강화시키기에 이르렀다.

교육의 필요는 이제 청소년 시기에만 국한되는 것이 아님을 우리는 잘 알게 되었다. 우리 모두의 평생에 걸쳐야 하는 다양한 교육의 필요는 종래 학교체제에만 집중되어 왔던 교육기능을 점차 분화시키면서 중추적 교육기관인 학교의 구조에 새로운 변화를 불러들일 것이며 타 교육기관들도 이를 분담, 活性化해 나가는 교육적인 사회에로 지향해 나가지 않을 수 없게 만들 것이다. 아울러 가정교육이나 사회교육이 강화되어 나감에 따라 교육체제의 구조적 재편성이 불가피하게 요청될 것이다.

그러나 이러한 변화의 국면은 저절로 주어지는 것이 아니다. 그것을 보다 적극적으로 의도하여 지역사회의 책임 있는 교육담당기관들이 함께 도모해 나가야만 교육적인 사회의 실현을 앞당길 수 있다.

교육의 본래적 목적인 인간육성은 학교교육만을 통해서는 제대로 달성될 수는 없다는 것은 너무도 당연하다. 이러한 명제는 앞으로 학교교육이 가정 그리고 지역사회와의 새로운 제휴를 절실한 과제로 받아들이지 않고서는 교육의 質관리가 어렵다는 문제의식을 반영한다. 이것은 學校體制에서 敎育體制로 시급히 전환되어야 할 것을 요청하고 있으며 이를 통해서만 우리는 교육적인 사회에로 접근해 갈 수 있다.

이 글의 목적은 교육적인 사회의 건설에 있어 '지역사회교육론'의 전망을 터로 하여 사회에서 교육의 기능을 담당하고 있는 종교단체들의 교육적 역할을 새롭게 조명해 보려는 데 있다. 이를 위해 우선 교육체제 발전의 전망이 시사하는 가정, 학교, 사회의 교육담당기관들의 역할 분담의 당위를 재음미하고 동반자 관계에서의 협력체제의 개념을 빌려 통합적 노력의 필요성을 전제한 후 그 유대를 위한 가능한 몇 가지 실천방향을 제시해 보려고 한다.

I. 敎育體制에로의 轉換

　근래에 와서 학교교육은 그 본래적 목적인 인간교육이나 사회평등의 실현에 대한 기대를 제대로 충족시키지 못함에 따라 이에 대한 많은 비판을 불러들였다. 아직도 학교교육에 접근하고자 하는 사람들이 많지만 그 대상의 제한이나 제도의 경직성으로 말미암아 청소년을 포함한 많은 사람들에게 교육적 소외를 경험하게 하고 있을 뿐만 아니라 학생들에 대해서조차 전통적 방식에 얽매어 교육의 질을 제대로 제고하지 못하고 있기 때문이다. 이를테면, 교육의 기회균등 논의로 표출된 不平等敎育論이나, 교육을 받았다 하더라도 사회적 성취에서 상대적으로 소외되는 사람들에 대한 학교교육 효과(*school effectiveness*)에 대한 뜨거운 논의들은 脫學校(制度)敎育運動이나 학교폐지론에까지 확대되었다. 학교교육이 지니는 한계와 역기능이 제도적인 교육에 대해 많은 비판을 불러일으키고 있음은 너무도 당연하다. 흔히 葛藤敎育論의 입장에서 제기된 비판의 초점들은 교실의 인간화와 더불어 교육의 기회를 상실한 사람들을 위하여 학교의 벽을 개방하는 학교체제의 개혁이나 학교교육체제의 발전을 강력하게 주장하기에 이르렀다.[32] 학교교육에 대한 이러한 도전들은 향후 학교교육 위주의 전통적 교육체제만으로는 교육의 본래적 목표 달성에 한계가 있음을 깊이 인식시키고 있다. 최근에 學校外事態에서의 敎育(*non-school setting education*)이 활발하게 발전될 수밖에 없는 당위는 이러한 한계에서 연유된 '교육'의 결핍에 근거한 것이다.

　그동안 교육의 질 관리나 결핍을 극복하기 위한 노력들은 크게 보아 학교 내에서의 報償敎育(*compensatory ed.*), 學校外 非正規敎育(*nonformal ed.*), 그리고 脫學校運動(*deschooling movement*)으로 유형화될 수 있다. 특히 학교교육 효과의 미흡이나 그 기회접근의 不利는 가정 혹은 사회의 장면에서 다양한 교육 유형들을 전개시켰다. 이를테면 교육

---

32) Illich, Joan, *Deschooling Society*, New York: Harper and Row, 1971.
　　Reimer, Everett, *School is Dead*, New York: Doubleday, 1971.
　　Freire, Paulo, *Education for Critical Consciousness*, New York: The Seabury Press, 1973.
　　Young, M. F. D., *Knowledge and Control*, London: Collier-McMillan, 1971.
　　Knowles, M. S., *The Modern Practice of Adult Education*, Chicago: Association Press, 1980.
　　Carnoy, M.(ed.), *Schooling in a Corporate Society: The Political Economy of Education in America*, New York: McKay Books, 1973.
　　Apple, M., *Ideology and Curriculum*, London: Routledge and Kegan Paul, 1979.

대상의 면에서 유아교육(*infant ed.*), 성인교육(*adult ed.*), 지역사회교육(*community ed.*)이, 교육기회의 면에서 계속교육(*continuing ed.*), 추가교육(*further ed.*), 평생교육(*lifelong ed.*)이 직무의 전문화와 생활경험의 광역화 면에서는 현직교육(*concurrent ed.*), 순환교육(*recurrent ed.*)이, 대상이 특성 면에서 주부교육, 소비자교육이, 프로그램의 특성 면에서 文解敎育(*literacy ed.*)이, 그리고 교육모체의 특성 면에서 들 수 있는 통신교육(*correspondence ed.*) 등의 다양한 사회교육의 유형들이 그것이다.[33] 이는 교육의 기회나 대상이 학교 또는 청소년에게만 국한되어 이루어질 수 없음을 잘 보여 준다. 이미 학교교육의 상당한 부분이 學校外 敎育機關에로 확산되고 있음을 간과할 수 없게 되었다.

이들 사회교육의 제 유형들은 다양하고도 생생한 교육의 필요에 의해 생성된 下位敎育體制들로서 이제 가정 또는 사회 제 기관에 있어서의 교육체제들도 학교 못지않게 중요한 교육의 場으로 작용하고 있음을 보여 주는 것이다. 이로 미루어 볼 때, 학교는 지역사회에서 사람들이 필요로 하는 교육의 奉仕傳達體系(*educational delivery system*)에 있어 '하나'의 기관에 지나지 않음을 근본적으로 드러내고 있으며 현재의 학교교육 체제는 어떤 계기에서건 균등한 교육의 기회를 제공하는 데 구조적 장애를 안고 있음을 가정할 수 있다.[34] 개개인의 삶의 質을 결정한다는 교육환경의 총체적 견지에서 본다면 학교는 이에 기여하는 하나의 요소에 불과할 뿐이다. 이러한 사태는 지금까지 학교교육의 과정에만 국한되어 온 우리의 敎育的 思考를 전체 교육체제에로 확산시킬 것을 새롭게 촉구하며 앞으로 가정, 사회의 그것과 통합적 유대관계를 구축해 나가지 않으면 안 될 시점에 이르렀음을 보여 준다.

이와 같이 가정, 학교, 사회가 교육공동체로서 三位一體의 관계에서 상호 제휴하여 가르쳐 나갈 때 우리는 이를 교육적인 사회라 말할 수 있다.

그런데 교육적 사회로 지향해 나가려고 하면 여기에는 먼저 敎育(*education: E*)과 學校敎育(*schooling: S*)이 다르다는 사실이 전제되어야 한다. 그리하여 이에 대한 合議의 확대를 기초로 현행 학교 위주의 교육체제를 탈피해 나가지 않으면 안 된다.

그러면 교육과 학교교육은 어떻게 다른가? 리치몬드(*Richmond*)는 다음과 같은 命

---

33) 金水日 外, 『社會敎育要求分析』, 韓國敎育開發院, 1982, pp.11~12.

34) Sumrall, Raymond O., *The Educational Park, The Community School, and the Multi-Service Community-Center: An Atempt Toward Holystic Model Interface: A Dissertation*, University of Alabama, 1975, pp.71~75.

題들을 제시하면서 우리가 이를 수락할 수 있을 때 양자의 차이를 확연히 구별할 수 있으며 동시에 학교교육을 넘어서는 데서만 비로소 교육은 그 본래의 모습을 실현할 수 있다고 본다.[35]

첫째, E와 S는 목적과 수단과의 관계이다.

둘째, S는 특정한 기능의 훈련에 관심을 갖는다면 E는 全部面에 걸쳐 그 영향력을 확산시킨다.

셋째, S에 대해서는 비난하는 사람이 많지만, E는 모든 사람이 다 지지한다.

넷째, 어떤 조건하에서는 S가 비교육적일 수도 있다. 그러나 양자를 同一視하고 있다면 이는 불가능하다.

다섯째, S는 싫든 좋든 학습자에게 강요되지만 E에 대해서는 책임 있는 기관이 임의로 존재할 수 있다는 점에서 그것은 자율적이다.

여섯째, S는 제도적인 것이고 E는 반드시 그렇지만은 않다.

일곱째, S는 조만간에 끝나게 되지만 E는 죽음으로써만 끝나는 連續的 過程이다.

여덟째, S는 언어 추리와 측정이 가능한 인지적 기능에 대해 매우 중요하게 여기지만, E는 이것만을 교육에서 성취해야 할 유일한 준거로 여기지는 않는다.

아홉째, S는 公式的, 計劃的이지만, E는 非公式的, 非計劃的이다.

열째, E는 S가 없을 때 전적으로 가능하다.

판티니(*Fantini*) 역시 교육과 학교교육 간에 엄밀한 차이가 있음을 지적하였다. 그는 우리가 활용할 수 있는 教育의 質과, 또 이를 어떻게 전달할 수 있느냐의 체제[手段] 여하가 개인과 집단 그리고 사회의 성장과 발전을 좌우한다고 내다보았다. 그것은 한마디로 學校體制(*school system*)에서 教育體制(educational system)에로의 전환이다.[36] 따라서 우리가 인간과 사회 발전의 문제에 올바로 접근해 가고자 한다면 새로운 교육체제에 입각하여 그 本元의 위치에서 개념적 지평을 확대해 가면서 그 수단적 체계들을 統御해 나가지 않아서는 안 된다고 본다.

---

35) Richmond, W. K., *Education and Schooling*, London: Methuen & Co., Ltd. 1975, Chap.2, pp.10∼24.

36) Fantini, M. D.(a), "From School System to Educational System", *Phi Delta Kappan*, Vol.57, No.1, 1975, pp.10∼12.
Fantini, M. D.(b), "Changing Concepts of Education: From School System to Educational System", in Donna Hager Schoeny and Larrey E. Decker(eds.), *Community, Educational and Social Impact Perspectives*, Mid-Atlantic Center for Community Education, University of Virginia, pp.25∼46.

Ⅱ. 敎育的인 社會의 建設

　우리 헌법은 평생에 걸치는 국민의 교육권을 보장하기 위해 평생교육의 진흥을 국가의 중요한 의무로 규정하였다. 이것은 교육적인 사회를 건설하고자 하는 국가의 중요한 정책의지의 표명이다. 점차 구체화되는 이러한 평생교육의 전망이나 교육체제가 갖는 상호 의존성, 그리고 앞으로 지역사회 수준에서의 교육체제 발전의 추세들은 교육적인 사회의 건설을 위한 각 기관의 통합적인 노력을 절실히 요청하고 있다.

1. 平生學習의 展望

　교육의 새로운 지평으로서의 平生敎育은 인간교육이 '삶' 자체에 근거하여 이루어진다는 데서 그 의미를 지닐 수 있다. 과학의 진보에 따른 새로운 지식·기술의 혁신은 '일'과 '생활'에 있어서의 여러 가지 변화를 초래하여 학교교육이 끝났다 하더라도 계속적인 학습을 불가피하게 만들고 있다. 이는 과학의 진보에 따라 날로 혁신되는 지식·기술에 적응해 나가지 않으면 안 되고 경제생활에서의 여러 가지 변화들도 주민들에게 어려움을 더해 주고 있기 때문이다. 또한 직업구조의 변화와 정보, 기술수준의 다변화는 물론 자아의 실현과 증대되는 여가선용을 위해서도 학습해야 할 과제가 더욱 다양해지고 있는 것이다. 주민들은 자신들의 직무와 관련하여 끊임없는 과제에 부딪힘으로써 이와 같은 社會的·技術的 環境의 변화에 교육적 책임을 누가 질 것인가의 문제를 제기하고 있다.37) 이에 필요한 배움은 오늘의 학교가 다 충족시켜 줄 수는 없으며 학교에만 의존할 필요도 없게 되어 간다. 그러므로 이제는 장소와 시기에 구애됨이 없이 사회에서 제공되는 각양의 교육기회를 통해 평생에 걸쳐 학습해 나갈 수밖에 없다. 靑少年期와 학교를 중심으로 한 교육체제를 당연시하듯이 이를 위해서는 成人期에 있어서의 학교 또는 사회교육기관을 중심으로 한 평생교육체제도를 설정할 수 있어야 한다. 지역

---

37) Schmitt, D. M. and Weaber, D. C., *Leadership for Community Empowerment: A Source Book*, Midland, Michigan : Pendell Publishing Co., 1979, p.60.

사회는 바로 이와 같은 평생학습의 장이라는 데 그 중요성이 있다.

평생교육은 각 개인의 계속적인 自我實現의 추구를 중요한 목표로 삼는다.[38] 개인의 의미 있는 삶은 자신의 계속적 형성과 그 享有에 있다면 오히려 인간의 배움은 成人世代에 와서 그 생애 전체에 걸쳐 더욱 강화되어야 할 필요가 있다. 이와 같이 자신의 삶의 의미를 계속해서 고양시켜 나가고자 할 때 거기에는 스스로 敎育權을 확보하는 일이 중요하다. 그러나 이러한 배움이 조장되기 위해서는 무엇보다도 사회적·제도적인 動機化가 뒷받침되어야 하며 사회 자체가 자각적 욕구에서 우러나오는 계속적인 학습을 강화시켜 줄 수 있어야 한다.[39] 이와 같이 평생교육은 삶(*life*), 생애(*lifelong*), 교육(*education*)을 고리로 하여 삶의 質을 꾀하고자 하는 데 그 궁극적 목적을 두며 여기에서 학교만이 아닌 생애에 걸치는 삶의 현장인 가정과 지역사회가 중요한 역할을 담당하지 않을 수 없다고 보는 것이다.[40] 따라서 우리는 가정, 학교, 지역사회에서 행해지고 있는 모든 敎育形態들이 하나로 망라되어 전체 교육체제에서 이를 조감해 볼 수 있는 교육적인 사회를 내다보지 않을 수 없게 된다.

2. 敎育體制의 相互 依存性

교육적인 사회에서는 학교 못지않게 가정 혹은 지역사회의 여타 교육 기관들도 인간 성장의 동등한 터전으로 자리한다. 이러한 사회구조에서는 相互 依存性이 중요시되고 긴밀한 紐帶關係가 불가결한 구조로 수락되지 않을 수 없다.

데커(*Decker*)는 교육체제에서 이들 교육의 세 場이 상호 어떤 관련성을 갖는지를

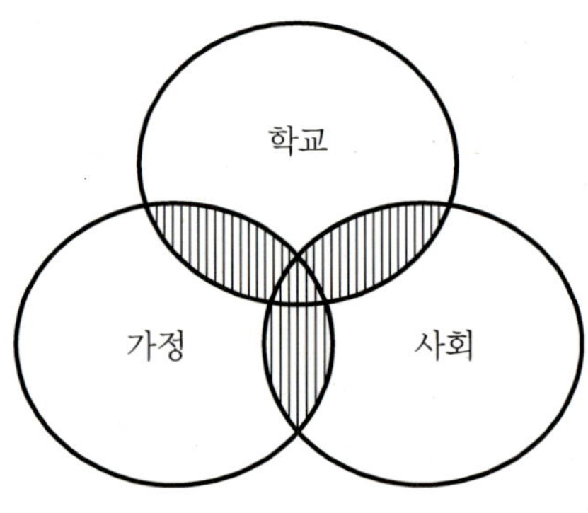

〈그림 1〉 가정-학교-지역사회와의 상호관계

---

38) Cropley, A. T.(ed.), *Lifelong Education: A Stokating*, Hamburg: Unesco Institute for Education, 1979, p.3.

39) 李星鎬, 「平生教育의 心理學的 基礎」, 金蘭洙 外, 『平生教育論』, 文音社, 1982, p.111.

40) Dare, R. H., *Lifelong Education and School Curriculum*, Hamburg, Unesco Institute for Education, 1973, pp.9~28.

아래와 같이 그려 보였다.[41] 그림에서 보는 바와 같이 각 체제는 서로 중첩되지 않는 영역의 고유한 기능을 가지고 있다. 그렇지만 중첩된 부분은 각기 獨自的 機能만으로 그 영역에 주어진 책무를 다할 수 없음을 보여 주고 있다. 이 영역에서 각 체제는 상호 그 역할에 영향을 미치고 있음을 의미하며 또 그렇게 될 때라야만 그 기능이 상호 보완되어 上昇的 效果를 기대할 수 있게 된다. 케렌스키(*Kerensky*) 역시 이들 교육의 세 基底 가운데 어느 하나가 불완전하거나 제거되었을 때 교육 기능은 불안정하거나 혼란에 빠질 수밖에 없음을 지적하였다.[42]

우선 학교 영역에서의 학업성취만 하더라도 그것은 가정의 역할과 부모의 참여가 결정적임이 이미 잘 알려져 있다. 더욱이 학생의 社會的 成就에는 학교교육 효과 이상으로 더욱 큰 영향을 미치고 있음도 밝혀지고 있다. 그것은 학교교육에서만이 아니라 개인의 후속적 성장발달과 관련하여서도 매우 중요하다는 이유가 이후 많은 연구들에서 입증되었다. 크로프트(*croft*)의 경우, ① 인생에 있어서의 초기 경험의 중요성, ② 저소득 가정의 학습환경의 결핍, ③ 가정의 영향을 후에 학교교육이 극복하기 어렵다는 점으로 이를 요약하였지만[43] 가정이 교육성과에 미치는 영향은 敎育의 機會均等 연구에서도 중요한 것으로 밝혀졌다. 가정, 학교, 사회와의 관계에서 콜레만(*Coleman*)은 어린이의 성공을 위한 중요한 기회의 요소로 가정의 중요성을 새롭게 부각시켰으며, 젠크스(*Jencks*) 연구에서도 어린이 전체교육에서 학교가 차지하는 비중은 대부분의 교사나 부모가 생각하는 것보다 훨씬 적다는 점을 시사하였다.[44]

지역사회의 교육적 영향력 또한 가정에 못지않을 만큼 광범위하다. 그것은 의도적이라기보다 非意圖的이며, 표층적인 것이라기보다는 深層的으로 작용한다는 데서 더욱 중요시된다. 구체적인 지식, 정보에 있어서조차 어린이들은 학교 외의

---

41) Decker, Larry E., "Community Education: The Basic Tenet", in Decker, L. E. and Decker, V. E., *Administrators' and Policy-Makers' View of Community Education*, Mid-Atlantic Center for Community Education, University of Virginia, 1979, pp.5~10.

42) Kerensky, V. M., "The Educative Community", in *The Ecology of Education: Community, The Principal*, Vol.54 No.3, National Association of Elementary School Principal, 1975, pp.43~47.

43) Croft, D. J., *Parents and Teachers: A Resource Book for Home, School and Community Relations*, Belmont, California: Wardworth Publishing Co., 1979, p.8.

44) Coleman, J. S., *Equality of Educational Opportunity*, New York: Arno Press, 1966.
Jencks, et al., *Inequality*, New York: Harper and Row Publishers, 1972.

학습장면에서 배우는 바가 적지 않다. 더욱이 한 인간의 전체적 퍼스낼리티의 성장에서 그 기저를 이루는 情意的 特性들은 學校外學習 경험에서 체득한 것들이 적지 않다는 사실이다. 인간이 지니는 중요한 동기나 포부는 말할 것도 없고, 성취수준까지도 가정뿐만 아니라 그가 태어난 지역사회의 환경적 조건이 어떠한가에 따라 이에 밀접하게 관련된 특징을 드러내고 있음을 볼 수 있다. 교육기관들이 이와 같이 각기 상호 밀접히 의존되어 있다는 것은 앞으로 지역사회 수준에 있어서의 전체 교육체제에서 협력적 실천에 의한 역할분담의 再査定과 統合的 努力이 더욱 절실한 것임을 시사하고 있다.

3. 地域社會 敎育體制의 展望

지역사회는 인간들의 삶의 必要를 충족시키는 지리적인 단위라는 데 중요한 의미를 갖는다. 敎育의 必要 또한 그 지역에 위치하고 있는 각종의 교육기관들을 통해 충족시킬 수밖에 없다는 데 문제가 있다. 그리하여 지역사회는 각종의 교육시설들을 포함한 저마다 독특한 교육체제를 형성하고 있으며 이들 하위체제들이 상호 분담하여 수행하는 교육체제의 특징이 바로 그 지역 주민들의 교육의 질을 결정하게 된다고 말할 수 있다.

그런데 판티니(*Fantini*)에 의하면, 이와 같은 지역사회의 교육체제는 지금 변화되고 있다. 지금까지 학교 중심으로 집약되었던 교육체제는 산업사회로 이행되면서 그 요청에 효율적으로 대비할 수 있도록 분화 또는 발전되었고 또한 교육의 봉사전달체제가 다기화됨에 따라 이를 조정하는 기능이 필요해지게 되었다고 본다. 앞으로 또한 각기 교육기관들이 더욱 전문화됨으로써 상호 그 역할을 존중하여 이를 助長해 나갈 수밖에 없는 교육체제로 이행되어 간다는 것이다.

다음은 지역사회 수준에서의 교육체제가 어떻게 변화, 발전될 것인지 그 추세를 보여 주는 모형들이다.[45]

이러한 모형은 앞으로 교육의 개념만이 아니라 전체 교육체제에 있어 각기 교

---

45) Fantini, M. D.,(b) "Changing Concepts of Education: From School System to Educational System", in Donna Hager Schoeny and Larrey E. Decker(eds.), pp.25~46.

육담당기관들의 역할이 또한 어떻게 달라져야 하는지를 새롭게 시사해 주고 있어 매우 주목할 만하다.

원래 청소년의 사회화와 교육은 가정, 일터, 종교기관 등에서 그 책임을 분담, 수행하였으며 지역사회 전체가 하나의 교육기관이었다. 그리하여 교육은 부모와 책임 있는 성인들에 의해 통제됨으로써 이들 체제 간에 유기적인 관련성을 도모하여 基本知識과 共通的 價値를 학습시키는 것으로 공동체생활을 유지할 수 있었다.

그러면서 이러한 교육의 努力分配모형(*a division of labor model*)은 産業化와 都市化가 진전됨에 따라 학교를 중심으로 한 努力委任모형(*a delegation of labor model*)의 교육체제로 전환되었다.

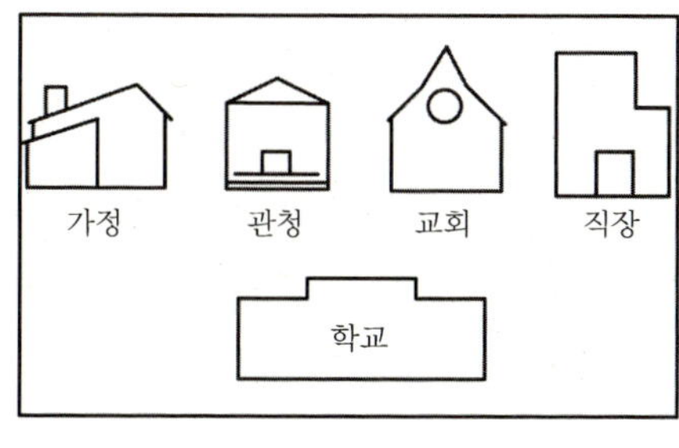

〈그림 2〉 노력분담 모형

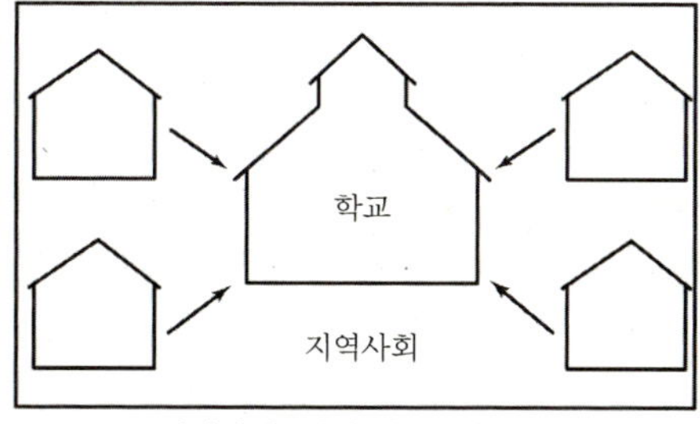

지역사회로부터 학교교육에로
책임 위양이 증가됨

〈그림 3〉 노력위임 모형

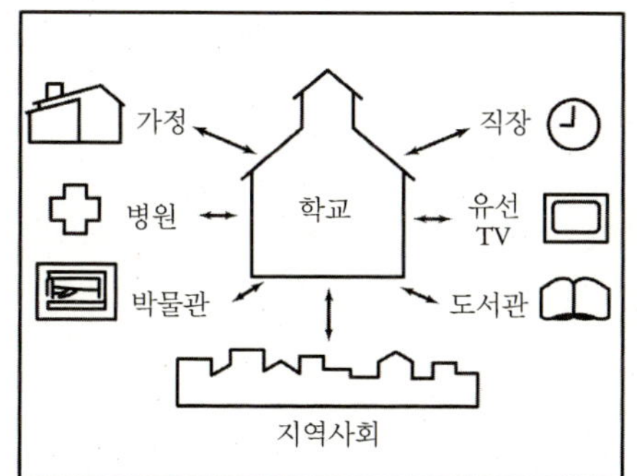

학교와 타교육기관 및 지역사회 제기관과의 관계

〈그림 4〉 조정적 모형

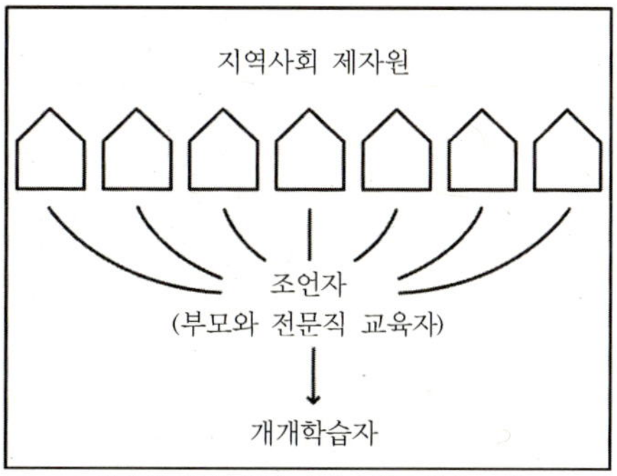

조언자와 함께 학습자가 이용 할수 있는
지역사회의 교육적 지원들

〈그림 5〉 조장적 모형

청소년들이 이에 대비해야 할 능력이 보다 필요해짐으로써 학교에서 배워야할 교육과정이 크게 팽창할 수밖에 없었기 때문이다. 아울러 학교의 專門性이 보다 신장되면서 교육의 노력이 주로 학교에 위임되어 그 주된 책임을 교육전문가의 통제하에 놓이지 않을 수 없게 만들었다고 보는 것이다.

그러나 後期 産業社會에 접어들면서 그러한 사회는 교육을 더 이상 학교만의 專賣品일 수 없게 만들고 있다. 지식, 기술이 폭증하고 정보유통 체제가 다원화됨으로써 학교 외 교육기관의 발달과 그 전문화를 불러들이게 되어 이에 따라 지역사회 수준에서의 교육적 필요의 충족은 각기 교육을 담당하고 있는 기관 간에 그들의 교육 프로그램을 조정하여 협조해 나가는 일이 보다 효율적이거나 불가피해지지 않을 수 없게 되었다는 점이다. 이 단계에서 간과해서는 안 될 것은 학교 외의 교육기관이나 제도라 할지라도 학교 못지않은 교육적 잠재력과 책임을 지니고 있음을 인정하지 않을 수 없게 되었다는 사실이다. 현대사회에 와서 회사와 같은 비교육적인 조직들이 전문적인 교육기관 못지않은 자체 교육체제를 마련하여 교육기능을 수행하고 있는 것을 보면 이를 잘 알 수 있다. 이와 같이 교육의 기능이나 전문성이 분화되어 나가는 추세에서 본다면 누가, 무엇을, 언제, 어디서, 그리고 어떻게 학습할 것인가 하는 교육의 문제는 학교교육체제만의 관심사이거나 학교교육만을 절대시할 수가 없게 만든다. 교육은 이제 모든 기관들의 공동의 책임이 되어 버린 것이다. 그렇게 되면, 지역사회 수준에서는 주민들의 교육적 필요를 충족시키는 데 있어 학교와 같은 중추적 교육기관을 중심으로 그 프로그램을 상호 조정해 나가는 調整的 模型(a *coordinative model*)이 대두될 수밖에 없게 된다.

우선 학교학습에서는 '기초학습'과 학교 이후 평생의 학습에서 중요한 기능이 될 '學習方法의 學習'이 새롭게 강조될 수밖에 없을 것이고, 어떤 부문의 교육이 학교에서 보다 더 잘 수행될 수 있다면 학교는 이를 그 기관에 양도할 수밖에 없게 된다. 예컨대 종교·도덕교육이 학교에서는 현실적으로 불리한 상태에 있으므로 이를 종교기관단체에 의존하거나 기능교육은 전문학원, 사회교육기관 또는 기업체 등에 위임하거나 하여 협력체제를 도모해 나가는 것이 훨씬 바람직할 것이다. 특히 근래에 와서 사회교육기관의 발달과 그 독자적 영역의 확대는 이를 인정하지 않을 수 없게 만들고 있다. 그러므로 상호 협력적 실천을 통한 프로그램의 개별화가 불가피하다고 해야 할 것이다. 이것은 학교에 과중하게 위임된 교육부담을 줄인다는 면에서도 매우 바람직하다.

한편으로, 각기 분화된 교육기관의 전문화 추세와 고도의 기술공학에 힘입은 情報社會의 到來를 내다볼 때, 이러한 사회는 학교와 같은 專門職 敎育者는 물론 각기 교육담당자들이 개개 학습자들로 하여금 지역사회 각종의 學習資源이나 기회를 어떻게 적절히 활용할 수 있도록 해 줄 것인가 등을 조장해 주는 기능을 더욱 필요로 하게 한 것이다. 따라서 이는 지역사회 수준에서 助言者的 窓口의 기능을 맡는 기관들의 역할이 증대될 것임을 말해 주고 있다. 머지않아 학교교육에서는 컴퓨터 운영수업(*Computer-Managed Instruction*) 또는 컴퓨터 보조수업(*Computer-Assisted Instruction*)이 정착됨으로써, 개개 학습자는 學習情報의 컴퓨터化 또는 그 활용으로 가정 혹은 학교 밖에서의 自己指向的 學習의 형태를 더욱 보편시 하게 될 것이고, 기업체를 비롯한 각종의 사회단체들도 그들의 교육 봉사체제를 더욱 강화함으로써 그들의 교육적 역할이 더욱 증대되지 않을 수 없을 것이다. 이러한 추세는 학교 역할에 결정적인 변화를 초래하게 된다. 아마도 그것은 학교가 각 기관의 프로그램의 導水路가 되어 개개 학습자에게 이를 적절히 선택해서 학습해 나가도록 연결시켜 줌으로써 최적의 학습환경과 경험을 보장해 줄 수 있는 봉사의 역할을 보다 중요하게 만들 것이다.

전통적 교육관에서 볼 때, 이러한 助長的 模型(*a facilitative model*)이 시사하는 바는 지금까지의 학교 중심의 교육 전매체제에서 교육의 분권화와 비규격화로 옮아가는, 새로운 교육체제를 수립하는 일이 불가피한 것임을 말해 주고 있다. 이러한 교육체제는 汎市民的 支援體制에서 교육문제의 해결에 노력을 기울이게 될 것이며46) 또한 지역사회 자체가 하나의 교실이 되어47) 운영되어야 할 필요성을 시사해 준다.

그러므로 앞으로는 가정, 학교, 지역사회의 각 기관이 모두가 함께 참여하고 제

---

46) Miles, L. R., "Can Community Development and Community Education be Collaborative?", *Journal of Community Development Society*, Vol.3, No.2, Fall. 1974.

47) Irwin, M. and Rusell, *The Community is the Classroom*, Midland, Michigan: Pendell Publishing Co., 1971.

휴하여 주민의 교육적 필요를 충족시켜 나가는 교육체제를 수립하고 이를 위해 각기 信賴關係에 의한 교육의 상호 협력체제(*partner-ship*)에서 이를 실천해 나가는 일이 교육적인 사회의 건설을 위한 보다 중요한 과제가 될 것이다.

4. 敎育的인 社會

이와 같이, 평생교육의 전망과 學校 外 事態들에서의 교육이 갖는 중요성에 새롭게 주목할 때, 학교 외의 여타 교육환경들은 아직도 제대로 개발하지 못한 교육의 未踏地임을 알 수 있다. 사실 오늘날 학교교육이 첨예한 비판을 불러일으키게 된 까닭도 학교교육의 本領이나 그 한계를 제대로 의식하지 못한, 바꿔 말해 타 환경과 관련된 교육구조를 외면함으로써 그 변화를 시도함에 있어 무기력한 데서 일어난 결과로 받아들일 수 있다. 현재까지의 교육체제는 부분적인 교육의 역량, 다시 말해서 학교체제 내에서의 교육행정가, 교사 그리고 학생들의 學校內的 力量에만 매달려 왔다. 이것은 결국 學校境界 以上의 교육체제에 대한 시야를 넘어서지 못하게 하여 결과적으로 실패를 자초할 수밖에 없었다고 보아야 한다. 실제로 교육 책무성의 면에서 볼 때, 지금까지 학교 중심의 교육체제는 학습자들이 배움으로 말미암아 그들을 고양시켜 주었다기보다는 사회적 선발에만 매달려 그들을 勝・敗者로만 유형화하고 상대적으로 패자를 소외시켰다. 뿐만 아니라 이를 뒷받침할 수 있는 잠재된 敎育力도 외면하거나 사장시켰음을 부인할 수 없다. 이는 인간의 學習權을 제대로 보장해 주는 사회체제는 아니다.

앞으로 개개인의 學習權이 제대로 보장되는 사회를 만들려면 교육의 基底的 役割에 보다 주목하여 사회 제 교육기관들도 각기 주어진 敎育力을 발휘하여 함께 새롭게 제휴해 나가는 교육체제를 형성해 나가는 일이 시급하다. 우선 학교 자체를 통합된 교육체제의 일부로 만들어 나가는 노력이 의도적으로 기울여져야 하고[48] 사회기관단체 역시 그 영역을 확보해 나가는 주체적 노력이 더욱 강화됨으로써 가정을 비롯한 지역사회교육기관들의 교육에 대한 역할분담이 새롭게 조명

---

48) Hiemstra, Roger, *The Educative Community: Linking the Community, School, and Family*, Lincoln, Nebraska: Professional Educations Publications Inc., 1972, pp.18~20.

되어야 한다. 이러한 과정은 교육적인 사회를 지향해 나가는 데서만 가능하다.

敎育的인 社會(*educative community*)의 개념은 사회 자체가 '교육적'이라는 간단한 전제에 근거한다.[49] 케렌스키(*Kerensky*)는 교육적인 사회가 함축하는 哲學的 理念을 다음과 같이 피력하였다.[50]

첫째, 교육적인 사회는 學習社會의 건설을 주요한 목표로 삼는다.

둘째, 이를 위해서는 지역사회의 모든 學習資源이 學習機會가 되도록 그 활용이 생활화되어야 한다.

셋째, 地域社會의 成員은 교육을 위한 중요한 資源이 되며,

넷째, 지역주민들 간에 의미 있는 相互作用과 관계를 형성함으로써 이를 통해 疎外를 면하고 함께 살아갈 수 있도록 한다.

다섯째, 교육은 그 자체로서 지역사회의 문제해결에 관심을 기울여야 함과 동시에,

여섯째, 또한 교육을 위해 모두가 총력을 기울이며,

일곱째, 미래 지향적인 사회가 되어야 한다.

교육적인 사회의 개념이 갖는 철학적 가정은 지역사회로 하여금 교육을 위해 그 全體로서 하나의 統合的 單位가 되어 운영될 필요를 제기한다. 이러한 사회의 지향을 위해서는 새로운 敎育哲學的 理念의 基底와 形式이 요청되지 않을 수 없고 각기 교육 주체들의 구조적 변화는 물론 방법적 개혁이 뒤따라야 된다. 그리하여 각기 동반자적 관계에서 통합된 교육체제의 긴밀한 요소가 되어 필요한 교육기능을 촉매하거나 통합된 봉사전달체제를 발전시켜 나가는 일이 필요하다.

地域社會敎育(*Community Education*: CE)은 이러한 교육체제의 대안이다.[51] 지역사

---

49) McClusky, Howard, "The Educative Community", *The Community School and It's Administration*, Vol. II , No.9, Mar. 1967, Michigan, Board of Education Building.

50) Kerensky, V. M., 전게서.

51) CE는 미국을 비롯한 여러 나라에서 상당한 제도적 범례를 보여 주고 있으며 이에 대한 이론적 · 실천적 수준에서의 연구의 증가도 상당하다. Hickey, H. and Voorhees, et al., *The Role of the School in Community Education*, Midland, Michigan: Pendell Publishing Co., 1969.
Decker, Larry E., *Foundations of Community Education*, Midland, Michigan: Pendell Publishing Co., 1972.
Seay, Maurice F., and Associates, *Community Education: A Developing Concept*, Midland, Michgan: Pendell Publishing Co., 1977.
Kaplan, M. H., and Warden J. W., *Community Education Perspectives: Selections From the Community Education Journal*, Midland, Michigan: Pendell Publishing Co., 1978.
Minzey, Jack and LeTarte C. E., *Community Education: From Program to Process to Practice, The School's Role in a*

회교육은 각 교육기관들의 상호 협력체제에 입각한 잠재된 교육력을 총동원하고 모두가 배우고 모두가 가르치는 사회를 건설해 가고자 한다. 지역사회교육의 이념을 통해서 보면 우리는 왜소화된 교육의 기능을 새롭게 복원시킬 수 있으며 교육적인 사회 건설의 가능성을 보다 가깝게 전망해 볼 수 있다.

Ⅲ. 地域社會敎育의 理念

지역사회교육이란 지역사회의 수준에서 敎育的 必要를 중심으로 個人이나 집단이 당면하고 있는 삶의 문제를 주민 모두가 상호 제휴하여 해결해 나가는 교육체제를 말한다. 여기에는 교육의 人間化와 社會化의 철학적 이념이 내재되어 있다. 주민 모두의 교육적 필요성에 지역의 모든 기관들이 역동적으로 봉사함으로써 개인이나 집단의 문제 해결은 물론 삶의 質을 높여 地域社會 發展의 과정에로 지향하게 된다.

지역사회교육은 초기의 단순한 地域社會學校(*Community School*) 운동에서부터 교육 프로그램이 아닌 주민참여의 과정이며 새로운 교육 철학의 개념이라는 데에 이르기까지 다양하게 발전되었다. 시이(*Seay*) 등은 지역사회교육을 아직도 發展途上에 있는 槪念(*developing concept*)이라고 파악하여[52] 그만큼 개념적 입장이 새롭고 함축성이 큰 개념임을 시사한 바 있다. 지역의 문제나 특징이 다름에 따라 그 실천모형이 여러 가지로 발전되어 온 데서 그만큼 개념적인 입장이 다양할 수밖에 없다. 그간의 개념 형성의 推移 가운데 가장 두드러진 국면을 이룬 것은 지금까지의 프로그램 중심의 실천적 측면에 철학적 측면이 새롭게 부가되었다는 사실이다. 그리하여 지역사회교육은 지금까지 수행된 교육과는 전혀 다른 '제2의 교육'이요 새로운 교육철학으로 주장되기도 한다.[53]

New Educational Society, Midland, Michigan: Pendell Publishing Co., 1979.
Poster, C. E., *Community Education: Its Development and Management*, London: Heineman Educational Books, 1982.
李淳珩, 「地域社會敎育에 관한 연구」, 『제주대학교논문집』 20집, 1985, pp.345~364.

52) Seay, M. and Associates, 상게서.

53) Kerensky, Vasil M. and Melby, Ernest O., *Education Ⅱ · The Social Imperative*, Midland, Michigan: Pendell Publishing

원래 지역사회교육은 어떤 개념적 기저가 있어 이루어지기 시작한 것은 아니
었다. 지역의 학교가 학생만이 아닌, 지역의 당면한 문제를 해결하기 위해 주민들
의 교육적 필요에까지 확장하여 봉사함으로써, 흔히 플린트 학교모형(*Flint School
model*)으로 알려진 초기의 지역사회교육은 地域社會學校運動(*Community school movement*)
이 주가 되어 학교시설의 개방과 전체 지역사회에 대한 봉사를 강조함으로써 비
롯되었다.

그런데 데커(*Decker*)에 의하면 지역사회교육의 요소들은 구조적 관점에서 보지
않으면 안 될 만큼 다양한 것이 되었다.[54] 주민의 학교시설 활용과 학교가 지역사
회의 센터가 되어야 한다는 데서부터 비롯하여 주민의 敎養敎育과 평생의 학습을
촉진하고 지역의 모든 주민들의 참여와 활동, 그리고 이에 따른 기관 간의 협동,
조정, 공동의 제휴, 나아가 지역사회 조직과 지역사회 개발 또는 그 발전을 의도
하기에 이르기까지 그 목표가 확대되었다. 그리하여 지역사회교육은 지역사회 개
발이나 발전을 위한 運營哲學이라는 데까지 발전하였다.[55]

민지이(*Minzey*) 등은, 지역사회교육을 다음과 같이 정의하였다.

> 지역사회교육이란 지역사회의 모든 주민들이 교육적 필요에 대비함으로써 전체
> 지역사회에 봉사하는 哲學的 槪念이다. 그것은 긍정적인 지역사회 감정을 발전
> 시키고 지역사회의 생활을 개선하며 나아가서 개개인의 자아실현의 목적을 달성
> 해 나가는 데에 지역사회의 과정을 발전시키고자 노력한다. 이러한 노력에서 지
> 역사회의 문제에 영향을 미치고 있는 지역의 제 자원을 효과적으로 관련시키기
> 위한 촉매제로 봉사할 수 있도록 학교를 활용하는 것이다.[56]

그는 지역사회교육이 전개되는 교육적 과정을 '프로그램'과 '過程' 두 가지로
요약하였지만 지역사회교육의 각기 다른 개념적 입장을 고려할 때 그 이념을 다
음 몇 가지로 간추릴 수 있다.

Co., 1971.

54) Decker, Larry E., "Community Education: The Need for Conceptual Framework", *NASSP Bulletin, The National Association of Secondary School Principals*, Vol.59, No.394, Nov. 1975, Mid-Atlantic Center for Community Education, University of Viginia.

55) Olsen, E. G. and Clark, P. A., *Life-centering Education*, Midland, Michigan: Pendell Publishing Co., 1977, pp.90~100.

56) Minzey, J. D., and LeTarte, C. E., 전게서, pp.26~27.

첫째, 지역사회교육은 지금까지 학교교육이 학교에 재학하고 있는 청소년들만을 대상으로 교육프로그램을 제공하고자 하는 데 대해 학교 외 청소년과 주민(성인)들의 교육적 필요까지 충족시키고자 함으로써 그것은 學校敎育과 學校 外 敎育, 青少年을 대상으로 해 온 pedagogy에서 성인을 교육하는 Andragogy에까지 지향된다. 그러므로 지역사회교육은 公敎育에 대한 綜合的 接近이라 할 수 있다.[57] 모두가 배우고 모두가 가르침으로써 교육의 필요를 지니고 있는 사람이라면 그들에게 最適의 成長條件을 제공할 수 있는 교육적인 사회를 만들고자 한다. 그리하여 모든 인간의 성장을 위한 최적상태를 지니고 있는가를 확인하기 위해 온갖 수단을 다해 노력하는 것이다.[58]

자신의 성장 발달을 위해 최적한 성장조건을 가지겠다고 하는 주장은 인간이면 누구나 제기할 수 있는 당연한 교육권이다. 민주사회에서는 이를 최대한으로 보장하기 위해 최선의 노력을 기울여야 한다. 이와 같이 주민 모두에게 그들이 필요로 하는 교육적인 환경을 마련하여 제공하고자 하는 것이 지역사회교육이다. 이 점에서 지역사회교육은 敎育의 機會均等을 실현하는 중요한 접근수단이 된다.

둘째, 지역사회교육은 교육이 청소년, 학생만을 가르치는 일이 아닌 지역사회 전체에 봉사하고자 하는 새로운 교육철학이다. 이것은 학교의 교사—교과서—학생이라는 전통적 교육의 요소를 넘어서서 교육의 목표를 학생의 복지를 포함한 교육의 필요를 지닌 모든 주민과 교육의 문제에 관련된 전체 주민의 생활에 봉사하고자 한다.[59] 주민의 삶의 문제가 교육과 관련된 것이라면 그 전체가 봉사의 대상이 된다. 교육의 이러한 봉사체제는 확실히 전통적인 교육의 영역을 넘어선다. 이때 학교는 지역사회학교로서 지역사회의 센터가 되어 그 역할이 확대되며 여타 교육기관들도 학교와 서로 제휴하여 전체 지역사회에 대해 봉사할 것이 강조된다.

셋째, 이러한 환경이 마련되기 위해서는 지역사회에 잠재된 자원들을 확인하여 최대한으로 활용할 수 있어야 한다. 따라서 지역사회에서 교육을 수행하는 기관

---

57) National Community Education Association, *Membership Directory*, Flint Michigan: The Association, 1975.

58) Statement on Community Education, U.S. Government Printing Office, Washington,. D.C., 1977, p.48, in Minzey, J. D. and LeTarte, C. E., 전게서, p.26.

59) Hickey, H. W., Voorhees, V. C. and Associates(eds.), 전게서, pp.31~32.
Minzey, J. D. and LeTarte, C. E., 전게서, pp.26~27.

들은 그가 지닌 敎育力을 발휘하여 지역사회교육의 봉사체제에 모두가 참여함으로써 그 과정을 발전시켜 나가야 할 것이 요청된다. 지역사회교육은 활동프로그램과 필요한 인적·물적·제도적 자원들을 결합해 실천해 나가는 하나의 과정이며, 일련의 행동이고, 형태의 변화이며 전진적 운동이며 코스이다.[60] 지역사회교육은 이러한 과정의 측면이 강조되고 있는 만큼[61] 그 과정에 주민들의 참여를 촉진시킴으로써[62] 지역의 문제를 자체적으로 해결해 나가는 參與民主主義의 실천을 그 중요한 이념으로 간직하게 된다.

넷째, 이와 같이 개개인의 교육적 필요를 중심으로 지역사회의 모든 주민과 기관이 참여하고 자신의 문제 해결에 관련된 자원을 적절히 관련시키는 교육적 과정을 발전시켜 나가게 될 때 지역사회는 개개인의 삶의 질적 향상은 물론 지역사회의 조직과 발전을 도모할 수 있게 된다.[63] 여기에서 지역사회교육은 지역사회 자체의 실현(the self-actualized community)을 도모해 나가는 것을 그 궁극적 목적으로 한다.[64] 종래의 교육이 현실적으로 개인의 自我實現(self-actualization)을 도모해 주는 데만 그 안목이 머물러 있었다고 하면, 지역사회교육은 그들이 이상으로 하는 社會像을 실현하기 위하여 교육의 기능을 극대화하려는 것이다. 이것은 결코 교육의 본래적 목적을 넘어서는 일이 아니다. 교육은 文化의 傳承을 통해 청소년의 社會化를 도모하고 나아가서 자아를 실현시키게 하는 것임은 물론 그 개혁을 통해 社會의 진보, 발전을 꾀하고자 한다.[65] 그것이 교육에 주어진 사회적 기능이기 때문이다. 이 점에서 교육의 힘을 통해 지역사회 자체를 이상적인 사회로 발전시켜 나가겠다고 하는 것은 지역사회교육의 독특한 이념이다.

여기에는 몇 가지 기본적인 가정들이 잠재되어 있다.

우선, 지역사회의 모든 개인들은 본질적으로 문제를 가지고 있다고 보는 것이

---

60) Kerensky, V. M., "The Definition Issue", *NCSEA NEWS*, National Community School Education Association, May, 1971.

61) Decker, L. E., "Community Education: The Basic Tenet", in Decker, L. E., and Decker, K. A., 전게서, pp.5~10. Minzey, J. D. and LeTarte, C. E., 전게서, p.15.

62) Bass, A.(ed.), "Community School", *Educational Management Review Series*, Education Resources Information Center, University of Oregon, 1973, p.1.

63) Decker, L. E., "Community Education: The Basic Tenet", in Decker and Decker(eds.), 전게서, pp.5~10.

64) Minzey, J. D., and LeTarte, C. E., 전게서, pp.37~49.

65) Brameld, Theodore, *Education as Power*, Holt, Rinehart and Winston, Inc., 1965.

며, 그것은 공통된 사회문제로 반드시 해결될 수 있다는 것과 이러한 해결에는 주민들의 지식, 기술 등의 혁신을 필요로 하는 교육적 과정이 반드시 수반되어야 한다는 것이다. 이러한 교육의 과정을 통해 지역사회는 긍정적 변화가 가능해진다는 것, 그리고 이러한 변화를 마련하는 관건은 지역사회에서 영향력을 행사하고 있는 모든 사람들이며 이들 주민들은 모두가 地域社會의 改善을 열망하고 있고, 또한 그러한 목적을 위해 그들은 여기에 기꺼이 헌신하고자 한다는 점이다.[66] 이러한 과정을 통해 지역사회는 각기 그 정체의식을 발전시킬 수 있고 지역의 문제가 해결되어 나가기 시작하며 사회가 필요로 하는 변화를 불러들일 수 있게 된다.

다섯째, 지역사회교육은 그 지역에 살고 있는 모든 인간과 그들의 삶의 문제, 교육 그리고 그것의 奉仕傳達體制(*service delivery system*)를 함께 묶어 사고해 나가려고 한다. 이것은 교육을 체계적으로 보는 사고방식이며 지금까지의 학교교육의 입장에서가 아니라 지역사회의 입장에서 교육을 보아 나가고자 한다.[67] 이에 지역사회교육은 가능한 하위의 교육체제들을 하나로 묶어서 영위하여 가게 된다. 그러므로 지역사회교육은 학교 중심의 교육체제를 사회교육체제에로 바꾸어 교육을 담당하므로써 기관들 간에 균형을 이루는 데서 교육적인 사회로 지향해 가고자 하는 것이며 아울러 교육은 그것이 봉사하는 사회에 영향력을 미치지 않아서는 안 된다고 가정한다.[68]

여섯째, 지역사회교육은 교육체제를 구축해 나가는 데 있어서 주민의 必要에 관련되며 프로그램에 영향을 미칠 수 있는 모든 사람이나 機關, 制度에 이르기까지 이에 관여할 것을 요청하고 있다.[69] 어느 기관 혹은 단체라 할지라도 모두가 참여하여 프로그램을 결정하고 운영해 나가는 책임이 있으며, 또한 이를 위해 지역사회 내에서 교육의 책임을 맡고 있는 모든 기관, 제도들이 충분히 활용되어야 함을 그 理想으로 하고 있다. 이때 지역사회의 필요를 충족시키고 개선시키기 위한 최대의 자원은 그 지역사회가 지니고 있는 교육제도(기관)들이다.[70]

---

66) Minzey and LeTarte, 전게서, p.45.

67) Weaber, D. C., "Community Education—A Cultural Imperative", *The Community School and It's Administration*, Midland, Michigan: Pendell Publishing Co., 1977, p.11.

68) 同上.

69) 同上.

따라서 지역사회교육에서는 전통적인 교육기관인 학교만이 아닌, 敎育 外 制度와 기관들이라 할지라도 교육에 대한 책무와 잠재력을 지니고 있다면 지역사회교육을 수행하고 지원해야 할 일이 요청된다.

지역사회교육은 지역의 잠재된 敎育力을 극대화하는 것인 만큼 이들 제도와 기관들이 지닌 역량들을 활용해 나가는 데는 핵심적 역할을 수행하는 主體가 설정되어야 할 필요성이 요청되고 있다. 뿐만 아니라 학교를 포함한 여러 公私 機關의 참여는 물론 필요하다면 새로운 교육제도를 창안하여 운영될 필요를 시사하고 있다.

지역사회교육을 실천하는 代案的 模型들은 다양하다.[71] 그런데 지금까지의 지역사회교육의 발전과정에서는 그 지역의 학교를 地域社會學校(community school)로 만들어 이를 실천하는 핵심적 기저로 삼아 왔다.

그러나 지역사회교육에 대한 책임과 역할은, 앞에서 시사된 바처럼 전통적인 교육기관에만 한정되지 않는다. 다른 제도나 기관, 단체라 할지라도 또는 새롭게 창안하여 지역사회교육을 위한 지도력을 主導하고 支援할 수 있는 것이다.[72]

이러한 이념적 요청은 특히 사회교육과 밀접한 관련을 맺고 있는 宗敎團體들의 역할에 비추어 지역사회교육의 실천을 강력히 시사하고 있다.

Ⅳ. 宗敎團體의 役割[73]

앞에서 교육체제 발전의 추세에 대한 논의를 통해 지역사회에서 교육을 담당하고 있는 사회교육단체들의 교육적 역할에 새롭게 주목하지 않으면 안 될 필요

---

70) "Statement on Community Education", U.S. Government Printing Office, Washington, D.C., 1977, in Minzey and LeTart, 전게서, p.26.

71) Burden, L., and Whitt, R. L,. *The Community School Principal: New Horizons*, Pendell Publishing Co., 1973, pp.173~210.
Seay, M. F. and Associates, 전게서, pp.143~168.
Parson, S. R., *Emerging Models of Community Educating, How to Series*, Pendell Publishing, 1979.

72) 우리나라의 경우, '韓國地域社會學校後援會'가 그 좋은 예이다. 同 後援會는 지역사회교육의 이념을 실천하기 위해 한 재벌 기업체의 주도로 새롭게 조직된 순수 민간단체이며 여기에는 각계각층의 사회지도자들이 자발적으로 참여하여 학교 중심의 지역사회교육활동을 돕고 있다.

73) 이 글에서 언급되는 종교단체들이란 교회 등 각종 종교기관과 그 산하의 기관들은 물론 종교적인 이념을 구현하고자 하는 각종 社會團體 그리고 自願集團들을 지칭하는 것으로 사용되었다. 구체적으로는 주로 기독교단체들에 한해 언급되었다.

성을 언급하였다. 말할 것도 없이 교회를 비롯한 각종 宗敎團體들은 가장 중요한
사회교육기관이며 이들 단체들은 人的·物的·制度的 面에서 주민들의 당면한 삶
의 문제를 해결하는 데 가장 잘 기여할 수 있는 중요한 교육자원들이기 때문이다.
또한 이들 단체들은 다른 어느 기관에 못지않게 지역사회에서 제공되는 각종 奉
仕傳達體制로서 주민들에게 觸媒劑로 봉사할 수 있는 독특한 利點을 갖고 있다.

  지역사회교육과 관련된 종교단체들의 역할을 탐색하기 위해 먼저 교육기관으로
서의 이들 단체들의 성격을 고찰하고 이어 그 실천의 방향을 제시하기로 하겠다.

1. 교육기관으로서의 성격

  지역사회교육과 관련하여 종교단체들이 갖는 성격을 살펴보면 다음과 같다.

  첫째, 교육기관으로서의 종교단체들은 촉매기관으로서 작용할 수 있는 특이한
지리적 위치를 들 수 있다. 아무리 작은 지역공동체라 할지라도 이들 기관이 없는
곳이 거의 없다. 대개의 경우, 그 중심적 위치에 자리하거나 生活圈이 미치는 범위
안에 놓여 있어 그야말로 지역사회의 센터가 될 수 있다. 시설 면에서도 이들 기
관단체들은 매우 중요한 지역사회의 자원이다. 이들 기관들은 예배의식을 위한
집회장소 외에 교육관, 정양소, 기도원과 같은 정신적·영적으로 주민들을 高揚시
킬 수 있는 부수적인 시설을 유지하고 있는 경우가 많다.

  둘째, 이것은 人的인 면에서 이들 기관단체들에 잠재되어 있는 指導力이다. 특
히 소규모의 후진성 지역사회에서 보면 이러한 지도력은 매우 중요한 비중을 갖
는다. 다른 단체의 지도자들은 대부분이 高等敎育을 받았거나 覺醒된 사람들이며
삶의 知慧를 올바르게 터득하고 있어 주민들의 삶의 문제 해결에 대한 목적과 방
도들을 올바르게 제시해 줄 수 있는 사람들이다. 만일 지역사회가 이 같은 잠재적
교육자원들이 지닌 가능성을 확인하면서 이를 제대로 활용하거나 봉사하기 어렵
게 만들고 있다면 이야말로 '非敎育的인(miseducative) 社會'라 할 수 있다. 교육적인
사회에서는 활용 가능한 교육적 환경들이 모두 체제화되어 정규교육기관을 중심
으로 교육체제가 구조화되고 주민들은 이를 의도적으로 선택하여 自我의 實現을
위한 배움을 조장해 줄 수 있도록 지역이 지닌 잠재된 교육력을 충분히 활용하는

것이 중요하다. 이들 제 교육기관들에 잠재된 敎育力을 고루 활성화할 수 있을 때 라야만 교육적인 사회는 더욱 촉진될 수 있기 때문이다.

셋째, 이들 종교단체들은 늘 스스로를 정신적으로 무장하여 사랑을 실천하고자 노력하는 他人指向的인 組織들이다. 이들 성원들은 사랑의 실천과 봉사를 자기들의 삶의 본질로 삼는다. 利他的인 動機가 강하여 어느 기관보다도 가장 친절하게 주민들에게 봉사할 수 있으며 또한 역동적인 人間關係의 技法에도 민감하다. 타인에 대한 존경, 관용, 자율, 협동, 준법, 의사소통 등에 자신들을 잘 통제하여 타인에 대한 헌신과 社會正義를 구현하고자 노력한다. 이들 기관들은 대부분이 주민들이 내는 기금으로 운영되어 權力構造에 영향을 잘 받지 않는다. 따라서 주민들에게 官僚意識에 의한 군림이나 위협감을 주는 기관이 아닌, 中立的 機關으로 잘 받아들여질 수 있어 주민 누구나가 쉽게 접근할 수 있다.

지역사회에는 주민들의 필요에 봉사하기 위한 公私의 많은 기관과 제도들이 마련되어 있지만 평소 慣行的인 業務에만 한정된 나머지 주민들의 역동적인 필요에 제대로 대응하지 못하는 경우가 많다. 한편 현대사회에 와서 빚어지는 組織의 방대화와 업무의 복잡화는 官僚制의 性向을 강화시켜 주민들로 하여금 소외의 감정을 조장하게 하는가 하면 또한 그들은 일시적·비인격적·일방적 奉仕方式에 지배되어 주민들로부터 충분한 신뢰를 얻지 못하고 있을뿐더러 그들의 사회에 대한 所屬感을 잃어 가게 만들고 있다. 이러한 풍토에서 이들 기관단체들이 지닌 정치적 중립성과 봉사의 자발성은 그 어떤 기관단체보다 지역사회교육의 실천에 좋은 통로가 될 수 있다.

넷째, 교육은 원래 이들 단체들의 組織目的의 중요한 일부이다. 말할 것도 없이 이들 종교단체들의 중요한 관심사는 個人과 社會의 구원(실현)이다. 삶의 개별적 주체인 인간들이 그 主體性과 超越性의 本質을 추구해 들어갈 때 거기에 해답을 제시해 주고자 한다. 여기에서 각기 개인에게 각성적 삶의 필요가 설정되며 그것은 교육을 통해서만 이끌어 낼 수 있다. 교육이 이들 단체들의 중요한 목적이 되지 않을 수 없는 까닭이 여기에 있다. 교육의 과정을 통해 正體性이 확인되고, 삶의 올바른 동기를 부여받을 수 있기 때문이다. 이 점에서 종교와 교육은 서로 만나게 된다.

흔히 교회의 본질적 사명이 말씀의 宣布를 위시한 敎育, 親交 그리고 奉仕로 이해되거니와[74] 종교적 측면에서 본다면 교육은 宣敎的 側面에서만 받아들여질 우려가 없지 않다. 그러나 지역주민에 대한 교육은 '봉사'의 실천이라는 측면에서 또 다른 의미를 갖는다고 생각된다. 그 점에서 '믿음의 울타리' 밖에 있는 세속 사람들에게도 그 활동을 확대해 나가야 하는 것은 당연한 일이다. 기독교 교육의 목적은 궁극적으로 이 땅 위에 하나님 나라를 실현하는 데 있는 것이므로 基督化, 人間化, 社會化라는 보다 구체적인 목적들은[75] 바로 앞에서 말한 지역사회교육의 이념적 목적들과 상통되며 그 과제들과 구체적으로 연결되는 데서 각기 그 목표를 달성해 갈 수 있다고 생각된다.

그런데 기독교 교육은 그리스도를 통한 하나님과의 만남에서 비롯되지 않으면 이루어질 수 없다. 때문에 이를 받아들일 수 있는 기회를 만들어 주는 것이 중요하다. 특히 교회 밖 기관들의 지역사회교육은 이러한 기회를 쉽게 제공해 줄 수 있다는 점에서 중요한 의미를 갖는다고 본다. 이러한 교육은 그것이 비록 교회 밖에서 이루어지는 활동이라 할지라도 하나님주의에 의한 개개인의 올바른 자아를 실현하고 당면한 사회 현실의 부조리한 문제들을 올바로 인식시켜 이를 개선, 변혁시켜 나가는 주체적·봉사적 인간을 만들어 내려는 의지가 전제되어 있다. 그리하여 자신들을 새롭게 태어나게 하고 삶의 방향을 전환시켜 하나님의 뜻에 합당한 理想社會로 바꾸어 놓고자 노력하게 된다.

한편, 지역사회교육의 입장에서는 주민들의 삶의 과정에서 요청되는 교육적 필요를 충족시킴으로써 자신을 각성시키고 共同體的인 自助의 노력을 통해 지역사회를 개선, 발전시키고자 하는 데 그 목표를 두게 되므로, 지역사회교육에서의 각자의 계속적인 배움과 타인에 대한 봉사에의 지향은 기독교적인 사랑의 실천과 接合하지 않을 수 없게 된다.

본래 교회나 이들 관련단체들은 잃어버린 양을 찾아 구원하러 오신 예수의 사랑을 실천하는 일에 특별한 관심을 갖는 사람들이다. 이들은 가난하고 버림받고

---

74) 김태원, 『교회의 교육적 사명』, 종로서적, 1985, pp.23〜30.

75) 김태원, 상계서, pp.86〜100.

고통당하는 사람들에 대한 봉사에 남다른 관심을 두며 그들을 구원에 이르게 하고자 노력한다.

지역사회에는 물질적·정신적·영적인 면에서 자신을 올바로 자각게 하고 삶의 방향을 바로 세워 나가도록 해야 할 대상들이 너무나 많은 형편이다. 이들은 자신들의 당면한 문제를 올바로 파악하지 못하여 때로는 그들이 필요로 하는 도움을 얻고자 해도 그 통로와 기회를 제대로 얻지 못하는 경우가 많다. 지역사회교육은 다름 아니라 이러한 주민들의 경제적·사회적·문화적·오락적인 모든 필요에서 그들이 당면하고 있는 문제를 해결해 나가야 하므로, 지역사회가 지닌 모든 잠재적 자원과 그 노력을 체계화하여 이를 도와주고자 하는 것이 종교단체의 중요한 과제로 받아들여질 수 있다.

말할 필요도 없이, 각종 종교단체들의 교육활동은 선교나 봉사를 목적으로 하기 때문에 그 대상을 차별하지 아니하고 지역사회 모든 주민을 포함하게 된다. 이러한 목적이나 활동은 지역사회교육의 목적이나 대상과 공유되며 또한 그 자신이 지역사회의 중요한 교육기관이라는 점에서 그 목적 달성에 공헌하는 결과가 된다. 지역사회교육이 학교나 어떤 특정 교육기관만의 專有物이 될 수 없는 까닭이 여기에 있다. 그들의 노력이 주민들에 대한 교육을 통해 그들을 향상시키고 삶의 문제 해결에 기여하고 있다면 그것이 바로 지역사회교육의 실천적 성격을 지니게 되는 것이다.

2. 地域社會敎育의 實踐方向

모든 주민들의 교육적 필요에 봉사하고자 하는 지역사회교육은 개인의 자아성장을 추구하게 함은 물론 이를 통해 삶의 질적 향상과 사회 발전의 制度的인 動因을 마련하고자 한다. 그러므로 지역사회교육은 사회문제 해결의 人間資源論的 接近手段이라 할 수 있다. 인간계발(*human development*)을 전제하지 않고 개인이나 사회문제의 근원적인 해결을 도모하기 어렵다는 점을 전제할 때 이들 단체들의 지역사회교육은 그 실천의 방향을 다음 몇 가지로 제시할 수 있다.[76]

---

76) The Institute of Cultural Affairs(ICA), 「The Summary Statement of Jeju-Do Human Development Project Consultation」, Jeju,

첫째, 이들 단체들의 교육활동은 주민의 精神啓發에 그 基本目的을 두어야 한다. 여기서 정신계발이라 함은 靈性의 계발을 포함한 情意的인 精神技能의 계발에 보다 주안해야 함을 뜻한다. 그것은 주로 인간정신의 심층에 자리한 동기, 흥미, 태도 혹은 가치와 같은 보다 고등한 정신기능들이다. 이러한 精神能力들은 注入이나 설득에 의해서 잘 길러질 수 있는 것이 아니다. 오히려 체험적 만남이나 정신적 충격에 의해 더욱 자극될 수 있다는 점에서 각기 기관단체 특유의 교육적 분위기를 창출하는 것이 필요하다. 이들 정신적 특성은 개개인의 정신적 성장의 중요한 징표이면서 사회 발전의 心理的 動因을 부여하게 되며 나아가서 종교교육에서 의도하는 인간의 근원적 변화(새사람)에 그대로 연결되는 것이기도 하다. 최근에 활발한, 발전에 있어서의 成就動機의 중요성이 이를 잘 말해 준다.

지역사회교육기관에서의 정신계발 교육은 궁극적인 종교교육의 차원으로 상승시킬 수도 있다. 종교교육은 宗立學校나 공식적인 교회의 교육 장면에서만 수행될 수 있는 것은 아니다. 오히려 보다 외적 장면에서의 접근이 더 효율적일 수도 있다는 데서 지역사회교육은 종교교육에의 접근을 위한 매력적인 대안일 수 있다. 종교단체들의 지역사회교육은 이 점에서 보다 중요한 의의를 지닌다고 본다.

그러나 기관단체의 지역사회교육이라고 해서 그대로 종교교육일 수는 없다. 종교단체들의 지역사회교육과 종교교육은 구별되어야 한다. 종교단체들은 宗敎理念의 實現을 당연히 그 교육목적으로 하는 것이지만, 종교단체들의 지역사회교육이 그 추구하는 목표나 활동이 때로 중립적으로 받아들여질 수 없을 때, 이러한 과정에 제약이 가해질 수 있음은 물론이다. 만약에 이들 종교단체들에 의해 운영 또는 지원되는 정신교육프로그램들이 순수하게 自派的 敎義에만 충실하고자 한다면 때로 외면되거나 독선적 無力感에 빠져들지 않을 수 없을 것이다. 그러므로 종교단체들의 지역사회교육은 그 운영에서 적어도 중립적이거나 超敎派的이어야 할 것이 그 원칙으로 요구된다.

둘째, 종교단체들의 지역사회교육은 세상을 어떻게 보고 살아갈 것인가의 世界觀을 갖도록 하는 일에 주력해 나가야 한다.[77] 종교기관이나 단체는 가정과 더불

1975.

어 통합된 세계관을 지니게 하는 데 주요한 자원처가 되기 때문이다.

세계관이란 삶의 방식에서 표현되는 행동이며 모든 사물에 관련된 철학이다. 세계를 이해하고 구원하는 방식이며 가치와 의미 해석과 의사 결정의 원천이다.[78]

종교에서 갖는 세계관은 神의 實在와 인간의 본질, 삶의 가치, 고통의 의미, 개개인과 지역사회에서의 책임 등을 가르친다. 자연과 더불어 경이, 외경, 신비, 통합의 경험과 이 세계에 대한 소속감, 타인과의 관련 등 보다 고차적인 삶의 목표들을 열망하게 한다. 이들은 인간의 意味充足을 위한 보다 고차적인 필요들이다. 이를 통해서 인간의 自我正體를 잘 알게 되고 삶의 주기, 가족 혹은 공동체와의 뿌리의식을 잘 일깨워 준다. 종교적인 교육환경은 바로 이러한 정의적 경험을 잘 제공해 줄 수 있는 기회라는 데 더욱 큰 의의가 있다. 이것들은 크게 세계관의 통합과 情意的・共同體的 경험, 그리고 正體意識을 고양시키는 경험과 冥想이 가르쳐야 할 중요한 세 가지 요소이다.[79]

셋째, 가정교육, 학교교육을 중요한 종교교육의 기회로 간주하여 이를 확인 통합해 나가야 한다. 바티칸 공의회의 「기독교의 교육에 관한 宣言」(1965. 12.)을 보면 그 목적의 달성을 위해 가정, 학교, 사회교육을 다 같이 중요시해야 할 것을 언급하였다. 따라서 이것은 가정에서의 양친과 학교를 중요한 교육기관으로 인정하여 이들과 統合的 敎育體制를 구축해야 함을 시사한다. 종교교육이라 할지라도 그것은 敎育體制的 視野에서 바라보는 것과 그 궤를 달리할 수 없을 것이기 때문이다. 이들 기관단체의 입장에서의 지역사회교육은 교회 본위의 교육체제에서 벗어나 전체 교육체제에서 그 영역에 통합해 가는 것이 되므로 이에 접근하려는 독자적인 교육체제를 적극 개발할 필요가 있음은 물론 가정, 학교, 사회교육의 장면에서 일어나고 있는 교육적 노력들을 확인하고 이에 유의하여 연계 또는 조장해 나가는 교육활동이어야 한다.

우선 가정을 겨냥할 때, 기본적 교육기관이라는 점에서 자녀를 양육하는 올바

---

77) Cohen, B., and LuKinsky, J. "Religious Institutions as Educators", Fantini, M. D., and Sinclair, R. L.(eds.), *Education in School and Nonschool Settings: Eighty-fourth Yearbook of the National Society for the Study of Education*, Part Ⅰ, The University of Chicago Press, 1985, pp.140~158.

78) 同上.

79) 同上.

른 책임을 다할 수 있도록 그 안목과 능력을 길러 주는 父母敎育이 이들 종교단체들의 중요한 프로그램일 수 있고, 지역사회교육에 父母의 참여가 중요하다는 점에서도 더욱 그러하다.

이들 종교단체들에서 지역사회교육은 학교에 다니는 청소년들 역시 그 실천의 중요한 대상으로 삼아야 한다. 이들에게 적합한 독특한 프로그램을 개발, 제공함으로써 이를 통해 가정 혹은 학교에서 배우는 학습 내용에서의 상호 갈등을 해소 또는 강화시킬 수 있게 된다. 그리하여 입시 위주의 主知主義 주입식 교육, 획일주의의 非人間的 敎育에서 벗어나 잠재능력을 계발하고 자아정체감을 확인하는 전인적 성장을 도모하여 학교교육에서 부족한 교육목표를 보완해 나가는 것이 필요하다. 오늘날 중등학교의 종교교육이 학교평준화 계획에 의해 크게 제약받고 있는 현실을 감안할 때 이를 타개할 수 있는 효과적인 방안이 시급하다는 점에서도 이들 종교단체들의 학교 외 장면에서의 지역사회교육의 접근은 매우 중요한 의미를 지닌다.[80]

넷째, 이들 종교단체에서의 또 하나의 중요한 교육의 목표는 주민들에 대한 民主 市民精神의 함양과 道德性의 교육에 관한 것이다. 그동안의 학교교육은 주로 認知的 行動에만 관심을 기울임으로써 주민들의 사회적 행동에서 여러 가지 갈등이나 未熟性을 내보여 공동체의 생활을 매우 어렵게 만들고 있다. 이즈음에 특별히 강조되는 덕목들은 이러한 시민정신의 결핍에서 제기되는 사회적 필요라 할 수 있다. 현대사회에서 절실하게 요구되는 생활방식으로서의 민주주의를 제대로 배우지 못하므로 말미암아 아직도 시민으로서의 의식수준은 幼兒性에 유폐되어 있는 경우가 허다하다. 우리 사회에서 흔히 가족수준에서의 소속감 또는 충성심에만 집착하여 직장이나 이웃 또는 보다 큰 국가사회에 대한 관여(committment) 또는 헌신을 보편적인 것으로 찾아보기에 어려운 것은 이를 잘 말해 준다. 市民意識의 幼兒性을 그대로 둔 채, 개인의 성숙이나 사회공동체의 발전을 기대할 수 없다면 성숙한 사회로 발전해 나가기 위해 가족 이상의 大我意識과 그 貢與가 보다 일반화되어야 한다. 그러므로 이들 장면에서의 지역사회교육은 이러한 社會的 感受性

---

80) 任珍昌, 「人間資源開發과 가톨릭기관의 역할」, 『韓國社會의 發展과 基督敎團體의 役割』, 서강대 출판부, p.145.

을 기르는 일에 보다 유의할 필요가 있다.

민주사회란 타인에 대한 이해와 감수성을 토대로 한 집단적 과정에서만 성립될 수 있는 사회이다. 남과 함께 더불어 살아가는 삶의 지혜가 인간생존의 기본적인 법칙임을 알게 해야 하는 것이다. 이것은 종교적인 규범이나 그 헌신을 보다 높은 가치로 받아들일 때 보다 수월하게 달성될 수 있다. 종교단체들의 지역사회교육은 이 점에서 더욱 그 역할이 기대된다.

다섯째, 이들 종교단체들의 지역사회교육은 가능한 모든 종교적 활동과 對社會的 活動에서 이를 실천하는 교육장면으로 포착해야 한다. 물론 이러한 교육장면은 그 기관단체들이 의도적으로 개발하여 제공하는 그 정규 프로그램이 주요한 기회가 되어야 할 것이다.

그러나 각종 의식에서의 교육적 체험은 물론, 각종 단체활동, 수양회, 상담, 종교적 축제, 그 밖에 對社會的 實踐을 위한 각종 위원회의 조직 활동들도 지역사회교육을 실천하는 중요한 통로가 되어야 한다.

여섯째, 특별히 부속시설이 아닌 교회당이라 할지라도 예배나 교인들을 위한 목적으로만 사용되어서는 아니 된다. 세속사회의 주민들일지라도 이들이 필요한 시설로 일상 활용할 수 있도록 봉사하는 것이 훨씬 하나님 뜻에 합치되는 일이며 이들 시설들이 개방될 때 그야말로 지역사회의 센터가 될 수 있다. 지역사회에는 주민들이 무료로 활용할 수 있는 시설이 별로 없다. 공공시설로서의 성격을 감안한다면, 특히 조그만 지역에서 일주일 몇 시간의 종교의식을 제외하고 그 시설이 사장되어 있다는 것은 낭비라고 하지 않을 수 없다. 예배의식이 진행되지 않는 가능한 모든 시간들이, 다시 말해서 주야간 또는 주말이나 공휴일, 방학기간 등 언제나 전천후로 개방될 때 이들 종교단체들은 그야말로 주민의 것이 될 수 있다.

일곱째, 지역사회교육은 특별히 正規敎育 機會에서 소외 또는 지체된 사람들을 주된 受惠者로 하여 발전되어 왔으므로 지역적인 면에서 農村 혹은 後進地域, 도시에서의 疎外地域들이 주목되어야 하며 가난한 자, 불완전고용자, 실업자, 불구자, 저학력자 또는 고등교육의 기회를 얻지 못한 사람들을 주된 대상으로 삼아야 한다. 이들을 대상으로 한 교육활동은 지역사회 개발이나 지역사회 조직의 측면에서도 중요한 의미를 가진다. 교육을 통해 이들의 삶의 질을 높여 줌으로써 이들 종교단체들의 지역사회 참여가 실질적으로 의미를 지닐 수 있을 것이다.

프로그램의 특징 면에서 보면, 이러한 지역사회교육은 報償的 性格(compensatory program)의 유형을 강하게 띠게 되겠지만 疎外階層에 대한 우선적 접근은 하나님주의의 실천이라는 입장에서 훨씬 바람직하다. 그러므로 소외된 불우청소년을 위한 공민학교, 야간성인학교, 야간대학과정, 심신장애자, 불우여성 등의 취업을 위한 각종 직업교육, 유아교육에 깊은 관심을 가져야 한다. 이들 기관단체들의 교육은 정부나 일반사회 독지가들의 관심이 제대로 미치지 못하는 특정분야에 좀 더 적극적이고 집중적으로 교육활동에 주력할 필요가 있다.[81]

그러나 지역사회교육에서는 識者나 富裕層이라고 해서 도외시되지 않는다. 이들까지도 대상으로 삼아, 부모교육, 도서관 혹은 체육관 등의 오락시절 운영, 그 외 취미, 생활기능의 향상 등 얼마든지 敎養, 深化 프로그램(enrichment program)을 개발하여 모든 사람을 대상으로 그 범위를 넓히고 이들도 함께 참여하게 만들어야 한다.

여덟째, 종교단체의 지역사회교육은 社會統合의 기여에 보다 민감해야 한다. 지역사회의 교육은 그것을 수행하는 어떤 기관의 모토 이상이어야 한다. 일반적으로 종교단체들이 주민 대상의 교육을 실시할 때 자신들의 敎義나 原理에 충실할 수 있다. 그러나 자칫 이에 집착하게 될 때 상대방의 宗敎理念과 충돌을 빚을 수 있음을 경계해야 한다.

많은 宗敎系派 간의 독특한 입장은 존중되어야 하지만 그 활동들이 때로 배타적이거나 獨善的인 樣態로 나타남으로 말미암아 오늘날 우리 사회에는 오히려 사회통합의 장애적 요소로 작용하고 있음을 본다. 만일 선교의식을 전제로 독선적·일방적으로 그 교육기회를 활용하고자 한다면 이들 기관단체의 지역사회교육은 민주사회에서 중요시되는 집단 상호 간의 의사소통이나 사회통합에 긍정적으로 기여할 수 없다. 그러므로 종교단체에서는 자기 종교의 宣敎보다 그 理解를 위해 지역사회교육에 적극적으로 접근할 필요가 있으며, 이를 계기로 하여 각자가 상

---

81) 任珍昌, 상게서.

호 수용할 수 있게 된다는 점에서 지역사회교육은 宗敎 間 理解의 중요한 광장이 되는 것이다. 더욱이 지역사회교육은 지역 내 자원이나 타 기관들과의 協助 提携하여 새로운 교육체제를 구축해 나가는 것을 그 기본원리로 삼고 있으므로 그 과정을 원활히 발전시키기 위해서는 이를 상호 존중하는 태도가 필요하다. 설사 각 기관단체들이 계파적 입장에 있다 할지라도 이를 넘어서고자 할 때, 주민들로 하여금 또 하나의 새로운 만남을 가능하게 하여 사회통합에 기여할 수 있게 하는 것이다. 이것이야말로 하나님이 우리에게 요구하는 和合의 실천이라 할 수 있다. 종교단체들의 지역사회교육의 과정은 바로 이러한 사회를 향한 구체적인 디딤돌이 되는 것이다.

Ⅴ. 代案的 事例

마지막으로 이들 기관단체들의 지역사회교육이 지역사회의 발전에 어떻게 기여하게 되는지, 지역사회개발과 관련하여 수행되었던 實際事例를 제시함으로써 결론을 대신하고자 한다.

우선 손쉽게 접할 수 있었던 대도시 빈민지역의 어떤 교회(중심)의 지역사회교육의 실천결과를 요약, 소개하고자 한다.[82] 이를 통해 우리는 종교기관단체의 지역사회교육의 실천에 좋은 시사를 얻을 수 있으리라 생각한다.

첫째, 교회가 어린이들과 청소년들의 놀이터로서의 역할을 담당하였다. 놀이터가 제대로 없는 지역에서의 비좁은 골목길, 위험한 차도 또한 비도덕적인 환경에서 어린이들의 위험을 덜어 주고 그들을 보호해 주는 역할을 하였다.

둘째, 교회에서 夜學프로그램을 전개하여 지역사회의 근로청소년들을 이에 참여시켰다. 이것은 그들의 삶의 질을 높이기에 충분하였다. 정신 내면적 세계뿐만

---

82) 지역사회 개발활동의 전형적인 것은 교회 중심의 새마을운동 사례가 그 하나일 수 있다. 이에 대한 사례들은 새마을운동 성공사례에서 어렵지 않게 찾아볼 수 있다. 여기서는 서울시 빈민지역 교회의 활동사례에서 교육활동과 관련된 부분을 요약, 인용하였다. 물론 소개된 활동 모두가 지역사회교육의 실천은 아니었지만 개념적 맥락에서 많이 공유되고 있었음을 간추릴 수 있다.
　　허병섭, 「지역사회 발전을 위한 교회의 역할」, 기독교사회문제연구원(편), 『지역운동과 지역실태』, 민중사, 1986, pp.74~99 참조.

아니라 삶의 조건을 바꾸어 갈 의지와 결의를 자발적으로 추진해 갈 힘을 얻게 하였다.

셋째, 어린아이들에게 교회를 공부방으로 개방하였다. 빈민지역사회에서 어린이들에게 공부방을 제공한다는 것은 어린이의 삶에 큰 변화를 줄 수 있는 것이었다. 이러한 교회 개방은 부모들의 자녀교육에 대한 열의를 교회에서 모을 수 있게 하였다.

넷째, 主婦教室을 통해서 자녀교육에 대한 강의를 듣고 토론을 하게 하였다. 이러한 과정을 통해 주민들은 자신들의 삶을 되돌아볼 수 있었고, 自己更新을 의도하는 삶의 질적 변화가 생기기 시작하였다.

다섯째, 교회 내의 여러 조직들, 즉 어린이 교회 학교, 중고등학생회, 청년회, 남녀신도회와 같은 기구들은 교회가 제시하는 가치관과 삶의 질적 변화에 대한 기준을 중심으로 삶의 가치를 재조명하여 빈민지역사회의 일원으로서 주민들과 새로운 관계를 형성하면서 그들의 삶의 질을 확산시켜 나갔다.

여섯째, 區域禮拜라는 기회를 통해서 주민들은 각 가정에 모여서 상호 교류하면서 같은 동질의식을 느끼며 개별화 및 개인주의의 벽을 깨기 시작하였다.

이상에서 우리는 교회가 지역사회의 문제를 인식하고 지역사회교육을 실천함으로써 이를 해결해 나갈 수 있는 力量을 생산하고 따라서 주민들의 삶의 질을 변화시켜 나가는 地域社會 開發의 한 모습을 찾아볼 수 있다.

이와 같이 교회가 빈민지역 속에서 공개되고 주민들과 모여 교육프로그램을 전개해 가게 될 때 그 과정에서 주민들의 교육적 필요를 충족하고 지역사회 속에서 힘을 이룩하게 되어 그 발전에 기여하게 되는 것이다. 여기에서 지역사회교육은 지역사회개발에서 필요로 하는 人間啓發에 중점을 둘 수 있으며, 더욱이 경제발전이나 정치적 발전이 교회적인 관점에서 문제를 제기할 경우 이러한 활동은 인간계발, 인간해방, 인간화의 문제와 관련을 맺을 수 있게 된다.[83]

이러한 사례는 교회 중심의 地域社會教育의 실천적 模型이라 해서 좋을 것이다. 물론 이것은 하나의 대안적 모형에 불과하다. 종교단체들의 지역사회교육의 실천

---

83) 同上.

은 각기 그 이념적 입장이 다르고 선교의 구체적 필요와 복합되어 있음으로 말미암아 그 접근 입장은 특이하리라고 본다. 각기 기관단체들이 어떻게 접근하느냐에 따라 개인 중심의 역동적 모형도 가능할 것이고 그 외에 자문회의 및 자원집단 간의 협력 모형, 地域社會自願奉仕센터 모형, 기독교학교의 擴張敎育事業 模型 등 다양하게 설정될 수 있을 것이다. 그러나 앞에서 언급한 바와 같이 지역사회교육은 교육체제 본연의 통합적 필요에서 제기되는 것이므로 이에 유의할 필요가 있고, 실천의 문제 또한 그 과정에서 적합성이 탐색되고 지역사회 발전에 기여를 할 수 있게 되어야 할 것이다.

본고에서는 교육 전체의 안목에서 종교단체들의 교육활동이 지역사회교육의 안목에서 새롭게 해석되고 발전되어야 할 필요를 제시해 보았다.

모두가 가르치고 배우는 사회, 교육적인 사회를 건설해 나가는 일이야말로 하나님 나라에 접근해 가는 시급한 과제라 아니 할 수 없다. 이를 위해 종교단체들의 교육적 활동은 지역사회 전체 '교육체제'에서 새롭게 조명되고 그 역할을 증폭시켜 나가지 않으면 안 될 것이다.

제4장

새로운 宗敎運動

- □ 現代 韓國과 新興宗敎
- □ 水雲의 宗敎的 神秘體驗의 과정과 實在的 現存
- □ 에큐메니컬 운동의 東과 西

現代 韓國과 新興宗教

鄭慶均

서울대학교 교수 · 보건사회학

I. 머리말

한국의 신흥종교에 대한 체계적 · 분석적인 연구논문은 허다하다. 여기서 또다시 현존 신흥종교를 분석하는 것은 의의가 없을 것으로 판단된다. 따라서 本 論文에서는 보다 前向的인 입장에서 현대사회에 걸맞은 신흥종교를 注文하는 측면에 초점을 맞추기로 하였다. 이러한 주문은 어디에 편견을 두는 것이 아니라, 현대사회 상황의 분석에 입각하는 것이다. 다시 말해서 1) 기존의 종교가 과연 기능하고 있는가, 2) 현대 상황은 모름지기 신흥종교 즉 새 종교를 필요로 하고 있는가, 3) 그렇다면 새 종교는 어떤 것이어야 하겠는가 하는 점을 骨幹으로 엮기로 하였다. 이것은 현대인, 현대사의 고민이기도 하기 때문이다.

뒤르켐(*Emile Durkheim*)은 이미 1세기 전의 人物이다. 1세기 전의 宗敎的 狀況과 사회현실의 분석에 立脚해서, 그는 새로운 神, 새 종교의 必然性을 다음과 같이 표현하고 있다.

> 세상엔 久存하는 복음도 없을 뿐 아니라 인간이 새로운 복음을 계발할 수 없다고 믿어야 할 이유도 없다. 우리는 보다 현실에 적용 가능한 종교를 바라고 있다. 다시 말해서, 옛 神들은 너무 늙었거나 혹은 이미 죽었으며 새로운 神은 아직 탄생하지 않았다. 우리 사회가 새로운 이상과 새로운 공식을 형성하는 창조적 흥분

의 시간을 맞게 될, 한 날이 기필코 올 것이다.

There are no gospels which are immortal, but neither is there any reason for believing
that humanity is incapable of inventing new ones…… We desire another which would be
wore Practicable: ……In a word, the old gods are growing old or already dead, and others
are not yet born…… A day win come when our societies win know again those hours of creative
effervescence in the course of which new ideas arise and new formulae are found.[1]

위의 표현을 구태여 영문으로 인용한 이유는 곧 본 연구의 출발점이 어디에 있
는가를 명확히 하려는 데 있다.

Ⅱ. 몇 가지 前提

宗敎의 命題는 가장 심오하면서도 폭이 넓기 때문에, 몇 가지 전제를 앞세워서
그 논술의 방향과 범위를 제한하는 것이 필요하다. 그런 의미에서 본 연구는 다음
몇 가지 전제하에서 구성하기로 하였다.

1) 역사는 攝理의 역사이다.
2) 역작용은 곧 작용이다.
3) 거센 억압과 핍박이 새 종교의 正當性의 反證이다.
4) 모든 階層에 신자와 비방자가 분포되어 있어야만 신흥종교의 生命力이 있다.
5) 모든 정권과의 마찰이 유발되어야만 가치 있는 새 宗敎이다.
6) 현대는 현실 문제를 해결할 수 있는 종교를 요구하고 있다.

이상의 前提들을 먼저 조금 부연하면 다음과 같다.

첫째, 역사가 放任이냐 攝理냐 하는 명제는 엄청나게 큰 과제이다. 만일 역사가
방임의 역사라면 거기엔 법칙이 없을 것이고, 법칙이 없으면 방향이 없을 것이고,
방향이 없다면 인간에겐 노력의 가치도 희망도 부여되지 않을 것이다. 그러나 만

---

1) Emile Durkheim, *The Elementary Forms of the Religious Life*, 뉴욕, Free Press, 1915, pp.475~476.

일 역사가 攝理의 歷史라면, 거기엔 법칙이 있을 것이고, 법칙이 있다면 방향이 있을 것이요, 방향이 있다면 그에 부응하려는 인간의 노력은 가치 있는 것이고 希望도 가져 볼 만하다.

둘째, 逆作用은 곧 作用이다. 어둠은 광명의 도래를 예측해 주고, 恨은 解怨을 위한 노력을 자극해 준다. 부는 그 낭비를 궁리케 하되, 貧은 貧困으로부터의 탈출을 위한 몸부림을 낳게 한다. 그런 의미에서 한국의 歷史가 신음해 온 恨은 무엇의 태동을 위한 逆作用이었던가에 유념케 되는 것이다.

셋째, 거센 억압과 핍박은 모든 새 理念, 새 公式, 새 思想, 새 종교가 경험한 역사적 교훈이다. '아테네' 시민의 건전한 사상을 좀먹는다고 사형된 '소크라테스', 지구가 둥글다고 핍박받은 '갈릴레오', 지동설로 곤욕을 당한 '코페르니쿠스', 이단으로 처형된 예수를 비롯해서 새 종교의 전파를 위해 희생당한 수많은 순교자들은 분명히 심각한 역사적 교훈을 생생하게 남기고 있다. 似而非宗敎와 신흥종교의 큰 차이는 적어도 여기에 있고, 거센 억압 속에서 살아남은 종교는 적어도 似而非宗敎는 아니다. 人間史의 모든 革新(innovation)은 離脫(Deviation)에서 가능하였다는 아이러니에 유념할 필요가 있다.

넷째, 인류사에 있어서 신흥종교는 얼마든지 있었다. 그리고 메시아 運動도 허다하였다. 그러나 그들은 모두 쇠잔하고 말았다. 그 가장 큰 원인이 곧 그 신도와 비방자의 계층과 지역이 한정되어 있었다는 점에 있다. 지금까지 나타났던 모든 메시아운동과 신흥종교의 신도는 일정 지역 내의 병약자, 무지한 無産大衆, 女性과 靑年層에 편중되어 있었으며 그들을 비방하는 자들도 그들의 주변인물에 국한되었다. 다만, 1648년 폴란드에서 유태인 대학살 이후 메시아로 등장했던 사바타이 체비(Sabbatai Zevi)나, 19세기 영국의 상류사회에 번졌던 메시아운동은 여러 계층을 포용할 수 있었으나, 여러 가지 이유로 소멸되고 말았다.

다섯째, 지금까지의 모든 신흥종교와 메시아운동은 당 시대 당 사회 정권으로부터만 억압이나 통제를 받았을 뿐 타 정권의 억압을 유발하는 것조차 실패하였다. 기독교, 불교 등은 많은 정권으로부터 억압을 받으면서 2천여 년을 버티어 왔다. 단시일 내에 많은 정권으로부터 억압을 받는 신흥종교가 있다면, 그 시대인은 응당 응분의 주의를 기울일 가치가 있다.

여섯째, 대부분의 메시아運動과 신흥종교가 聖과 俗, 來世와 現世에 다 같이 무게를 주었으나, 救世를 위한 대안과 실천은 없었던 것이 공통점이다. 만일 구세를 위한 실천과 현실문제의 해결을 위한 적용력(뒤르켐이 표현한 practicability)을 가진 종단이 나타난다면 충분히 유의할 필요가 있겠다.

Ⅲ. 現代的 狀況

창세기 6장 6절에 "하나님은 人間 만드신 것을 후회하신다"고 서술되어 있다. 성서대로라면, 神은 여러 번 인간을 징벌하였다. 그러나 그 징벌은 종말을 위해서가 아니라 새 역사의 출발을 위함이었다. 노아 홍수로 전 인류와 동물을 멸종시키고 노아 방주에 탄 생명만을 남긴 것으로 성서는 상징적으로 서술하고 있다. 구원과 징벌은 개인단위라기보다는 시대와 사회가 그 단위였다는 교훈이다. 소돔과 고모라의 불기둥 심판도 그 예의 하나이다.

과연 오늘의 상황은 어떤가? 지금 우리는 인류에게 과연 내일이 있는가 할 정도로 몇 가지 심각한 위기에 처해 있는 것이 사실이다. 현대인, 현대사가 直面하고 있는 위기는 적어도 세 가지로 볼 수 있겠다. 生態學的 위기, 人倫的 위기, 核危機가 그것이다. 이들을 간단히 음미해 볼 필요가 있겠다.

1. 生態學的 危機

줄리안 헉슬리를 위시한 영국의 대표적 과학자 33人의 共同診斷[2])에 의하면 인류에겐 결코 21세기의 새 아침이 밝아 오지 않는다는 것이다. 다시 말해서 인류는 20세기 안에 공동 멸망한다는 것이다. 시기가 다소 앞당겨져 있는 조급한 경고이긴 하지만, 이대로 간다면 머지않아 지구의 모든 인류가 공동 파멸하게 된다는 것을 경고하였다는 점에서는 결코 외면할 수 없는 경고이다.

---

2) The Ecologist, *A Blueprint for Survival*, 통권 제2권 1호, January, 1972.

人類와 地球의 장래를 보다 과학적·체계적으로 연구한 보고서는 MIT 대학메도우스(*Meadows*) 박사 팀의 『成長의 限界』이다.[3] 그들에 의하면, 인간이 이대로 가는 한 서기 2020년(향후 33년)부터 서기 2050년간의 30년 동안 모든 인류는 다 같이 이 지구에서 消滅한다는 것이다. 식량, 자원, 환경, 산업, 인구의 균형이 파괴되면서, 인간의 운명과 지구의 운명이 바닥을 드러내게 된다는 것을 그들은 과학적 진단에서 발견할 수밖에 없었고, 또 그것을 발표하지 않을 수 없었다. 人間의 생존과 번영을 위해서 인구, 자원, 환경, 식량, 산업문제의 혁명적·실천적 조치가 火急히 필요한 20세기의 벼랑에서 人類는 눈앞의 벼랑을 모르고 전진하고 있다. 아슬아슬한 위기임에 틀림없다. 이 生態學的 危機에 대해서는 의심하는 사람이 없을 정도로 우리 온 人類는 막바지 위기에 놓여 있다. 가히 아마겟돈의 혼돈이다.

2. 人倫的 危機

이상의 생태학적 위기가 해결된다고 가정하자. 그러면 과연 인류는 생존할 수 있을 것인가? 결코 그렇지 못하다.

人間은 인간다울 때 인간이며, 인간임을 벗어날 때, 지구상의 모든 존재 중 가장 무서운 것이 인간이다. 동물은 결코 인간을 송두리째 파멸시킬 수는 없다. 그러나 인간은 인간임을 거역할 때 인간을 消耗할 수 있다. 인간은 法道에서 살 때 비로소 인간이며, 인간이 법도를 벗어나면 인간이랄 수 없다. 그래서 인간에게는 人倫이 필요하다. 인륜을 가장 잘 집약한 것은 三綱五倫인 것 같다(그 방향은 別問題로 하고……). 현대 인간관계의 골격이 부자관계, 부부관계, 형제관계, 상하관계, 이웃관계라고 할 때, 과연 이 모든 관계가 원만한가 하는 것이다. 인륜의 위기가 가장 심각한 사회는 이른바 歐美 혹은 선진사회이다. 높은 이혼율, 부부의 갈등과 마찰, 동성애, 부모 자녀 간의 마찰, 형제간의 갈등, 이웃 간의 경쟁과 불신이 팽배한 사회가 곧 선진국사회이며, 이른바 선진국 규범은 급속도로 전파되어 지구촌 전체를 오염시키고 있다. 자식이 부모를 구타하고 제자가 스승을 폭행하는 일본사회는 가까운 예이지만, 유교의 뿌리 깊은 전통도 현대의 物質指向的 思潮 앞에

---

3) M. Meadows 外, *Limit to Growth*, 워싱턴, Potomac Associate, 1973.

서는 무력하다.

人倫을 바로잡아 줄 현대적 복음이 없다면 인류는 절망이다.

3. 核危機

위의 위기도 해결되었다고 하자. 그렇다면 과연 인류는 이 지구에 잔류할 수 있을 것인가? 그 답은 다시 否定的이다. 왜냐하면 이번에는 核이 기다리고 있기 때문이다. 양대 국가가 보유하고 있는 핵폭탄이 폭발한다면 전쟁이 아니라도 대기권의 오염으로 지구상의 모든 생명은 끝이 난다. 그렇다면 그 핵이 터질 것인가, 억제될 것인가? 그 답은 오직 한 가지뿐이다. 이 땅 위에 공산주의가 존재하는 한 핵폭탄은 반드시 터지고야 말 것이며, 반대로 공산주의만 극복한다면, 그 엄청난 핵폭탄은 인류 발전을 위한 核에너지로 전환될 것이다.

만일 이상의 세 가지 위기 중 어느 하나라도 폭발점을 넘어선다면 인류의 운명은 끝장이다. 뿐만 아니라, 만일 神이 존재하는 것을 믿는다면, 그날은 곧 神의 創造理想 자체가 종막을 내리는 날이 된다.

과연 인류는 이 땅에서 사라지고 말 것인가? 과연 神의 創造理想은 허무하게 끝나고야 말 것인가? 이 명제야말로 현대를 살고 있고 또 후세를 기르고 있는 오늘의 모든 인간들이 심각하게 번뇌하지 않을 수 없는 엄숙한 질문인 것이다. 필자는 서두에서 역사는 攝理의 역사임을 전제로 하였다. 그렇다면 역사와 신은 분명히 이 위기를 수수방관하고 있지는 않을 것이며 그 섭리는 반드시 새로운 思想, 새로운 宗敎를 통해서 나타날 것이다.

IV. 末世의 意味

末世라고 번역되고 있는 *Eschatology*의 原語(*eschatol*)은, 실은 새 秩序의 출발을 의미한다. 위에서 지적한 현실 상황으로 본다면 *Eschatology*는 말세로 번역해도 좋을 만큼 인간의 위기는 다급하다. 그러나 만일 섭리의 역사임을 전제로 한다면 그것은 잘못된 번역이며, 오히려 原語의 뜻 그대로 새 질서의 출발로 보는 것이 정당하다. 그렇다면 이와 같은 새 秩序는 언제부터 시작되는 것일까?

뒤르켐은 "歷史의 아픔은 곧 사회의 아픔이고, 사회의 아픔은 곧 인간의 아픔인데, 이러한 고통은 기성의 가치가 효력을 상실했다는 증거이고, 기성의 질서가 인간을 괴롭히는 한, 기성의 논리, 기성의 사상, 기성의 종교가 결코 인간을 해방시키지 못하기 때문에 필연적으로 새 秩序의 世界가 출발하지 않을 수 없다"[4]고 보고 있다.

그는 새 질서가 출발하는 시대적 상황을 다음과 같이 지적하고 있다. 즉 인간의 모든 고통, 좌절, 긴장, 분열, 충돌, 증오가 집중될 때에 새 질서가 출발하는데 그러한 사회 상황을 다음과 같이 진단하고 있다.

1) 마음의 조화가 파괴된 상태
2) 自然과의 조화가 파괴된 상태
3) 超自然(神)과의 조화가 파괴된 상태

과연 오늘 우리의 歷史狀況, 아니 우리 자신이 겪고 있는 한국의 상황은 어떠한가? 전체 인류사회를 보더라도 모든 개인은 갈등과 분열에 시달리고 있고, 자연은 죽어 가고 있으며, 공산주의나 자본주의에 입각한 物質主義는 神을 망각하게 하고 있다. 그중에서도 한국은 독특한 상황에서 갈등을 경험하고 있다.

뒤르켐(*Durkheim*)은 종교에 관심이 있는 사회학자였지만, 그의 저작 전체를 통해서 豫言者와 같은 감동을 주기도 한다. 그는 "모든 동물은 새 질서의 출발을 예리하게 감지하는데, 오로지 인간만이 거기에 가장 둔감하다"고 인간의 無感覺性을 경고하고 있다. 그는 특히, 새 질서는 새것이기 때문에 '새것이 나타나는 空間과 時間(*Conceptual Representation of Space and Time*)'에 유념하며 또한 '强力한 지도자'에 관심을 두고 있다고 한다. 그러면서 모든 동물은 제때, 제 곳에 제 지도자를 따라 모이는데 인간만이 그것을 모르기 때문에, 언제나 새 사상, 새 진리는 핍박을 받

---

4) Durkheim, 前揭書.

게 된다고 진단하고 있다. 그는 여기서 새 지도자를 신중한 인간(*prudent man*)이라
고 표현하고 있다.

V. 메시아의 意味

메시아란 무엇인가?

베버는 이를 "社會改革의 역군 또는 사상적 지도자"[5]라고 정의하고 있다. 뒤르
켐은 새 질서가 출발할 때 이상한 집단이 출현하는데, 메시아란 그 이상한 집단의
中心人物로서 신중한 인간이라고 표현하고 있다. 그렇다면, 현대인, 현대 역사에
필요한 메시아는 어떤 인물이어야 할까? 그는 인간의 靈魂만을 구하는 것으로는
결코 메시아일 수 없다. 우리에게 필요한 메시아는 곧 전 절에서 지적한 인간의 모
든 위기를 극복해 줄 수 있는 사상적 지도자, 실천적·수범적 지도자라야 하겠다.

식량, 자원, 환경, 인구, 산업의 문제에도 해결의 열쇠를 쥐어 줄 수 있어야 하
고, 분열된 家庭倫理와 인간의 질서, 社會統合의 福音을 들려주고, 실천으로 옮겨
줘야 하겠으며, 공산주의를 소멸시킬 수 있는 강력한 새 思想을 체계적으로 전해
줄 뿐 아니라 앞장서서 그것을 정복하는 사업을 이끌 수 있는 지도자라야 한다.
그러한 존재가 아니라면, 그를 현대 상황에서의 救世主(세상을 구원하는 임자)라
고 부를 가치가 없다. 이 危機에 처한 인간을 보시는 神이 만일 이 세상에 직접
現顯한다면, 그는 무엇을 할 것인가? 적어도 오늘의 메시아는 그런 상황에서 神이
할 일들을 대행할 것이다. 그렇지 않다면 오늘의 인류가 고대하는 메시아는 아니
다. 기성의 종교(특히 기독교)는 구름 타고 내려오는 이스라엘 청년을 기다리고
있거니와 그와 같은 超能力(無原理)의 소유자가 존재한다면 人類의 狀況이 여기에
오기까지 무엇을 했단 말인가? 오늘의 인류에게 필요한 메시아는 2천 년 전의 이
스라엘 청년도 아니요, 그보다 앞서 온 2천 5백여 년 전의 네팔의 청년도 아니다.

그러면 현대의 메시아는 어떠한 존재일까? 웨버, 뒤르켐 그 밖의 많은 존재들

---

5) Max Weber, *The Sociology of Religion*, 보스턴, Beacon, 1963.

은, 인간의 단계가 蒙昧(*magic*)에서 宗敎(*religion*)의 단계를 거쳐 科學(*science*)에 도달한다고 보고 있다. 사회학의 시조 콩트(*Comte*)도 "인간의 心性 발전은 필연적으로 神話的인 데서 形而上學的인 데로 이행하고, 거기서 다시 科學的인 단계로 발전한다"는 사실을 지적하고 있다. 이들이 한결같이 과학적 단계를 강조하는 것은 현대인을 구할 수 있는 메시아가 科學的 存在라야 함을 뜻하는 것이다. 뒤르켐은 "科學이란 곧 宗敎的 思想의 完成된 形態(*science is merely a perfected form of religious thought*)"라고까지 보고 있다.

현대에 임재해야 할 메시아는 언제부터 기능할 것인가? 여기서 뒤르켐의 표현을 빌려 보자. 그는 인간의 知性이 1) 特定 社會的 空間(*social space:* 어느 社會인가?), 2) 特定 社會的 時間(*social time:* 어떤 時代인가?), 3) 特定 社會的 階層(*social class:* 어느 집단인가?)[6]에 대해서 공감할 때, "새 秩序, 새 인간, 새로운 神이 出現한다"고 예언하고 있다. 그런데 위의 그들 特定 social space, social time, social class는 전혀 새로운 것이기 때문에 인간이 그것에 공감하기까지는 상당한 기간의 상당한 시련이 있을 것이라 하였다. 여기서 재미있는 것은 그 사회계층의 특성을 규정한 대목이다. 그 집단은 모든 것을 포함하고 모든 계층을 포용하는 至高의 계층인바, 그의 出現이 곧 최종원리라고 하였다.(*It is the whole which includes all things, the supreme class which embraces all other classes, such is the final Principle.*)[7]

VI. 現代宗敎에 요구되는 特徵

기어츠(*Clifford Geertz*)[8]는 現代的 宗敎가 지녀야 할 속성으로 다음과 같은 點을 지적하고 있다.

---

6) 뒤르켐은 이 social class를 'strange group'이라고도 부른다.

7) Emile Durkheim, 전게서, p.490.

8) Clifford Geertz, "Religion: Anthropological Study," in *International Encyclopedia of the Social Sciences*, Vol.13, MacMillan, Free Press, 1968.

1) 보다 명확한 정의를 내려야 한다(*more precisely defined*).

2) 보다 구체적으로 焦點을 맞출 수 있어야 한다(*more specifically focused*).

3) 보다 체계적으로 나타난 文化的 形態를 가져야 한다(*more systematically conceived cultural forms*).

4) 보다 규율이 있어야 한다(*more regularized*).

5) 보다 앞선 文明을 가져야 한다(*more advanced civilizations*).

이에 대해서 트뢸치(*Ernst Troeltsch*)[9]는 現代宗教는 生活의 設計를 具體的으로 제시할 수 있어야 함을 지적하고 있고, 나아가서 이상과 희망을 주고 비전을 제시하고, 사회를 통합할 능력이 있어야 함을 지적하고 있다.

宗敎的 現象이나 신학에는 이해하거나 믿기 어려운 개념과 설명과 해석이 허다하다. 가령 기독교의 경우, 아담과 이브의 선악과의 타락, 예수의 동정녀 잉태, 부활, 재림 등 신앙의 가장 골격이 되는 부분들이 모두 神話的, 寓話的으로 해석되고 있어서 現代人 특히 지식인이나 정년층으로서는 도무지 신앙하기 어려운 것이다.

가령, 復活 하나만을 예로 들어 보자. 예수가 구름을 타고 재림할 때, 지금까지 지구를 다녀간 모든 인간들이 부활하는 것으로 가르치고 있다.

여기엔 적어도 두 가지 의문이 있다. 첫째, 그들이 모두 부활한다면, 과연 몇 살짜리 인간으로 부활할 것인가? 옛날의 대부분의 사망은 생후 만 1년 미만의 영아 사망이었다. 만일 그들이 모두 부활한다면 누가 양육할 것인가? 둘째, 하나밖에 없는 지구는 현재 살아 있는 인구만으로도 초만원이다. 그들이 모두 부활한다면 어디서 무얼 먹고 산다는 말인가? 이처럼 분명하지 않은 가르침, 초점이 없는 信仰, 규율과 권위가 퇴색한 교회의 인간관계, 새로운 문명을 잉태할 수 없는 기능상의 마비, 희망도 비전도 생활설계도 보여 주지 못하는 기존의 모든 세계종교는 이미 그 기능을 상실해 가고 있다는 진단은 결코 어느 개인의 주장이 아니다. 기독교도 불교도 이슬람교도 현대사회에서 종교의 사명과 기능을 더 이상 하지 못하고 있는 것이 공통의 진단이다. "기독교인은 그 행실에 있어서뿐만 아니라 개

---

9) Ernst Troeltsch, *The Social Teaching of the Christian Churches*, 뉴욕, Harper, 1960.

인적 희망에 있어서도 비신도와 하등의 차이가 없다"[10]고 한 짐머(*Zimmer*)의 진단
이라든가, "현대사회의 많은 문제점들이 기독교의 制度化 過程과 그 형태에 기인
한다"[11]고 한 사회학자 파슨스(*Talcott Parsons*)의 진단 등 현대종교의 기능상의 無用
論을 주장한 학자는 얼마든지 있다.

Ⅶ. 宗敎의 機能

뒤르켐(*Durkheim*)은 "모든 철학과 과학이 宗敎에서 출발한다"[12]고 주장하고 있
다. 왜냐하면 모든 시대, 모든 사회에서 가장 기본이 되는 개념들 즉 生과 死, 현세
와 내세, 자연과 초자연, 시간과 공간, 質과 量, 선과 악, 정의와 불의, 바람직스러
운 것과 바람직스럽지 못한 것 등 人間思惟에 있어서 가장 기반이 되는 基礎槪念의
정의를 당 시대의 종교가 어떻게 정의하느냐에 따라 인간의 사고와 행위는 물론
정치, 경제, 학술, 사회, 문화 등 모든 제도가 근본적으로 영향을 받기 때문에, 어
느 시대 어느 사회나 가장 중요한 것은 어떤 종교를 갖느냐 하는 데 달려 있다고
주장하고 있다.

사회는 정치, 경제, 언론, 학술, 종교, 윤리, 군사 등 모든 下部體制(*sub-system*)로 구
성되는 것인데, 이들 각각의 하부체제 중 어느 하나가 덜 기능하거나 또는 지나치
게 기능할 때 그 사회는 급격한 사회 변화를 경험하게 된다. 가령 정치가 지나치
게 기능하는 赤色(공산) 독재사회나 군사가 지나치게 기능하는 白色 독재사회에서
는 다른 모든 하부체제가 제 기능을 하지 못하는 나머지 그 社會는 병들거나 전혀
다른 인간사회를 만들어 내고 있다. 이른바 선진국들은 경제가 지나치게 기능하
는 나머지 倫理가 마비되고 모든 價値判斷의 기준이 물질에 두어지고 있어서 돈만
벌 수 있다면 다른 모든 가치는 일단 무시될 수 있다.

문제는 공산과 자유 진영을 막론하고 현대사회는 그 어떤 사회나 다 같이 신음

---

10) Zimmer, Heinrich, "The Meeting of East and West", in *Issues in Religion*, Allie M. Frazier 편, 뉴욕, American Book Company, 1969.

11) Talcott Parsons, "Christianity", *The International Encyclopedia of the Social Sciences*, MacMillan-Free Press, 1968.

12) Durkheim, 前揭書.

하고 있다. 그 원인이 바로 종교가 기능하지 못하는 데에 있다고 보아야 옳을 것이다. 왜냐하면 전술한 바와 같이 모든 제도가 결정되기 때문에 종교가 마비되면 모든 제도가 극심한 분열과 해체현상을 자초하지 않을 수 없는 것이다. 오늘의 大宗敎라고 하는 기독교, 불교, 이슬람교 등 어느 하나도 종교로서의 제 기능을 하지 못하고 있다는 것은 거의 모든 종교사회학자들의 공통된 진단이다.

기독교가 지배하는 구미 선진국이나 한국도 나름대로 심각한 사회적 위기에 직면해 있고 불교가 지배하는 태국도 빈곤과 社會的 無氣力에서 방황하고 있으며, 이슬람교가 지배하는 중동은 2천여 년 해묵은 宗敎戰爭에서 계속된 유혈의 역사를 기록하고 있고, 힌두교가 지배하는 인도, 파키스탄 등의 동남아 국가들도 빈곤과 질병으로 신음하고 있다. 오늘의 파 어느 하나의 종교도 인간과 역사의 문제를 바로잡는 데에 기여하지 못할 뿐 아니라 오히려 그들 종교 때문에 현대적 위기가 가중되고 있다는 점에는 아무도 반론을 제시하지 않고 있다. 한마디로 現代의 모든 문제는 종교의 마비에 그 원인이 있다고 보아야 하는 것이다. 공산주의만 하더라도 그렇다. 그것은 결코 단순한 사상이 아니라 분명히 宗敎性을 띠면서 인간을 극단적으로 괴롭히고 있지 않는가? 공산주의를 종교의 하나로 보는 학자는 파슨스(Parsons)13)를 위시해서 얼마든지 있거니와 종교의 형태를 띤 공산주의를 소멸할 수 있는 것은 오직 그것을 극복할 수 있는 새 宗敎일 수밖에 없다.

현대의 그 어떤 대종교의 영향력도 공산주의라는 변형된 종교의 파급력이나 판도를 따라잡지 못하고 있다. 짧게는 1천 5백여 년이 된 회교나 2천 년이 된 기독교, 2천 5백여 년이 된 불교도 불과 1백 년의 현대판 공산종교만큼 판도를 차지하지 못하였다. 共産宗敎는 현대의 것이기 때문에, 단순한 사상에서 출발한 것이 宗敎的 機能까지 가지게 된 것이다. 그래서 아놀드 토인비는 "때를 만난 사상은 총칼보다 무섭다"고 갈파하였던 것이다. 발리에르(Vallier) 역시 "서구화된 현대 기독교가 제 기능을 하려면 마르크시즘과 현실주의, 세속적인 전체주의를 극복할 수 있는 새 의미와 이념을 제공해야 한다"14)고 주장하고 있다.

---

13) Parsons, 전게서.

14) Ivan A. Vallier, *Religious Elites in Latin America; Catholicism, Leadership and Social Change*, Monograph, 1965.

Ⅷ. 성공적 메시아運動의 內的 條件

예수를 위시해서 모든 종교 創始者는 곧 다시 오겠다고 하였다. 基督教의 경우만 하더라도 예수가 '곧 다시 오겠다'고 하여 예수 死後의 혹독한 핍박이 걷히자 4세기부터 메시아운동이 수없이 이어졌다. 그러나 그들은 모두 소멸되고 말았으며 그들은 결코 메시아가 아니었다. 탈몬(*Yonina Talmon*)[15]은 모든 千年王國 운동들의 속성을 分析·綜合하여 그들이 지녔던 속성을 다음과 같이 요청하고 있다. 이것은 현대인들에게 등장할 메시아運動 집단이 갖추어야 할 기본 요건이기도 하다. 이 요건이 充足되지 않으면 메시아운동의 추진력이 點火되지 않기 때문이다.

탈몬이 지적한 메시아 운동집단이 갖추어야 할 요건은 이러하다.

첫째, 뚜렷한 信念이다(*inner certainty and self-confidence*). 모시는 한 中心이 틀림없는 메시아라고 하는 확신이 있어야 하며 추호의 의심이 있어서는 안 된다. 그것 없이는 교세의 확산도 신도의 헌신도 강력한 단결력도 발생하지 않기 때문이다. 그것은 마음먹어서가 아니라 신앙적 차원에서 知的·理性的·感性的으로 확립되는 믿음을 뜻한다.

둘째, 집단적 同質性과 所屬感이다(*collective identity and feeling of belonging*). 한 家族的 同質感, 소속의식, 형제의식, 동지의식이 정열적이어야 한다. 우리는 서로 한식구라는[16] 헤어질 수 없는 덩어리라는 基本意識 없이는 그 要條件의 환경을 극복하고 메시아운동을 전개할 수는 없을 것이다.

셋째, 目的感覺이다(*sense of purpose*). 탈몬은 구체적으로 모든 성원이 日課로부터 人生의 전 노정에 이르기까지 目標를 뚜렷하게 가져야 한다는 점을 지적하고 있다. 지금 이 순간 메시아의 실현을 위해 '나는 무엇을 하여야 할 것인가, 나는 평생 무엇을 위해 살아야 할 것인가' 하는 뚜렷한 目標를 모든 성원들(식구)이 가져야 한다는 뜻이다. 바로 이 점이 성공적 메시아運動과 似而非 메시아運動의 차이점이기도 하다. 다시 말해서 대부분의 메시아운동과 종교가 기복신앙에 머물러 있다

---

15) Yonina Talmon, "Millenianism", in *International Encyclopedia of The Social Sciences*, 10권, MacMillan–Free Press, 1968.
16) 筆者는 이런 면에서 통일교회에서 신자나 신도 또는 교인이라는 말 대신 '식구'라고 서로를 호칭하는 점에 있어서 깊은 관심을 가지고 있음을 덧붙여 언급한다.

면, 참다운 메시아운동은 자기를 희생해서라도 신과 인간을 위한 봉사자가 되려
는 목표를 가져야 한다는 것이다.

넷째, 倫理的 自信感이다(*sense of ethical righteousness*). 자기 생활이 깨끗하다는 自信感
이 모든 성원의 마음속에 자리 잡아야 한다는 뜻이다. 윤리 도덕상 꺼림칙한 것이
없어야 함은 물론, 하늘을 우러러 한 점 부끄럼 없다는 자신감이 지녀질 때까지
부단한 修身을 요구하는 것이다. 물욕, 성욕, 명예욕, 독점욕 등 모든 거짓된 것에
서 후련하게 벗어나는 엄청난 修道가 모든 성원에게 요구된다고 본다. 그렇지 않
으면 욕정과 갈등의 집단이 되기 때문이다.

다섯째, 內的 復活의 生命力이 있어야만 한다(*inner regeneration and rehabilitation*). 위
에서 말한 것과 비슷하지만, 그보다 한층 더 위의 단계, 즉 고된 수도를 통해서
부활한 기쁨, 새사람 된 기쁨이 모든 성원의 마음을 채워야 한다는 뜻이다. 거듭난
희열이 없거나 식어 있으면, 그는 이미 메시아운동의 성원으로서는 자격이 없다.

여섯째, 긍지와 기대와 희망이 있어야 한다(*pride, expectation, hope*). 전술하였다시
피 모든 메시아운동은 핍박과 비난과 조소를 받으면서 시작된다. 그린 가운데서
도 그 成員은 긍지를 가져야 하고, 확실한 소망과 희망에 차 있어야 한다. 그것이
없고 스스로가 그 성원임을 내세울 수 없는 자는 기대도 희망도 가지기 어렵다.
떳떳한 마음과 행실을 겉으로 표출하는 긍지가 있어야 하는 것이다. 비방 속에서
그 신분을 자랑할 수 있어야 한다.

위에서 볼 때 메시아운동의 성원이 된다는 것이 그리 쉬운 일이 아니다. 그러
나 위의 要件에서 어느 하나 결함이 있다면, 그는 메시아운동의 성원이 될 수 없
다는 것이다. 또 그렇지 못한 성원을 가지고는 메시아運動이 성공하지 못한다는
말이기도 하다.

IX. 新興宗敎의 瓦解 要因

탈몬(Talmon)[17]은 역사에 나타났던 千年王國運動, 즉 메시아운동이 왜 모두 실패

했나 하는 것을 분석하였다. 수천 종의 신흥종교, 한국에 있는 것만도 3백여 개에 이르는 신흥종교가[18] 모두 메시아운동일 수도 없으려니와 그들은 모두 2대를 넘기지 못하고 소멸한다. 그 소멸과 와해의 원인들은 성공을 기원하는 新興宗教로서 깊이 명심하여야 할 심각한 교훈이기도 한 것이다. 탈몬(Talmon)이 지적한 千年王國運動의 와해 요인은 다음과 같은 점들이다.

첫째, 초기에는 오로지 신앙적 정열에만 전 성원의 관심이 집중되지만 신도가 모이고 재산이 집적되다 보면, 서서히 신도 간의 자리 경쟁과 教主의 사랑에 대한 競爭心이 발동되고, 그것은 곧 물질지배력의 경쟁으로까지 발전해 가면서 내부의 갈등과 경계, 모략, 중상 分派作用으로 진행되며, 결국 모든 성원이 종교적 열정보다 정치적·경제적 목표에 집중되는 나머지, 그 엄청난 에너지가 내부로 폭발해서 소멸하기 시작한다는 것이다. 탈몬은 메시아運動이 종교적 열정 외에 다른 목표가 더 부각되는 단계에서부터 서서히 內部分裂이 시작되는 것이 모든 新興宗教의 공통점이었다고 분석하고 있다.

둘째, 신흥종교가 확장되는 과정에서 필연적으로 계층이 형성되고 그 계층 간의 장벽이 점점 더 두텁고 높아져서 결국은 절대적 疎外階層과 상대적 소외계층이 생겨나게 된다. 絶對的 疎外階層이란 조직의 下位階層을 말하며 상대적 소외계층이란 조직상계층의 서열에서 비등한 계층 간 또는 동일계층 내부에서의 '인센티브'(보직과 수입과 신도들의 대우)의 차등에서 오는 갈등을 의미하는 것이다. 모든 신흥종교는 한 중심이 威光的 權位 Carithma的 절대권력을 지니게 마련인데, 권력은 전염의 생리를 가지고 있어서 그와 가까이서 더 접촉하는 인간에게는 그 권위가 옮겨 붙게 마련이고, 그런 권위가 옮겨 붙은 인물은 대개가 교주의 絶對人格과는 달리 속물적 內心을 가지게 된다는 것이다.

가롯 유다는 예수 당시의 모든 살림(재산 관리)을 도맡을 정도로 예수의 측근 중의 측근이었다. 바로 그가 예수를 팔아넘겼던 것처럼, 일반적으로 메시아운동과 신흥종교의 종말을 촉진한 인물은 중심적 인물의 가장 측근이라는 점이 공통

---

17) Talmon, 前揭書.
18) 『韓國民俗大觀』, 卷三.

점으로 밝혀지고 있다. 사실상 측근이 아니면 큰 피해를 줄 능력도 없고 그런 입장이 되지도 못한다. 모든 메시아운동은 압력이나 영향력이 작은 신도에 의해서 망한 것이 아니라 측근의 독점욕, 物慾, 명예욕, 착각, 背信에 의해서 망하고 말았다. 敎主의 총애를 받은 인간은 그 단맛을 알기 때문에 다른 신도에게 그 단맛이 분산되는 것을 곧 자신의 죽음처럼 간주하게 되는 나머지 다른 신도의 접근이나 성취, 능력 등은 항상 경계의 대상이 된다. 타인의 성취와 능력은 곧 자신의 성취의 적이 되고 스스로의 無能의 거울이 되기 때문에, 그런 존재가 교주와 접촉하는 것을 극도로 차단하지 않을 수 없게 된다.

셋째, 탈몬의 표현 그대로 '대내적 貴族意識과 대외적 選民意識'이 메시아운동 실패의 요인이라고 한다. 대내적으로는 상술한 바와 같이 계층 간의 민족의식 때문에 초기의 共屬意識(식구의식), 平準(형제)意識이 상하의식(지배복종의식)으로 변질되는 동시에, 이런 정도의 의식이 발생할 수 없을 정도로 메시아運動이 확산되는 단계가 되면, 귀족계층만이 선민이 되고 기타 모든 인간들은 신과 먼 거리에 있는 무관심과 멸시의 대상이 된다. 디아스포라(Diaspora) 지역의 여러 나라에 전파되었던 체비(Sabbatai Zevi)의 메시아운동 때에는 그 고장 신도들의 독선적 選民意識 때문에 외국인 신도들이 극도로 소외되고 외국인 신도들의 반감을 촉발하여 敎勢가 급격히 쇠퇴하였다.

넷째, 교주의 카리스마(威光)의 계승에 실패하면서 新興宗敎運動이 막을 내렸다. 대부분의 교주들은 스스로 영생하는 것을 주장하였기 때문에 생존적 後光을 주어 스스로의 카리스마를 계승하는 일에 소홀하였으며, 스스로가 워낙 절대적 카리스마를 독점했기 때문에 그 후광이 계승될 수가 없는 경우가 허다하였다. 그렇지 않은 경우는 측근 제자들에게 그 후광이 분산 계승되어, 교주 사후에는 분파로 갈라져 다른 종파로 변질되거나 극심한 갈등과 경쟁으로 에너지가 소모되어 모두가 종말을 고하였다. 오늘 한국에 있는 3백여 신흥종교 내부의 力學關係를 분석한 논문은 찾기 어려우며, 탈몬과 같은 시각에서 오늘의 신흥종교를 분석한 논문의 경우는 더욱 그렇다. 향후 이 분야에 관심 있는 종교사회학자들이 분석한다면 상당히 흥미 있는 연구업적이 될 것이다.

X. 메시아運動 眞僞의 판단기준

메시아運動은 구약시대부터 줄곧 있어 왔으나 지금까지 기독교계열에서 증명
된 이는 오직 예수뿐이었다. 그 이래 再臨主는 수백 명에 이른다. 한국에만도 현재
자그마치 2백 명이 넘는다.[19] 그 眞僞를 가리는 일이란 결코 용이한 일이 아니며,
그중에서는 간혹 나름대로 한계적 범위 내에서 社會的 機能을 하고 있는 것이 없
지 않을 것이기 때문에 입장에 따라서는 주관적 판단과 주관적 주장이 있을 수도
있을 것이다. 그러나 우리는 열매를 보아 그 나무를 알 수 있듯이 몇 가지 객관적
判斷基準을 설정하고, 그 기준에 따라 각종 신흥종교의 生命力, 정체성, 장래성, 나
아가서 메시아적 기능의 眞僞까지도 어느 정도는 객관적으로 판단을 시도할 수
있을 것이다. 그 기준설정 자체도 주관성의 위험이 없지 않겠지만, 일단 종교집단
을 진단하기 위해서는 다음 몇 가지 요건이 빠뜨려질 수 없을 것이다.

1) 中心人物에 대한 판단
2) 敎理의 판단
3) 信徒의 구성과 전파력
4) 행적의 판단
5) 핍박과 시련의 강도와 克己力의 판단

위의 측면들을 각각 부연한다면 다음과 같이 설명할 수 있겠다.

첫째, 대부분 신흥종단의 中心人物은 수도형 또는 영통형이 공통점이다. 수도나
기도생활에 골몰하다가 신의 계시를 받아 스스로가 메시아라고 나서는 인물들이
며, 이들은 接神과 方言, 도통, 영통, 치병 등의 행위를 하며 복을 빌어 주는 은밀
한 行動을 하는 것이 공통된 점이며, 자신을 메시아로 믿으면 영생을 한다거나, 내
세에 천국의 印을 받는다고 주장하는 특징을[20] 지니고 있다. 그에 반해서 전혀 그

---

19) 『韓國民俗大觀』, 三卷, 「新興宗敎」 p.623. 筆者가 만난 구세주라는 교주만도 200여 명이라 하였다.
20) 『韓國民俗大觀』, 卷三, p.622.

렇지 않은 유형의 메시아運動이 있다면 유의해 볼 필요가 있겠다.

둘째, 敎理의 신학적 판단은 매우 어려운 것이며 오랜 세월이 흐른 후라야 是非曲直이 판가름 나기 때문에 여기서 신학적 논란을 할 수는 없다. 그러나 그 교리가 체계적·조직적이며 현대 신앙의 표적이 될 만한 소지를 지녔느냐 하는 점에서 어느 정도의 판단을 시도할 수는 있을 것이다. 한 분석에 의하면[21] 대개의 신흥종교의 유형은 創敎型, 분파형, 개조형, 僞造型으로 구분되고 있는바, 적어도 참된 것일 수 있으려면 創敎型에 속하여야 하고, 그중에서도 혁신적·체계적·과학적인 것이 있다면 일단 유념해 볼 가치가 있다.

셋째, 信徒의 구성과 지역이다. 대부분의 신흥종교 즉 메시아운동의 신도들은 일정 지역에서 박해받는 소수집단, 병약자, 무지한 無産者, 이동성 직업의 소유자, 염세주의자, 특히 여성이 대부분이고, 노인층으로 구성된 것이 공통점이다. 다만 17세기 디아스포라 지역에 번졌던 체비의 메시아運動과 19세기 영국사회에 번졌던 메시아運動만이 중류와 상류까지 번졌었지만 그 地域的 限界性을 벗어나지 못하였으며, 아직 인류의 역사에서 다양한 계층의 신도를 세계 광역에 걸쳐서 교주 당대에 포용한 메시아運動은 단 한 번도 없었다. 심지어 오늘의 세계적 대종교로 자리 잡은 기독교나 불교나 이슬람교도 수백 년이 흐른 후에야 오늘날과 같은 교세가 형성되었던 것이다. 만일 創敎者 당대에 각 계층, 남녀노소, 가진 者와 못 가진 者, 신자와 비신자, 지배계층과 피지배계층 등 다양한 계층의 신도로 구성된 교단이 있다면 그것은 분명 인류역사상 처음 있는 일이다.

넷째, 行蹟의 判斷으로 거의 모든 교주는 儀式的 행위, 재산 축적에 정열을 쏟고 있을 뿐, 그 업적에 있어서 사회적으로나 시대적으로 전혀 공헌하는 것이 없다. 콕스(Harvey Cox)의 표현을 빌자면, 종교란 人間이 열망하는 것의 총체에 대한 희망이며 인류의 문화 전체에 대한 호칭이라 하였다. 참된 종교라면 위기에 처한 현대 인류가 열망하는 일들을 해내야 하고, 병든 현대문명을 치유하는 구체적 조치를 실천에 옮길 수 있어야 한다. 그렇지 않다면 인류와 역사가 바라는 메시아는 결코 아니다.

---

21) 『韓國民俗大觀』, 卷三, p.622.

다섯째, 핍박의 강도와 克己力의 判斷이다. 어지간한 신흥종교는 단순한 핍박에
도 곧 자지러지고 만다. 물론 모든 종교는 그 출발 시에 핍박과 통제를 받게 마련
이다. 오늘날 세계의 대종교로 성장한 모든 종교도 異端의 멍에를 쓰고 출발하였
고 수많은 순교자를 내면서 성장하여 왔다. 가령 似而非 宗敎라든가 생명력이 약
한 신흥종교는 핍박을 불러일으킬 정도도 못 되고 단지 법적 제재만 가지고도 쉽
게 소멸된다.

2백여 개에 달하는 한국의 신흥종교들은 아직 세인에 알려지지도 않고 있고,
일부 알려진 종단들도 핍박을 받지 않는데도 自然淘汰 과정에 있는 것이 대부분이
다. 사회적 현상으로서의 이탈행위 중에는 새롭기 때문에 이탈현상으로 여겨져서
핍박을 받게 되는 것이 있는데, 핍박이 강렬하고 광범위하다는 것은 그것이 그만
큼 새로운 의미를 지녔다는 뜻이다. 엄청난 새것이 아니면 엄청난 이탈이나 異端
일 수 없으며, 反面에 시련과 박해와 모략의 강도가 강렬하다는 것은 그 내용이
엄청나게 새롭다는 반증도 된다.

XI. 關心地로서의 韓國

20세기 후반, 1970년 이래 세계 전략가들이나 문화평론가들은 이른바 太平洋時
代의 到來를 이야기하다가 이제는 아시아 시대, 더욱 구체적으로는 동아시아 시대
의 도래를 공통적으로 제창하고 있다. 歷史의 軸이 동아시아로 옮겨지고 있다는
사실을 지적하는 것이다.

日本의 文化評論家, 謝世輝는 서기 2013년에 한국이 일본을 앞지른다고 예언하고
있고, 영국의 왕립연구소에서는 한국이 그보다 빠른 시일에 일본을 앞지른다고
분석하고 있다. 과연 역사에 있어서 오늘은 무엇인가? 세계에 있어서 한국은 무엇
인가? 그 많은 메시아운동, 新興宗敎의 발생은 도대체 무엇을 상징하는 것인가? 전
술한 바와 같이 모든 眞理는 악조건에서 잉태한다. 어둠이 깊을수록 별빛은 찬란
한 것처럼 한민족은 이제 빛을 밝힐 때가 온 것이 아닌가 믿어진다. 시성 타고르

가 읊조린 동방의 등불은 단순한 詩想에서가 아니라 엄청난 예언이었는지도 모른다.

조선조 5백여 년 동안 유교적 발상 외엔 그 어떤 사상도 용인되지 않았다. 말하자면 새 사상의 잉태를 위한 오랜 갈증의 동기가 형성된 것이다. 수백 회에 이르는 외침과 내우의 시련에서도 單一民族의 얼은 그대로이다. 어쩌다 38선이 그어졌으며, 우리의 북녘에는 인류사상 가장 혹독한 정권이 들어서게 되었는가? 공산주의 이념 속엔 어버이 수령의 개념조차 없는데, 어쩌다가 金日成이라는 人物이 人類의 太陽, 萬民의 어버이로 등장하고 있는가? 그것은 과연 무엇을 상징하는 것인가?

필자는 평소에 언젠가 머지않은 장래에 공산주의 사회가 곧 종교의 꽃밭이 될 것이라는 소신을 가지고 있다. 왜냐하면 공산주의라는 虛無한 종교로써 모든 잡신을 내쫓고 심지어 신까지 몰아낸 후 神의 자리에 들어선 그들이 공산주의도 복음이 아니라는 것을 깨닫게 될 때, 가장 가까운 곳에 마련된 새 宗敎的 理想과 신앙은 빈 공간, 眞空地帶로 삽시에 메워 들어갈 것이기 때문이다. 한국 사회는 세계 종교의 국제종교시장이라는 평도 듣는다. 神이 꽉 찬 남한과 신이 텅 빈 북한처럼 對照的 理念地帶가 역사에, 세계에, 한국 말고 又 어디에 있있던가.

새 秩序(escathology)는 새것이기 때문에 특정 시점, 특정 지점, 특정 인물에 의해서 출발하게 마련이다. 왜냐하면 '새것'은 곧 하나이기 때문에 同時多發로 발생하는 것이 아니기 때문이다.

캠벨(Joseph Campbell)[22]에 의하면 "동양에 있어서 종교인의 최대목표는 시대적 계승과 우주의 변화에 숨겨져 있는 전 우주의 통합에 있다." 또한 짐머(Zimmer)[23]의 분석에 의하면, "서양적 사상은 통속적이고 객관적이고 또 공인된 절차에 의거한 확인을 지향하는 데 반하여 동양적 사상은 宗敎的 直觀과 靈魂的 統合의 실현을 지향하고 있다"는 것이다.

지금까지 세계의 대종교는 모두 아시아에서 태어났다. 현대 아시아에 있어서의 문화적·정신적·철학적 또는 세계전략적인 면에서 그 中心地는 과연 어디에 있는가? 아시아의 核으로서의 역할이 점차 한국으로 이행되고 있다는 많은 전략가

---

22) Joseph Campbell, *The Marks of God: Oriental Mythology*, 뉴욕, Viking Press, Inc. 1962.

23) Heinrich Zimmer, 전게서.

들의 분석도 의미심장한 것이다. 「뉴욕 타임즈 매거진」(1986. 12. 14일자)의 분석
에 의하면, "한국인의 장점은 좌절해도 다시 일어서며, 실패 때문에 기가 죽지 않
는다", "교육열과 근면상에서는 일본인과 비슷하나 창의력과 적극성은 더 낫다"
고 진단하고 있기도 하다. 극동은 아시아의 核이면서도 지금까지 세계적 대종교
를 한 번도 내어놓지 못했다. 보다 구체적으로 중국도 일본도 세계적 종교는 마련
하지 못하고 있을뿐더러 그럴 소지도 없다. 지금 그 역사는 宗敎가 滿開하고 있는
한국 말고 아시아의 어디에서 이루어질 수 있겠는가? 역사적 慧眼과 시대적 覺醒
이 필요한 시점이다.

참고문헌

Durkheim, Emile, *The Elementary Forms of The Religious Life*, 뉴욕, Free Press, 1915.
The Ecologist, 통권 2권 2호, Surrey, January, 1972.
M. Meadows 外, *Limits To Growth*, 워싱턴, Potomac Associate, 1973.
Weber, Max, *The Sociology of Religion*, 보스턴 Beacon, 1963.
Geertz, Clifford, "Religion: Anthropological Study" in *International Encyclopedia of The Social Sciences* 13
　　　권, MacMillan-Free Press, 1968.
Troeltsch, Ernst, *The Social Teaching of the Christian Churches*, 뉴욕, Harper, 1960.
Zimmer, Heinrich, "The Meeting of East and West", in *Issues in Religion*, Allie M. Frazier 편, 뉴욕,
　　　American Book Company, 1969.
Parsons, Talcott, "Christianity" in *International Encyclopedia of The Social Sciences*, 2권, 뉴욕,
　　　MacMillan-Free Press, 1968.
Talmon, Yonina, "Millenianism" in *International Encyclopedia of The Social Sciences*, 뉴욕, MacMillan-Free
　　　Press, 1968.
Vallier, Ivan A., *Religious Elites in Latin America: Catholicism, Leadership and Social Change*, monograph,
　　　1965.
Campbell, Joseph, *The Marks of God: Oriental Mythology*, 뉴욕, Viking Press, Inc. 1962.
高麗大學校 民族文化研究所, 『韓國民俗大觀』, 卷三, 1982.

水雲의 宗敎的 神秘體驗 過程과 實在的 現存

張基秀

홍익대학교 교수 · 국민윤리

Ⅰ. 머리말

水雲 崔濟愚는 오랜 修練의 과정을 거치면서 1860년 4월 5일 극치의 종교적 신비체험을 통하여 우리 민족사에 東學이라는 새로운 종교를 내세울 수 있게 되었다.

그는 종교적 신비체험의 과정에서 實在的인 現存, 즉 하느님을 만나게 되며, 또한 하느님은 그에게 인격적으로 반응, 응답하는 현존자로 나타났다. 그와 하느님과의 상봉은 그와 그것 *It*의 관계, 즉 그와 事物과의 關係가 아니라, 그와 당신 *Thou*과의 관계였다. 그런고로 그는 하느님에게 말을 건넬 수 있었으며, 또 그것을 통하여 하느님의 뜻이 무엇인가를 파악할 수 있게 되었다.

水雲이 극치의 종교적 체험을 갖기까지는 오랜 세월의 수련단계를 필요로 하였다. 그의 나이 17세 때부터 10여 년간에 걸친 出家의 고행시기를 지나, 30세 전후가 되어 定着修練에 의한 沉思冥想, 그리고 37세 때 극치의 종교체험을 갖게 된다.

본고에서는 먼저 水雲의 修練段階를 통하여 종교적 체험을 갖기까지의 과정을 살펴보았다. 다음은 水雲의 종교적 체험에서 상봉한 實在的 現存이 주관적 존재로 이해되어야 하는가 또는 객관적 사실로서 연관하여 이해되어야 하는가 하는 문제를 제기하여 보았다. 결론적으로 실재적 현존이 주관적 존재라기보다 객관적 실재로서 종교 체험자에게 반응, 응답하는 존재라는 이론적 바탕 위에서 水雲이 상봉한 하느님을 이해하여 보았다.

Ⅱ. 水雲의 宗敎的 修練過程

水雲은 종교적 신비체험을 통하여 궁극적인 존재 즉 하느님과 만나게 된다.
여기서 신비체험이라고 하는 것은 정신질환, 신체적 허탈, 약물중독에 의한 황홀경, 후두 회백질 장애 등에서 나타나는 현상이나 환상을 말하는 것이 아니라, 神的 또는 窮極的인 實在라고 느껴지는 것과의 遭遇 내지 融合하는 신비로운 경지의 직접적 체험을 말한다. 즉 일상적 인간으로서 구유하고 있는 감정이나 사려를 넘어서서 특수 영역에서 열려져 오는 궁극적 실재와의 만남을 통한 신비로운 종교적 체험을 말하는 것이다.

이와 같은 체험은 물론 수운 자신에게만 국한된 것은 아니다. 종교현상의 특정한 경향에서 일괄하여 볼 때, 많은 종교체험가들이 직접적이고 신비로운 체험을 중핵으로 하는 경험을 하였던 것을 볼 수 있다. 체험의 당사자는 궁극적 존재와의 만남을 통하여 강렬하고 신비로운 감명과 감동을 받게 되며, 동시에 종교적 인간으로 새로운 변화를 가져오게 되는 것이 일반적이다. 그리고 여기서 그는 새로운 창조적 인간으로 승화되면서 인류에 봉사하는 종교적 헌신자가 된다. 이러한 맥락 속에서 볼 때 수운은 신비적인 종교 체험자이다.

水雲이 종교체험을 통하여 하느님을 만나게 된 것은 단번에 이루어진 것이 아니다. 그것은 여러 단계의 變容을 거치면서 점점 심화된 경지에 이르게 되었을 때 가능한 것이었다. 대체로 신비적 체험을 띤 종교가들의 예로 보면, 소위 '神秘의 사닥다리'라는 단계를 거쳐 궁극적 실재를 만나게 될 때 동시에 全 人格의 변화를 가져오는 것이 예사이다.

여기서 먼저 水雲의 종교적 신비체험의 단계를 살펴보는 것이 필요하다.

水雲은 17세 때 아버지를 여의면서 양친 모두를 잃은 외로운 몸이 되었다. 그리하여 자신의 고독을 통하여 더욱 명상에 젖어들면서 세상사와 더불어 인생에 대한 문제를 생각하는 인간으로 변하게 되었다. 이로부터 그는 '君不君 臣不臣 父不父 子不子 夫不夫 婦不婦'(夢中問答歌)라 하여 윤리적으로 퇴락한 사회상을 탄식하며, 도탄에 빠진 백성을 건지리라 결심하기에 이르렀다.[24] 그리하여 儒家書, 佛書, 道家의 神仙術을 연구하였지만, 모든 것이 타락되어 있는 이 세상을 건져 낼 수 있는 道理가 될 수 없다고 믿었다. 마지막으로 서양으로부터 들어온 천주교도 연구하여 보았으나 역시 아무 소득이 없었다.

이것이 수운으로 하여금 모든 과거를 부인하고 새로운 시대를 열겠다는 창조적 생명력을 그 마음속에 심어 주게 되는 결단의 계기가 된 것으로 보인다.

엄밀히 말하면 水雲이 어느 정도의 마음의 결단을 가졌는지는 알 수 없지만, 그는 20세가 되어 10여 년간 집을 나서게 된다. 이것은 마치 예수나 佛陀가 苦行의 길을 나선 것과 같다고 볼 수 있다. 그가 집을 나간 동기가 무엇이었든 간에 이 시기는 그 자신의 사적 생활을 부인하고 극복함으로써 세상사와 인간사에 대한 물음을 던질 수 있도록 한 첫 번째 수련 준비 단계로 구도의 씨앗을 위한 고행이었다.

이때 水雲은 집을 떠나서 名山大川을 역방하고 인심풍속을 살피면서 정처 없이 다녔다. 이러한 고행의 시절에 그가 세상 돌아가는 형편을 보고, 들은 내용과 구도를 향한 의지가 다음의 가사들에서 잘 나타나고 있다.

> 팔도강산 다 밟아서
> 인심풍속 살펴보니
> 무가내라 할 길 없네
> 우습다 세상사람
> 불고천명 아닐런가
> 아사서라 아사서라
> 팔도구경 다 던지고
> 고향에나 돌아가서
> 백가시서 외어 보세
> …… 이 세상은
> 요순지치라도 부족시(不足施)요
> 공맹치덕이라도 부족언(不足焉)이라
> —夢中問答歌—

---

24) 天道教史編纂委員會, 『天道教百年史略』(서울, 1981) p.68.

여기서 '무가내'라 하는 것은 사람의 힘으로는 인심, 풍속 자체를 바로잡을 수 없다는 뜻이다. 비록 堯舜의 政治를 한다 하더라도 이 세상을 바로잡을 수 없으며, 孔孟의 德으로써도 어지러운 세상을 구할 수가 없다는 것이다.

세상을 이렇게 비판적 견지에서 보게 된 것은 팔도강산을 다 돌아보고 나서 인심풍속을 살펴보니, 세상 자체를 바로잡을 수 있는 길이 없다는 것을 깨달았기 때문이다. 그리고 남달리 이토록 세상을 비관적·부정적으로 본 이면에는 수운 자신의 절망적인 처지가 곁들어졌다고 볼 수도 있다. 그는 자신의 고뇌도 자기의 힘으로 어찌할 수 없다고 믿었던 것 같다. 여기에서 그는 무엇보다 이 세상을 바로잡는 것이 곧 자기를 살리는 길로 믿었다. 그는 그 길을 다른 방법에서 찾은 것이 아니라 더 큰 存在에 의지하는 宗敎의 사명에서 찾고자 하였다. 그는 세상이 극한적인 아노미(Anomie) 상태에 머물게 된 것은 사람들이 하나님의 뜻[天命]을 돌보지 않기 때문이라고 생각하였다. 여기에는 사람들이 하느님의 뜻을 파악하여 이에 따르면 세상이 바로잡힌다는 의미가 내포되어 있다. 이리하여 수운은 하느님의 뜻을 알아야 되겠다고 믿게 되었다.

결국 水雲의 10여 년간에 걸친 구도행각은 자신을 종교적 갈망으로 나아가게 해 주었던 결단의 시기로서 內的 創造의 生命力을 함양하기 위한 준비단계의 고행시기로 볼 수 있다.

水雲은 나이 30 전후가 되자 出家求道의 고된 歷程을 그만두고 하느님의 뜻을 알기 위해서는 定着修鍊이 필요한 것으로 여기게 되었다. 그리하여 울산 裕谷洞 '여시바윗골'에 3칸 초옥을 짓고 논밭을 마련하여 여기서 우주자연과 人生의 문제에 대하여 깊이 사색하는[25] 가운데 연구에 몰두하였다.

이 시기는 內面的 정신세계의 創造的 生命力을 키워 나가는 수련단계로 볼 수 있다. 이 기간 동안 그는 기도와 명상을 통하여 하느님의 뜻을 감지할 수 있다는 확고한 신념을 갖게 된다. 이러한 면을 엿볼 수 있는 것이 『乙卯天書』다.

1855년 (을묘) 봄의 어느 날 水雲은 방 안에서 책을 읽고 있었다. 문득 밖을 내다

---

25) 水雲이 우주자연과 인생의 문제에 대하여 해답을 얻고자 한 방법이 사색이나 명상이었다는 것이 후기 그의 사상의 중심인 「守心正氣」(修德文)에 이어지고 있다.

보니 낯선 중이 합장하고 서 있었다. 그는 水雲에게 공손히 인사하고 이렇게 말했다.

"저는 금강산에서 온 중인데 뜻한 바가 있어서 백 일 동안 하느님께 정성을 드렸습니다. 바로 정성을 마치는 날 뜻밖에도 탑 위에 이상한 책 한 권이 놓여 있었습니다. 얼른 펴 보니 이해할 수 없는 아주 이상한 책이었습니다. 저는 이 책을 알아낼 사람을 찾아 사방을 두루 돌아다녔지만 아직 뜻을 이루지 못했습니다. 오늘 우연히 선생님을 뵙고 느낀 바가 있어 이 책을 올리겠습니다. 부디 이 책의 뜻을 풀어 주십시오."

水雲이 그 책을 받아 펴 보니 과연 세상에서 볼 수 없는 이상한 책이었다. 그는 3일 뒤에 오면 그 뜻을 풀어 주겠노라고 말했다. 3일 뒤에 그 중이 다시 찾아왔다. 水雲은 3일 동안 연구한 그 책의 뜻을 잘 풀어 주었다. 그 중은 매우 기뻐하면서 "선생님은 참으로 하늘이 내신 훌륭하신 분입니다. 부디 자중하십시오"라고 말하였다. 말을 마치고 돌아서자마자 간 곳이 없었다. 돌이켜 보니 책도 간 곳이 없었다.

水雲이 겪었다고 하는 이 일은 현실적인 사건으로 보기는 어렵다.[26] 우리는 이것을 일종의 환상적 사건으로 볼 수 있을는지 모르나, 그것은 外的 自我로 변하는 가운데서 주어지는 靈的 소리인 것으로 볼 수도 있다. 여하튼 그는 이 일이 있은 후부터 더욱 수련에 게으름 없이 하느님의 뜻이 무엇인가를 알기 위해서 힘썼다 즉 그는 『乙卯天書』 가운데 "지극한 정성으로 하느님께 49일 기도를 드려야 한다"는 뜻이 있으므로 이대로 실천하기로 작정한 것은 영적 세계의 고양을 위하여 고된 수련의 길을 택하여야 한다는 뜻이며, 이 길을 통하여서만 하느님의 뜻이 무엇인가를 알 수 있다는 것이다.

여기서 水雲은 하느님의 뜻이 무엇인가를 알 수 있는 길을 알고서 그 길을 택하기로 작정하였다.

    지성감천 아닐런가
    공덕이나 닦아보세
    그러나 自古及今
    전해 오는 세상 말이
    인걸은 地靈이라
    勝地에 살아보세
    明氣는 必有名山下라
        －夢中問答歌－

---

26) 申一徹 外, 『東學思想과 東學革命』, 李炫熙 編(청아출판사, 1984), p.102.

지극한 정성으로 자기를 다하면 하늘도 감동한다는 말이 있다. 이것이 하느님의 뜻을 알 수 있는 길이다. 그러므로 이에는 실천이 뒤따라야 한다. 예부터 훌륭한 인물은 靈氣가 있는 땅에서 나온다는 말이 있다.27) 그러므로 靈氣가 있는 名勝地에서 정성을 다하는 기도를 드리는 것이 가장 효과적인 방법일 수 있다. 그리하여 그는 이러한 명승지를 千聖山으로 택하여 기도를 드리기로 하였다.

水雲 나이 33세 때의 4월 여름에 千聖山에 있는 通度寺 內院庵에 들어가 49일 동안 하느님께 정성을 드리기로 했다. 그런데 47일째 되던 날 숙부가 죽어 가는 모습이 완연히 보이므로 그는 慶州로 돌아와 보니 과연 적중하였다. 물론 우리들은 이러한 사건을 과학적으로 설명할 수 없는 것이므로 믿을 수 없다든가 혹은 우연의 일치로 돌려 버리려고 할는지 모른다. 그러나 인간이 外的 自我에서 內的 自我로 변화하면 靈的 視眼을 가질 수 있다는 것은 오늘날 알려진 사실이다. 영적 시안을 가질 수 있는 능력이 자기 자신 속에 있느냐, 그렇지 않으면 外的 存在의 힘에 의한 것이냐는 각각 의견을 달리할 수가 있지만, 여하튼 水雲은 영적 시안을 통하여 숙부의 죽음을 알았던 것으로 보인다.

이러한 일이 있은 이듬해에 水雲은 49일의 정성을 마치지 못했음을 안타깝게 여기고서, 다시 千聖山 內院庵 부근 寂滅窟에 들어가 계획했던 대로 49일 기도를 원만히 마쳤다.

결국 水雲은 이 수련기간을 통해 육체의 눈이나 이성의 눈으로 보는 세계를 벗어나 영적인 눈으로 세계를 볼 수 있는 능력을 가짐으로써 하느님의 뜻을 알 수 있다는 확고한 신념을 가지게 되었던 때이다.

이 수련기간을 거치고 나서 水雲 나이 36세 때 생각하기를 '내 蒼生을 건질 道를 얻기 위하여 10여 년의 긴 세월을 周遊天下하였을 뿐 아니라 수련과 기도를 계속하여 왔으나, 아직 조그마한 이적을 얻었을 뿐이요, 廣濟蒼生의 大道를 찾지 못하였으니, 내 선조의 유산을 전폐한 보람이 어디 있으며, 내 가산을 돌보지 않은 면목이 어디 있을까? 내 이제부터 고향에 돌아가 濟世救民의 큰 道를 얻지 못하면 깊이 숨어 세상에 다시 나오지 않으리라'28)고 결심한 것이다.

---

27) 여기서 우리는 水雲의 사상이 韓國的 風水地理說에 영향을 받고 있음을 볼 수 있다.

그리하여 그는 울산에서 妻子를 거느리고 고향인 慶州로 돌아와 구미산 龍潭井에 은거하면서 기도를 계속하였다. 여기서 그는 '不出山外'의 네 글자를 문 위에 써 붙였다. 이것은 道를 깨닫지 못하면 세상에 나가지 않겠다는 굳은 결심의 표시였다. 그러고서 처음 이름인 '濟宣'을 '濟愚'로 고친 것이다.

입산한 그날부터
字號 이름 고칠 때는
무슨 뜻을 그러한고
소위 立春 비는 말은
복록은 아니 빌고
무슨 경륜 포부 있어
世間衆人 不同歸라
의심 없이 지어내어
완연히 붙여 두니
세상 사람 구경할 때
자네 마음 어떻던고
　　　　　－敎訓歌－

이름을 '濟愚'로 고친 것은 어리석은 사람을 건지겠다는 종교적인 이상을 품고 있었음을 엿볼 수 있다. 이러한 사정은 그가 입춘방에 써 붙인 '世間衆人 不同歸'라는 글에도 잘 나타나 있다. 여기서 그는 온 정성을 다해 하느님의 뜻을 알기 위해서 기도를 계속하였다.

水雲의 나이 37세(1860년) 되던 해 4월 5월은 마침 큰조카의 생일이었다. 그는 그 생일잔치에 청함을 받게 되었다. 그가 큰조카의 집에 이르자 몸과 마음이 이상하여 곧 집(龍潭亭)으로 돌아온즉 때는 己時(오전 11시)가 되었다. 이때 그는 마음을 가다듬어 기도를 드렸다. 그러자 곧 몸과 마음이 함께 떨리며 무슨 병인지 執症할 수도 없고 말로 형용하기 어려운 황홀한 지경에 들어갔다. 이때 공중에서 '仙語'가 들려왔다. 이에 그는 놀라 일어나 물은즉 공중에서 대답하기를 "두려워 말고 저어하지 말라. 세상 사람들이 나를 上帝라고 이르는데 너는 上帝를 알지 못하느냐?"고 하였다. 하느님께서 이렇게 나타나신 연유를 물었더니 "나도 역시 일

---

28) 天道敎史編纂委員會, 전게서, p.76.

한 보람이 없었다. 그러므로 너를 이 세상에 나게 하여 이 法을 사람들에게 가르치려고 한다"고 하였다. 이어 하느님께서 말하기를 "나는 靈符를 가지고 있는데 그 이름은 仙藥이고 그 모양은 太極과 같기도 하며 弓弓과 같기도 하다. 나로부터 이 靈符를 받아 사람들을 질병으로부터 구해 주고 나로부터 呪文을 받아 사람들을 가르쳐 서 나를 위하게 하여라! 그러면 너도 長生하여 천하에 布德할 것이다"(布德文)라고 하였다.

여기에서 水雲은 직접 하느님과 접촉하면서 하느님의 말씀을 듣게 되는 宗敎的 神秘體驗의 경지에 들어간 것을 살필 수 있다. 이러한 宗敎的 神秘體驗의 극치의 표현을 여러 곳에서 찾아볼 수 있다.

天恩이 망극하여
庚申 사월 초오일에
글로 어찌 기록하며
말로 어찌 형언할까
만고 없는 無極大道
如夢如覺 득도로다
기장하다 기장하다
이 내 운수 기장하다
하느님 하신 말씀
개벽 후 五년 만에
네가 또한 첨이로다
나도 또한 개벽 후
勞而無功 하다 가서
너를 만나 성공하니
나도 성공 너도 득의
          ─龍潭歌─

사월이라 초 오일에
꿈일런가 잠일런가
천지가 아득해서
정신수습 못할레라
공중에 외치는 소리
천지가 진동할 때
집안사람 거동 보소
경황실색하는 말이
애고애고, 내 팔자야

무슨 일로……
공중에서 외치는 소리
勿懼勿恐 하여서라
昊天禁闕 상제님을
네가 어찌 알까 보냐
　　　－安心歌－

나도 그저 두렵기만 하여 다만 뒤늦게 태어난 것이 한스러울 뿐이었다.
바로 이 무렵에 몸이 마구 떨리면서 밖으로는 神靈과 서로 맞닿는 기운이 몸을
감싸고, 안으로는 神奇한 말씀에 의한 가르침이 있었다. 그러나 애써 보려고 하
여도 보이지 않고, 들으려고 하여도 들리지 않으므로 마음은 더욱 이상스럽기만
하였다.
이윽고 마음을 가다듬고 기운을 바로잡은 뒤에 "어찌하여 이처럼 저에게 나타나
십니까"라고 물었다. "내 뜻이 곧 네 뜻이기 때문이다. 대체 사람들이 무엇을 알
랴! 하늘과 땅은 알아도 이것을 다스리는 신은 알지 못한다. 그 신이 곧 나다. 지
금 너에게 무궁한 도를 내려 줄 터이니 이것을 익혀 잘 체득하여라."
　　　－論學文－

우리는 위의 글들의 표현을 보건대 水雲이 하느님과 하나가 되는 극치의 신비
적 체험을 한 것을 살필 수 있다. 이 극치의 신비적 체험은 오랜 세월 동안 수련
의 기간을 거쳐서 달성된 것이다.

극치의 종교적 신비체험의 경지는 본질적으로 언어로써 개념화하여 표현할 수
없다. 그것은 체험자 자신이 아니고서는 그 경지를 알 수 없다. 이것은 마치 쟁반
위에 있는 사과가 단지 쓴지 직접 먹어 보지 않고는 말할 수 없는 것과 같다.

그러나 水雲은 그 체험의 경지를 어떻게든 언어로써 표현하려고 하였다. 이 표
현들이 앞에서 지적한 文章이나 歌辭體로 주어진 것이다.

이 체험의 경지를 문장이나 가사체로 표명하고 있지만, 그 표현의 형식이 일상
적인 언어로 되었다기보다 상징적 언어나, 부정적 언어 또는 감탄문 등으로 되어
있다. '太極', '仙語', '仙藥', '弓弓' 등과 같은 상징적 표현, "병이라 해도 무슨 병인
지 알 수 없고", "말하려고 해도 형용할 수 없으며", "애써 보려고 해도 보이지 않
고, 들으려고 해도 들리지 않는다"는 부정적 표현, "무서워 말고 두려워 말라!",
"너는 上帝도 알지 못하느냐!", "부디 이 말을 의심하지 말라!" 등의 감탄적 표현
을 하고 있다. 이와 같은 표현의 형식은 水雲 자신에게만 국한되어 있다기보다, 모

든 종교적 신비체험가들에게서 흔히 볼 수 있는 것이다.

水雲은 1860년 4월 5일 절정에 달하는 종교적 신비체험을 하게 된다. 그는 이 체험을 통하여 窮極的 實在 즉 하느님을 만나게 된다. 그리하여 그는 하느님이 있다는 것을 확신하게 되었으며 하느님을 위하는 새로운 종교를 세상에 펴 나가겠다는 종교적 사명감을 확인하게 되었다.

Ⅲ. 窮極的 實在의 意味

다음에 제기되는 것은 水雲의 종교적 체험에서 조우한 궁극적 실재가 객관적 사실과 연관된 의미에서 이해되어야 하는가 또는 주관에 의한 심리적 현상으로 보아야 하는가 하는 문제이다.

이미 전 장에서 지적한 바와 같이 水雲의 종교체험은 궁극적인 실재라고 느껴지는 것과의 접촉 내지 융합하는 신비의 직접적 체험이라고 하였다. 그러나 종교체험의 실재적 현존을 어떠한 이론의 근거 위에서 이해하느냐에 따라서 다른 해석이 가능할 수 있다.

우리들이 프로이트 *Sigmond Freud*나 보이센 *Anton Boisen*의 相衝的인 심리학적 이론 위에서 살펴보면29) 窮極的 現存은 객관적 사실에서 이해되는 것이 아니라, 주관적 사실에서 이해되고 있다. 그러나 이와는 다른 관점에서 보면 궁극적 현존은 객관적 사실과 연관을 맺게 된다. 이를 고려하여 水雲이 종교체험 과정에서 만난 窮極的 實在를 상충적인 심리학적 이론에 서서 살펴보고서, 이와는 다른 주장을 진술해 보기로 하겠다.

水雲이 자란 그 시대적 상황과 가정의 환경 등을 고려해 볼 때, 어린 시절부터 심리적으로 불만과 갈등을 가질 수 있는 조건하에 있었다. 6세에 어머니를 잃고 16세에 아버지마저 잃게 된 사건들은 그에게 失意와 苦痛을 안겨 주었을 것이며,

---

29) 상충적 심리학자들로서는 프로이트나 보이젠을 들 수 있다. 이들의 주장에 의하면 종교적 체험이란 心理的 矛盾, 葛藤에서 생긴다는 점에서는 서로 일치하고 있다. 그러나 그 결과에 대해서 프로이트는 종교를 후퇴적이며 환원적인 것으로 보이는 신경병적인 해결로 보았다. 그러나 보이젠은 종교적 경험이 정신적 위기를 극복하고 더 한층 큰 충성을 낳게 하는 윤리적 책임에까지 이르게 된다고 보았다. 그리고 이 두 학자들은 實在的 現存을 主觀的 存在로 보는 점에서는 일치하고 있다.

구한말 양반가정 후처의 아들로 태어난 출생의 내력을 볼 때 사회에서 경시당하는 처지에 놓여 있었음 직도 하다. 이러한 환경 속에서 자란 그는 유아시절부터 좌절과 고통을 가지게 되었으며, 자라면서 여러 복합적 요소들이 마음속에 모순과 갈등을 생기게 하였으리라 보인다. 이 갈등과 모순의 정신적 위기감을 느낀 표현을 그의 글에서 찾아보자.

슬프다 이 내 신명
이리될 줄 알았으면
潤産은 姑捨하고
父母任께 받은 世業
勤力其中 하였으면
惡衣惡食 면치마는
經編이나 있는 듯이
淸薄한 이 세상에
혼자 앉아 탄식하고
그럭저럭 하다 가서
낭패산업 되었으니
원망도 쓸데없고
한탄도 쓸데없네
       -敎訓歌-

불효한 이 내 마음
悲感懷心 절로 난다
가련하다 가련하다
이 내 부친 餘慶인들
없을쏘냐
      -龍潭歌-

40이라는 내 나이를 생각하면 어찌 뜻을 이루지 못한 신세가 슬프지 않으랴! 아직 이 한 몸을 둘 곳을 정하지 못하였으니 누가 하늘과 땅이 넓고 크다 하랴! 하는 일은 하나하나 다 뒤틀어지니 홀로 이 한 몸을 감추기 어려움을 슬퍼하게 되었다.

-修德文-

위 내용의 글들을 보건대 水雲은 견디기 어려울 만큼 심리적 모순과, 갈등에 처해 있었음이 엿보인다. 심리적 모순과 갈등이 격렬하면 정신착란으로 돌아가기도

하며, 반면에 이 갈등을 해소하기 위한 노력의 하나로서 종교적 체험으로 승화되기도 한다. 그 갈등이 보통의 방법으로 해소되지 않는 사람일수록 종교체험은 깊고 격렬한 것이다. 또한 종교체험과 정신병의 경우 나타나는 양상도 비현실적이라 하는 점에서 동일하다는 것이다.[30]

보이젠 *Anton Boisen*은 말하기를 "宗敎的인 經驗이나 精神的인 錯亂은 대단히 격렬한 감정의 반란을 바탕으로 하고 있다. 그리고 정신착란이나 종교경험은 또한 자연의 치유력이 작용하고 있음을 나타내고 있다. 그런고로 어떤 형태의 정신질환과 종교적 경험은 再生을 企圖한다는 점에서는 같다고 결론을 내릴 수 있다. 그러나 차이점은 그 결과에서 드러난다. 즉 그러한 기도가 성공하게 되면 흔히 종교적 경험이라고 일컫게 되고 성공하지 못하거나 미완성으로 끝나게 되면 미쳤다고 한다. 우리가 종교적 경험이라고 하는 人格의 建設的인 變化에 있어서는 개인이 고립감에서 풀려 나와 그의 충성 대상 중에도 가장 높은 존재와 조화를 잘 이룬다. 그는 위기경험과 이에 뒤따르는 생활과의 종합에 영향을 끼치는 데 성공하며 이로써 그는 내면적인 통일의 방향을 향해 나아가며, 普通的이라고 생각되는 바탕에 서서 사회생활에 잘 적응하여 나아갈 수가 있게 된다.[31]

보이젠은 정신분열증 환자들에게 공통점이 있다는 것을 지적하고 있다. 즉 이 사람들은 대개가 사회생활에 실패하여 다른 사람과는 접촉이 없이 고독한 생활을 하며, 자존심을 완전히 상실하고 있다는 것이다. 그들은 비록 정신분열증 환자이지만 신비감, 위험감 그리고 인격적인 책임감을 가지고 있다. 그들은 또한 죽음, 우주적인 종말, 신생 그리고 완성해야 할 사명에 대한 생각을 가지고 있다.

일반적으로 정신질환자가 자기기만이나 無爲의 증세를 보이게 되면 회복에 이르기 어렵게 된다. 이들은 점차 生을 포기하고 자신을 회복하려는 의욕을 상실함으로써 그 人格性은 점차 와해되어 간다.

그러나 再組織의 증세를 보이는 者는 자신의 병의 심각성을 인정하고 自己生活을 재건하려는 데 건전한 결단을 내린다. 견디기 어려우리만큼 生의 재건을 시도

---

30) 金光日, 「崔水雲의 宗敎體驗」, 韓國思想 12(서울, 1974), p.74.

31) Boisen, A. T., *The Exploration of the Inner world A Study of Mental Disorder and Religious Experience*(뉴욕, 1936).

하려는 의욕이 강렬할 때에 어떤 치유적인 힘이 작용한다. 여기서 回心과 비슷한 극적인 종교적 경험에 이르게 된다. 보이젠은 에스겔, 바울, 루터, 조지 폭스, 존 웨슬리, 버니언 등의 역사적인 종교지도자들의 생애를 연구하면서 그들에게도 정신질환과 비슷한 증세가 있었지만 그것이 그대로 종교적인 경험으로 전환되었다는 사실을 찾아냈다.[32]

결국은 정신병과 종교체험은 내연적인 모순, 갈등, 부조화의 소산으로 이의 해소를 위한 再組織의 覺醒이 성공하였느냐 또는 못 하였느냐에 따라서 문제가 된다.

여기서 우리가 물어야 할 것은 종교적 체험에 해답을 하는 실재적인 現存 *Real Presence*가 객관적 사실과 연관을 맺고 있는가 하는 것이다. 이 문제에 대하여 위와 같은 심리적 이해에서는 궁극적인 현존은 없는 것이다. 왜냐하면 종교적인 체험은 격렬한 감정의 반란을 바탕으로 한 覺醒이기 때문이다. 결국 체험을 통해 顯示된 궁극적 실재는 心理的 現象에 불과하다는 것이다.

이러한 이론의 바탕 위에서 우리는 水雲의 종교적 체험을 이해할 수도 있다. 즉 그의 종교체험은 개인적·사회적 조건하에서 강요된 내면적 모순과 갈등으로부터 벗어나려고 한, 生의 再組織을 위한 覺醒에서 나타난 것으로 볼 수도 있다. 이 각성을 통해 인류에 공헌할 수 있는 창조적 인간으로 승화된 것이다. 그리고 그가 만난 궁극적인 실재−하느님−는 실재적인 現存이 아니라, 主觀的인 心理現象으로 이해될 수도 있다.

앞에서 지적한 바와 같이 이미 지나간 한 인간의 종교적 체험을 논한다는 것은 그 論하는 사람의 입장, 관심, 방법론에 따라서 달라질 수가 있다는 것이다. 따라서 우리가 水雲의 종교체험을 相衝的인 心理理論에서 이해하였다고 하여서 잘못된 주장이라 할 수는 없는 것이다. 특히 과학적 이론으로 정립할 수 없는 종교체험의 문제에 있어서는 여러 주장이 나올 수 있다는 것 이다.

그러나 나는 여기서 水雲의 종교체험을 주관적인 심리적 사실에서 보기보다 다른 각도에서 조명해 보고자 한다.

사실 종교적 체험이 심리학적인 환원이나, 정신적 위기감에서 生을 재조직하려

---

32) Paul E. Johnson, *Psychology of Religion*, 金觀錫 譯(서울, 1967), p.155.

는 각성으로 이해되는 데는 문제점이 제기된다. 종교는 인간 경험의 必然的이고 窮極的인 次元으로서의 초월적인 것과 관련하고 있으므로 無意識的 메커니즘에다가 축소시키거나 환원시킬 수는 없다. 이러한 분석으로 종교체험을 이해한다는 것은 그 체험의 참된 면목을 투시하는 힘이 부족하며, 그 전체상을 파괴하는 오류를 범할 수도 있다는 것이다.

이러한 종교체험에 대한 접근을 시도할 경우에 먼저 같은 차원의 全人的 人格에 대하여 생각하여야 한다. 이것을 생각하지 않고 단순히 生의 再組織을 위한 覺醒 *awakening*, 投射 *projection*, 강박적인 신경질 *obsessional neurosis*로 公式化시켜 버리는 것은 마치 동물 심리학자가 인간의 동기를 놀란 토끼의 모델로 환원시키거나, 病理學者가 모든 인간을 신경병자나 정신질환자의 이상심리 현상에다가 맞추어 버리는 것과 같은 것으로 볼 수 있다.

종교적인 퍼스펙티브는 내면의 상충적인 충동을 모아서 生의 전체 의의를 전망하는 의욕적인 생활로 전환시키는 데 있는 것이다. 意識的 自我中心에 있는 인격은 '나는 누구이며 나의 운명은 무엇인가?', '이러한 宗敎的 意義를 찾는 데서 나는 무엇을 해야 하는가?', '어떻게 하면 절대자의 뜻을 알 수 있는가?' 하는 의문을 던지며 종교적 결단을 하는 통합체이다.

사람은 다른 동물과는 달리 순간적인 충동적 갈망을 초월하여 과거와 미래를 종합하여 자기의 운명에 대하여 회의를 느낄 수 있다. 인간은 자기 세계와의 관계에 비추어 자신을 人格으로 생각할 능력을 갖고 있다. 알포트 *Allport*가 지적한 것처럼, 인간의 종교는 "자기가 올바르게 속해 있는 최고의 전후관계 *Supreme Context*를 찾음으로써 자신의 人格을 확대하고 완성하려는 最上의 試圖이다."[33]

이러한 이론의 맥락 속에서 볼 때 水雲의 종교체험을 내면적 갈등이나 모순을 해소하기 위한 無意識的 메커니즘에 환원시켜 이해하기보다는 그의 自意識 가운데서 내면의 상충적인 충동을 모아 과거와 미래를 통합하여 '나는 누구이며, 나의 運命은 어떻게 될 것인가?', '이러한 宗敎的 意義를 두고 무엇을 해야만 되는가?', '어떻게 하면 궁극적 존재자 즉 하느님의 뜻을 알 수 있을까?' 하는 통합적 문제

---

33) Allport, *Individual and His Religion*(뉴욕, 1950), p.142.

에 대해 그 자신에게 스스로 자문을 던지는 가운데서 神的인 또는 窮極的인 實在라고 느껴지는 것과 접촉 내지 융합한 직접적 체험으로 보는 것이 타당한 것으로 보인다. 그가 고된 수련의 단계를 거치면서 創造的 人格으로 승화될 수 있었던 것은 단순한 개인적 소원을 성취하기 위한 노력이나 또는 병적인 심리적 갈등을 해소하기 위한 몸부림의 결과에서 주어졌다고 보기는 어렵다.

水雲이 "세상 사람들이 걷는 길을 어찌 함께 가랴!"(敎訓歌)라고 말한 것을 보건대 어떤 복록이나 소원을 성취하기 위한 것이 아님을 볼 수 있다. 그리고 이름을 '濟宣'에서 '濟愚'로 고친 것을 보아도 병적인 심리적 갈등을 해소하기 위한 것이 아니라고 보인다. 그는 '어리석은 사람을 구원하겠다'는 宗敎的인 理想을 품고서 자신의 인격에 속해 있었던 최고의 前後關係 *supreme context*를 찾음으로써 자신의 힘을 넘는 존재에 의지하고 살려는 종교적 갈망에서 하느님을 찾은 것이다.

자신의 힘을 넘는 존재에 의지하고 살려는 필사적인 종교적 갈망은 感覺的 세계를 초월하여 客觀的인 세계를 향해 나아갈 때 가능하다. 즉 종교적 체험은 객관적 세계와 관련을 맺을 때 나타난다. 그것은 주관적인 환상이나 환각이기보다는 객관적 실재[34)]에 대한 반응이며 응답이다. 객관적 실재가 있다는 것은 부인하기 어렵다.

객관적 실재가 무엇인가는 어느 입장에서 해석을 하느냐에 따라서 차이점이 나타난다.

물리학자들의 경우를 보더라도 可視空間을 초월하는 실재가 있다는 것을 인정하고 있다. 그들은 實在를 電子의 힘으로 보고 있다. 그것은 感覺世界에는 보이지 않지만, 질서 정연하게 움직이는 高速度의 힘이다. 사실 電子는 質量이 영이지만 상호작용을 통해서 한 점으로(영의 부피로) 可視空間에 나타난다. 감각세계를 초월하였다고 하여 電子가 實在하지 않는다고 주장하는 사람은 없다. 오늘날에는 가시공간을 초월한 실재가 존재하는가 하는 물음은 시대착오적이다. 현대 물리학자들은 자연의 數學的인 敍述을 받아들임에 있어서 감각적 지각의 세계를 버리지 않

---

34) 프로이트 *Freud*는 물론 종교적 경험에 있어서 客觀的 實在는 없다고 하며, 그것은 한갓 幻想에 불과한 것으로 어린아이가 아버지를 의지하려는 것과 같은 의타심을 은폐한 가장이라고 주장하고 있다. 그러나 오토 *Otto*는 종교적 경험에 있어서 實在的인 現存 *Real Presence*은 사실상 존재하는 것이며, 그 知覺은 종교적인 지각이며, 또한 종교적인 지각은 비길 데 없는 인간의 本來的인 것이라 주장하고 있다.

을 수 없게 되었다.

實在가 감각세계를 초월하는 힘이라는 입장에서는 물리학과 종교는 서로 일치한다고 볼 수 있다.

그러나 그 반응과 가치에 있어서는 다른 의미를 보여 주고 있다. 물리적인 高速度의 힘은 기계적으로 밀고 당기며 예견과 조작으로 다루어진다. 그러나 종교적 체험에 있어서 實在的 現存은 기계적 조작이나 조정을 통해서 밀고 당기도록 하여 예견할 수 있는 것은 아니다. 그 實在的 現存은 極限人格 *ultra person*이며, 그는 敬畏感을 불러일으키는 대상으로 초청을 받는 존재이다.[35] 그 경외감은 일상적으로 느끼는 공포가 아니라 人間의 肢體를 마비시키고 몸의 털끝까지도 떨리게 하는 그러한 두려움이다. 그는 위압이나 명령에 어떤 응답을 하는 것이 아니라 정성스러운 기도나 수도, 명상 등을 통하여 응답을 하는 현존자이다.

水雲이 沉思瞑想을 통한 수도로써 체험한 종교적 응답을 보인 실재적 현존은 그 상황에 따라 다르게 표현되었지만, 그것은 일반적인 의미에서 神, 즉 하느님을 지칭하고 있다.

> "則曰勿懼勿恐 世人 謂俄上帝 汝不知上帝耶"(布德文),
> "曰吾心卽汝心 人何知之 知天地 而無知鬼神, 鬼神者吾也"(論學文),
> "而頓無爲知主之端"(論學文),
> "氣者 虛靈蒼蒼 無事不涉 無事不命 然而 如形而難狀 如聞而難見, 是亦渾元之一氣"(論學文),
> "是故 難必者 不然 易斷者 其然 比之於究其遠 則不然 不然 又不然之事 付之於造物者 則其然 其然 又其然之理哉"(不然其然),
> "至氣今至四月來"(祝文),
> "한울님 하신 말씀 개벽 후 5년 만에 네가 또한 첨이로다"(龍潭歌)

위에서 인용된 글을 보건대 水雲은 실재적 현존을 '上帝', '鬼神', '天主', '氣', '造物者', '至氣', '한울님' 등으로 표현하고 있다.

水雲이 종교적 체험을 통하여 파악한 실재적 현존 즉 하느님은 눈에 보이지 않는 단순한 물리적인 힘이 아니라 모든 존재의 근원자이며 창조자이다. 그러므로

---

35) Paul E. Johnson, *Psychology of Religion*, 金觀錫 譯, p.96 참조.

그는 "氣는 靈妙하고 蒼蒼하여 모든 사물에 관여하고 모든 사물을 지배하나 형용할 수 있을 듯하면서 말로 나타내기가 어렵고, 들릴 듯하면서 보이지 않는다. 그것은 渾元의 一氣이다"라고 하였다(論學文).

하느님은 渾元의 一氣 즉 모든 만물을 생하는 한 덩어리 기운일 뿐 아니라 동시에 경외감을 불러일으키는 極限人格으로서의 現存者이다. 그러므로 수운은 공중으로부터 외치는 소리가 있어 크게 놀라 공중을 향해 물은즉, "두려워 말고 저어하지 말라. 세상 사람들이 나를 上帝라 하거늘 네 上帝를 모르느냐"(布德文)는 음성을 듣게 되었다. 종교적 체험에 있어서의 수운 자신은 '上帝'와 상호 인격적인 관계에서 만난 것이었다. 이 만남은 '나 I'와 '당신 Thou'과의 이해였다. 그는 자신의 세계를 보면서 그 총체적 의의를 갈구하는 가운데서 자신에 응답을 한 더 큰 존재를 만나게 되었다. 이 더 큰 존재가 人格性을 갖고 나타나 그에게 반응을 나타내 주었으며, 또한 그 갈구 속에서 응답한 하느님을 만나게 되었다.

水雲은 하느님의 음성을 듣게 되었을 때[36] 두렵고 신비스러웠지만 그 음성은 이해할 만한 것이었으며 人格的인 것이어서, 그로부터 그의 전 생애가 변하게 되었던 것이다. 그가 하느님의 말씀에 대하여 참된 이치임을 확신하기까지는 거의 1년이 걸렸다. 그러나 하느님께서 그에게 내린 無極大道를 이 세상에 펴라는 요구에서 도피할 수는 없었다. 그는 冥想과 修道로써 하느님의 實在性을 확신하고 이로 인하여 자기의 종교적인 헌신을 담당했던 것이다.

Ⅳ. 맺음말

水雲은 1860년 庚申 4월 5일 종교적 신비체험이라는 획기적 사건을 통하여 東學의 大道를 깨달아 펴 나갈 수 있게 되었다. 만약에 그가 독자적인 종교적 체험을 갖지 못하였더라면 한 평범한 인간으로 일생을 마치게 되었을는지 모른다.

水雲은 嫡庶의 차별이 심한 양반사회에서 태어나, 그의 庶子的 身分 때문에 고독

---

36) 수운이 종교체험에서 하느님의 음성을 들은 것은 다음과 같다. "及汝無窮 無窮之道 修而煉之 制其文 教人 正其法 布德 則 令汝長生 昭然于天下矣"(論學文)

하고 패배한 인간으로 지내 왔을 것이며, 그 결과 내면적 갈등에서 고민도 심하였을 것이다. 그는 이러한 운세들을 자신의 능력으로 해결할 수 없음을 알았다.

그리하여 그는 자기보다 더 큰 존재에 의지하고자 하는 종교적 갈망을 갖게 되었다. 여기서 그는 沉思冥想의 오랜 수양의 방법을 통해서 자기 내면의 상충적 충동을 모아서 生의 全體意義를 전망하는 종교적 결단으로 나아갈 수 있게 된 것이다.

그는 종교체험을 통한 하느님과의 새로운 관계를 맺게 되었을 때, 비로소 자신의 人生行路에 있어 새로운 전환점에 이르게 된다. 그는 바로 하느님과의 인격적 만남을 통하여 그의 사상을 과감하게 그리고 확신 있게 펴 나갈 수 있는 계기를 가질 수 있게 되었다.

만약 水雲이 종교체험에서 만난 하느님이 주관적 존재라 한다면 그것은 환상임에 틀림없다. 그러나 東學의 기본사상이 되는 '한울님을 모신다'는 '侍天主'의 사상을 보아도 '한울님'은 초청을 받는 초월적 실재로서의 人格的 당신 *Thou*이었다. 그 '한울님'의 존재양식이 '氣'이든 '至氣'이든 내 *I*가 당신 *Thou*을 존경과 경외로써 맞이해야 하는 실재적 존재인 것이다. 여기서 水雲은 '한울님'의 使者로서 東學이라는 종교를 우리 역사 속에서 만들 수 있었던 것으로 믿어진다.

에큐메니컬 운동의 東과 西

朴贊癸

중앙대학교 교수 · 통계학

Ⅰ. 에큐메니즘과 敎會運動

1. 에큐메니컬의 의의

에큐메니컬 *ecumenical*이란 用語는 '사람이 살고 있는 곳'이라는 뜻을 지니고 있어서 인간이 생활을 영위하는 文化空間―집을 짓고 경제문제를 생각하며 문화적인 생활을 영위하는 공간―으로서의 의미도 포함하고 있다고 하겠다.

이는 인간이 지구상에서 共同生活을 영위하면서 의미 지어진 것이며 聖書[37] 가운데서도 '歷史的인 하나님'으로서의 가능성과 약속이 잘 나타나고 있다. 출애굽기 3장 7~8절을 보면 "나는 내 백성이 이집트에서 고생하는 것을 똑똑히 보았고 억압을 받으며 괴로워 울부짖는 소리를 들었다. 그들이 얼마나 고생하는지 나는 잘 알고 있다. 나 이제 내려가서 그들을 이집트인들의 손아귀에서 빼내어 그 땅에서 이끌고 젖과 꿀이 흐르는 아름답고 넓은 땅, 가나안족과 헷족과 아모리족과 브리즈족과 히위족과 여부스족이 사는 땅으로 데려가고자 한다"라고 기록되어 있는바, 이 기록은 바로 人間的인 經濟 · 文化生活을 영위시키고자 하는 에큐메니컬한 하나님을 나타내는 것이다.

---

[37] 여기에 引用되는 성경은 공동번역 성서(대한성서공회 발행, 1977)를 기본으로 함.

따라서 인간이 살고 있는 이 세계에 있어서 '에큐메니컬'이 갖는 의미는 매우 중요한 것이며, 그리스도를 신봉하는 사람들에게는 絶體絶命의 말씀이 되어야 한다고 본다. 즉 그리스도의 주권과 권능은 이 세계를 황폐한 땅으로서가 아니라 인간이 생활하기에 좋은 땅으로 보존코자 하는 것이기 때문에 황폐한 땅을 만들어 내려는 사회적이고 인간적인 根本惡에 대해 반대하고 있다고 하겠다.

이와 같은 의미에서 '에큐메니컬'이란 不確實性의 世界에 대한 인간의 희망을 대변하는 것으로서 에큐메니컬 神學의 영역이 개발되고 있다. 최근 세계 그리스도교회에 지대한 영향을 끼치고 있는 라틴아메리카의 解放神學도 이러한 에큐메니즘의 흐름과 그 맥락을 같이하여 탄생된 것이다. 미가서 6장 8절의 "사람아 야훼께서 무엇을 좋아하시는지, 무엇을 원하시는지 들어서 알지 않느냐. 정의를 실천하는 일, 기꺼이 은덕에 보답하는 일, 조심스레 하나님과 함께 살아가는 일, 그 일밖에 무엇이 더 있겠느냐"라는 말씀에서도 황폐한 땅을 만드는 악령에 대하여 반대하고 있다는 것을 알 수 있다.

이와 같은 에큐메니컬한 말은 그리스도교에서만이 아니고 불교, 유교, 이슬람교 등 많은 종교의 경전에서도 찾아볼 수 있어 '에큐메니컬'한 하나님의 존재를 다시 한 번 이해할 수 있다고 본다. 모든 종교가 행하고 있는 聖禮式 *sakurament*은 바로 황폐한 땅을 만들려는 힘의 원천인 악령을 추방하고자 하는 궁극적인 意志라고 보았을 때 이는 에큐메니컬 운동의 기본적 자세를 가리키고 있는 것이며 여기에서 平和와 平安 *shalom*의 모습을 발견할 수 있다. 바오로는 고린도교회에 보내는 서신(고린도전서 11:23~24, 12:3)에서, 주 예수께서 잡히시던 날 밤에 빵을 손에 드시고 감사의 기도를 드리신 다음 빵을 메시고 "이것은 너희들을 위하여 주는 내 몸이니 나를 기억하여 이 예를 행하여라"라는 말씀과 "예수는 주님이시다"라는 말씀을 일러두고 있다.

'샬롬'과 '사크라멘트'가 두 개의 다른 근본이 아니라 동시적으로 개발 가능한 것이기에 聖儀式에서 사회윤리를 위한 精神性이 도출되며 그 정신성은 聖儀式으로 再回歸되는 것이다. 여기에서 에큐메니컬 운동은 사크라멘트의 힘에 기초하는 것이고 사크라멘트를 떠난 에큐메니컬 운동은 생각할 수 없는 것이다.

2. 에큐메니즘의 어제와 오늘

교황 비오 12세는 1943년에 主敎會議에서 '그리스도의 神秘體'라는 강론을 통해 "그리스도교회, 로마 가톨릭 그리고 그리스도의 신비체는 동일한 것이다"라고 규정함에 따라 1962년의 제2차 바티칸 公議會가 열리기 2년 전인 1960년에는 그 준비위원회가 구성되었으며 교황 요한 23세는 '敎會論槪要' 가운데서 "로마 가톨릭교회는 그리스도의 神秘體이고…… 로마 가톨릭교회만이 바른 교회라고 일컬어질 것이다"라고 했다.[38] 그러나 이에 대한 수용이 매우 비판적인 데 자극을 받아 1963년에는 새로운 '敎會論槪要'가 준비되었으며 1964년에도 새로운 수정이 가해짐으로써 동년 11월에는 '에큐메니즘에 대한 敎令'과 '에큐메니즘의 가톨릭적 원리'가 公布되었는바, 이는 교황 바오로 6세의 좀 더 넓은 世界敎會로의 指向이 나타나는 것이다.[39]

물론 가톨릭교회에 있어서 에큐메니컬 운동으로서의 敎會連合 혹은 敎會合同에 대한 활동은 로마 가톨릭과 正敎會, 그리고 영국의 聖公會 사이에 일찍부터 논의되어 온 것이나 제2차 세계대전의 종식과 더불어 에큐메니즘에 대한 관심이 일었으며 그에 대한 神學的 論議가 더욱 활발해진 것은 사실이다. '에큐메니즘에 대한 敎令' 가운데서 "교회는 한편으로는 聖靈인바 본질적으로 신앙, 희망, 사랑의 交分인 것이며 다른 한편으로는 같은 신앙고백에 의한, 같은 사크라멘트의 수행으로서의 하나님의 한 형제자매가 되는 것이다", "이 一致는 그리스도가 스스로의 敎會에 처음부터 준 것이며 우리들은 그를 상실할 수 없으므로 가톨릭교회 안에 모든 교회가 존재하고 있는 것을 믿고 세상 끝까지 날로 성장하는 것을 희망한다"라고 지적함으로써 로마 가톨릭교회가 敎會連合에 있어 최선봉의 역할임을 강조한다.

이와 같은 논리는 11세기에 있어서의 東西分裂과 16세기의 그리스도교회의 분열이 모두 一致를 상실한 데서 오는 결과라는 데 기초를 둔다. 따라서 세례를 받은 모든 信者와 그 共同體를 결합한다고 해서 완전한 일치를 이루는 것이 아니며 오로지 가톨릭교회를 통해서만 모든 구원이 이루어진다는 의미로서 가톨릭교회

---

38) 바티칸 敎皇廳文書 AS II /1 pp.219~220, AS III /1, p.177 참조.
39) 바티칸 敎皇廳文書 AAS, 56, 1964, pp.1012~3 참조.

는 안에서의 성장이란 의미를 해석하고자 한다.[40]

이상과 같은 로마 가톨릭교회의 에큐메니즘을 위한 활동양상에 대해 世界教會協議會 WCC는 그리스도교회 전반에 걸친 에큐메니컬운동에 박차를 가하기 시작하여 그리스도교인에 대해 커다란 영향을 끼쳤다고 하겠다. WCC는 1948년에 암스테르담에서 결정되었으며 1961년의 뉴델리 제3차 총회부터 精神的 回復보다는 社會運動과 經濟·社會的 改革을 추진코자 하는 경향이 나타났으며, 1968년의 압살라 총회에서 경제·사회적 개혁에 덧붙여 政治的 行動이 요청되기에 이르렀다. 즉 프로테스탄트교회를 중심으로 하는 교회연합의 형태를 갖춘 WCC가 고통받는 이스라엘 민족의 구원과 투쟁의 역사를 나타내는 하나님의 교회를 표방하여 反人種主義, 社會正義를 위해서는 폭력행위마저 不辭한다는 방향으로 전개되기에 이른다.

더욱이나 1973년 南美에서 구스타보 구티에레스의 『放神學』 제6판이 출간되고[41] 2년 뒤인 1975년의 나이로비총회에서는 '解放 革命'이란 주제 아래 토론함으로써 다음과 같은 WCC 青年大會 聲名이 채택되었다.

1) 세계의 위기는 자본주의의 모순에서 비롯된다.
2) 모든 민중은 착취와 억압에서 해방되지 않으면 안 된다.
3) 한국과 필리핀 교회의 인권투쟁을 지지한다.

이와 같은 흐름은, 오늘에 있어서의 구원과 착취, 억압으로부터의 해방은 혁명에 의해서라도 쟁취되어야 한다는 점에 호의적인 것으로서 아시아 教會協議會 CCA도 이에 동조하기에 이른다.[42] 소련이나 中共과 같은 사회주의국가의 正教會나 애국교회가 중심이 된 세계 여러 나라 교회 대표자들의 에큐메니즘에 대한 논의는 反體制·反核 平和運動이라는 형태로 나타나게 되면서도 WCC와 그에 속한 모든 지역교회협의회는 신앙직제위원회를 통해서 다양한 教會論에서 오는 문제점

---

40) Francis A. Sullivan, The Significance of Vatican II's decision to say of the Church of Christ not that it 'is' but that it 'subsists in' the Roman Catholic Church. 1986.

41) Gustavo Gutiérrez, A Theology of Liberation, Mary Knnoll, New York, 1973.

42) Ernest Lefever, Amsterdam to Nairobi, p.72.

을 검토하는 노력을 하게 된다.

1982년 1월의 리마公議會와 1985년의 부에노스아이레스회의에서도 에큐메니컬 운동의 장애요인으로서 1) 각 교회, 교파 내에서의 神學的·聖書的·敎義的 問題, 2) 각 교회, 교파 내에서 특히 세례, 성찬, 직무에 대한 문제가 지적되었으며, 이에 1) 진정한 교회의 통합은 정신적 성장의 결과이며 이는 오직 하나님을 통한 일반적 신앙의 성취를 약속해 주는 것; 2) 밴쿠버회의의 주제인 '정의, 평화, 창조의 完全性에 대한 관례 Convention for Justice, Peace and the Integrity of Creation'[43]에 대한 정신적이고 敎會學的 深渡를 더하는 데 있어서 WCC의 역할을 강조하고 있음을 본다. 그러나 '人權에 대한 아르헨티나의 경험'이란 주제에 대한 報告와 제37차 회의의 주제인 '하나님의 正義－용서와 도전 God's Justice Promise and Challenge'[44]에서는 그동안에 나타난 世俗化, 政治化－자본주의의 모순을 비판하는－의 길로 전개되고 있음을 본다.

Ⅱ. 에큐메니즘과 平和運動

하나님이 인간을 창조할 때부터 서로 사랑하는 마음과 이웃과 평화롭게 생활하는 방법을 가르쳐 주었다. 그러나 다양한 민족들은 그들의 삶을 영위하는 과정에서 살인과 전쟁의 혼란 속으로 빠져들기도 했으며 그것은 인구증가와 종교의 차이 그리고 民族性과 그 활동무대의 여건에 의하여 지배와 예속의 상황으로 변모해 간 데 원인이 있다고 본다.

인간은 지배자이기를 원하며 그러기 위해서는 전쟁물자의 확충과 경제적 富의 성취가 목적이 될 수밖에 없고 그를 밑받침하는 요소로서 과학·기술의 발달은 필연적이다. 경제 성장과 군비 확장을 동시에 성취하려는 욕망으로 과학·기술을 우선적으로 경제 성장에 도입한 자본주의 국가들이 후진적이고 미개한 국가에 대

---

43) Central Committee of the World Council of Churches, "Minutes of the Thirty-Seventh Meeting's Report", 1985년 8월, pp.10~11.

44) 상게 논문, pp.16~18.

해 경제적 지배권을 갖게 되었으며 이에 그리스도교회의 사회 구원 활동과 환경
보호 관계자들 사이에 평화운동의 필요성이 대두되었다.

1. 西獨教會의 平和運動

2차 대전의 종식과 더불어 강대국과 후진국 사이의 경제적 종속관계가 더욱 악
화되는 가운데 WCC의 결성과 가톨릭교회의 사회 구원을 위한 노력의 성숙으로,
독일의 루터교회를 중심으로 한 사회 및 자연환경 보존론자들에 의한 平和運動이
서독교회를 주축으로 하여 유럽 전역에 확산되기에 이른다. 이처럼 서독 루터교
회가 중심이 된 에큐메니컬 운동의 일환으로 나타난 것이 平和運動이다.

오늘의 평화운동은 하나의 분명한 동기를 지니고 있다. 즉 북대서양조약기구
*NATO*는 1979년에 결정한 퍼싱 Ⅱ 미사일을 1983년부터 유럽에 실전 배치하고 이
미 배치 중에 있는 바르샤바조약군의 중거리 핵미사일 SS20과의 軍縮協商을 갖고
자 결정하였으나, 이에 대해 西獨의 綠色黨을 중심으로 한 독일국민은 東西獨이 제
한핵전쟁[45]의 최전선이 될 수밖에 없다는 데 의견을 같이하고 동년 10월 10일에
30만의 데모군중이 수도 본에 집결하여 시위에 들어갔다. 그것은 이데올로기를
넘어선, 생존의 위협에서 벗어나고자 하는 일반 독일국민의 소박한 의사표시였
다. 그러나 1981년에 '平和를 위한 PRO—TEST" 운동이 조직되었고 여기에 에큐메
니즘이라는 명목하에 WCC가 동조하여 하나의 정치운동으로 나타났다. 이러한 政
治化에로의 진행은 상대세력인 공산주의 사상과의 연대라는 맥락으로 빠져들어
감에 따라 자유진영의 정책 수행에 커다란 위협을 가하게 되었다.

2. 에큐메니즘과 難民問題

1981년에 들어서면서 國際聯合 유럽본부에서는 인도차이나의 '보트피플'에 대
신하여 아프리카 難民問題가 주요문제로 대두되게 된다.

그것은 1884~85년에 걸쳐 유럽을 중심으로 하는 14개국 회의가 독일의 베를린

---

45) 미국 레이건 대통령의 戰爭抑止政策의 일환으로 동맹국의 협력하에 이루어진 전쟁지역의 最小化를 겨냥한 平和와 自由守護
　　를 위한 方案이나 1979년 8월 중성자탄의 생산 결정으로 유럽국민과 교회활동의 핵심을 진정시키는 데는 실패했다.

에서 개최되어 아프리카대륙의 분할 지배가 이루어졌으며, 이로써 지도상의 영토 분할에서 오는 종족과 언어의 다양성이라는 문제점을 안게 된다. 즉 2차 대전의 종식과 더불어 지배국가로부터 독립은 하지만 쿠데타 혹은 부족 간의 불화로 인하여 분쟁이 일어나게 되고 그로부터 발생한 난민을 구제하기 위해서 가톨릭과 개신교를 중심으로 한 구호활동이 전개된다. 이와 같은 정치적 불안 가운데서 경제 개발 및 사회 개발은 이루어질 수가 없게 되었고 열강으로부터의 경제 원조를 國家存立의 기초로 삼게 됨으로써 무력에서나 사상적인 측면에서의 침투를 가능하게 하였다.

1981년 11월 탄자니아에서 개최된 '아프리카 난민과 교회의 역할'을 주제로 하는 회의에서 마쿠루 *Walter Makhulu* 의장은 아프리카 난민의 발생원인은 정부지도자와 정치가의 人權彈壓에 의한 것임을 밝히고 아프리카 교회는 이와 같은 문제를 발생시키는 대상과 투쟁해야 한다고 강조했다.

아프리카의 난민은 '70년대와 '80년대에 이르는 10년 동안에 75만 명에서 5백만 명 이상으로 증가했는데, 이는 앞서 지적한 바와 같이 부족 간, 인접국 간의 권력투쟁과 의견을 달리하는 집단에 대한 탄압과 박해의 결과로 인한 것이다. 아울러 독재정권의 민중 억압과 쿠데타 발생 시의 부당한 체포와 처형의 악순환 반복에 연유한 것이다. 이러한 사건으로 교회지도자가 처형된다든지 체포되어 감옥 생활을 하게 되는 경우, 가톨릭과 WCC에서는 난민구호사업과 동시에 反抗意識을 고취하여 하나의 운동으로 승화시켜 나갔는데 아프리카의 난민문제는 이와 같은 맥락에서 그리스도교회의 에큐메니컬 운동의 대상으로 대두하게 된다.[46]

Ⅲ. 倫理的 決斷과 敎會의 役割

1. 敎會와 國家의 相關

지난 1981년 10월 16일부터 11월 9일까지 독일의 福音主義敎會의 초청을 받은

---

46) WCC, UNHCR, ICRA, World Bank 그리고 World Alliance of YMCA 등의 보고서와 회의자료에서 상세히 언급되고 있다.

일본 측 대표단은 '敎會와 국가'라는 주제 아래 독일 전역을 순회하면서 대화를 가진 바가 있다고 알려진다. 蓮見和男[47]에 의하면 이 대화의 모임에 참석한 東獨의 그리스도교인으로부터, TV의 채널이 국가에 의해 고정되어 있어 항상 교회와 국가가 긴장관계 아래 존재할 수밖에 없다는 사실을 알고 놀라지 않을 수 없었다는 것이다. 따라서 "그리스도 예수를 믿고 건강하게 살기를 받게 될 것입니다"라는 디모데후서 3장 12절의 말씀을 실감하게 되었고 평화를 굳게 지키려는 의식에 있어서 일본과 독일국민이 그 深度와 樣相을 달리하고 있음을 발견할 수 있었다고 술회한다.

지금 일본에서는 '護國의 神'으로서 2차 대전에서 散華한 군인들의 영령을 靖國神社에 모시고 국가가 앞장서서 참배하려는 움직임이 보이고 있다. 그러나 서독의 경우는 1차 대전 당시 전쟁에서 전사한 군인에 대해서는 영웅으로 추앙하지만 2차 대전에서 戰死한 군인에 대해서는 영웅으로 추앙하지 않고 있다. 국민들에게 슬픔을 가져다준 날로 기억하고 있는 것이다. 이와 같은 의미에서 蓮見의 에큐메니즘을 위한 서독교회와의 대화는 유익한 것이라고 할 수 있다.

이러한 문제에 관한 한 우리나라의 경우는 특히 일본 그리스도교단과의 에큐메니컬한 대화를 필요로 한다. 일본인들이 臺灣, 필리핀, 인도차이나, 말레이시아, 인도네시아를 여행하면서 "나의 아버지는 전쟁 중 전선에서 강제노동으로 끌려나갔고 우리들은 모두 神社參拜를 강요당했다"라는 말을 들었을 때 깊은 謝罪의 인사를 하면서도, 한국에 대해서는 일반국민은 차치하고라도 에큐메니컬 운동을 벌이고 있는 그리스도인들도 사죄하는 마음을 가졌다고는 직감할 수 없는 태도이다.

이미 앞에서 언급한 바 있지만 WCC의 활동을 돕기 위한 하나의 조직으로 1961년에 世界宣敎協議會(IMC)가 설립되었고 그 안에 都市産業宣敎會(UIM)가 설립되어 있어 각국에서도 이러한 조직체를 갖기에 이르렀다. 그런데 이들 조직의 활동이 하나의 민족으로 구성된 국가 안에서 지배자와 피지배자라는 인식을 강요하는 사회 참여를 한다면 그것은 국가와 교회의 적대관계만을 고취시키는 잘못을 저지르게 된다. 이와 같은 예는 몇몇 南美와 아시아의 開發途上國에서 나타난 사건들에

---

47) 蓮見和男은 日本 基督敎會 靖國委員會 요원으로 日本 그리스도敎團의 에큐메니컬 운동에 적극 참여하고 있는 牧師이다.

잘 나타나 있다. 그리스도교회의 조직체가 에큐메니즘에 입각한 대화로써 문제의
식에 접근하려는 노력을 하지 않고, 일본과 서독의 전쟁에서 散華한 군인에 대한
인식이 다르게 나타나는 것처럼 상황과 여건이 다른 나라의 조직체와 협조함으로
써 문제를 해결하고자 한다는 것은 매우 위험한 發想이다. 이는 "말을 가지고 논
쟁을 벌이지 말라고 하나님 앞에서 엄숙히 명령하시오. 그것은 아무런 이익이 없
을 뿐 아니라 듣는 사람을 파멸에 이르게 합니다"라고 기록된 디모데후서 2장 14
절의 말씀을 기억지 못하는 所致로서 참다운 에큐메니즘에서 생활하고자 하는 태
도가 아님을 지적하지 않을 수 없다.

몰트만 *Jurgen Moltman*의 저서인 『희망의 신학 *Theologie der Hoffnung*』은[48] 進步主義
神學의 중심이론으로 부각되었고, 그것은 WCC가 뉴델리회의와 나이로비회의 그
리고 리마회의를 거치는 동안 '暴力과 사랑'을 正當化하는 근거로서 이용되기도
했다. 즉 교회의 중심 된 관심사를 個人救援보다 社會救援에 둠으로써 하나님 나라
의 생활을 터득하지 못한 그리스도교인에게 사회 참여만을 강조함으로써 국민의
정신적・사상적 분열을 초래할 가능성을 높였다든지, 사회구조 개혁을 위한 국민
적 합의나 의식의 合理化가 이루어지지 않은 상태에서의 사회 참여로 말미암아 價
値體系의 파괴라는 결과를 초래하게 된다면, 이것 역시 에큐메니즘을 위한 그리스
도교인의 참모습이라고는 할 수 없는 것이다.

국가 속에 교회가 존재한다는 물리적 해석은 있을 수 없다고 하더라도 교회는
국가 밖에 존재한다든지, 교회가 국가 위에 위치한다는 어리석은 생각을 가질 때
스스로 교인으로서의 자격과 교회가 갖는 社會的 價値를 상실하게 될 뿐만 아니라
世俗化・政治化・權力化의 과정으로 이행됨으로써 하나님의 교회가 聖殿으로서의
가치를 상실하게 된다고 할 수 있다. 거기에는 에큐메니즘이 존재할 수 없다.

2. 世界敎會와 倫理的 決斷

오늘의 기독교회에 있어 논리적・정치적인 결단은 매우 중요한 의미를 던져
주는 사항이라고 하겠다. 세계사를 點綴한 사건들은 거의 운명적이었으며 그 노

---

48) Moltman, J., 『希望의 神學』, 全景淵, 朴鳳琅 譯, 現代思想社, 1973.

정을 살아온 인간은 역사에 의해 규정된 인간이라고도 하겠다. 그러나 오늘과 같이 世界史 가운데 나타나고 있는 여러 가지 사건 속에서 인간의 생활이 말려들어 간 것은 아직까지 없었다고 하겠다. 지난 수천 년에 걸친 인류의 역사가 자연을 어떻게 지배할 수 있을 것인가가 문제였다면, 오늘의 역사 가운데서 최대의 문제는 인류 역사의 道程을 어떻게 지배할 수 있을 것인가라는 문제라고 할 때, 이에 따르는 오늘의 神學問題가 제기된다. 그것은 우리들의 삶을 지배하는 역사의 결정적인 영향력에 대한 認識을 歷史神學에서 발견하고자 하는 데서 연유한다. 즉 世界史의 場을 처음으로 결정적인 결단의 장으로서 인류에게 명시한 것은 성서 속의 證人들이라는 것이다.

예언자와 사도들의 증언은 주 하나님이 백성과 같이 행동하였으며 예수 그리스도에게 있어 결정적인 구원의 행위를 나타내 보였다는 것이다. 19세기의 위대한 프로테스탄트 神學者인 슐라이엘마허가 그의 『宗敎論』에서 언급한 바와 같이 "歷史는…… 宗敎의 最高의 對象이다. 歷史와 더불어 종교는 시작되고 역사와 같이 끝난다"는 인식에서 그리스도교회의 역할은 시사하는 바가 크다고 하겠다. 오늘의 進步主義 神學에서 그리스도교인이 政治的인 責任이 있다는 논리는 어디까지나 그리스도교인에게는 이성적이고 개인적인 판단에 따르는 것이며 神學과 교회의 의무는 설교에 의하여 그 책임을 분명히 하고 착실하게 가르쳐 주면 되는 것이다. 정치적으로 구속력이 있는 규칙을 정하여 한 인간의 고유의 결단에 대한 책임을 빼앗아 버리는 것이 신학과 교회의 과제는 아니다. 신앙의 결단은 역사적으로 구체적인 입장과는 직접적인 관계가 없다는 것을 성서는 잘 설명해 주고 있다. 즉 역사에 관한 성서의 시야는 '人間의 價値轉倒와 神의 攝理'라는 명제 아래서 찾게 된다. 성서는 인간의 자유와 죄악의 장으로서의 인간 역사의 이 같은 상황을 공평하게 해 준다. 그러나 성서에서의 신앙은 모든 인간의 價値轉倒에 대항하고 놀라운 神의 支配를 믿는 신앙을 가르쳐 주고 있다.

神의 攝理에 의하여 지배되고 인간의 가치전도에 의하여 형성되는 영역의 하나인 역사에 대한 시야는, 예수 그리스도가 우리들과 同時代人으로 우리와 함께 있음으로 해서 連帶責任을 진 우리들에게 단 한 번 주어지는 기회를 분명하게 행사해야 한다는 것이다. 그러나 어떤 사람은 이 기회를 상실한다. 그리고 과거에 대한 향수로 접어 두며 자기의 內面的인 亡命으로 처리해 버린다. 칼 바르트는 하나님의 召命으로부터 그리스도교인은 도피해서는 안 된다고 지적한다. "다른 어떤 場도 아닌, 자기 자신의 장에서 神의 召命과 人間의 誠實性이 계속해서 발견되고 실행에 옮긴다는 것은 자신 가운데 성실을 갖게 되고 이를 요청하게 된다"는 敎義的 信仰을 가져야 한다는 것이다. 그렇다고 이와 같은 信仰이 역사적 사건을 곧이 곧대로 받아들여야 한다는 것은 아니다. 왜냐하면 그것은 人間의 價値轉倒의 영역으로서의 역사이기 때문이다. 역사는 인간이 생산해 내는 것이지 악령의 생산물이 아니다.

世界敎會를 자처하는 가톨릭교회나 개신교회 모두가 오늘의 냉전시대를 살면서 냉전에 협력하는 것과 같은 오욕을 받고 있고, 스스로 內部管理의 限界를 넘고 있는 것처럼 보인다. 교회 모두가 분열과 긴장 속에서 허우적거리고 있다. 인간의 가치전도가 난무하는 세계에는 악령과 천사의 싸움은 존재하지 않으며 거기에는 오직 인간의 긴장만이 존재한다. 그 긴장은 인간과 인간과의 관세이기 때문에 결코 극복될 수 없는 것도 아니다. 이것은 앞에서 언급한 바 있는 우리들 스스로가 歷史의 視野를 공평하게 전개함으로써 극복이 가능해진다. 이는 그리스도교인에게 주어진 가장 중요한 과제이기도 하다. 분열되고 긴장된 이 세계를 에큐메니컬하고 평화주의적인 접촉과 복음 아래 人間의 相對性을 하나의 의식 아래 수렴함으로써 하나의 세계 즉 하나님 나라가 건설될 수 있는 것이다.

근래 개발도상국을 위시하여 선진국에 이르기까지 가톨릭교회와 개신교회가 중심이 되어 에큐메니컬 운동의 일환으로 대화를 시도하고 있는 것으로 안다. 그러나 그리스도교인뿐만 아니라 일반 타 종교인이나 非信者들의 피부에 닿는 느낌은, 각 교파가 이를 신학적·교의적 논리의 바탕 위에서 해결하려는 것이 아닌가 하는 것이다. 자기 교파의 교의를 바탕에 깔고 대화하겠다는 것은 대화를 하지 않겠다는 논리와 다를 바 없기 때문이다.

한국에 있어서도 韓國敎會協議會(KNCC)가 구성되었고 韓國敎會宣敎協議會 (KNCC-IMC)가 설립되어 성서적 관점에서 사회 구원을 위한 에큐메니컬 운동에 박차를 가하

고 있고, 그것은 많은 그리스도교인이나 非그리스도교인에게 인간의 존엄한 권리
에 대한 의식을 향상시키는 데 역할한 바 크다. 『基督教思想』1976년 11월호에서
장 교수는 "오늘의 한국기독교는 근대적 자본주의 체제의 전개과정 가운데 형성
된 超越的(靈的) 그리스도교를 거부하고, 믿는 사람들이 한 마음과 하나의 의지로
써 물건을 서로 융통하여 자기의 것을 조금도 자기의 것이라고 하는 사람이 없이
각자의 필요에 따라 나누어 주는, 그러한 원시그리스도교 공동체를 회복하려고
한다"라고 지적하고 있으나, 이것이 政治神學이나 解放神學 그리고 民衆神學이라는
범주에서 해석된다면 매우 위험한 기독교논리가 성립되는 것이다. 그리스도교인
에게 주어지는 성서적 교의의 해석은 그리스도교인이 갖추어야 할 권리와 책임을
요청하는 데서 바르게 이해될 수 있으며 인간의 價値轉倒 現象에서 神의 섭리에 따
라 인간을 회복시키려는 논리적 결단을 하지 않으면 안 된다.

　世界教會를 지향하는 모든 기독교는 교파적 도그마에 매여 있지 않고 각 교파
가 한자리에 모여 대화를 나누는, 그러면서도 각국의 문화적 특성과 歷史的 變遷過
程을 수용하는 場에서 대화를 나누는 에큐메니컬 운동을 전개해야 할 시점에 놓
여 있다고 생각한다. 우리는 예수께서 제자들의 발을 씻어 주고 난 다음 "내가 왜
지금 너희의 발을 씻어 주었는지 아느냐?"(요한복음 13장 12절)라고 하신 말씀에
대해 다시 한 번 음미해야 할 時代的 狀況에 처해 있는 것이다.

제5장

綜合과 展望

□ 現代社會에 있어서 宗敎의
未來와 그 展望

現代社會에 있어서 宗敎의 未來와 그 展望

朴先穆

부산대학교 교수 · 철학

Ⅰ. 宗敎의 起源과 그 흐름

종교를 학문적으로 연구하는 길은 크게 두 가지로 나눌 수 있을 것이다. 그 하나는 종교의 역사적인 연구와 종교일반이 무엇인가를 이론적으로 검토하며 또한 개별종교를 비교적으로 연구하는 宗敎學이고, 다른 하나는 종교의 본질, 종교적 진리, 종교적 가치 그리고 종교를 평가하는 규범적인 척도, 종교의 사회적 역할을 문제 삼는 宗敎哲學일 것이다.

이 두 방법은 종교가 우리 생활에 뿌리를 내리기 시작한 이후부터 종교 그 자체를 연구하는 수단이 되었다.

자연의 소산으로 되어 있는 생명체 중에 정신적 생명체는 어떻게 탄생되었는가 하는 물음을 제기할 때, 이에 대해 여러 가지의 답을 제시하는 것이 철학적 입장이고, 神 혹은 절대자로부터 제시하는 답이 종교적 입장이다. 물론종교에 따라서는 생명의 근원에 대해서는 접어 두고 삶의 형태와 방법 그리고 그 목적만을 문제시하는 종교도 있다. 그러나 엄밀한 의미에서 神을 전제하지 않는 종교와 절대자에 대한 희생과 공경 그리고 祭祀儀式을 갖지 않는 종교는 논의의 대상에서 제외된다. 종교의식은 신에 대한 사람들 자신의 삶과 생명의 綜合的 儀式이다. 그러나 자연처럼 사람이 있기 전의 신의 존재 여부는 논리적 의미에서 혹은 실증적 의미에서 아무도 증명할 수 없다. 하지만 우주론적 증명, 존재론적 증명 그리고 자연신학적 증명을 통해 존재의 궁극의 근원으로서 신을 상정한다면 신의 존재를 간접적으로 증명할 수 있게 된다. 그러나 그것이 신이라고 단정하는 것은 독단론에 빠지게 되지만 사람은 推論的 사고능력을 갖고 있기에 모든 것을 포괄하는 第一原因을 구명하려는 이성적 욕구에 따라 존재의 논리적 근거를 따지지 않을 수 없게 된다.

이러한 의미에서 여기에서는 종교의 기원과 그 역사적 흐름, 종교의 사회적 역할에 있어서 긍정적인 측면과 부정적인 측면을 고찰한 연후에 과학적 시대에 들어선 오늘날의 사회를 어떻게 극복하며 미래적 전망이 어떻게 제시되어야 하는지를 살펴보겠다.

모든 존재의 근거가 神이라는 확신에서 神에 대한 믿음으로서 소망을 기원하고 영혼불멸의 관념을 가질 때 종교의식이 나타나게 된다. 그러나 종교학 또는 종교철학이 종교의식이 싹트기 시작한 원시종교 시대에서부터 있었던 것은 아니다. 종교의식은 學問의 시대 이전부터 생명에 내한 非論理的 사고에 의한 것이다. 즉 생명에 대한 신화적 *mystisch* 해석과 밀접한 관계를 갖고 있다. 원시종교의 유형들은 주물숭배 *Fetishism*, 애니미즘 *Animism* 그리고 토테미즘 *Totemism*으로 분류되지만 이들의 공통점은 인간생활을 주관하는 절대적인 힘을 갖는다고 생각한 것이다. 가령 물질의 생명력이나 동식물의 영혼 등을 초자연적 존재로 신앙화하여 이들이 자연의 모든 변화와 인간생활의 재앙과 번영을 주관한다고 믿는 가운데 논리적 사고나 교리적 이론은 없이 생활의 안정으로부터 生死禍福에 이르기까지 기원하고 제사 지냈던 것이다.

이러한 비논리적 사고와 충동적 삶에서 神話가 형성되었고 자연의 배후에 무수히 많은 靈들이 있어 세계를 지배한다는 物活論 *hylozoism的* 사고가 생기게 되었다. 사실 원시인들은 모든 물질과 동식물에 있는 생명 혹은 영혼들이 사람의 생명과 수평적 차원에 있는 것이 아니라 수직적 차원에 있다고 생각하는 데서 원시적인 다신교가 생기게 된다. 베르그송 *Henri Bergson*(1859~1941년)은 그의 저서인 『도덕과 종교의 두 원천 *Les deux sources de la morale et de la religion*』에서 종교의 근거를 이

물활론에 두었던 것이다. 원시인들의 사물을 식별하는 단순한 사고, 생명의 종류를 분류하고 사람의 주관적 사고에 대한 객관적 생명으로 존재하는 그들 생명들에 대한 두려움, 즉 자연의 운행과 큰 변화 그리고 재앙에 대한 두려움에서 원시종교가 생겼던 것이다. 그러나 사람들은 비원리적·신화적 사고에서 벗어나 논리적이고·합리적인 사고를 하게 됨에 따라 철학과 종교가 분리되고 하나의 원리로서의 종교가 생기게 된다.

물론 오늘날에도 얼마간의 인종들은 원시종교 생활을 하고 있지만, 고대로 갈수록 신앙과 신화가 구별되지 않는 집단적인 신화 속에서 살고 있었다. 사실 신화는 생명의 기원, 자연의 존재, 사람의 최종적 운명 등을 설명하기 위해 비논리적으로 생각된 것이다. 자연의 힘은 사람의 힘을 압도한다. 따라서 자연의 생명인 마력이 사람의 생명을 지배하게 되고 이러한 힘에 대한 사람의 呪術 *magic*이 종교로 연결된다. 그러나 주술 그것이 곧 종교는 아니다. 말리노프스키 *B. Malinowski*(1884~1942년)는 "종교는 사람의 존재 근본에 관계되는 것이고 주술은 항상 구체적이고 상세한 문제에 관계한다"[1]고 했다. 그러므로 주술은 종교와 유사하며 종교 이전의 일종의 종교의식이다. 이와 같은 원시적 多神敎사상에서, 유일신에로의 길을 걸었다고 하는 것은 역사적 사실이 증명하는 것이다.

그런데 우리는 종교의 기원을 유대교에서 설명해야 할 것이다. 일반적으로 종교의 기원을 자연발생적인 것과 신의 계시에 의한 것으로 나누는데, 앞의 설명은 자연발생에 의한 自然宗敎인 것이다. 이러한 기원에서부터 자연종교와 啓示宗敎는 서로 대립된다. 民俗學的 차원에서는 자연종교의 기원을 애니미즘에서 찾게 되는데 보다 이론적인 의미에서의 자연종교는 理神論 *Theismus*이다.[2] 그러나 계시종교는 유대민족이 여호와의 신을 택한 것이 아니라 오히려 여호와 신이 유대민족을 선택하였다고 할 정도이다. 이것은 신의 신비적이며 성스러운 힘이 개인에게 나타난 것이 아니라 유다민족에게 나타남 *apokaluptein*이고 이러한 선택적 계시는 유일신의 예시인 것이다. 이 여호와는 모든 자연과 생명을 창조하시고 모든 피조세

---

1) B. Malinowski, *A Scientific Theory of Culture and other Essay*, University of North Carolina Press, 1944, p.220.

2) 18세기경 그리스도교의 비합리적이며 신비적인 요소를 제거하고 이성적 바탕에서 종교의 세속화를 막고 합리적 종교로 끌어올리려는 자연신학주의.

계의 역사를 주재하는 신이며 자신을 믿지 않는 모든 사람들까지도 돌보는 唯一神이다.

틸리히 *Paul Tillich*(1886~1965년)는 "하나님은 존재가 아니라 자신으로부터의 존재 *being from oneself*인 존재 자체 *being itself*이다"라고[3] 한다. 달리 설명하면 그리스도교에 있어서 하나님은 모든 존재자들의 존재근거가 아니라 오히려 모든 것의 창조주인 것이다. 만일 창조주가 여럿이 있다면 그것은 부분적인 창조주가 될 수 있지만 유일한 창조주가 될 수 없고 또 창조주의 창조주를 생각하지 않을 수 없게 된다. 따라서 여호와 신은 자신 이외에 다른 창조주를 허용하지 않는 유일신이며 인격적 존재이고 또 모든 사랑과 善의 존재 근거이다. 이러한 의미에서 개별에 대한 보편이요, 유한에 대한 무한이며, 미완에 대한 완성이자 또한 운동에 있어서는 원동력인 것이다. 신에 대한 위와 같은 개념이 생기게 된 것도 처음에는 종교의식에서 생기게 된 것이다.

사람은 외적 작용에 대해 두려움의 감정을 갖고 있으며 이러한 두려움에 대한 방어의 충동을 갖고 있다. 이러한 충동을 합리적으로 정리한 것이 종교적 감정이고 이 감정에서 종교적 경험을 갖게 된다. 물론 종교적 경험은 과학적 경험과는 달리 사람과 자연, 즉 창조주와 피조물과의 수직적 관계에서 정신을 매개로 한 영적 활동이다. 사람은 신을 정점으로 하여 자연과 동격의 위치에 있다고 하지만, 아직 이러한 생각을 하지 못했던 옛날 사람은 누구나 자신의 육체나 정신에 비해 비교도 안 될 정도로 위대한 힘과 영역을 가진 자연에 대하여 神格의 위치에 올려놓음으로써 신비감을 느끼지 않을 수 없게 된다. 뿐만 아니라 자신의 생명을 비롯하여 모든 생명에 대한 알 수 없는 수수께끼에 의문을 품게 된다. 이러한 세계관과 인생관에 대한 답을 스스로 얻지 못하고 해답을 줄 수 있는 전능한 인격자를 想定하게 되는 데서 종교의식이 싹트게 된다. 이러한 의식에서 집단적 행위에로, 즉 동족이나 부족들이 共同意識에서 공동목표를 위해 같은 행위를 되풀이하는 제례행위를 하는 것에서 종교가 생기게 된다. 여기서 새로운 종교적 제도가 생기게 되고 생활의 일부를 지배하는 제단이 생기게 되었다.

---

3) P. Tillich, *Systematic Theology*, University of Chicago Press, 1951, p.237.

역사적 맥락에서 보면 종교의식은 생명 보존의 충동과 이기적 동물성의 本來性에서 시작된다. 즉 처음에는 두려움의 假想的 원인에 대한 畏敬에서 생명을 보호하며 재앙을 막고 소망을 기원하는 가장 단순한 삶의 충동과 욕망에서 종교의식이 시작된 것이다. 이러한 종교의식이 집단화되고, 즉 개인적 의식에서 공동적 의식으로 敎理化되고 또 삶의 원리로 制度化됨으로써 종교가 시작된다. 종교는 어디까지나 개인적 신앙심의 공동개념이지만 은총의 빛이 개인적 신앙심과 조직적인 제도로 연결되어 개인적 삶을 무조건 복종케 하는 내적 혹은 외적인 위대한 힘으로 등장한다. 사실 고·중세사회는 노예제도가 허용된 사회이다. 그런데 종교의식에서 종교가 생긴 것은 이 노예제 사회의 성립에서 비롯된다. 달리 말하면 신의 전능하심에 대한 사람들의 태도는 주인과 노예와의 관계로 전환된다. 즉 사람의 종교적 대상에 대한 외경이 당시의 노예 감정으로 표현된다. 그래서 원시인들의 다신교 *Polytheism*가 노예제 사회에서 일신교 *Monotheism*로 확립되고 봉건사회에 있어서는 문화 전반을 지배함과 동시에 종교의 神聖性이 정치와 권력의 상징으로 부각되어 씨족과 민족의 종교가 세계종교로 등장한다. 그러나 자본주의 사회에서는 개인적 신앙으로 축소되고 사회주의 사회에서는 無神論의 벽에 부딪히게 된다.

오늘날의 세계는 무신론과 유신론으로 대립되어 있다. 다윈 *Darwin*(1809~1882년)의 進化論 *Evolution Theory*이 세상에 알려지자 종교의 기원과 그리스도교의 원리가 도전을 받게 된다. 즉 원리적 그리스도교가 심리 및 사회학적 의미의 종교론으로 바뀐다. 따라서 그리스도교가 불교, 힌두교, 이슬람교, 기타 여러 종교와 같은 지위를 갖게 되어 종교 사회학이 일어나게 된다. 이에 19세기의 종교사는 오히려 종교의 比較 硏究라 할 것이고 지금의 종교학은 모든 전통적 종교를 공평하게 연구하고 비판한다. 특히 지구시대를 벗어나 우주시대로 접어든 차제이기에 지구의 개념이 좁아짐에 따라 종교의 개념도 그만큼 작아진다. 그래서 현대종교는 사회적 개념을 갖게 되고 전통적인 종교의 고정 개념, 즉 하늘이나 자연 중심에서 벗어나 사람 중심의 종교 개념이 형성된다.

그럼 종교를 어떻게 정의할 것인가 하는 문제가 남게 된다. 일반적으로 이성에서 철학이, 감정에서 종교의식이, 의지에서 종교적 행위를 하게 되지만 종교적 생활은 知情意를 모두 동원한 종합적 정신활동이다. 물론 철학도 이와 마찬가지지만 철학은 종교적 경험 전부를 받아들이지 않는다. 만약 철학이 종교적 경험을 자신의 대상으로 삼았을 때는 이성과 감정을 다시 결합시키게 된다. 다시 말하면 종교의 진리를 아는 것은 철학의 영역에 속하는 것이 된다. 사회학이 사회의 본질과 그 조직을 체계적으로 연구하는 것이라면 종교철학은 종교의 본질과 종교를 어떻게 정의할 것인가 하는 데 있는 것이다.

동양에서의 그 語源인 宗은 '宀'와 '示'로 구성된 글자로서 신에게 제물을 바치고 제사를 지내는 의미인데 조상들의 혼령에 제례의식을 행하는 것이다. 그리고 불교에서 Siddhanta는 Sidda anta의 합성어로서 성취되어 완성된 극치 혹은 궁극이란 뜻이다. 즉 Siddhanta는 우주의 근본원리를 깨달아 최고의 경지에 이르는 것인데 이것이 宗으로 표현된다. 그래서 종교는 모든 것의 근본원리를 깨닫게 하는 가르침이다. 달리 말하면 사람에게 주어진 무한한 가능성을 일깨워 하느님이 되게 하는 가르침이다. 또한 서양의 Religion은 라틴어의 Religio에 그 어원을 두었고, Religio는 Relegere라는 동사에 그 어원을 두었다. 그런데 이 Relegere는 re(다시)와 legere(주워 모으다)의 합성어로서 "다시 정돈 혹은 음미한다는 뜻이요 정성스럽게 다룬다 *Religiosi ex Relegendo*"는 의미에서 엄숙하게 거행하는 의식이다. 한편 그리스도교를 옹호하는 락탄티우스 *C. F. Lactantius*(250년경~325년 이후)는 Relegio를 Relegare란 동사에서 따왔다고 주장하고는 '다시 잇다' 혹은 '다시 결합한다'는 뜻으로 여겼다. 이것은 바로 Relegare가 사람과 신과의 관계를 틀어진 상태에서 다시 결합한다는 의미로 해석한다. 그리고 아우구스티누스 *Augustinus*(354~430년)는 "사람이 신을 등한시 *negligere*하여 신을 잃었다가 다시 신을 찾는 것 *Religentes*이 Religio인데, 이것은 신을 다시 찾는 것 혹은 회복시키는 의미이다"라고 하였다. 물론 이러한 해석은 語源的 해석이지만 종교의 개념을 어원적으로만 정의할 수 없는 것이다. 왜냐하면 언어와 풍속이 다르며 피부색이 다르기에 主情的 *Offectivistic*, 主知的 *Intellectualistic* 그리고 主意的 *Voluntaristic* 입장에서 종교를 정의해야 될 것이다.

사실 종교의 본질을 설명하는 것은 신이 무엇인가를 설명하는 것이다. 그런데 신이 있다면 모든 존재의 이전에 있었던 것이어야 하기 때문에 실증적인 설명이 불가능하다. 따라서 신에 대하여 항상 類推的·비유적 그리고 直觀的인 절멍으로 만 가능하기에 신에 대한 정의가 다양할 수밖에 없다. 뿐만 아니라 종교의 종류도 그만큼 많게 된다. 다른 각도에서 보면 무엇에 대한 정의는 일종의 도구이기 때문에 종교에 대한 정의도 다양하게 된다. 달리 설명하면 정의는 임의적인 것이요, 시도적 *heuristic*인 것이다. 하나의 목적에는 적합하나 다른 목적에는 맞지 않는 경우도 있다. 따라서 정의는 보편성은 있지만 절대성은 없는 것이다. 만일 우리가 전통적 의미에 따라 종교를 신에 대한 흠모, 희생, 소망과 믿음을 갖는 것이라고 한다면 또한 신을 궁극의 실체, 창조주, 일체의 삶의 가치적 典型으로 믿는다면 오늘날의 사회학적 관점에서는 미흡한 개념이 될 것이다. 왜냐하면 현대에서의 종교의 개념은 심리학적·문화적 그리고 사회적·이성적 입장에서 정의되고 있기 때문이다. 사실 어떤 종교이든 간에 거기에는 영적인 요소와 샤머니즘 *shamanism* 적인 성질을 갖고 있고 또한 죽음의 문제와 연결되어 있는 것이기에 과학적 방법으로 해 결할 수 없는 개별적인 문제인 것이다.

뒤르켐 *Durkheim*(1858~1917년)은 종교를 "성스러운 것들, 즉 따로 보관되고 금지된 것들에 대한 믿음과 실행의 통일된 체계"라고[4] 한다. 여기서 교회는 믿음과 실행을 함께하는 모든 사람들의 도덕적 공동체이다. 물론 이것은 사회적 관점을 의식한 정의이다. 그는 성스러운 것과 속된 것을 구별하고 神의 개념을 갖지 않는 종교는 있을 수 있어도 성스러움을 갖지 않는 종교는 없다고 지적한다. 하지만 종교가 종교로서 제구실을 하기 위해서는 세 가지 요소를 가져야 하는데, 그것이 바로 이론적인 요소라 하는 믿음의 체계, 실천적 요소인 의식의 체계 그리고 사회적 요소인 사회관계의 체계이다.[5] 이것은 종교를 사회적 이면에서 보려는 의도이고, 종교에서의 사회가 아니라 사회에서의 종교를 정의하려고 한 의도이다. 따라서 현대에서 사회와 종교가 어떤 관계인가를 살펴보기로 하겠다.

---

4) Emile Durkheim, *The Elementary Forms of the Religion's Life*, trans. by Joseph Swain, New York Free Press, 1915, p.62.
5) Vgl. Joachim Wach, *Sociology of Religion*, Chicago, University of Chicago Press, 1944, p.237.

Ⅱ. 宗敎의 社會的 役割

1. 종교를 받아들이는 사회

사람이 사회적 동물이라 함은 사회의 주체란 뜻도 된다. 그리고 사회란 사람의 이성적이며 조직적인 생활을 대표하는 것으로서 감정과 이성의 다양한 욕망을 組織化한 하나의 集合體이다. 따라서 사회 속에 흐르는 의식도 실증적 욕구뿐만 아니라 초월적 욕망, 즉 유한적 욕망뿐만 아니라 무한적 욕망도 있는 것이다. 전자를 사회적 욕망이라 한다면 후자를 종교적 욕망이라 할 것이다. 그러나 일반적으로 종교의 기원에서 사회와 종교를 분리시키거나 밀접하게 관계 지으려는 견해가 서로 대립하고 있다. 이러한 상황에서 종교와 사회와의 관계, 즉 사회가 종교를 수용하는 것을 사회적·윤리적·교리적·심리적 그리고 가치론적 측면에서 고찰하고자 한다.

신앙은 개별적인 종교체험에서 시작된다. 이 체험은 거룩하고 성스러운 것으로서 정치와 경제활동과는 다를 뿐만 아니라 과학적 연구의 대상에 들어가는 그 자체를 부정한다. 그리고 종교의 科學化를 거부하고 사회적 조직으로부터 초월하여 정신적으로 神聖性을 보존하려는 의도에서 사회와의 분리를 주장하는데, 이것이 종교의 독립적 속성이다. 이와는 달리 로버트슨 *Roland Robertson*은 "종교적 신앙은 사람의 탐색과 설명을 초월하기는커녕 사회적 산물에 불과한 것"[6]이라 한다. 이러한 견해는 많은 종교학자로부터 지지를 얻게 된다. 왜냐하면 종교적 체험은 사람이 사회적 동물이라는 範疇 안에서 가능하기 때문이다. 비록 사람들이 초월적인 것을 신앙의 대상으로 삼고 있지만 그 경험의 가능성은 현실적인 것이다. 그래서 종교적 활동과 믿음은 언제나 사회에 대한 경험적 명제로 환원할 수 있는 것이다. 그러나 이 두 입장은 비과학적이고 사회를 초월하는 의미도 내포하고 있지만 사회와의 연관에서 종교의 從屬性이라 한다.

하지만 앞의 입장과는 다른 제3의 견해가 토우러 *Robert Towler*에 의해 제기된다.[7] 결국 종교는 사회학적 방법에 의해 제창된다는 것이다. 신앙심이 사람들의

---

6) Vgl., R. Robertson, *The Sociological Interpretation of Religion*, New York, Schacken Book, 1971, p.7.

精神的 所産인 것처럼 사회조직 및 사회현상 역시 사람들의 정신적 소산이다. 그래서 사람들이 갖는 공통적 신앙은 사회현상의 일부인 것이요, 종교의 조직체 그것이 바로 사회현상의 일부인 것이다. 그리고 교회나 사원의 조직은 사회학의 연구대상이고 이것들은 특수한 이념을 가진 사회조직의 축소판이다. 즉 사회조직의 속성 중 일부가 종교조직이며 전통적 신앙은 전통적 사회현상의 반영인 것이다. 여기서 종교의 기원을 생명이나 영혼의 사회적 현상 문제와 연관시킨다. 엄밀한 의미에서 종교가 지닌 진리의 문제는 오로지 그 종교를 믿는 사람들에 의해서 판단될 것이지 종교학자나 과학자 그 밖의 다른 종교인들에 의해서 판단되는 것이 아니다. 예부터 종교가 사회와 밀접한 관계에 있다고 한다면 오늘날에 와서 종교적 생활이 사회적 발전에 어떻게 기여하고 있으며 조직화된 종교사회가 人倫生活에 어떠한 영향을 주고 있는지 하는 문제가 미래 종교를 예측하는 단서가 될 것이다. 그리고 사회적 입장에서의 종교는 참과 거짓에 대한 문제가 아니고 종교의 社會的 機能과 종교가 지닌 사회적 힘의 문제인 것이다. 사실 신의 존재를 결정하는 문제는 유신론자 혹은 무신론자들의 논의이지 不可知論者들의 대상은 아니다.

우리는 종교의 기원을 설명하는 과정에서 종교와 사회와의 관계를 알 수 있다. 앞서 말한 종교의 기원은 超自然的·靈的인 존재나 신비에 의한 것이다. 그러나 19세기 후반에는 오히려 종교의 기원을 儀禮 *ritual*에서 찾으려는 경향이 동서양에서 일어났던 것이다. 스미스 *Robertson Smith*는 "의례가 신화에서 나온 것이 아니라 신화가 의례에서 나온 것"[8]이라 한다. 그에 의하면 神話는 관념의 소산이기에 변하는 것이지만 儀禮는 고정된 것으로 파악된다. 또한 신화적인 입장에서의 신앙은 신도들의 재량 혹은 개별적인 心情에 의해 수정되는 것이지만 의례는 의무적인 것이어서 그와는 달리 고착성을 보인다. 이처럼 의례를 종교의 근원으로 보는 종교사회 학자들의 주장이 오늘날의 종교와 사회와의 관계를 밀접하게 하고 있다. 이것은 종교를 개별적인 경험으로만 보지 않고 민족적인 관념과 집합적·사회적인 의식을 결부시킨 것이다. 결국 종교란 사회를 위한 하나의 유익성으로 있게 되

---

7) Vgl., R. Towler, *Homo Religion*, London, Constable, 1974, p.1.

8) R. Smith, *Lectures on the Religion of the Semites*, 1894, p.18.

는 것이다. 그래서 뒤르켐은 종교를 '사회적 경험의 透影 *a profection of social experience*[9]'이라 하였다. 이것은 종교가 그 민족이나 국가를 떠나서 성립될 수 없는 社會的 機能을 말한 것이다.

베버 *Max Weber*나 트뢸치 *Ernst Troeltsch* 같은 학자들도 종교의 사회적 기능을 강조한다. 물론 칸트 *E. Kant*는 사회와 신앙보다는 윤리적인 最高善을 신의 존재근거로 보았고[10] 러셀 *B. Russell*도 그리스도교에 대한 반박에서 도덕을 무기로 삼았다. 또한 미국의 종교학자 파슨스 *Talcott Parsons*, 바흐 *Joachim Wach*, 버거 *Peter Berger* 등은 종교를 사회적 차원에서 조명하였는데, 이러한 내용은 많은 학자들의 지지를 받게 된다. 이들은 뒤르켐처럼 종교를 사회의 從屬變數 *dependent variable*로 보았다. 그리고 종교가 사회적 기능의 일부로 작용하고 있다는 사실을 지적한 뒤르켐은 초월적 신앙의 비합리성을 폭로하고 종교는 어디까지나 사회적 가치의 반영임을 주장한다. 한편 종교를 獨立變數 *independent variable*로 보는 학자들도 있지만 오늘날의 사회에 있어서는 종속변수적인 경향에서 종교를 연구하는 주장이 우위에 있는 것이다. 현대사회에서 종교의 의미가 바로 여기에 있는 것이다. 그런데 종교 자체의 차이와 변화를 사회구조와 사회적 상황 그리고 사회의 성숙도의 영향하에 있는 것이라 한다면, 이것은 종교를 사회의 종속변수로 보는 동시에 종교를 사회의 介入變數 *intervening variable*로 보는 것이다. 왜냐하면 종교의 변화와 차이가 사회변동에 영향력을 행사하게 되고 서로의 변화에 밀접한 관계가 있기 때문이s다.

종교가 사회의 종속변수의 역할을 한다고 주장하는 내용은 윤리적 차원에서도 적용된다. 종교와 윤리학은 인륜생활에 있어서 공통적 의미를 갖는 경우가 있다. 이것은 종교의 실천내용이 윤리적 德目이 되는 경우이다. 그리스도교의 사랑, 불교의 자비, 유대교의 율법, 이슬람교 코란의 내용이 윤리적 덕목으로 주어진다. 사실 종교적 생활과 윤리적 행위는 구별된다. 전자는 감정에 의한 신앙적 생활이며 절대자를 전제로 한 永生 또는 輪廻思想의 생활이다. 하지만 후자는 이성적 사유에 의한 현실적인 인륜생활이다. 종교적 생활의 동기와 목적은 절대자에 귀의

---

9) E. Durkheim, *The Elementary Forms of Religion Life*, trans. by Joseph Swain, New York Free Press, 1915, p.206.

10) I. Kant, *Die Religion innerhalf der Grenzen der bloβ en Vernunft*, 1956, p.5.

코자 함에 있고 윤리적 생활의 근거는 이성적 사유이다. 가령 거짓말을 하지 말
것, 도둑질을 하지 말 것, 살인을 하지 말 것, 이웃을 사랑할 것, 법을 지킬 것 등
은 인륜생활의 기본적 덕목이면서 종교의 근본원리이다. 따라서 이것들은 이성적
삶의 기본질서이지만 한쪽은 계시에 의해서, 다른 쪽은 의무로서 주어지는 것만
이 다를 뿐이다.

　종교를 믿든 그렇지 않든 간에 宗敎的 意識과 倫理的 義務感을 떠날 수 없다. 가
령 신을 믿지 않는다 함은 특정 종교를 인정하지 않는 것이지 신의 관념마저 부
정하는 것이 아니다. 윤리적 의무는 그것을 지키는 것에 상관없이 필연적 존재로
주어진다. 이슬람교에 있어서는 의무가 종교의 교리에서 연유되며 불교에서는 윤
리적 체계가 불교의 교리를 실천하는 것이 된다. 아는 바와 같이 그리스도교의 사
랑은 이웃에 대한 사랑이다. 이것이 신에 대한 사랑이요 人間的 本質의 실천이며
신앙의 사회 참여이다. 종교적 의무가 신앙에 의한 것이지만 그 의무의 실천적 주
체가 사람이요, 실현 장소가 사회인 만큼 뒤르켐이 말한 것처럼 종교는 사회를 떠
나 홀로 있을 수 없는 것이다. 그러므로 어떠한 종교이든 간에 윤리적 덕목과 관
계를 갖지 않을 수 없다.

　불교에서는 열반에 이르기를 希求하고, 그리스도교는 천당을 향해 간다 하더라
도 그곳에 이르게 되는 근거는 사회이며 교리의 근본내용은 윤리적 의무 혹은 덕
목으로서 사회조직에 적용된다. 물론 윤리적 행위의 근거를 자유에 둔 칸트는 敎
義와 덕목을 구별한다. 하지만 자유를 행위의 근거에서 찾는 것은 신의 존재근거
를 간접으로 인정하는 것이다. 즉 윤리적 완성개념인 최고선 *das höchste Gut*에 도달
하기 위해 사람에게 神聖性이 주어져야 하고 최고선의 存在性을 위해 신이 요청되
는 것이다. 종교적 교리의 실천을 위해 윤리적 덕목이 필요한 것처럼 사람이 最高
善에 도달하기 위해서 종교적 교리가 요청된다. 헤겔 철학의 체계는 絶對精神의
단계적 실현이다. 이 정신의 내용은 예술, 계시종교, 철학인데 有限과 無限의 통일
로서의 神이다. 구체적으로 말하면 주관적 정신, 법, 도덕성 그리고 인륜성 모두가
절대정신의 부분적 실현이다. 따라서 헤겔의 절대정신은 윤리와 종교를 포괄한
완전한 자유정신이고 이 自由精神이 완전한 사회를 이끌어 가는 실체이다.

사람은 행복을 추구하려는 욕구를 갖고 있다. 이 욕망은 사회적 욕망이지만 여기서는 지적 욕망과 물질적 욕망으로 나누어진다. 물론 이것들은 종교 및 윤리적 범위를 벗어나지 못한다. 사람들은 각자의 행복을 종교로부터 찾기도 하고 예술과 윤리적 덕목의 실천에서 찾기도 한다. 原罪를 떨쳐 버리는 것에서 행복을 찾는 그리스도교인, 율법을 지키는 것에서 행복을 구하는 이슬람교인, 보다 더 가치 있는 輪廻的 生命을 얻고자 하는 불교인의 행복, 이 모두가 욕망 실현의 결과로서의 행복이다. 그러나 윤리적 행복은 사람의 순수한 본성을 실천하는 생활에서의 행복이다. 아리스토텔레스는 '이성을 완전히 발휘한 상태'가 곧 행복 *eudaimonia*인데, 이것은 자발적 실천을 의미한다. 그러나 종교에서의 행복은 무엇을 전제한 결과이므로 종교가 행복을 위한 수단일 수도 있다. 이러한 의미에서 종교들 사이에서 교리의 우열이 문제 되기도 한다. 즉 종교의 교리가 얼마만큼 이론적이며 현실의 생활을 유도할 수 있는가에 따라 종교의 사회적 기능이 판가름 나게 된다. 이것은 종교의 교리적 역할이 사회와 어떤 관계를 갖고 있음을 의미하는 것이다.

종교가 다르다고 하는 것은 教理의 차이다. 교리는 그 종교의 뼈내이며 살이고 정신이다. 따라서 종교의 우열은 교리의 우열이다. 가령 來世觀이 없는 유교, 創造論이 없는 불교, 人格觀이 없는 힌두교 등은 동양권의 종교이다. 그러나 절대적 인격체로서 창조를 주관하고 攝理史觀을 지닌 그리스도교는 다른 종교보다 완벽한 교리를 갖고 있다. 하지만 어느 종교든 간에 참된 진리라고 주장할 수 있는 근거를 갖고 있다. 사실 종교를 믿는 자가 자신의 神을 절대자라고 믿으면 그것에서 절대자와의 관계가 성립한다. 또한 신이 없다고 주장하는 생활에서도 별로 불편함 없이 살아갈 수 있는 것이다. 하지만 사람은 정신과 물질의 종합체이다. 여기서 신앙적 생활을 피할 수 없다. 즉 영적인 교리가 현대사회의 제도와 연결되어 있다는 것이다. 물론 교리가 神話的인 의미를 지니고 있는 것도 있지만 교리가 논리적이고 이론적이면서 우주의 원리와 질서를 대변하는 것도 있다. 결국 교리는 사람의 지적인 능력에 의해 정리된 우주의 원리에다가 신성성, 영원성, 계시성을 부여한 초경험적 원리이다. 그러나 불교의 원리는 변화세계를 초월한 해탈의 원리인데 諸行無常 諸法無我 一切皆苦 등은 자연적 존재들의 본성을 갈파한 것이다.

이러한 원리에서 생활의 진리를 깨닫자는 것이다.

　이와 같이 교리는 전통사회 조직의 원리이며, 사회정신의 근본이며, 현대문명의 토대이다. 그리스도교의 교리는 플라톤 *Platon*과 아리스토텔레스의 철학을 골격으로 하여 만들어진 것이며, 이 헤브라이즘은 유럽문명의 한 支柱이다. 한편 유교의 세계관과 인생관, 불교의 사물관과 생명관은 동양문화의 근거이다. 따라서 교리는 사람이 어떻게 살아야 하는가의 방법을 제시하고, 내세관을 암시하고 있다. 또한 교리는 생활습관, 윤리적 덕목, 법률 제정, 제도의 근거 등으로 수용되고 있기에 사회는 종교와의 관계를 끊을 수 없다. 이러한 의미에서 스마트 *Ninian Smart*는 "교리는 사회를 규정짓는 기능을 가진다"[11]고 하였다. 이미 아는 바와 같이 교리는 과거나 현재에 적용되는 종교적 진리이다. 따라서 전통사회를 현대사회에 맞도록 해석한다. 사실 우리가 만일 교리에서 신을 제거해 버리면 그것은 하나의 우주관이나 인생관을 말하는 철학이 된다. 統一敎의 교리는 이미 있었던 그리스도교의 교리에 동양의 우주관을 접합시켜 동서양을 통일하는 새로운 원리, 즉 교리를 선보인 것이다. 이것은 종교의 통일에서 세계평화를 모색한 것이다.

　교리는 체험, 즉 신비적 체험이나 啓示的 體驗 혹은 영적 깨달음에 의해 만들어지고 주어진 것이다. 이것은 철학의 문제이면서도 경험과 실천의 문제이다. 교리로써 종교가 사회에 영향을 미치는 것은 교리의 진실성을 증명하고자 함이 아니라, 교리를 왜 어떻게 생활화하는가 하는 문제를 구명하는 데 있다. 교리의 진실성을 과학적으로 증명할 수 없는 것처럼 실천의 문제도 과학과 다르다. 만일 神의 存在가 과학적 도구로서 증명된다면 그것은 신이 아니다. 왜냐하면 신은 언제나 과학적 도구의 존재근거이며 그 과학적 원리의 근원이기 때문이다. 이에 교리는 개인적 체험에 대한 공신력이다. 석가의 깨달음, 그리스도의 종교적 실천, 모하메드의 신에 대한 깨달음은 모두 사람으로서의 깨달음이요 실천이기에 사람은 누구나 이러한 깨달음과 실천을 할 수 있는 주체이며, 이러한 가능성을 갖고 있음을 의미하는 것이다. 사람의 마음 깊숙한 곳에는 과학을 넘어선 神秘性이 자리하고

---

11) 강동구, 『현대 종교학』, 청년사, 1986, p.132.
　　(Ninian Smart의 *Worldviews, Crosscultural Explorations of Human Beliefs*, New York, Charles Scribner's Sons, 1983의 번역서)

있다. 즉 사람의 의식에는 자연의 신비로움이 들어 있다. 이 신비로움이 종교의 교리로 나타나게 된다. 사실 이 교리의 힘이 사회적 삶의 방향을 제시한다. 그리하여 신이 있다고 확신하고 믿는 자에게는 신의 존재가 삶의 가치 있는 길잡이가 된다는 것이다. 이러한 문제를 心理的 차원에서 더 상세히 설명하기로 하겠다.

종교는 사람의 不完全性을 보완하고 충족시켜 주는 역할을 한다. 사람은 원래 부족함을 그대로 두고 살아가는 것이 아니라 채워 가며 살도록 되어 있다. 이러한 삶에 불안과 공포, 고통, 욕망이 있게 되고 이러한 것들을 종교적 힘으로써 없애려는 심리적 현상이 일어나게 된다. 프로이트 *Sigmund Freud*(1856~1939년)는 종교를 고통을 피하게 하고 기쁨을 높이는 심리적 작용으로 풀이한다.[12] 여기서 종교는 고통이나 번뇌를 막아 주고 부족함을 채워 주는 代用滿足 *substitute satisfaction*의 역할을 하는 것이다. 만일 신을 사람들의 모든 것을 채워 주고 모든 소원을 들어 주는 절대자로 간주하여 신에 귀의하려는 뜻을 항상 갖고 있다면 신으로부터 받는 위안은 엄청날 것이다. 이러한 신의 심리적 작용이 삶을 생동적으로 이끌 것이고, 질서에 순응하는 삶, 정의를 실천하려는 삶에로 이끌 것이다. 뿐만 아니라 현대사회 구조에서 쌓이게 되는 모든 긴장을 풀어 주는 역할을 할 것이다. 잉거 *Milton Yinger*는 "인간집단이 삶의 최종적인 문제에 대처하기 위해 가지고 있는 믿음과 의식의 체계를 종교"[13]라고 하였다. 사람의 심리적 현상을 과학적으로만 설명할 수 없다. 그것은 사람이 종교적 심리현상을 갖고 있기 때문이다. 사실 종교의 기원에도 심리적 요소가 깔려 있는 것이다. 따라서 교리의 내용과 그 체계는 사람의 정신적 체계와 그 내용이요, 또한 우주의 체계와 그 내용이다.

사람은 종교를 갖든 그렇지 않든 간에 혼동 *Chaos*에 대한 질서의 개념을 갖게 된다. 만일 신이 있다고 한다면 그것은 혼동의 신이 아니라 질서의 신일 것이다. 이것이 사람이 갖고 있는 신에 대한 관념이다. 종교가 개인적 경험에 의한 심리적 현상이라 함도 여기에 기인한 것이다. 사실 종교적 경험은 科學化할 수 없는 경험이다. 아무리 종교가 부분적으로 우주에 관한 것, 경험적인 것에 관한 것이라 하더라

---

12) Vgl., S. Freud, *Civilization and its Discontents*, New York, Norton and Co., 1962, p.18.

13) M. Yinger, *The Scientific study of Religion*, London Mcmillan, 1970, p.7.

도 그것은 直觀的인 것이며 또한 개별적인 靈感에 의한 경험, 주관적 확신에 의한 행위이기 때문에 자연의 필연법칙 범주에 속하는 과학이 될 수 없다. 종교적 경험에 의한 예배, 숭배, 희생, 순교 등은 과학의 위대성에 대한 감동과는 다른 것이다. 우리가 보다 아름다운 것, 보다 영원한 것, 보다 선한 것, 보다 성스러운 것을 추구할 때 그 모두를 충족시켜 주는 것을 신으로 상정한다. 틸리히 *Paul Tillich*(1886~1965년)가 말한 것처럼 신의 존재에 상관없이 궁극의 목적을 추구하려는 것이 인간의 심리적 현상인 것이다. 다시 말하면 사람은 원래 심리적으로 궁극의 관심대상을 想定하게 된다. 종교란 지성적 요구만이 아니고 신앙적 경험에 의한 행위를 요구한다. 왜냐하면 종교가 사람들로 하여금 동기와 태도를 결정지어 주는 심리적 현상의 역할을 하기 때문이다. 더 나아가서 사람들이 확실한 신앙을 갖게 되면 불안과 고통이 적어지며 신앙적 주체성에서 항상 흐트러지지 않는 행위를 하게 된다. 이 모두가 신앙의 심리적 역할로서 정신을 치료하는 효과를 갖게 되고 또한 형이상학과 윤리학의 圈外에서 사회의 모든 불안의 요인을 해방시키는 역할을 한다.

2. 종교를 거부하는 사회

종교가 삶에 있어서 만능적인 것이 아니기에 앞의 긍정적인 측면에 반해 부정적인 측면도 있는 것이다. 종교를 거부하는 이유는 종교가 지니고 있는 교리의 결함, 唯物論的 우주관에 의한 신의 부정, 개인생활을 억압하는 종교적 조직의 힘에 의해서이다. 또한 과학적 힘 앞에서의 종교의 무력함과 일상생활에서의 종교의 無用論 등을 들 수 있다. 그리고 종교적 삶의 가치관과 현실적 삶의 가치관의 차이에서 종교를 거부하는 경우도 있는 것이다. 그러나 이러한 것들을 일일이 설명할 수 없고 종교 자체의 부정적인 측면과 유물론적 입장에서 이 문제를 다루어 보겠다.

모든 哲學思想은 신을 전제로 하는 경우와 그렇지 않은 경우로 나누어진다. 따라서 우리의 삶도 신을 머리에 이고 사는 경우와 그렇지 않은 삶으로 나누어진다. 또한 신을 믿다가 믿지 않는 인생으로 끝나는 사람도 있고 일생에 몇 번이고 종교를 바꾸는 사람도 있다. 사람들은 스피노자 *Spinoza*(1632~1677)가 신을 거부한 사람이면서 신에 미친 사람이라고 한다. 이 점에 있어서는 니체 *Nietzsche*(1844~1900)도 비슷한 경우이다. 사실 스피노자의 사상은 신을 전제하지 않으면 성립되지 않는 사상이다. 그런데도 왜 신을 거부하였을까? 그들은 전통적 신의 부정적 측면을 공격하고 새로운 현실적 신, 자연을 포괄한 신을 내세웠던 것이다. 니체는 종래의 신을 사람의 정신, 추측 그리고 하나의 사상에 불과하다고 한다. 이러한 신은 彼岸의 세계에 있는 실체가 없는 虛像이다. 이 허상이 사람들의 무한한 의욕을 틀 속에 가두어 두었기에 개인으로 하여금 超人의 경지에 도달하지 못하게 한다는 것이다. 이런 뜻에서 그리스도의 교리나 계명은 니체로부터 거부당한다. 니체가 본 교리는 사람의 삶이 충동을 억압하는 것이다. 그는 『모든 신들은 죽었다 *Tot sind alle Götter*』[14]고 외쳤다. 이것은 사람이 디오니소스적 삶을 추구할 때 종교적 교리가 거부되어야 한다는 의미이다.

베르그송 *Bergson*(1859~1941)은 종교를 靜的 종교와 動的 종교로 나누었다. 콩트와 스펜서가 주장한 것처럼 베르그송도 종교를 사회적 요구에서 기원된 것으로 간주한다. 즉 사람들이 神이나 呪術의 환경적인 힘을 인격적인 술어로 생각하는 것에 익숙해짐에 따라 종교라는 개념이 나온 것이라 본다. 이러한 종교는 지식의 문제도 아니요 詩想에 의한 것도 아니다. 오히려 현실적 요구에 의한 것인데 이러한 종교를 靜的 종교라 한다. 이 정적 종교는 지성에 의한 것이면서, 오히려 지성을 사용함에 있어서 개인을 억압하고 사회를 분해시키는 역할을 한다는 것이다.[15] 그래서 베르그송은 외적 혹은 자연적 종교를 부정한다. 실제로 베르그송은 관념론자도 유물론자도 아니다. 그는 세계를 창조한 신 같은 것을 믿지 않고 창조자와 피조물과의 구별을 초월한 그 자체를 세계라 한다. 그리하여 사람의 실존을 억압하는 종래의 人格神, 즉 정적 종교를 거부한다. 그리고 인류와 우주를 넘어서 모든 존재와 일치하는 극한점에서 성립되는 개방적이고 창조적인 動的 종교를 역설한다.

우리는 뒤르켐이나 프로이트에서도 신이 거부당하는 내용을 보게 된다. 뒤르켐은 사회의 表象이나 人格化가 신이라 한다. 물론 그는 마르크스처럼 신 자체를 부

---

14) Ein Ullstein Buch, *Nietzsche Werke II*, Frankfurt/M, 1972, p.614.

15) 강영계, 『도덕과 종교의 두 원천』, 삼중당, 1976. (*Les deux Sources de la Morale et de la Religion*의 번역서), p.262. 참조.

정하는 것이 아니라 종교의 기원이나 교리의 성립근거를 사회에서 찾고 있다. 즉 신의 관념이 사회를 구성하는 정신적 지주가 아니라 오히려 사회가 개인의 사상과 행위를 지배하기 위하여 관념적인 하느님의 개념을 사람에게 심어 주고, 사회 자신이 하느님의 역할을 한다는 의미에서 유일신의 종교를 부정한 것이다. 프로이트는 종교를 '자연의 위협에 대한 心理的 防禦'16)라 한다. 프로이트는 정신분석에 의해 檢證可能性을 갖지 않는 신과 초자연적인 실재성을 거부한다. 결국 신앙은 성취욕에 의한 개별적인 심리의 반영이다. 그러므로 종교 관념의 발생은 심리학적 문제의 범위 안에서이다. 프로이트에게 있어서 종교는 방어, 치료, 성취의 심리적 현상을 가공적인 神觀念과 연결시킨 것이다. 이러한 내용을 오이디푸스 콤플렉스17)라는 심리적 현상에서 설명하고 있다.

한편 사람들은 삶에 있어서 악한 행위를 合理化하는 경향이 있다. 가령 죄를 짓고서 자신만 알고 있는 사실로 감추기도 하고, 다른 사람이 죄를 짓는 것을 공감함으로써 자신의 죄를 합리화한다. 이것은 신을 부정하는 原初的 심리현상이다. 그런데 세상에 악이 본래부터 있었다고 한다면 그 악의 근거는 하나님일 것이다. 하지만 하나님이 악의 근거가 될 수 없기에 신은 없다는 것을 의미한다. 성서의 어디서고 하나님이 악이라고 표현한 적이 없다. 아우구스티누스는 "악은 원래 그 자체가 선한 것이지만 잘못된 방향으로 가 버린 것"18)이라 한다. 그리스도교에서는 惡이 하나님으로 말미암아 된 것이 아니고 사람에 의해 생긴 것이라 한다. 만일 사람이 악의 원인이라면 선의 원인도 사람이어야 한다. 왜냐하면 사람들은 선한 일을 행하기 때문이다. 그러나 선은 하나님의 본질 중의 하나이니 악으로써 하나님을 거부하게 된다. 또한 악의 원인이 사람이라면 이 악을 행할 수 있게 만든 하나남이 근본적으로 책임을 져야 하기에 하나님께 그런 책임이 없다면 악의 근거는 모호하게 된다. 그러나 라이프니츠 *Leibniz*(1646~1716년)는 악을 육체적 고통인 물리적 악, 선과 함께 만든 도덕적 악, 존재에 완전성이 결여된 形而上學的 惡으

---

16) James Strochey, ed., *The Complete Psychological Works of Sigmund Freud*, The Hogarth Press, Ltd, 1961, p.30.

17) 자녀가 이성의 부모에게 친근감을 느끼는 잠재의식인데, 아들이 어머니에 대한 성적 충동에서 아버지를 미워하고 죽기를 원하는 것과 아버지의 권위를 질투하는 심리적 현상.

18) Augustinus, *Confessions*, BK Ⅶ Chap.12, City of God BK Ⅻ Chap.3.

로 나누었는데, 그는 형이상학적 악에서 신의 完全性의 결함을 인정하게 된다. 칸트도 도덕적인 악에서 신을 요청으로 받아들인다. 사실 신은 전능하기 때문에 악을 없앨 수도 있을 것이다. 그러나 악은 사실로 주어져 있으니 신이 있다면 전능한 것이 아니요, 또한 신이 선하므로 악을 선으로 바꿀 수 있는데도 그렇지 못하니, 악의 입장에서는 신이 없는 것으로 된다.

러셀 Bertrand Russell(1872~1970년)은 신을 거부하는 몇 가지 이유를 제시한다. 모든 것이 원인을 갖는다고 하면 하나님도 모든 것에 포함되어 원인을 갖게 되고, 자연법칙의 일관성을 부정하는 데서 하나님의 攝理的 작용을 부정한다. 또한 악을 고치기 위해서 하나님이 있게 되면 하나님은 이 惡의 前提로 있게 된다. 그리고 그리스도교의 교리나 예수의 설교에 있어서 성령을 거역하는 자는 죄를 받는다는 교리적 결함을 지적한다. 즉 그리스도교를 믿지 않고 죄를 짓는 자가 지옥에 간다면 죄와 지옥은 신의 창조물이요, 또한 도덕적으로도 문제가 되는 것이다. 예수께서 무화과나무 앞에서 무화과에 열매가 없음을 알고 앞으로 영원히 네 열매를 먹지 못하리라 한 것은 성자다운 행위가 아니라는 것이다. 만일 그리스도를 믿지 않으면 모두 악하게 된다고 하는 그 자체가 종교를 거부하는 원인이 되는 것이다. 뿐만 아니라 설교에서 나타난 人間的 本質을 부정하는 내용, 그리스도교를 믿는 사람들이 종교를 믿지 않는 사람들보다 더 악을 행하는 경우 등에서 신을 거부하게 된다. 포이어바흐 Feuerbach(1804~1872년)는 "너의 적을 사랑하라는 준칙은 단지 개인적인 적에게만 적용되는 준칙일 뿐 공중의 적, 즉 신앙적인 적들에게는 적용되지 않는 규율이다"[19]라고 한 것처럼 러셀도 신앙과 사랑을 구별한다. 즉 사랑은 만인의 것이지만 신앙은 믿는 자에 한하는 것이다.

이제 우리는 마르크시즘에서 종교의 부정적 면을 찾아야 하겠다. 마르크스 *Karl Marx*(1818~1883년)는 헤겔의 觀念辨證法과 포이어바흐의 과학적 유물론을 근거로 하여 唯物辨證法 *materialistische Dialektik*을 전개한다. 헤겔의 변증법은 정신의 활동과정, 즉 理念이 자신을 부정하고 外部로 표현된 것이 自然이요, 자연에서 다시 자신에로 돌아간 것이 정신이다. 그러나 마르크스는 변화의 원인을 헤겔처럼 정신에

---

19) L. A. Feuerbach, Das "Wesen des Christentums", in *sämtliche Werke*(ed. by Bolim and Jodl) Ⅵ, p.305.

두지 않고 오히려 변화의 원동력이 물질임을 주장한다. 그리고 이념도 두뇌 안에 있는 물질로 보았다. 그래서 모든 존재의 근거, 모든 변화의 근거는 물질이다. 즉 신이 존재의 근거가 아니라 물질이 종교의 존재근거가 되게 된다. 여기서 신앙은 下部構造 Unterbau에 대한 上部構造 Überbau로서 이데올로기이다. 그에 따르면 물질이 정신보다 더 근원적이기 때문에 종교는 물질에 딸려 있는 虛構的 개념 또는 억압적 개념이다. 그는 종교를 인민의 아편이라 한다. 마르크스에게 이러한 종교개념을 심어 준 사람이 포이어바흐인데 그는 종교를 사람에서 시작하여 사람에서 끝나는 것이라 주장한다. 즉 신은 객관적으로 본 사람의 本이다.[20] 그러므로 신은 실체가 아닌 가공적 존재이다. 결국 종교는 사람의 정신구조와 그 활동에 연결된 의식구조이다. 이러한 내용을 마르크스가 자연종교와 인위적 종교로 구분한 후 후자에 대한 그의 宗敎論이 주된 내용이 된다.

마르크스는 그리스도의 종교관과 세계관을 전도된 세계관 *inverted world consciousness* 이라 한다. 왜냐하면 종교는 현실적 노동력을 무시하고 위로와 존엄을 갈망하는 사람들의 심리가 宗敎的 이데올로기에 의해 만들어진 환상과 이상이기 때문이다. 사실 마르크스가 주장하는 것은 신을 포함한 사회의 모든 제도가 사람에 의해 창조된 것인데, 이 모두를 신에 의해 창조된 것으로 보는 그 자체가 잘못이란 것이다. 이는 종교를 심리적 관점에서 보지 않고 사회적 기능에만 관련시킨 하나의 偏見이다. 즉 우리 사회에서 종교의 원인은 疎外 *alienation*이고 소외의 결과가 종교라는 종교론을 주장한다. 이에 사회에서 소외의 감정이 사라질 때 당연히 종교도 사라지게 된다는 것이다. 사실 마르크스는 종교가 자본과 노동을 착취하는 위선적 역할을 하는 것으로 보았기에 궁극에 가서는 종교를 부정한 것이다.

---

20) L. A. Feuerbach, "Vorlöufige The sen zur Reform der Philosphie", 상계서, p.239.

Ⅲ. 未來宗敎와 그 展望

　사람은 정신과 육체를 함께 지닌 존재로서 영생적 욕망을 지닌 有限的 삶의 존재이다. 이러한 사상을 철학적으로 표현하면 관념주의적 生의 哲學과 실존주의적 생의 철학이다. 다윈, 헥켈, 니체 등은 생물학적 삶을 발굴하는 차원에서 후자에 속하고, 플라톤, 스피노자, 칸트, 헤겔, 베르그송 같은 철학자는 정신적 삶의 창조력을 철학의 제1문제로 삼고 있기에 전자에 속할 것이다. 드리슈 *Driesch*가 지적한 것처럼 자연의 다양성이 아무리 복잡하다 하더라도 정신적 다양성에 비교되지 않는다. 그러나 사람의 정신력은 현실적 자연의 다양성 모두를 과학적으로 규명하는 것은 불가능한 일이다. 이에 사람들은 과학적 문제에서 다시 정신적 문제에로 돌아오게 된다. 그런데 우리는 정신적 문제에서 종교를 빼어 버릴 수 없다. 왜냐하면 종교는 정신과 물질을 포함한 第一原理에 관한 학문이기 때문에 철학과 더불어 이성적 존재에 있어서 가장 중요한 위치에 있는 것이다. 삶은 하나의 연속적 운동으로서 정신적 운동과 육체적 운동으로 구분된다. 이 정신적 흐름은 生의 本質로서 생명의 근원을 파악하고 또한 가치 있는 삶과 그 목적을 찾게 된다. 이러한 문제들을 과학, 철학, 종교가 각기 자신의 영역에서 해결하려 한다. 특히 종교는 미래적 삶에 연관되는 의미에서 종교의 미래와 그 전망을 조명해 보려고 한다. 특히 과학 및 물질의 힘에 의하여 종교의 세력이 약해질 미래의 사회에 있어서 종교가 어떤 역할을 해야 하는가를 살펴보겠다.

　짐멜 *G. Simmel*(1858~1918년)은 『생의 實存』에서 종교는 "과거를 실제적으로 현재 안에서 실존케 하는 것이고, 현재를 실제적으로 미래 안에서 실존케 하는 것"21)이라 하였다. 이는 삶은 未來指向的인 것이므로 종교는 현실적 삶에 머물러 있지 말고 미래 지향적 삶을 살도록 하는 것에 목적을 두고 있다. 우리는 종교의 미래성에 대한 견해를 물질과의 관계로부터 과학적 사회와의 관계 그리고 정신적 차원 및 가치 있는 삶의 차원에서 어떻게 미래 지향적 역할을 하는가를 살펴보아야 할 것이다. 특히 현대사회와 종교와의 관계는 새로운 국면에 접어들게 되었다.

---

21) G. Simmel, *Lebensanschauung*, 1918, S. 282(2판).

그것은 '종교가 어떻게 자본주의와 함께할 것인가? 과학의 무한한 가능성을 어떻게 포용할 것인가? 종교 자체의 타락을 어떻게 막을 것이며 여러 종교들 간에 갈등과 불화 및 黨派的 사상을 어떻게 조화시킬 것인가? 공산주의 이데올로기를 어떻게 극복할 것인가?' 하는 많은 문제들이 종교인들은 물론 비종교인들의 지혜와 인내와 용기를 기다리고 있는 실정이다.

우선 사람은 자연 속의 삶을 떠날 수 없고 동물적 충동으로부터의 삶도 떠날 수 없다. 만일 이 문제를 신앙과 결부시킨다면 평범한 종교론이 될 것이고 또한 현상학적 방법이 될 것이다. 애니미즘과 주물숭배 등은 지금도 일부 계층에서 샤머니즘의 형태로 남아 있다. 신앙으로써 질병을 퇴치하고 재물을 얻겠다는 이 샤머니즘을 버리게 하는 방법은 교육적 계몽과 과학적 정신을 심어 주는 것이다. 그러나 사람에게 있어서 물질적 욕망이 개별적인 것과 같이 종교에 있어서도 사람은 개별적이다. 헤겔과 베버는 그리스도의 윤리를 개별적 윤리라 한다. 베버는 가장 내성적인 그리스도교 신자들 중에 상업에 종사하는 사람이 가장 많다는 것이다. "특히 敬虔主義 *Pietismus*의 열렬한 신도들 중에 많은 수가 상인층 출신"[22]이라고 한다. 이것은 유대인의 상업주의적 정신에서도 알 수 있는 것이다. 결국 종교적 성취감을 물질적 성취감으로 대치한 것으로 보면 되는 것이다. 특히 우리 사회에 있어서 신앙심이 개인의 물질적인 성취의 욕망을 실현시켜 준다고 지도하고 있다. 만일 종교가 복을 갖다 주고 병을 고치는 의사로 둔갑한다면 종교는 천당을 보장하는 대부로, 지옥의 문을 열어 주는 수문장의 역할을 할 것이다. 여기서 우리는 물질에 대한 심리적 현상을 감안하여 종교가 만병을 낫게 하고 이루지 못하는 것이 없다고 할 것이 아니라 그런 것을 성취할 수 있는 조건을 제공하는 역할을 한다고 하면 앞으로 종교는 현실적인 차원에서 보다 발전할 것이다. 또한 어떤 종교에서나 미신적 요소가 있지만 그것이 미신적 요소로만 그치는 것이 아니라 종교적 신비성과도 통하기 때문에 이 미신적 요소를 합리화하고 보편적·심리적 요소를 기술함으로써 종교에 대한 참뜻을 일으켜야 할 것이다. 결국 이러한 작업에서 종교의 미래적 전망이 밝아질 것이다.

---

22) 양회수, 『사회과학논총』, 을유문화사, 1975(Max Weber의 *Die Protestantische Ethik und des Kapitalismus*의 번역서) 163.

　종교는 社會性을 본질로 한다. 개별적 신앙의 체험이 종교이기는 하지만 종교의 조직과 그 실현은 사회를 떠날 수 없다. 그래서 종교는 강력한 사회적 기능을 행사한다. 뒤르켐이 말한 것처럼 종교는 사회적 가치의 반영이며 사람의 심리적 현상을 敎理化한 것이다. 이에 종교적 진리의 어떤 부분은 변화적 의미를 갖게 된다. 예를 들면 가톨릭 이후에 나타난 개신교들 그리고 그 밖의 많은 종교 분파가 생기는 것에서도 알 수 있다. 그렇다면 종교의 사회적 기능은 어떤 효과를 갖고 있는가 하는 것이다. 물론 여기에서는 종교의 진리 문제를 말하는 것이 아니다. 종교가 어떻게 도덕적 삶에로, 물질적 생활에서 유익한 방향으로 이끌어 가는가 하는 문제이다. 종교는 인간에게 평등심을 심어 주고 미래의 안정된 삶을 보장하는 역할을 한다. 또 고독하고 소외된 사람, 병들고 약한 사람을 집단에로 끌어들이고 희망을 주기도 한다. 자녀교육에 유익한 재료를 주기도 하고 확고한 삶을 살도록 하게 한다. 사람들은 종교와 물질 및 과학만능의 사회를 비교한다. 허나 과학의 위력 앞에서 종교적 순수성은 무릎을 꿇게 된다. 그러나 오늘날 종교생활의 부패는 물질과 과학의 힘에 의해서가 아니라, 종교인의 타락에서 온 것이다. 종교적 진리는 타락되는 것이 아니다. 결국 종교인들이 물질 및 科學萬能에 추종하게 됨으로써 신앙의 타락이 나타난 것이기에 종교인과 종교조직의 본질을 종교인 자신들이 되찾게 되는 데에서 종교의 미래가 밝아질 것이다.

　한편 오늘날의 세계는 地球村으로 좁혀지고 있다. 이는 산업사회, 과학사회의 등장 때문이다. 과학의 영역이 넓혀짐에 따라 종교의 영역이 더 좁혀지고 신비로서 멀어져 간다. 그래서 종교가 미래의 비밀에 대해 얼마나 영향력을 행할 것인가는 기대할 수 없는 형편이다. 사실 사람들은 종교적 神秘力보다는 현실적인 과학의 확실성이 삶에 더욱 유익함을 알게 된다. 그리고 오늘의 전파매체는 서로 다른 종교들을 모든 사람들에게 보여 주고 있다. 그 결과 종교들이 서로 무시할 수 없게 된다. 종교와 과학은 성격상 서로 대립된다. 實存主義 사상가들과 實證主義 과학자들은 우주를 과학적 차원에서 해석하지만, 종교인들은 종교관의 입장에서 세계를 이해한다. 과학이 자연과 대화하는 방법을 제시하고, 자연을 정복하며 자연의 비밀을 벗겨 주는 방법을 제시한다. 그러나 종교는 자연의 인식에 있어서 비록 과학적 방법과는 다르지만 자연의 비밀을 알려 주는 방법을 제시하고 있다. 이에 과학과 종교가 서로 대립할 것이 아니라 서로 조화될 수 있는 데서 종교와 과학의 미래가 밝아질 것이다. 즉 종교는 과학의 큰 힘에 밀리기만 할 것이 아니라 오히려 과학을 건전한 방향으로 유도해야 할 것이다. 달의 정복은 과학이 종교의 영역을 좁힌 것이다. 앞으로도 그런 현상이 일어날 것이다. 그러나 과학이 종교 자체를 科學化할 수 없고 또한 世俗化할 수 없을 것이다. 사실 자연을 초월한 과학은 있을 수 없지만 종교는 超自然的인 것이다. 이에 종교가 과학의 참다운 가치를 평가하는 기능을 가짐으로써 종교의 장래가 밝아질 것이다.

사람의 두뇌가 아무리 발전 가능성을 갖고 있더라도 피조물에 불과하다. 그럼에도 오늘의 과학은 세계를 지배하고도 남음이 있고 생명을 複製할 정도이다. 이 시점에서 신에 대하여 절대의존을 주장하는 것은 맹신적 태도일지 모른다. 하지만 종교의 신비는 과학에 있어 하나의 지평이다. 즉 과학은 종교를 뛰어넘을 수 없다. 마르크스가 신을 믿지 말라고 한 것은 신이 있다는 전제이다. 만일 신이 없다면 믿지 말라고 할 필요조차 없는 것이다. 공산국가들이 신을 부정하여 믿지 못하게 하지만 통제력이나 과학의 힘으로 신앙을 막을 수 없는 것이다. 지식은 종교를 부정할 수도 있고 또 긍정하고 合理化할 수도 있다. 과학은 자신의 진리를 수정해 가는 과정에서 종교의 심리적 요청이나 필요성이 근거 없는 것이라고 반증할 수 없다. 신앙은 사람의 심리적 현상으로 절대자로 想定된 것에 대한 존경심의 집단화 또는 總體性이다. 다시 말하면 개별과학의 총체성이다.[23] 사람이 결코 완전성에 도달할 수 없는 것처럼 과학의 普遍性과 確實性이 절대적인 것이 아니기에 개별성의 총체인 종교를 부정할 수 없을 것이다. 과학은 사람의 두뇌작용의 한 측면이지 전체 작용이 아닐뿐더러 두뇌는 어떤 것의 피조물이라는 전제에서 과학 역시 피조체의 소산인 것이다. 오늘날의 세계가 核의 멸망에서 벗어날 수 있는 것은 과학적 지식에서가 아니라 종교적 신앙심에서이다. 즉 과학이 절대적 신앙의 대상이 될 수 없기에 우리는 일상적 생활에서 과학의 위력과 궁극적 삶의 가치로서의 신앙의 우위성을 잘 조화시켜 미래의 과학과 종교의 전망을 밝게 해야 할 것이다.

---

23) 종교의 종류는 여러 가지이지만 사람이 갖고 있는 신앙심은 사람마다 있고 또 신앙심이 없더라도 심리적인 소망은 누구나가 갖고 있기에 총체성이 되는 것이다.

이 세상에서 사람만큼 이기적인 존재는 없다. 사람이 종교를 논하는 것도 신이나 종교 자체를 위해서가 아니라 자신들을 위해서다. 이 종교는 육체적 즐거움을 위해서가 아니라 有限的 精神에서 나온 無限的 欲望을 위한 것이다. 사람은 자율적 정신을 갖고 있기에 필연적 자연법칙으로부터 벗어나고 싶어 한다. 이러한 정신은 물질세계와 다른 자유로운 질서의 세계를 넘나들게 된다. 정신의 초월적 질서 세계의 활동은 새로운 창조적 활동이고, 이러한 활동의 궁극의 典型은 완성자로서의 神이다. 이런 뜻에서 신은 정신의 본질이자 근원이며 생명의 근원이자 본질이다. 우리의 삶은 자신의 생명을 위한 욕구와 자기 형성의 욕망으로 구별될 것이다. 전자가 물질적 욕구라면 후자는 능동적인 정신적 생활이다. 그런데 종교만이 이 두 개를 종합한다. 왜냐하면 종교는 기도와 기원을 하는 것으로부터 시작하여 영원의 차원에서 자신의 완성을 시도하기 때문이다. 사실 종교는 삶에 있어서 부모의 역할을 한다. 즉 부모가 자식을 낳아 기르며 완성에로 가도록 교육시키는 것처럼 종교도 같은 역할을 한다. 어버이란 뜻은 해마다 꽃과 열매를 맺게 하는 나무와 번식만 하는 동물의 어미와는 다른 것이다. 이것은 사람만이 정신적 종교생활을 하기 때문이다. 사실 정신적 생활은 共同善을 창조하려 한다. 그래서 세계를 하나의 가치 있는 공동체로 만들려 한다. 종교 역시 이러한 공동체를 만들려는 근본적 의도를 갖고 있기에 이것을 실현하는 방법을 모색하는 데서 종교의 未來像을 찾아야 할 것이다.

칸트는 우주 전체를 合目的性 *Zweckmoßigkeit*, 즉 모든 존재는 자신의 목적이 합당하게 있다는 원리를 제시한다. 사람은 원래 홀로 태어나서 다른 사람과 손을 잡고 살아간다. 그리고 절대 완성에로 나아가려는 삶의 목적을 갖고 있다. 여기서 삶의 방법과 삶의 목적을 스스로 세운다. 사실 사람은 정신과 세계를 합일시키려는 노력에서 보다 높은 정신생활을 찾게 되고, 이러한 주체가 정신임을 알게 된다. 이 정신적 활동은 물질세계를 질서 있게 하고 끊임없는 자기반성으로써 자신이 신의 최종 목적자로 있음을 알게 된다. 즉 자연의 모든 현상이 사람에 유용하게끔 주어져 있는 것을 內在的 自然(정신현상)이 그 은혜로움을 받아들이지 못하면 신에게서 받은 최종 목적자로서의 도리를 다하지 못할 것이다. 그래서 사람은 피조물에서 가장 은혜로운 존재자임을 알고 최종의 목적자로서 자신의 삶의 목적과 그 목적을 위한 삶의 방법을 세우는 존재임을 알게 된다. 그런데 종교는 바로 이러한 삶의 방법을 제시하고 또 그 목적이 무엇인가를 알려 주기도 한다. 우리에게 궁극적인 삶을 보장하는 하나의 목적이 주어졌을 때 그 삶은 생동적 삶, 근원적 삶, 가치 있는 삶이 되는 것이다. 만일 종교가 이러한 삶의 최종목적을 제시하였다면 그것은 假想的 神이 아니요, 비과학적 신도 아닐 것이다. 따라서 신은 유한으로 주어지지 않는 정신적 욕구의 최종의 것이기에 오늘날의 종교가 모든 사람들의 삶의 목적으로 떠오를 때 종교의 미래는 밝아질 것이다.

이상의 내용에서 마지막 결론을 내리려 한다. 트뢸치 *Ernst Troeltsch*(1865~1923년)는 종교를 社會機能的 次元에서 세 가지로 나눈다. 즉 사회를 자신의 종교적 이념에로 끌어가려는 섹트 *Sect*, 교회에서 분리된

분파로서 사회에 융합하려는 경향을 *Dinomination*, 그리고 카리스마적인 지도자를 가지고 多國的 *transnational*인 성격을 가지면서 종교 통일과 새로운 가치관으로서 사회를 이끌려는 컬트 *Cult*로 구분한다.[24] 그런데 컬트에 속하는 대표적 종교가 통일교이다. 통일교는 새로운 과학시대를 맞이하여 새로운 絶對價値를 제시해 다양한 종교를 통일하는 球心點으로 삼고 있다. 사실 오늘날의 종교의 중요한 역할은 사회를 통합시키는 기능과 동시에 종교 통일을 시도하여 지식사회를 이끄는 정신적 지주가 되어야 할 것이다. 오늘의 사회는 동서남북을 두루 통하는 사회이다. 이처럼 종교도 세계를 매개할 수 있는 종교이념이 나와야 할 것이다. 그런데 통일교는 이것을 자처하고 있다. 즉 통일교는 전총 기독교의 교리에 동양적 우주관을 접합시켜 동서사상과 철학을 종합, 통일시킨 교리와 종교이념을 제시한다. 또한 종교를 부정하는 공산국가들에도 이러한 사상을 심어 주는 종교로서의 사회참여에 적극성을 보이고 있다. 그러나 이 敎에서는 물질공세로써 교세를 확장하고 종단의 재산이 불어나는 바로 그것이 신앙심의 증가로 간주되고 있는 것 같다. 뿐만 아니라 多元的 사회를 일시적으로 단일적 사회에로 끌어 올리려 하며 모든 사람들이 받들 수 없는 특수한 영감이나 계시를 강요함으로써 지성인과 기성종교

---

24) 강돈구, 『현대종교학』, 청년사, 1986(Ninian Smart, Worldviews의 *Crosscultural Explorations of Human Beliefs*, New York, Charles Scribner's Sons, 1983의 번역서) p.207 참조.

로부터 반발을 받는 것 같다. 만일 종교가 너무 급진적이고 시대에 민감하여 전통에 도전적이 되면 未來的 宗敎로서의 역할을 잃을 소지가 있는 것이다. 이러한 의미에서 미래 지향적 종교는 인간성의 바탕 위에서 신의 존엄성과 유일성을 심어 주는 종교가 되어야 할 것이다. 사실 사회성의 주체인 사람의 정신이 종교적 의식에 얽혀 있기 때문에 사람이 생존하는 한 종교가 있게 된다. 이에 종교는 그 자체를 건전하게 키워 가는 것에서 종교의 미래성을 찾아야 할 것이다.

참고문헌

홍윤기 역, 『마르크스주의의 철학적 기초』, 미래사, 1986(Louis Dupre의 *The Philosophical Foundations of Marxism*, Georgetown University Press 1966의 번역서).

백승균 역, 『생철학』, 서광사, 1987(Jokonnes Fischl의 *Geschichte der Philosophie*, Verlag Styria, 1954의 제2장 "Idealistische Lebensphilosophie"의 번역서).

오경환, 『종교사회학』, 서광사, 1982.

황필호 역, 『종교철학개론』, 종로서적 1986(John H. Hick의 *Philosophy of Religion*, Prentice-Hall, 1973의 번역서).

강돈구 역, 『현대종교학』, 청년사, 1986(Kinian Smart의 *Worldviews, Crosscultural Exploration of Human Beliefs*, New York, Charles Scribners Son, 1983의 번역서).

Bergson, *Die Beiden Quellen der Moral und der Religion*, übertr. V. E. Larch, Jena, 1933.

B. Malinowski, *A Scientific Theory of Culture and Other Essay*, University of North Carol1na Press.

E. Durkheim, *The Elementary Forms of the Religion Life*, trans. by Joseph, Swain, New York, Free Press, 1915.

Ein Ullstein Buch, *Nietzsche Werke Ⅱ*, Frankfurt/M, 1972.

H. Marcuse, *Reason and Revolution, Hegel and the Rise of Social Theory*, Boston, 1960.

J. Wach, *Sociology of Religion*, Chicago University Press, 1944.

Kant, *Kritik der Urteilskraft*, Felix Meiner, Hamburg, 1963.

L. Feuerbach, "Zur Kritik der Hegelsche" in *sämtlich Werke*, F. Jodl, Stuttgart, 1959.

R. Robertson, *The sociological Interpretation of Religion*, New York, Schachen Book, 1971.

S. Freud, *Civilization and its Discontents*, New York, Norton and Co., 1962.

〈요약〉

　종교가 靈的인 차원에서 갖는 社會的 機能과 心理的 機能의 구별과 인간적 차원에서 갖는 이러한 기능의 구별은 종교의 기원에서부터 애매한 것이었다. 많은 학자들은 이러한 내용을 명확하게 하기 위해 종교의 기원과 그에 대한 정의 그리고 사회적 기능 등을 역사적 흐름에서 고찰하고 있다. 그러나 현대사회에 있어서는 종교를 일상생활의 有用性에서 받아들이는 사회와 종교가 오히려 사람의 순수한 욕망을 억압하고 사회적 병폐를 일으킨다는 구실로 종교를 거부하는 사회로 나누어진다.

　오늘날의 종교는 그것이 영적인 것이든 심리적 현상으로서의 것이든 간에 자본과 과학의 위력 앞에서 자신의 존엄성을 잃고 있으며 또한 종교인과 종교조직들의 타락, 사이비 종교들의 난립으로 인한 종교적 신성성의 상실 그리고 종파들과 다른 종교의 극렬한 대립과 비난으로 인해서 생긴 모든 문제들을 해결해야 할 시기에 이르게 되었다.

　하지만 종교는 사람의 정신적 위안이요, 영적 활동의 근원이기 때문에 인류가 있는 한, 종교 그것이 없어지지는 않을 것이다. 따라서 오늘날의 종교를 어떻게 하면 미래 지향적 종교로 만들 것인가? 또한 종교를 믿든 그렇지 않든 간에 모든 사람들에게 합리적 교리를 줄 수 있는 종교가 되는가 하는 것을 종교의 근본문제로 삼아야 할 것이다.

　이러한 뜻에서 이 내용은 종교를 사회적 여러 차원에서 분석하고 사회를 유익하게 이끌 수 있는 종교가 되기 위한 몇 가지 대안들을 제시하였다.

배영기 ──

교육경력
건국대학교(법학사)
서울대학교 대학원(교육학석사)
단국대학교 대학원(교육학박사)
상명대학교·서울교육대학교·한국방송통신대학교·서울보건대학
경기대학교·단국대학교 교육대학원 등에서 강사 역임
숭의여자대학교 교수 및 도서관장
현) 국제문화예술대학원 부총장

학회활동
우리문화연구소장
한국국민윤리학회 부회장
단국학회 부회장
통일부 정책연구관 및 통일교육 전문위원
한국효(孝)학회 서울시 지회장
(사)한국문화콘텐츠학회 종교분과위원장
배달학회 부회장
한국미래교육학회 편집위원 등을 역임
교육공로 대통령(이명박)표창 수상

사회활동(NGO)
민주평화통일정책자문회의 자문위원
한국교원총연합회 규칙분과위원
정신개혁시민협의회 공동대표
개천절 남북공동행사 학술위원장
효세계화운동본부 운영위원
동학민족통일회 운영위원
단재신채호기념사업회 감사
국법신문(일간) 논설위원
한국고령사회복지연구원 부원장
한국자유총연맹 종교특별위원회 범 종교연구소장
범 종교신문 논설위원

연구저서
『현대사회와 종교』
『인간에 관한 종합적 이해』
『산업사회와 직업윤리』
『지성인의 명저교양강좌』
『죽음학의 이해』
『윤리학과 윤리교육』
『한국문화와 직업사회』 등 30여 권

연구논문
「생명윤리에 관한 생태학적 접근」
「한국적 공동체의식의 현황과 과제」
「동학이념과 통일, 상생윤리의 체계적 연구」
「홍익인간사상의 특수성과 보편성」
「한국인의 수사상」 등 100여 편

현대사회와
종교다원주의

초 판 인 쇄 | 2011년 3월 30일
초 판 발 행 | 2011년 3월 30일

엮 은 이 | 배영기
펴 낸 이 | 채종준
펴 낸 곳 | 한국학술정보㈜
주   소 | 경기도 파주시 교하읍 문발리 파주출판문화정보산업단지 513-5
전   화 | 031) 908-3181(대표)
팩   스 | 031) 908-3189
홈 페 이 지 | http://ebook.kstudy.com
E-mail | 출판사업부 publish@kstudy.com
등   록 | 제일산-115호(2000. 6. 19)

ISBN   978-89-268-2072-8 93330 (Paper Book)
            978-89-268-2073-5 98330 (e-Book)

내일을여는지식 은 시대와 시대의 지식을 이어 갑니다.